David Richo

Wie man sich der Liebe öffnet

und sie bedingungslos verschenkt

Aus dem amerikanischen Englisch übersetzt von
Maike & Stephan Schuhmacher

WINDPFERD

Titel der Originalausgabe HOW TO BE AN ADULT IN LOVE
Erschienen bei *Shambhala Publications, Inc., P. O. Box 308, Boston, MA02117*

Aus dem amerikanischen Englisch übersetzt von
Maike und Stephan Schuhmacher

1. Auflage 2020

Lektorat: Sylvia Luetjohann
Layout: Marx Grafik & ArtWork
Druck und Bindung: C. H. Beck, Nördlingen

MIX
Papier aus verantwortungsvollen Quellen
FSC® C019821

Printed in Germany
ISBN 978-3-86410-228-8
www.windpferd.de

Für all jene,
die mich geliebt haben,
komme was da wolle.
Sie haben mir gezeigt,
wie man mich und sie und alle liebt.

Möge ich all die Liebe, die ich habe,
auf jede erdenkliche Weise zeigen,
hier, jetzt und zu jeder Zeit,
für alles und alle, mich selbst eingeschlossen,
denn Liebe ist das, was wir sind – und warum wir sind.
Für mich gibt es nun nichts mehr, das wichtiger wäre
oder mir größere Freude bereitet.

Inhalt

Vorwort

Schreiben ist ein Teil meiner spirituellen Praxis. Ich konzentriere mich intensiv auf das Thema, über das ich schreibe. Die Übungen, die ich entwerfe, werden zur Arbeit an mir selbst.

Als ich beschloss, das Thema anzugehen, wie man auf reife Weise liebt, stand ich vor der größten Herausforderung meines Lebens als Schriftsteller. Ich wusste, es würde bedeuten herauszufinden, wie ich Liebe zeige, wie ich geliebt wurde und ob ich vielleicht nicht genug liebe.

Dieses Buch zu schreiben hat sich tatsächlich als eine wundervoll aufschlussreiche und befreiende Erfahrung erwiesen. Es ist dabei nicht selten zu ganz spezifischen Synchronizitäten, Momenten bedeutsamer Zufälle, gekommen. So habe ich mich aus heiterem Himmel an Menschen erinnert, die mich im Laufe der Jahre geliebt und die für mich gesorgt haben. Ich sah mich dann plötzlich in ihrer Gegenwart und mir wurde bewusst, auf welch vielfältige Weisen sie mir gezeigt haben, wie sehr sie mich liebten. Es war, als würden meine Familie und Freunde zurückkehren, um mir dabei zu helfen zu erkennen, was Liebe ist. Manche dieser Menschen sind vor langer Zeit verstorben, aber ich fühle, dass sie mich noch immer lieben.

Heute verstehe ich, dass all diese Menschen, die ich gekannt habe, in mein Leben gekommen sind, um mich in der Liebe zu unterweisen. Ich vertraue nun darauf, dass jeder Augenblick der Zuneigung, den ich erhalten habe, getreulich in mir aufgezeichnet und bereit dazu ist, erneut aufzutauchen. Die Liebe, die ich von anderen empfangen habe, weist mir den Weg, wie ich jenen Liebe entgegenbringen kann, die sie von mir brauchen. In diesem Sinne haben die Menschen, die mich geliebt haben, mir geholfen, dieses Buch zu schreiben.

Es stiegen auch besondere Momente der Erinnerung daran auf, was Menschen von mir ertragen mussten. Was haben sie in mir gesehen, dass sie dennoch zu mir hielten, obwohl ich solche Angst hatte, ihre Liebe zu erwidern? Vielleicht erkannten sie etwas Liebenswertes in mir, das ich in mir selbst erst noch erkennen muss. Ihre ununterbrochene Liebe hilft mir auch, darauf zu vertrauen, dass ich wohl mehr Liebe gezeigt habe, als ich selbst vermutet habe.

Ich erinnerte mich an Zeiten meiner Kindheit, als die Familienmitglieder Liebe füreinander zeigten. Tatsächlich erinnerte ich mich erst heute Morgen daran, wie gern ich im Alter von acht oder neun Jahren die Sonntage bei meiner Großtante und meinem Großonkel verbrachte. Sie hatten keine Kinder und verhätschelten mich wie den Sohn, den sie niemals hatten. Meine Besuche machten sie sehr glücklich. Dann erkenne ich heute zum ersten Mal, dass meine Mutter von alledem wusste und es ihre Liebe zu ihnen war, die sie dazu motivierte, mich zu ihnen ins Haus zu schicken. Nun frage ich mich, bei wie vielen Gelegenheiten meine Mutter wohl von Liebe motiviert war, ohne dass ich etwas davon mitbekommen habe.

All diese Dinge wurden mir nie bewusst, bevor ich begann, dieses Buch zu schreiben. Mir ist, als würde jeder vergessene Augenblick der Liebe, jede unbemerkte liebende Motivation sich eine nach der anderen offenbaren. Geschieht all dies, damit ich schließlich begreife, dass Liebe das ist, was mit dem Begriff „Staunenswerte Gnade"[1] gemeint ist?

---

1 „Amazing Grace" ist das wohl bekannteste und beliebteste Kirchenlied in den Vereinigten Staaten. (Anm. d. Übers.)

Ich empfinde Dankbarkeit gegenüber allen Personen in meiner Lebensgeschichte, die mich zu lieben gelehrt haben. Es tut mir leid, dass ich sie nicht gänzlich gewürdigt habe. Um das erste Gedicht von Emily Dickinson, das ich auf dem Gymnasium auswendig gelernt habe, zu paraphrasieren, kann ich nur sagen: *Geschuldet ist's dem bisschen Liebe, das damals ich zu geben fähig war.*

Alles, was ich tun kann, um auszugleichen, woran es mir gemangelt hat, ist im Hier und Heute bewusster liebevoll zu sein. Dies ist definitiv meine gegenwärtige Praxis, und auch wenn sie nicht immer erfolgreich ist, so ist sie doch freudvoll. Es ist eine Praxis, die ich nie mehr aufgeben möchte.

All dies geschah, während ich das schrieb, was Sie im Folgenden lesen werden. Ich hoffe, dass die Lektüre dieses Buches Sie daran erinnern wird, wie viel Liebe Sie empfangen haben. Dies wird Sie dazu ermuntern, stärker darauf zu vertrauen, wie viel Liebe Sie zu geben haben.

Liebe ist so mächtig, dass sie alles andere gewöhnlich werden lässt.

— Anonymus, *Die Wolke des Nichtwissens*

Einleitung

Ich weiß kaum, wo ich beginnen soll,
aber Liebe ist immer ein sicherer Ort.

— Emily Dickinson

Dieses unser kleines Leben spielt sich ab zwischen der Sehnsucht, geliebt zu werden, und der Berufung, Liebe zu zeigen. Diese beiden atemberaubenden Möglichkeiten, so zart, so flüchtig, bilden das Thema der folgenden Seiten.

Ich muss jedoch gestehen, dass dieses Buch größtenteils aus Annahmen besteht – so wie es bei jedem Buch über Liebe der Fall sein muss. Meine Annahme ist, dass Liebe der Grund unseres Daseins ist, dass Liebe etwas ist, das jeder von uns zu empfangen verdient, und das zu geben für jeden von uns der Zweck unseres Hierseins ist, dass allein die Liebe diese Erde zu dem Himmel machen kann, der sie sein sollte. Diese Annahme wird zu einem Rätsel, wenn wir realisieren, dass so viele von uns das, was auf den Himmel hinweist, dem Himmel selbst vorziehen. Wir sehnen uns nach der Liebe, die wir uns wünschen, und sprechen von ihr. Wir beklagen die Liebe, an der es uns gemangelt hat. Doch manchmal unterlassen wir es, die notwendigen Schritte zu unternehmen, die helfen könnten, sie Wirklichkeit werden zu lassen.

Das Puzzle wird sogar noch verwirrender, wenn wir manchmal die Hölle des völligen Nichtvorhandenseins von Liebe vorziehen – eine Hölle, die wir durch unsere ungeeigneten Entscheidungen oder durch das Ertragen von Missbrauch oder Verrat, insbesondere von denen, die vorgeben, uns zu lieben, selbst hervorbringen. Dieses Buch geht davon aus, dass Liebe verwirklicht wird, wenn wir es wagen, uns selbst und anderen gegenüber so liebevoll zu sein, wie wir es vermögen, und so sorgfältig wie möglich darauf achten, nicht die Affäre, die wir mit jemandem haben, oder eine Beziehungskiste, die für uns nicht funktioniert, mit wahrer Liebe zu verwechseln.

Die Biologie lehrt uns, dass das Universum ein riesiges Netzwerk wechselseitiger Abhängigkeit ist, von der zellulären Ebene angefangen bis hin zur planetarischen. Es gibt nichts, was aus sich selbst existiert. Es gibt kein Für-sich-selbst-Sein, nur ein In-Beziehung-Sein. Zu sein bedeutet daher, verbunden zu sein. Folglich ist Verbundenheit oder In-Beziehung-Sein die Essenz unseres Daseins und aller Wesen. Wirklichkeit heißt Verbundenheit. John Muir muss diese mystische Tatsache begriffen haben, als er schrieb: „Wenn wir versuchen, etwas für sich allein zu betrachten, entdecken wir, dass es mit allem anderen im Universum verwoben ist."[2]

Muirs Kommentar bezieht sich sowohl auf die Natur, denn bei Ökologie geht es um die wechselseitige Verbundenheit aller Dinge im Universum, als auch auf die menschliche Psyche, bei der es ebenfalls um Verbundenheit geht. Unser gegenwärtiges Verhalten ist mit dem verbunden, was uns in der Kindheit widerfahren ist. Im Grunde ist unser ganzes Leben ein Gewebe aus Beziehungen. Wir sind mit unserer Vergangenheit verbunden, verwoben mit jedem Menschen, den wir kennen, und sogar mit jenen, die uns unbekannt sind.

Sein heißt für uns Menschen, verbunden zu sein, und aufzuhören, verbunden zu sein heißt, nicht mehr zu sein. Unser Leben

---

2 John Muir, *My First Summer in the Sierra*, Boston (Houghton Mifflin) 1911

begann aufgrund einer Verbindung zwischen unseren Eltern; Wir überlebten dank einer Nabelschnur, die uns mit unserer Mutter verband; wir entwickelten uns dank der Verbindungen mit denen, die für uns sorgten. Aufgrund unserer andauernden Verbindungen zur natürlichen Welt und den Menschen darin sind wir noch immer hier. Verbundenheit ist in der Tat die Essenz emotionalen Wohlbefindens. Eine gesunde Entwicklung vollzieht sich am besten und fröhlichsten, wenn wir mit wenigstens einem Menschen, der für uns sorgte, eine schützende, sichere und andauernde Erfahrung gemacht haben. Aufgrund dieser ursprünglichen Verbundenheit wissen wir von da an für immer, wie man andere liebt und trägt, so wie wir geliebt und getragen worden sind. Wir wissen auch, wie wir uns selbst lieben und stützen können, damit wir mit all dem, was uns geschieht, umgehen können, ohne mattgesetzt zu werden.

Liebe ist eine besondere Art von Verbindung; es ist eine fürsorgliche Verbindung. Das englische Wort *caring* (Fürsorge tragen) leitet sich von dem lateinischen Wort für „lieb" oder „teuer" ab. Wir sorgen für jemanden, der uns lieb ist. Teuer bedeutet auch, dass Liebe eine Selbstlosigkeit erfordert, die manchmal herausfordernd und anstrengend sein kann.

Wenn wir für jemanden sorgen, *bedeutet* er oder sie wirklich etwas für uns. Sorge tragen heißt auch, dass wir die Bekundung der Interessen anderer wahrnehmen und auf ihre besonderen Bedürfnisse reagieren. Es beinhaltet echtes Interesse an dem, was jemandem geschieht, und die Hoffnung auf einen guten Ausgang.

Liebe ereignet sich zwischen uns und anderen, wenn wir es begrüßen, dass sie sich mit uns verbinden, und wir uns mit ihnen verbinden. Um zu entscheiden, ob eine Handlung liebevoll ist, können wir uns fragen: „Dient dies dazu, uns auf eine fürsorgliche Weise zu verbinden?" In der Grundschule lernten wir,

Bruchzahlen umzuwandeln, indem wir den kleinsten gemeinsamen Nenner fanden. Eine fürsorgliche Verbindung ist der kleinste – und feinste – gemeinsame Nenner von Liebe in dieser Welt voller Bruchzahlen mit so vielen unterschiedlichen Nennern.

Damit gelangen wir zu einem zentralen Punkt dieses Buches: Geben und Empfangen von Liebe kann zu dem wesentlichen Fokus im Leben werden. Sich auf diese Verknüpfung zu konzentrieren ist eine Art und Weise, gänzlich Mensch zu werden, uns auf der seelischen Ebene zu verwirklichen. Wenn Liebe des Weges kommt, ist sie willkommen und bereichernd. Doch in der spirituellen Praxis liegt unsere Ausrichtung eher darauf, Liebe zu geben, als jemanden zu finden, von dem wir Liebe empfangen können. Wir fühlen uns spirituell erfüllt, wenn wir all die Liebe, die wir haben, zeigen können, ganz gleich, wie andere sich uns gegenüber verhalten oder auf uns reagieren. Dies ist eine radikale Alternative dazu, Liebe zu zeigen, um im Gegenzug wieder welche zu empfangen, oder sie nur jenen zu zeigen, die uns lieben.

Wahrscheinlich werden wir beinahe jeden Tag an dieser spirituellen Art und Weise des Liebens scheitern. Solange wir jedoch die reine Absicht aufrechterhalten, so liebevoll wie möglich zu sein, und uns immer wieder redlich darum bemühen, sind wir bereits auf dem Weg zum spirituellen Erwachen. Wahrhaftig auf erleuchtete Weise zu leben heißt zu wissen, dass Liebe alles ist, was wir je wollten, und sie zu allem zu machen, was auch immer wir geben.

Liebe wird leichter, wenn wir uns ihr als unserem inneren psychischen und spirituellen Code öffnen, dem Äquivalent zu unserem genetischen Code. Ein Code bestimmt, wie wir uns selbst als Individuen verwirklichen und wie wir unseren Beitrag zu der Welt der anderen leisten. Er versorgt uns mit einer Matrize. Der Code der Liebe erzählt die gesamte Geschichte dessen, was es bedeutet, Mensch zu sein, und was die Welt, die wir bewohnen, in ihrer bloßen Existenz bedeutet. Liebe ist der springende Punkt. Was wir sein können ist dasselbe, was Liebe sein kann: unendlich in ihrer Dauer und unermesslich in ihrer Weite. Ja, wir Menschen verfügen über so viel Zeit in unserer Geschichte (so unendlich wie die Ewigkeit), so viel Raum in unserem Herzen (so grenzenlos wie der Weltraum).

Die Liebe in uns stammt aus einer uns innewohnenden Güte, die jenseits von Ursachen, Bedingungen, misslichen Lagen oder Geschichten ist. Sie ist von Natur aus und unauslöschlich in uns, ob wir nun ihre Präsenz wahrnehmen oder nicht. Zu manchen Zeiten mag unsere Güte uns völlig verlassen oder anscheinend nicht mehr vorhanden oder verlorengegangen sein. Denn tatsächlich tragen wir von frühesten Tagen an ganz deutlich auch Aggression in uns; auch sie ist uns angeboren. Die gute Nachricht ist, dass wir an die andauernde Wirklichkeit und das Überwiegen unserer Fähigkeit zur Güte glauben können, ganz gleich, was wir getan oder wie wir zuvor gelebt haben. Vielleicht müssen wir lernen, Liebe zu zeigen, aber der Umstand, dass das Lernen leichtfällt, scheint darauf hinzuweisen, dass Liebe ein natürlicher Teil von uns ist. Liebe ruht achtsam und unbeweglich in uns, unser ganzes Leben lang, und wartet darauf, dass wir sie offenbaren.

Was hält uns davon ab, die uns angeborene Güte zu erkennen, daran zu glauben, dass wir gute Menschen sind? Unser Selbstwertgefühl mag während unserer Kindheit durch harsche Kritik und dadurch, dass uns Beschränkungen auferlegt wurden, verletzt worden sein. Wir gewinnen unser Selbstwertgefühl zurück, wenn wir die uns vererbten falschen Vorstellungen von uns selbst auflösen. Deshalb arbeiten wir an unserer Vergangenheit. Indem wir daran arbeiten, können wir Mittel finden, die uns helfen, die Schatztruhe der Liebe in unserem Inneren zu öffnen. Denn im Grunde dienen alle aus den Selbsthilfebewegungen der vergangenen Jahre gewonnenen psychologischen Mittel genau dieser einen Sache: Liebende zu werden, die mit Blumen in der Hand erwartungsvoll an jeder Tür stehen.

Wenn wir auf unser Leben und alles, was wir bis jetzt gelernt haben, zurückblicken, mögen wir hocherfreut realisieren, dass alles eine Unterweisung darin gewesen ist, wie man ohne Grenzen und Einschränkungen lieben kann. Was wäre, wenn wir durch alles, was uns widerfährt, darin geschult werden, *wie* wir uns im Laufe des Lebens in der Liebe weiterentwickeln können? Genau das ist die Definition von Synchronizität (bedeutungsvolles Zusammentreffen): Genau die richtigen Ereignisse und Menschen begegnen uns, damit wir die Liebe zum Ausdruck bringen können, die in uns ist. Sie alle sind Gesandte irgendeiner Nuance von Licht, die wir benötigen, um das ganze Spektrum an Farben unserer Liebe in all ihrem Strahlen hervortreten zu lassen.

Wir lernen, unser Potenzial, Liebe zu zeigen, auf die gleiche Weise zu aktivieren, wie wir den Gebrauch einer Sprache lernen – indem wir andere imitieren und uns selbst anstrengen, unser Vokabular zu erweitern. Unser Sprechvermögen gründete nicht darauf, wie unsere Eltern uns behandelt haben, sondern darauf, auf welche Weise unsere Leichtigkeit im Sprachgebrauch beeinträchtigt wurde, wenn man uns lächerlich machte oder zum Schweigen verdonnerte. Das Gleiche gilt für die Liebe. Unsere Fähigkeit zu lieben hält an, auch wenn sie durch die Art und Weise, wie wir behandelt worden sind, angeschlagen sein mag. Doch genauso, wie wir zu jeder Zeit unseres Lebens lernen können, gut zu sprechen, können wir immer lernen, unsere Liebe gänzlich und geschickt zutage treten zu lassen. Wir können unsere Liebesfähigkeit auffrischen, wenn sie verletzt worden ist, sie wiederbeleben, wenn sie unterdrückt wurde, sie wieder zurückholen, wenn sie auf der Strecke geblieben ist. Dies zu lernen ist psychologische Arbeit und spirituelle Übung im besten Sinne. Denn es ist tatsächlich der Grund, weshalb wir eine Psyche, einen Körper, eine Spiritualität und eine Lebensspanne haben.

Wenn wir verstehen, dass uns Liebe angeboren ist, dürfen wir annehmen, dass es auch etwas gibt, das uns hilft, sie zum Ausdruck zu bringen. Ein verlässlicher und mächtiger Verbündeter ist unser instinktiver innerer Drang, uns selbst zu verwirklichen. Wir müssen uns nicht allein auf unsere eigenen Bemühungen verlassen; wir können darauf vertrauen, dass uns etwas in uns dabei helfen wird. Wir besitzen ein instinktives Bedürfnis, ohne Vorbehalte zu lieben. Dieses Bedürfnis ist die archetypische helfende Kraft, der verlässliche Verbündete, die unerwartete Ressource, unser eigenes inneres Selbst, der innere Geliebte, von dem die Mystiker sprechen. Es steht uns frei, in jedem Augenblick in Übereinstimmung mit dieser unantastbaren und unerschütterlichen Energie zu agieren.

Zwei Ahnungen helfen uns, an unsere innere Güte zu glauben: Erstens können wir intuitiv spüren, wie die liebevolle Wahl in jeder Situation auszusehen hat. Zweitens vermögen wir uns bewusst zu machen, dass uns alles, was uns widerfährt, eine Gelegenheit eröffnet, stärker oder besser zu lieben. Dies geschieht, weil alles, was geschieht, ein evolutionärer Antrieb ist, ein Vorstoß zu mehr Bewusstsein und mehr Verbundenheit, der schließlich zur reifen Frucht der Liebe führt.

Aus der Art und Weise, auf die wir zuerst geliebt wurden, und den Arten, wie wir seither geliebt worden sind, ergibt sich die Definition dessen, was Liebe für uns bedeutet. Manche Menschen fühlen sich wirklich geliebt, wenn ihnen jemand etwas schenkt. Andere erfahren Liebe, wenn Menschen sich für sie einsetzen. Wieder andere fühlen sich geliebt, wenn jemand sich größte Mühe gibt, ihnen zu helfen. Wenn unsere Mutter uns Liebe gezeigt hat, indem sie uns in unserm Schmerz oder unserer Freude gehalten hat, ohne uns zu erdrücken oder zu kontrollieren, dann wird sich ein solches Verhalten für uns immer wie Liebe anfühlen. Wir empfinden Liebe heute so, wie wir sie das erste Mal erfahren haben; wir geben Liebe auf jene Weise, auf die wir sie empfangen haben. Da Liebe für jeden Menschen einzigartig ist, lesen und schreiben wir sie, empfangen und geben wir sie also genau so, wie wir sie in der Vergangenheit erfahren haben. Ebenso wie bei einer guten Handschrift vermögen andere darin unsere einzigartige Signatur zu lesen.

Gleichzeitig haben wir die Möglichkeit, unsere Definition von Liebe auszuweiten. Alle unsere Beziehungen schenken uns die Gelegenheit, uns immer wieder neuen Formen aufrichtiger Liebe, die andere uns entgegenbringen und die wir anderen entgegenbringen, zu öffnen. Auf diese Weise fordert Intimität uns heraus, Gelegenheiten zu ergreifen.

Nach christlicher Überlieferung kamen die Weisen aus dem Morgenland, um den neugeborenen Jesus mit kostbaren Geschenken willkommen zu heißen. Wir können darauf vertrauen, dass viele Engel und Buddhas an unserer Krippe erschienen, um den spannenden und bedeutsamen Augenblick der Geburt – die Ankunft einer neuen Version von Liebe – zu feiern. Die Geschenke, die sie uns brachten, waren nicht Gold, Weihrauch und Myrrhe. Sie segneten uns vielmehr mit dem Vermögen, grenzenlos zu lieben und geliebt zu werden, einer Fähigkeit, Liebe auf sinnreiche Weise zu zeigen und zu empfangen, einem Verlangen, sich ihr unendlich zu öffnen.

Sobald wir begreifen, dass Liebe unsere wahre Identität ist, erkennen wir, dass die Fertigkeit, Lieben zu lernen, größtenteils darin besteht, die Ego-Blockaden aufzulösen, die unsere natürliche Neigung zum Lieben allmählich überlagert haben. Dies bedeutet, unsere Ansprüche und die Aufgeblasenheit unseres Egos loszulassen. Dann halten wir Ausschau nach all den Übungen, die uns dazu verhelfen können, insbesondere solchen, die uns aus dem Griff der Hauptwidersacher unseres Glücks befreien: unserer Selbstbezogenheit und Aggressivität. Im gleichen Moment, in dem wir diesen Griff lockern, wird auch die Angst die

Flucht ergreifen, und alles, was von uns übrig bleibt, ist das, was sich noch liebevoll öffnen kann.

Als Erwachsener zu lieben bedeutet, erwachsen mit Liebe und dem Lieben umzugehen. Psychologisches Erwachsensein – Reife – bedeutet, Liebe vorsichtig hereinzulassen und sie verantwortungsvoll zu zeigen. Spirituelles Erwachsensein besteht darin, unsere Liebe so weit auszudehnen, dass sie grenzenlos wird – eine Praxis, die Wagemut erfordert. Da Liebe irgendwo zwischen Vertrauen und Angst in uns wohnt, erfordert sie den Mut, sowohl zu vertrauen als auch unsere Angst zu ignorieren, wenn wir uns der Liebe verpflichten. Beide Risiken nehmen wir in Kauf, wenn wir jemanden lieben. Lieben macht häufig Angst. Deshalb müssen wir bei der Praxis der Liebe wagemutig sein. *Wagemut* wird definiert als ein Loslassen von Besorgnis über für uns gefährliche Konsequenzen. Wir sind wagemutig, wenn wir in unserer Absicht so fest ausgerichtet sind, dass wir uns nicht mehr aus Angst vor dem, was uns bedrohlich erscheint, zurückhalten lassen. Dies hilft uns, bedingungslos zu lieben. (So etwas wie bedingte Liebe gibt es nicht – das ist keine Liebe, lediglich eine Art der Bestätigung, dass wir dem anderen gefallen.)

Manchmal sind wir wählerisch dabei, die uns innewohnende Liebe zu zeigen, und hier erkennen wir einen Widerspruch in uns selbst. Es fällt uns nicht schwer, uns der Ehrlichkeit anderen gegenüber zu verschreiben, bedingungslos und einseitig, ganz gleich wie unehrlich andere uns gegenüber sein mögen. Doch wir halten Liebe für etwas, das behutsam zu bemessen ist und nur sehr besonderen Menschen in unserem Leben zugute kommt. Wir glauben, dass jeder Mensch Ehrlichkeit verdient, aber wir stellen uns vor, dass nur bestimmte Menschen unsere Liebe verdienen. Wären wir in der Lage, die gleiche Verpflichtung einzugehen, wenn wir Ehrlichkeit durch Liebe ersetzten? Das würde dann folgendermaßen aussehen: Es fällt uns nicht schwer, gegenüber jedem Menschen liebevoll zu sein, bedingungslos und einseitig, ganz gleich wie lieblos der andere sein mag.

Es ist natürlich richtig, dass Unterscheidungsvermögen beim Vertrauen auf andere notwendig ist, wenn wir qualitativ gute Beziehungen haben wollen. Auswählen ist wichtig für unsere Sicherheit und unseren Schutz, denn es bedeutet, nur jenen zu vertrauen, die sich als zuverlässig erwiesen haben. Dies ist jedoch nur sinnvoll in Hinsicht darauf, *wie* wir lieben, nicht aber darauf, *dass* wir lieben. Infolgedessen sind unsere Formen, Liebe zu zeigen, unterschiedlich, der Verpflichtung entsprechend, die wir gegenüber den unterschiedlichen Individuen in unserem Leben eingegangen sind. Wir können sorgfältig auf unsere Grenzen achten, wenn uns andere nahekommen, aber grenzenlos darin sein, wie weit wir unsere Liebe ausdehnen. Es gibt in der Topographie der Liebe Grenzen, aber keine Schranken.

Wir können beispielsweise unseren alkoholsüchtigen Ehemann lieben, aber solange er uns missbraucht und sich weigert, Hilfe zu suchen, können wir nicht mit ihm leben. Unsere Selbstliebe gestattet es nicht, die Sicherheit, Gesundheit und das Glück von uns selbst und unserer Kinder aufs Spiel zu setzen. Unsere schwierige Liebe für unseren Partner erlaubt uns nicht, es ihm zu ermöglichen, sich und andere weiter zu zerstören. So kann unsere Liebe stark wie immer sein, aber unsere Art und Weise, sie zu zeigen, verändert sich. Dazu könnte gehören, dass wir das Ehebett nicht mehr mit ihm teilen, aber es würde beinhalten, dass wir seine Heilung unterstützen, sobald er dazu bereit ist. Wir wahren unsere Grenzen, errichten jedoch keine Schranken, weil wir offen für die vollkommene Wiederverbindung bei seiner völligen Heilung sind. Wir zeigen unsere Liebe, die ganz und gar auf dem Wesentlichen gründet: Schutz, Sicherheit, Gesundheit und Glück für uns und jene, die sich verpflichtet haben, für uns zu sorgen. Und doch können wir unter allen Umständen weiter lieben.

In einer Welt, in der wir vor wagemutiger Liebe Angst haben, verdienen nur jene unsere Liebe, die uns gefallen oder es wert zu sein scheinen. In einer Welt, in der wir bereit sind zu erwachen, verdient jeder Liebe, weil diese nicht von Verdienst, guten Taten oder der Bereitschaft zur Gegenleistung abhängig ist, sondern nur davon, lebendig zu sein. Diese Art von grenzenloser Liebe meinen wir, wenn wir von der Erfüllung unserer menschlichen Mission sprechen, dem bestmöglichen Gebrauch unseres menschlichen Vermächtnisses, der vollkommen Erfüllung unseres Lebenszwecks.

Unsere liebevolle Reaktion beruht meistens auf persönlicher Attraktivität. Doch wir können dahin gelangen zu glauben, dass eine Person umso mehr Liebe benötigt – und Liebe verdient –, je weniger liebenswert sie ist. Wir können lernen, Liebenswürdigkeit in jedem Menschen zu sehen. Liebenswürdigkeit verdient man sich nicht. Wir machen es zu unserer Praxis, jeden in unserer sich ständig ausweitenden Art und Weise fürsorglicher Verbindung willkommen zu heißen. Auch dies ist ein subversiver Akt, denn wir kehren die übliche Abfolge um: Normalerweise gehen wir auf jene zu, die attraktiv und liebenswürdig sind, und wenden uns von jenen ab, die unserer Meinung nach unattraktiv und nicht liebenswert sind. Es fällt nicht leicht, jemanden nicht nur wegen seines einnehmenden Wesens zu lieben, sondern einfach deshalb, weil er oder sie existiert. Aber echte Liebe macht jeden unwiderstehlich.

Uns zu verpflichten, jeden zu lieben, ist ganz gewiss ein subversiver Akt, weil es ein Akt bedingungsloser und egalitärer Verbindung ist. Sie geschieht und funktioniert ungeachtet der Eigenschaften oder Handlungen der anderen. Dies ist eine Liebe, die Vielfalt anerkennt und niemanden aus ihrer weiträumigen Umarmung ausschließt. Es ist eine Liebe, die jeglicher Form von Apartheid, Entfremdung, Rang und Spaltung ein Ende macht. Es ist jene Liebe, die einseitig sein kann, wenn es nötig ist. Sie gründet nicht auf Liebenswürdigkeit oder darauf, wie andere sich uns gegenüber verhalten, sondern darauf, wer *wir* sind.

Diese Herausforderung wird von Lex Hixon in seinem Buch *Mother of the Buddhas: Meditations on the Prajnaparamita Sutra* besonders eindrucksvoll zum Ausdruck gebracht: „Bodhisattvas werden weder vom Leben befreit noch streben sie nach irgendeiner Form von getrennter Selbstverwirklichung. Sie richten einen ekstatischen Fluss der Liebe und Freundlichkeit auf alle und verbinden ihre Geistesströme so intim mit allen Wesen wie mit ihren liebsten Familienmitgliedern und geliebten Freunden. Diese erstaunliche spirituelle Leistung befreit die Bodhisattvas von jeglicher unreinen Absicht, anderen zu schaden, sie zu verunglimpfen, zu verlassen oder sie auch nur zu ignorieren." Dieses Buch gründet auf einem festen Vertrauen darauf, dass wir alle diese Leistung zu vollbringen vermögen oder uns zumindest in diese radikale spirituelle Richtung bewegen können, und es zeigt uns, wie wir dies tun können, ohne unsere Grenzen aufzugeben.

Wir haben in unserem Leben einen Platz für intime Beziehungen, in denen wir unsere Liebe auf ganz besondere Weise zeigen. Wir mögen auch einen Platz für eine umfassendere Form der Liebe haben. Wenn wir ohne Bevorzugung „alle Wesen lieben", wenn wir unsere Liebe als Fürsorge und Mitgefühl auch auf jene ausdehnen, die unserem Ego am wenigsten attraktiv erscheinen, finden wir zu einer neuen Ebene der Menschlichkeit in uns selbst. Wir realisieren dann nämlich bald, dass jene, denen wir uns auf diese bedingungslose und grenzenlose Weise zuwenden, uns transformieren, indem sie unsere Liebesfähigkeit vergrößern.

Im Grunde kann man jeden verletzten Menschen als die lebendige Inkarnation eines Bodhisattva ansehen, eine erleuchtete Person, die uns begegnet, um uns den Dharma zu lehren, die erleuchtete Lehre der Liebe. Wenn wir das erkennen, braucht es nicht lange, bis wir die Sternenspur sehen, die seinem gebrechlichen und entstellten Körper, dem nun lichterfüllten strahlenden Körper Buddhas, folgt.

Wir könnten sagen, dass alles, was wir Menschen tun, dazu bestimmt ist, entweder Liebe zu zeigen oder darum zu bitten – häufig beides zugleich. Das Bitten kann vielerlei Formen annehmen, sowohl bezaubernd angenehme als auch unbeholfene und unangenehme. Wenn wir eine tiefe Verpflichtung zur Liebe aufrechterhalten, hat der Anschein, jemand sei nicht liebenswert, nicht zur Folge, dass wir ihn verachten oder hassen, sondern ist ein Ansporn dafür, nur noch fürsorglicher zu sein. Wenn wir auf diese befreite Weise lieben, dann glauben wir, dass Menschen umso mehr unserer Liebe bedürfen, je weniger liebenswert sie erscheinen, und desto mehr geben wir ihnen. Auf diese Weise dehnen wir unsere Liebe grenzenlos aus, unbeeindruckt von Anziehung oder Abneigung, und sind in der Lage, unser Herz für neue Möglichkeiten der Fürsorge zu öffnen. Tatsächlich kann eine fürsorgliche Verbindung nur entstehen, wenn unser Herz sich immer weiter öffnet. So wie John Donne in seinem Liebesgedicht *Der Morgen* beschreibt:

> *Denn Liebe lenkt die Lieb‘ zu allem andern,*
>
> *Und macht zur Welt sich einen kleinen Raum.*

Buddhistische Lehren raten uns, auf der Hut vor Anziehung und Abneigung zu sein. Diese führen zu Leiden, wenn sie uns ein Bein stellen oder wir uns in sie verstricken. Wir können dem, was wir besitzen, so verhaftet sein, dass wir uns daran festklammern, und Klammern ist eine schmerzhafte Angelegenheit. Wir können so sehr in Wünschen nach dem festgefahren sein, was wir nicht haben, dass wir danach hungern – ein weiterer schmerzhafter Akt. Diese beiden Formen von Leiden beeinträchtigen fürsorgliche Verbindungen.

Unsere Praxis universeller Liebe hebt unsere engen Bindungen, wie etwa Beziehungen zu einzelnen Menschen, nicht auf. Im Gegenteil, sie schenkt uns die wundervolle Alternative, die Reichweite, die Art und die Ausrichtung unserer Liebe auszuweiten. Die Liebe, die wir zu einem besonderen Partner empfinden, wird nur noch reicher, wenn wir uns der universellen Art zu lieben verschreiben. Widmen wir uns der bedingungslosen Liebe, lehrt uns dies, die Einengungen durch das Ego zu transzendieren, was einen Segen beim Umgang mit Beziehungskonflikten darstellt. Universell zu lieben ist das mutigste und für unsere materialistische Gesellschaft wohl das närrischste Gelübde, das man ablegen kann. Aber das „Ja, ich will" vor dem Altar wirkt mit Sicherheit tiefer, wenn es bereits für all unsere Mitmenschen auf der Welt ebenso ausgesprochen wurde.

Die Liebe, die wir sind, ist uns letztlich ein Mysterium. Ich stelle fest, dass ich als Therapeut und Autor auf der Basis eines strukturierten Bezugsrahmens des Verständnisses der Psyche und der Welt arbeite. Ich schätze die Nützlichkeit und den gesunden Menschenverstand einer kohärenten Sichtweise des Lebens. Diese Sichtweise habe ich durch Erfahrung mit Klienten und Studenten, aus meiner eigenen Geschichte, durch die Beziehung zu meinen spirituellen Lehrern und Übungen gewonnen. Aber ich ermahne mich oft selbst, nicht zu glauben, dass alles und jedes bereits wohlbekannt, definitiv, bis ins Detail erklärt und in eine Schublade einzuordnen ist.

Ich möchte meinem Gefühl für das Mysterium menschlicher Liebe, menschlicher Konflikte und menschlicher Leiden und besonders des Hier und Jetzt, des größten Mysteriums von allen, treu bleiben. Nur wenn wir frei sind von vorgefassten Meinungen, endgültigen Definitionen und perfekten Lösungen können wir voll und ganz in es eintreten. Dies spiegelt die Lehren Buddhas über die Leere wider, die Leerheit von Definierbarkeit all dessen, was ist. Wir realisieren, dass alles, was wir sagen, eine Analogie ist, aber keine Fakten darstellt.

Mir ist klar, dass mein Bezugsrahmen und die verschiedenen Übungen in diesem und allen anderen meiner Bücher lediglich eine *Annäherung* darstellen, eine tastende, vorläufige Antwort auf die Rätsel des Lebens und keine endgültige Aussage zu diesem Thema. Ich möchte meinen Respekt für die immer offensichtlicher werdende Großartigkeit der menschlichen Geschichte aufrechterhalten. Diese Geschichte macht jeden Autor oder Denker ratlos, der versucht, sie festzunageln. (Die Nägel würden schließlich nur Sargnägel sein.)

Nun verstehe ich, weshalb Laotse gesagt hat, die Essenz aller Lebendigkeit lasse sich nicht adäquat in Worten beschreiben. Ich bin dankbar dafür, dass ich mir meine Verehrung für das Mysterium, den letzten Atemzug in jeder Diskussion, die endgültige Wirklichkeit hinter all unseren Annahmen, das ephemere Lächeln der „Grinsekatze" aus *Alice im Wunderland* angesichts all unserer Formeln bewahrt habe. Ich will mich im restlichen Teil dieses Buches vor diesem höchsten Glanz verneigen und in ihm ruhen.

> Die Tiefen an sich bleiben unbegreiflich…
> Dies ist die dunkle Stille, in die alle Liebenden verloren sind.
>
> — Jan van Ruysbroeck

1
Was ist Liebe?

Du neigst so sehr zur Liebe wie die Sonne zum Strahlen; sie ist die beglückendste und natürlichste Tätigkeit der Seele.

— Thomas Traherne, *Centuries of Meditations*

Liebe ist zu schwer fassbar und zu individuell, um eine Definition zuzulassen. Doch wir können fragen: „Was kann Liebe sein?“ Dies ist keine Definition, sondern eine Aufforderung zu einer immer wieder erneuerten Einladung, etwas, das zu betreten wir immer wieder wagen, wie Alice, die im Wunderland von einem Abenteuer zum nächsten fortschreitet

Wir haben Liebe beschrieben, indem wir ihren wesentlichsten Bestandteil benannt haben: Verbindung. Das englische Wort für Verbindung, *connection,* basiert auf zwei lateinischen Wörtern: *con,* was „zusammen“ bedeutet, und *nectere,* das „binden“ oder „knüpfen“ bedeutet. Ursprünglich wurde das Wort anders geschrieben: *connexion,* um die Vergangenheitsform des Verbs *nectere* widerzuspiegeln, die *nexus* lautet. Liebe ist ein Nexus, eine Verknüpfung, die ein breites Spektrum abdecken kann. Sie kann vielfältige Formen annehmen, vom Verschicken eines freundlichen Briefes über sexuelle Intimität bis hin zur mystischer Einheit.

Wir sind soziale Wesen, deshalb ist Verbindung für unser Überleben wichtig. Wir stellen uns vor, dass Verbindung über unser physisches Leben hinausgehen kann, und daher findet sie sich auch in unserer Vorstellung von einem Leben nach dem Tode im Himmel wieder. Wir sehen den Himmel als einen Ort an, an dem wir mit den von uns Geliebten vereint sein werden. Das macht die Hölle zu einem Ort des Getrenntseins, des Ausschlusses und der Exkommunikation. Wir erinnern uns an die Worte des Starez Sossima in Fjodor Dostojewskis *Die Brüder Karamasow*: „Hölle ist das Leiden daran, dass man nicht mehr lieben kann." Dies macht uns die Metapher der Hölle verständlicher: Es geht mehr um eine Trauer um unseren Mangel an Liebe als um eine Bestrafung dafür, dass wir nicht liebevoll sind.

Liebe ist eine Verbindung, die fürsorglich ist, gute Absichten hegt, Freiheit respektiert und wirklich empfindsam für die Bedürfnisse anderer ist, diese sogar ebenso wichtig nimmt wie die eigenen. Diese Verlagerung der Aufmerksamkeit auf die Bedürfnisse anderer reduziert unser eigenes Gefühl der Wichtigkeit. Liebe hat wirklich unglaubliche Macht, uns zu helfen, das Ego loszulassen!

Wenn Liebe wechselseitig ist, dann begrüßen wir ein positives Entgegenkommen von anderen und weiten positive Verbindungen zu anderen aus. Eine Liebesbeziehung muss nicht unbedingt reziprok oder symmetrisch sein. Sie kann gleichwertig zwischen zwei Menschen sein oder intensiver bei dem einen als bei dem anderen. Die Bereitschaft, jemanden zu lieben, der einen nicht gleichermaßen wiederliebt, ist ein Beispiel für die Großzügigkeit der Liebe. Sie ist tatsächlich ein spirituelles Voranschreiten zu einer Verpflichtung, wie ich sie in den folgenden Zeilen als persönliche Affirmation formuliert habe:

> Kann die Liebe zwischen uns nicht gleichgewichtig sein,
> so sei die Position der größeren von beiden Lieben mein.

Das Lieben wird sich dann nicht wie ein Geben anfühlen, wie es in der Welt des Egos von *quid pro quo* [„dies für das"] der Fall ist. Ich bin dann mein wahres Ich, Liebe, die einfach nur ist.

Eine fürsorgliche Verbindung schließt Altruismus, Zuneigung zu einem Menschen, Interesse an dem, was ihm widerfährt, Wohlwollen, Verfügbarkeit für ihn in Zeiten der Not und das Gefühl und das Mitteilen von Herzensgüte ein. All dies erfordert eine Offenheit für die Möglichkeit, dass wir etwas von unserer eigenen Bequemlichkeit für das Wohlbefinden des anderen opfern.

Wir bitten unseren Partner oder einen anderen für uns bedeutsamen Menschen um vier Versprechen der Liebe. Die Antwort „Ja" auf jede dieser Bitten gibt uns den Beweis für eine fürsorgliche Verbindung. Jedes Ja kann zu einer Verpflichtung zum Aufbau von wahrem Vertrauen und angstfreier Liebe werden:

> Bist du für mich da und wie zeigt sich das?
>
> Sorgst du dich um mich und wie zeigt sich das?
>
> Bedeute ich dir etwas und wie zeigt sich das?
>
> Interessierst du dich für mich und wie zeigt sich das?

Lieben bedeutet auch, uns in eine verletzliche Position zu begeben; wir zeigen unsere Liebe und hoffen, sie wird angenommen. Wir legen unser Herz bloß und hoffen darauf, dass es nicht misshandelt wird.

Wenn die Liebe sich ausweitet, konzentriert sie sich über unsere Beziehung hinaus auf Eintracht und Versöhnung. Unser Bestreben mag sich von dem Interesse an der Verbundenheit anderer mit uns zur Sorge für die harmonische Verbundenheit zwischen all unseren Freunden oder sogar der ganzen Menschheit ausweiten. Diese altruistische Anteilnahme kann uns ein Gefühl von Zufriedenheit schenken, wie wir es von Edward IV. in Shakespeares *Richard III.* ausgedrückt finden:

> Die Seele scheidet friedlich nun zum Himmel,
> Da ich den Freunden Frieden gab auf Erden.[3]

Weitet sich die Liebe in unserem Leben aus, so wird sie zudem zu einer Kraft des Wandels. Wenn wir von Liebe dazu angespornt werden, ein Ziel zu verfolgen, so ist es wahrscheinlicher, dass wir ein erfolgreiches Ergebnis erzielen. Das liegt daran, dass Situationen und Menschen am besten auf Liebe reagieren, eine sanfte, aber mächtige Energie. Wir sehen dies in unseren persönlichen Beziehungen. Geduldige und andauernde Liebe zu zeigen hilft jemandem mehr, sich zu ändern, als es Nörgeln und Forderungen jemals tun können.

Genau das Gleiche gilt in einem politischen Forum. Eine Antikriegsbewegung hat mehr Erfolg, wenn jene, die leidenschaftlich den Frieden vertreten, zeigen, dass sie von einer echten liebenden Sorge um die Menschheit motiviert sind und nicht einfach nur davon, gegen die Politik eines Staates zu protestieren. Dennoch verwenden wir weder in persönlichen Beziehungen noch in politischen Angelegenheiten Liebe als eine Strategie. Das wäre eine Form der Manipulation. Wir nehmen einfach zur Kenntnis, dass Liebe eine ihr eigene Kraft besitzt. Sie wirkt erlösend, weil sie vergibt und dadurch rehabilitiert. Sie transformiert die Herzen und die Art und Weise, wie die Welt funktioniert. Sie verändert die Dinge.

Liebe ist eine Kraft, aber manchmal wird sie als Gefühl bezeichnet. Wenn wir uns Liebe als ein Gefühl vorstellen, dann mögen wir enttäuscht sein, weil wir feststellen müssen, dass wir ein solches Gefühl nicht ständig aufrechterhalten können. Ein Gefühl ist eine intensive, unmittelbare, sinnlich-körperliche Erfahrung. Gefühle haben einen Anfang, eine Mitte und ein Ende; Liebe ist hingegen dauerhaft. Gefühle sind Reaktionen auf bestimmte Sti-

3 Übersetzung von August Wilhelm von Schlegel

muli; Liebe ist gleichzeitig der Stimulus und die Reaktion. Liebe kann ein Seinszustand, eine zärtliche Empfindung, eine beständige Verbundenheit sein. All diese besitzen eine dauerhafte Qualität. Insofern schließt Liebe eher Gefühle mit ein und geschieht *mit* ihnen, als dass sie selbst eines *ist*, da sie über die Momente des Ausdrucks hinaus andauert.

Liebe kann auf viele Arten verstanden werden, doch sechs Begriffe ragen heraus: Liebe als natürliche Begabung, als Eigenschaft, als Verbindlichkeit, als Aufgabe, als Gnade und als Übung.

Liebe als natürliche Begabung

Die *natürliche Begabung* zur Liebe ist unser Potenzial, Verbindungen zu knüpfen und uns ihnen zu verpflichten. Jeder von uns besitzt die Fähigkeit, vollkommen zu lieben, und kann jederzeit damit beginnen, insbesondere jetzt und heute. Wir verlieren niemals unsere Kraft und unsere Fähigkeit, Liebe in unser Leben hineinzulassen und uns liebevoll zu verhalten. Das Vermögen zu lieben kann nicht durch unsere Vergangenheit annulliert oder ausgelöscht werden, ganz gleich welchen Schaden unsere Erfahrungen angerichtet haben mögen. Was geschädigt werden kann, ist unsere Art und Weise, Liebe zu zeigen, und unsere Vorstellungen davon, wie sie aussehen sollte. Wie wenig wir bislang geliebt haben, ist nicht maßgebend dafür, wie viel wir heute oder in Zukunft lieben können.

Liebe als Eigenschaft

Als *Eigenschaft* ist Liebe eine Art und Weise, sich gegenüber anderen zu verhalten. Es ist kein Nennwort, das sich auf eine

Einheit oder Abstraktion bezieht. Wir können Liebe oder eine andere Eigenschaft nicht vergegenständlichen. Es ist wie bei einem Adverb in der Grammatik. Es zeigt, *wie* etwas getan wird. So zeigt zum Beispiel „Ich habe sie liebevoll berührt", wie ich sie berührt habe.

Die Qualität unserer Liebe nimmt zu, wenn wir sie in unserem Verhalten tiefer und großzügiger zeigen. Die Quantität oder das Ausmaß unserer Liebe wächst in dem Maße, in dem wir sie mehr Menschen gegenüber empfinden und zeigen – von Nahestehenden und Geliebten bis hin zu allen Wesen in der Welt.

Es gibt kein Mitgefühl, keine Liebe oder Frieden auf eine für sich allein stehende oder abstrakte Weise. Sie sind menschliche Eigenschaften, und wir sind wahrhaftig Menschen, wenn sie unsere natürliche Art und Weise sind, in dieser Welt zu sein. Unsere Menschlichkeit ist vollkommen, wenn wir Mitgefühl *sind*, Liebe *sind*, Frieden *sind*. Dann zeigen wir sie überall und gegenüber jedem. Der mystische Dichter William Blake fasst dies wunderbar zusammen:

> Aus Menschenherz die Gnade fließt,
> Mitleid zeigt menschliches Gesicht,
> Den Menschen Liebe göttlich zeigt,
> Und Frieden ist sein schönstes Kleid.[4]

Liebe als Verbindlichkeit

Als *Verbindlichkeit* ist Liebe wie ein Verb. Sie zeigt fortwährende Hingabe daran, in aufrichtiger Weise und in bester Absicht für das Wohl anderer zu handeln. Wir verpflichten uns, bedingungslos zu lieben. Infolgedessen wollen wir das Beste für andere, ungeachtet

---

4 Übersetzung von Eric Boerner.

dessen, wie sie uns behandeln, wobei allerdings unsere Verpflichtung, uns selbst zu lieben, es nicht zulässt, uns missbrauchen zu lassen. Unsere Verpflichtung, in einer Beziehung zu lieben, bedeutet, Vereinbarungen einzuhalten, das Beste für den anderen zu wollen und die Dinge zu klären, wenn Konflikte auftauchen.

Liebe als Aufgabe

Liebe ist auch eine *Lebensaufgabe,* da sie bestimmt, weshalb wir hier sind und wie wir Erfüllung finden können. Unsere Lebensaufgabe kann darin bestehen, all die Liebe zu zeigen, die wir in jedem Lebensbereich besitzen – uns selbst gegenüber, all unseren Bekannten gegenüber, allen auf dem Planeten und dem Planeten selbst gegenüber. Da jeder von uns eine einzigartige Art zu lieben hat, besteht unsere Lebensaufgabe darin, unsere Liebe auf eine uns eigene Weise zu manifestieren. In diesem Zusammenhang kann Liebe als eine Berufung empfunden werden, als ein Impuls aus dem Inneren und jenseits von uns, der uns auffordert, unseren persönlichen Beitrag zur Welt zu leisten.

Liebe als Gnade

Wir vollbringen ein solch großartiges Meisterstück nicht gänzlich allein. Insofern ist Liebe auch eine *Gnade,* die wir bei der Geburt als Teil unserer menschlichen Ausstattung mitbekommen haben, ein Geschenk, das unser ganzes Leben lang immer wieder aufs Neue geöffnet werden kann.

Gnade ist die besondere Hilfe, die uns aus dem Bereich jenseits unseres Ichs zuteil wird. Sie stammt aus einer Quelle, die sich unserer Kontrolle entzieht. Wir können nichts tun, damit sie eintritt, aber es kann hilfreich sein, wenn wir uns für sie öffnen.

Im Sonett 87 spielt Shakespeare auf die Gnade an: „Aus mir ist nicht dein Schenken zu erklären …“.[5] Gnade gründet sich nicht auf unsere Bemühungen oder Leistungen; sie kommt aus freien Stücken. Sie ist eine unverdiente Ressource, die uns mehr Weisheit und Mut schenkt, als wir in unserem normalen Ego-Werkzeugkasten zur Verfügung haben. Gnade lässt sich als eine Energie verstehen, die uns hilft, uns selbst zu erfüllen. In der antiken Mythologie war Plutos der Gott des Reichtums. Zeus blendete ihn, sodass er die Reichtümer wahllos, ohne auf irgendwelche Verdienste zu achten, verteilen konnte. Dieser Mythos zeigt, dass Gnade ein vollkommen freies Geschenk ist sowie auch eines, das aus einer transzendenten Quelle stammt.

Was sich über Gnade sagen lässt, ist auch in Hinsicht auf unsere eigene Verpflichtung, universelle Liebe zu zeigen, gültig. Sie ist ein freies Geschenk von uns an andere, unabhängig von deren Verdiensten. Sie ist transzendent, weil ihr Ursprung jenseits des Egos liegt und alle Vorlieben, Voreingenommenheiten und Beschränkungen des Egos aufhebt. In diesem positiven Sinne ist Liebe blind.

Liebe als Übung

Es liegt immer an uns, die Energie aufzuwenden, die es braucht, um mit Liebe und im Einklang mit der uns verliehenen Gnade zu handeln. Insofern ist Liebe eine *Übung.* Wir müssen nicht nach Liebe streben, sie ist bereits in uns; aber es bedarf der Übung, um sie zu zeigen. Es gibt einige Formen, Liebe zu praktizieren, indem wir das zeigen, was ich die ***Fünf Aspekte*** nenne: Aufmerksamkeit, Annehmen, Wertschätzung, Zuneigung und Zulassen. Dies sind die Komponenten der Liebe, die eine Beziehung zu

5 Umdichtung Stefan George. dtv, München 1989. S. 183.

einer wirklich fürsorglichen Verbindung werden lassen. Sie können auf uns selbst oder auf andere ausgerichtet sein.

Wir sind *aufmerksam* mit einer aktiven und kontinuierlichen Wachheit für die Bedürfnisse und Gefühle von uns selbst und anderen, indem wir sowohl zuhören als auch achtsam für nonverbale Hinweise sind. Wir haben ein echtes Interesse an dem, wer wir und andere tatsächlich sind und was wir oder sie empfinden.

- Wir nehmen uns und andere so an, wie wir oder sie sind, ohne zu urteilen oder zu zensieren. Gleichzeitig zeigen wir Unterscheidungsvermögen. Wir erkennen die anziehende Seite in uns und anderen ganz und gar an, ebenso aber auch die unattraktive Seite in uns und anderen, während die Liebe ungehindert und unvermindert weiter fließt.
- Wir würdigen oder *wertschätzen* uns und andere. Menschen wertzuschätzen heißt, ihren Wert zu achten. Dies ist ein bedingungsloser Wert, denn er kann nicht beschädigt oder ausgelöscht werden. Er gründet sich nicht auf Verhalten, Geschichte, Erfolg oder Versagen. Wertschätzung beinhaltet auch, dass wir würdigen, was andere an Gutem tun, und ihnen dafür danken, und dass wir die Güte, die sie sind, wertschätzen und sie preisen.
- Wir empfinden und zeigen *Zuneigung*, indem wir für unseren eigenen Körper sorgen sowie für im Rahmen der jeweiligen Beziehung angemessene respektvolle körperliche Berührung und Intimität.
- *Zulassen* bedeutet nicht, anderen die Erlaubnis zu erteilen zu tun, was ihnen gefällt. Es bedeutet, den vollständigen Ausdruck der tiefsten Bedürfnisse und Wünsche von je-

mandem willkommen zu heißen. Wir können dies auch für uns selbst tun, indem wir mit unerschrockener Bereitwilligkeit unsere eigene Wahl treffen. Wir versuchen nicht, uns in eine Persona – oder in eine spirituelle Praxis – zu quetschen oder uns zu einem Verhalten zu zwingen, das andere vielleicht anziehend finden, das jedoch nicht zu uns passt. Unsere Praxis besteht darin, uns dafür zu öffnen, wer wir sind und wofür wir bereit sind.

Wir mögen uns fragen, was der Unterschied zwischen Zulassen und Annehmen ist. Vergleichen wir deren Gegensätze, so hilft uns das, den Unterschied zu verstehen: Der Gegensatz von Zulassen ist Kontrollieren; der Gegensatz von Annehmen ist Ablehnung und Verurteilung.

Zulassen heißt, jemanden in seiner Entscheidung zu unterstützen, auch wenn wir nicht damit einverstanden sind. Zulassen bedeutet nicht immer Annehmen, aber Annehmen schließt Zulassen immer mit ein. Zum Beispiel mag ein Vater vielleicht nicht immer die exzentrische künstlerische Persönlichkeit seiner Tochter annehmen, aber er kritisiert sie nicht dafür oder hält sie davon ab, diesen Weg weiter zu verfolgen. Er unterstützt die Entscheidung seines Kindes, auf die Kunsthochschule zu gehen, indem er ihr die Studiengebühren bezahlt, obwohl es ihm lieber gewesen wäre, wenn sie eine konventionellere Karriere gewählt hätte.

Beim Annehmen geht es darum, persönliche Charakterzüge willkommen zu heißen, beim Zulassen darum, die Entscheidungen und den Lebensstil, die sich daraus ergeben, zu unterstützen. Zulassen beinhaltet außerdem das Annehmen der ganzen Manifestation dessen, was jemand wirklich ist. Wird der volle Ausdruck dieses Potenzials unterbunden, so ist das Ergebnis mehr als ein persönlicher Verlust. Es ist ein Schlag gegen die Ziele der Evolution an sich, die alles von uns verlangt, was jeder zu geben vermag, damit es Fortschritt geben kann.

Mitgefühl, Fürsorge, Respekt und alle anderen Formen von Liebe werden bei unserer Beschreibung nicht außer Acht gelassen. Sie können mit denselben Fünf Aspekten beschrieben werden, die auf bestimmte Bedürfnisse ausgerichtet sind. Mitgefühl ist beispielsweise die Reaktion der Fünf Aspekte auf Schmerz. Fürsorge ist der Ausdruck von Betroffenheit. Respekt ist die Art und Weise, auf die wir Individuen und deren Grenzen anerkennen. Vertrauen ist Ausdruck von Verlässlichkeit.

Wir können eine Analogie anführen, um die Fünf Aspekte zu verstehen. Um einen gesunden Körper zu haben, benötigen wir Nahrung der folgenden Lebensmittelgruppen: Vollkorn, Gemüse, Milchprodukte und Protein aus Fleisch, Fisch oder anderen Quellen. Jede dieser Gruppen zielt auf verschiedene Systeme im Körper ab, wie etwa Muskeln, Haut, Knochen und so weiter. Jedes von ihnen bildet einen notwendigen Baustein für einen gesunden Körper. Fehlt eines, so herrscht ein Mangel, der zu Krankheit führen kann.

Auf gleiche Weise benötigen wir spezifische Formen der Liebe, die die Systeme in unserer Psyche aufbauen. Die Fünf Aspekte sind, wie auch die Lebensmittelgruppen, nicht willkürlich. Jeder von ihnen ist ein spezifischer und notwendiger Baustein unseres psychischen Aufbaus. Fehlt einer, so spüren wir den Mangel und ein Teil von uns leidet. Auf folgende Weise trägt jeder dieser Aspekte zu unserer geistig-seelischen Gesundheit bei:

- *Aufmerksamkeit* ist notwendig, damit wir erkannt werden. Dies macht es uns möglich, unsere Bedürfnisse auszudrücken, sodass sie von anderen verstanden werden – in unseren frühen Lebensjahren von den Menschen, die für uns Sorge tragen, und später von unseren Partnern oder Geliebten. Hätten Menschen uns keine Aufmerksamkeit geschenkt, dann hätten wir uns isoliert gefühlt und wir würden nicht darauf vertrauen, dass wir anderen zeigen können, was wir brauchen, und eine angemessene Reaktion bekommen. Aufmerksamkeit von anderen unterstützt unser Gefühl, anerkannt zu werden und Kraft zu besitzen.

- *Annehmen* ist notwendig, damit unseren einzigartigen Eigenschaften, sowohl den positiven als auch den negativen, Gastrecht gewährt werden kann. Ohne Annehmen muss sich unser wahres Ich verstecken. Wir zweifeln an unseren Talenten und einzigartigen Gaben. Wir zweifeln auch daran, dass unsere Schattenseite befriedet und zu einer schöpferischen Quelle werden kann. Unser Selbstwertgefühl kann sich nicht entwickeln, solange unser gesamtes Ich nicht bestätigt wird. Angenommenwerden durch andere unterstützt das Vertrauen in uns selbst, dass wir der Welt eine Menge zu bieten haben.
- *Wertschätzung* ist notwendig, damit unser Beitrag anerkannt und mit Dankbarkeit angenommen werden kann. Ohne Wertschätzung haben wir das Gefühl, als etwas Selbstverständliches hingenommen zu werden. Unsere Taten und Worte verpuffen und haben keine Wirkung. Dies schädigt unser Gefühl von Handlungsmacht und Selbstvertrauen in der Welt, die uns umgibt. Wertschätzung durch andere unterstützt unser Selbstwertgefühl.
- *Zuneigung* ist notwendig, damit unser Körper sich getragen, geachtet und geliebt fühlt. Wir wissen, dass körperliches Getragenwerden in der frühen Kindheit für die Entwicklung des Gehirns förderlich ist. Wir wissen außerdem, dass Berührung uns das ganze Leben hindurch Lust und Behagen bereitet. Ohne Umarmung und zärtliche

Berührung leidet unser körperliches Selbstwertgefühl. Zuneigung von anderen unterstützt den Stolz auf unseren Körper, Streicheleinheit für Streicheleinheit.

- *Zulassen* ist notwendig, damit wir uns frei fühlen, im Einklang mit unseren tiefsten Bedürfnissen, Werten und Wünschen zu leben. Zulassen zeigt uns außerdem, dass wir allein in die Welt hinausziehen können, wenn der richtige Zeitpunkt gekommen ist. Für einen Erwachsenen bedeutet Zulassen, dass er in der Lage ist, seinen Träumen nachzugehen und sich seinen Wünschen entsprechend in der Welt zu bewegen, ohne von anderen beurteilt, kontrolliert oder gehemmt zu werden. Zulassen durch andere ist das, was den Archetypus der Reise unterstützt. Ein *Archetyp* ist ein allgemein bekanntes und universelles Thema im kollektiven Bewusstsein der Menschheit, das in Geschichten und Mythen zum Ausdruck kommt, welche die Energie, das Potenzial und die Aufgabe des Menschen beschreiben.

Interessant in diesem Zusammenhang ist, dass der Plot von Märchen häufig um Mängel bei den Fünf Aspekten in einer Beziehung kreist. So gründet sich zum Beispiel die Geschichte von Dornröschen auf einen Mangel an Aufmerksamkeit gegenüber einer der Patinnen der Prinzessin. Hänsel und Gretel mangelt es am Angenommensein von Seiten der Stiefmutter. Dem Biest in *Die Schöne und das Biest* mangelt es an Zuneigung. Aschenputtel mangelt es an Wertschätzung. Schneewittchen darf nicht so schön sein, wie sie ist, und weiterleben. In jedem Beispiel hat die Geschichte ein Happy End, weil es jemanden gibt, der den Mangel wieder wettmacht. Als Erwachsene verstehen wir, dass wir es in erster Linie sind, die diesem Zweck dienen müssen. Wir können nicht erwarten, gerettet zu werden, aber es gibt wundervolle Menschen, die uns lieben, indem sie uns die Fünf

Aspekte entgegenbringen, die uns vor Isolation und Verzweiflung retten. Woran wir uns erinnern müssen ist, dass jene, die uns das *geben*, woran es in unserer Vergangenheit gemangelt hat, uns auch *zeigen*, woran es uns gemangelt hat. Diese Kombination aus Erfüllung und Kummer kann schwer zu ertragen sein; daher sollten wir Geduld mit uns selbst haben.

Die Arten von Liebe

Die altgriechischen Philosophen skizzierten vier Hauptarten von Liebe: *Storge*, *Eros*, *Philia* und *Agape*. *Storge* ist die familiäre Liebe, besonders zwischen Eltern und Kindern. Diese Liebe kann fortbestehen, selbst wenn es zu Vernachlässigung oder Missbrauch kommt. Wir wissen zum Beispiel, dass wir unsere Verwandten lieben, auch wenn wir nicht immer darauf vertrauen können, von ihnen die Fünf Aspekte zu erhalten. Familienbande können Sicherheit und Geborgenheit bieten, aber zu dem Preis, dass wir Anteile von dem, was wir sind, verschleiern müssen. Insofern transzendiert unsere liebende Verbindung innerhalb unserer Familie manchmal sogar die Bedeutung, unser Ich hervortreten zu lassen. Zeichen von Liebe mögen im Verhalten unserer Verwandten vielleicht nicht deutlich sein, aber wir wissen dennoch, dass sie uns lieben und wir sie lieben; unsere gegenseitige Loyalität bleibt bestehen. In unserer Zuneigung zu unserer Familie lernen wir sicherlich, wie bedingungslose Liebe praktiziert wird.

Eros ist leidenschaftliche Liebe, die wir am stärksten spüren, wenn wir verliebt sind. Eros schließt sexuelle Leidenschaft mit ein, ist jedoch nicht auf diese begrenzt. Oft wird sie ausgelöst oder genährt durch die Attraktivität von körperlichen Eigenschaften. Die erotische Liebe, die wir für einen bestimmten Menschen in unserem Leben empfinden, kann Teil einer verbindlichen intimen Beziehung sein. Sie kann auch eine Wohlfühl-Anhaftung in einem bestimmten Augenblick sein, die nicht weiter genährt wird. Eros kann sowohl eine Sehnsucht nach einem geliebten Menschen als auch eine Vereinigung mit diesem sein. Das liegt daran, dass Eros Lust aufgrund der Erfüllung unserer Sehnsüchte wie auch unsere Sehnsucht nach Erfüllung umfasst.

Eros bezieht sich ebenfalls auf die sinnliche, leidenschaftliche, lebendige und kreative Dimension des menschlichen Lebens im Allgemeinen. Er kann daher zwischen Freunden oder in jeglicher Beziehung aktiv sein, ohne sich sexuell zu manifestieren. C. G. Jung sagt in seinen Schriften zur Traumdeutung, die Menschen dächten, dass Eros Sex ist, aber dem sei nicht so; Eros ist Bezogenheit.

Wir können intime Liebe nicht nur als erotische Liebe wertschätzen. *Philia* ist Freundschaft, die Zuneigung und Bewunderung miteinander verbindet. Sie wird auch als platonische Liebe bezeichnet. Wie alle Formen der Liebe kann auch sie ein erotisches Element besitzen, aber sie ist gewöhnlich nicht sexueller Natur. Authentische Freundschaftsliebe ist bedingungslos. Sie stellt die Interessen des anderen mit den unseren auf eine Stufe, führt kein Register der Verfehlungen des anderen, übt keine Vergeltung, steht nicht im Wettstreit mit dem anderen, ist nicht rücksichtslos, umfasst sowohl Zuneigung als auch Liebe, erholt sich nach Konflikten leicht und ist auf transparente Weise verletzlich. Diese Eigenschaften sind schwierige Herausforderungen für ein Ego, das alles ausgeglichen und quitt haben muss.

Freundschaft gedeiht durch Kameradschaft, die nicht unbedingt eine Form der Nähe sein muss. Wenn man beispielsweise gemeinsam Computerspiele spielt, schließt dies Kameradschaft mit ein, aber es geschieht ohne Augenkontakt. Team-Sportarten sind Formen von Beziehungen, die zu Kameradschaft führen, aber den Austausch auf persönlicher Ebene nicht unbedingt einschließen. In vollkommener Kameradschaft teilen Freunde Ereignisse im Leben miteinander und tauschen sich darüber aus. Sie freuen sich über den Erfolg des anderen und helfen einander, schwere Zeiten sowie Leiden und Verluste durchzustehen. Freundschaftliche Beziehungen scheinen oftmals nachhaltiger zu sein als Bindungen, die auf romantischer Liebe beruhen.

Der griechische Philosoph Aristoteles sprach von drei Grundlagen der Freundschaft. Eine Freundschaft kann sich auf *Nützlichkeit* gründen, etwa wenn wir mit unserem Nachbarn befreundet sind, mit dem wir Tür an Tür wohnen, weil wir ihn vielleicht eines Tages brauchen. Eine Freundschaft kann sich auf *Vergnügen* gründen, wie es geschieht, wenn wir Kumpel haben, mit denen wir gern zusammen sind und gemeinsame Interessen haben. Und eine Freundschaft kann *edel* sein, wie Aristoteles es nennt, wenn sie sich auf gegenseitige Ermutigung und Unterstützung in Hinblick auf moralischen Fortschritt gründet.[6] In einer veredelnden Freundschaft helfen die Freunde sich gegenseitig, spirituell zu wachsen. Damit dies geschehen kann, müssen sie in der Lage sein, konstruktives Feedback voneinander anzunehmen, ohne dass es zu Verteidigungsreaktionen des Egos kommt. Dies ist eine Eigenschaft sowohl von wahrer Freundschaft als auch von wahrhafter intimer Beziehung.

In dem biblischen *Buch Jesus Sirach* finden wir eine Aussage, die von der modernen Wissenschaft bestätigt wird, nämlich dass Freundschaft unser Immunsystem kräftigt: „Ein treuer Freund ist wie ein festes Zelt; wer einen solchen findet, hat einen Schatz gefunden. Für einen treuen Freund gibt es keinen Preis, nichts wiegt seinen Wert auf. Das Leben ist geborgen bei einem treuen Freund, ihn findet, wer Gott fürchtet.“[7]

6 Aristoteles, *Nikomachische Ethik*, Kap. 3

7 In der vom Autor zitierten englischen Übersetzung dieser Passage lautet der letzte Satz: „Ein loyaler Freund ist wie eine Medizin, die dich bei guter Gesundheit hält.“ (Anm. d. Übers.)

Freundschaft ist in der Tat eine der befriedigendsten Formen von Liebe, weil sie sowohl unkomplizierte Freuden als auch bedingungslose Unterstützung zulässt. Ich stelle fest, dass mein Freundeskreis mit zunehmendem Alter wächst, aber die Anzahl derjenigen, mit denen ich meine Zeit verbringen möchte, abnimmt. Ich schätze sie alle, doch mit einigen fühle ich mich aus vielen Gründen besonders wohl. Zum Beispiel lässt sich die Verbindung mühelos aufrechterhalten. Wir vertrauen uns mittlerweile vorbehaltlos, besonders in Notfällen. Wir können alles über uns erzählen, ohne Angst zu haben, dadurch zu schockieren oder verurteilt zu werden. Wir können alles zueinander sagen, ohne Angst zu haben, den anderen zu verletzen. Gelegentliche längere Pausen im Gespräch sind nicht unangenehm. Und vor allem finden wir dieselben Dinge komisch.

Xenia oder Gastfreundschaft ist mit *Philia* verknüpft. In alten Zeiten bezog sich dies auf eine formellere Weise der Freundlichkeit, die ein Gastgeber jemandem anbot, den er nicht kannte. Der Gastgeber sorgte in seinem Haus für Essen und Unterkunft für den Gast. Gegenseitigkeit war nicht erforderlich, wurde jedoch erwartet, wenn umgekehrt der Gastgeber zum Gast wurde.

Agape ist selbstlose Liebe, die ohne Erwartung von Gegenseitigkeit gibt. Sie basiert nicht auf einem Bedürfnis oder Anziehung, sondern völlig auf der eigenen Hingabe an großzügiges Geben und echte Anteilnahme. Seit dem frühen Christentum wird *Agape* eher als unvoreingenommene Liebe verstanden, die niemanden bevorzugt; sie ist in ihrem Ausmaß universell. Dieses Ideal der universellen *Agape* entspricht nicht dem Verständnis des alten Griechenlands, wo *Agape* als ausreichend betrachtet wurde, wenn sie sich auf die Bevölkerung des eigenen Stadtstaates ausdehnte.

Agape kann in allen Formen der Liebe vorkommen, da ihre Energie in jeder fürsorglichen Erfahrung möglich ist. Liebe, die dem Agape-Beispiel folgt, wird in einer Vielzahl von Kulturen und Religionen als Ideal gepriesen. So bot zum Beispiel Mozi (Mo-tse), der chinesische Philosoph und Ethiker aus dem vierten Jahrhundert vor unserer Zeitrechnung, eine Alternative zu Konfuzius' enger Betonung von Loyalität gegenüber Familie und Clan. Er propagierte *jian ai*, wertfreie Fürsorge für alle und Anteilnahme an allen, was wir als universelle Liebe ansehen können. Dies ist eine fürsorgliche Verbindung, die sich nicht auf den Grad der Nähe oder Familienbeziehungen gründet. Sie dehnte sich gleichermaßen auf Freunde und Fremde aus. Dies könnte das Ideal bedingungsloser Liebe sein, die nicht auf Gegenseitigkeit beruht. *Jian ai* wurde damit assoziiert, Erleuchtung zu finden.

In der islamischen mystischen Sufi-Tradition wird Liebe als *Ishq* bezeichnet. Hier ist Liebe die Essenz Gottes, der sich selbst im Universum widerspiegelt. Infolgedessen handeln wir, wenn wir Liebe zeigen, im Einklang mit der göttlichen Absicht.

Im Hinduismus ist *Kama* sexuelle Liebe, die ganz legitim der persönlichen Lust dient. *Karuna* ist Mitgefühl und Erbarmen; *Bhakti* ist Hingabe an das Göttliche und *Prem* ist ideale, selbstlose Liebe, die der *Agape* am nächsten kommt.

Im Buddhismus gründet sich Liebe auf Nicht-Anhaftung, Nicht-Dualität und Nicht-Trennung. Infolgedessen bedeutet wahre Liebe nicht, sich an jemanden als Zuflucht zu klammern, und der Liebende und der Geliebte sind eins.

Die buddhistische Praxis Liebender Güte, die Liebe auf alle Wesen ausdehnt, ist eine Form von *Agape*. Die folgenden vier Eigenschaften zeichnen im Buddhismus einen erleuchteten Menschen aus:

- *Maitri*: Wohlwollen, Gutherzigkeit, Liebende Güte
- *Karuna*: Mitgefühl

- *Mudita*: Mitfreude am Erfolg der anderen
- *Upeksha*: Gelassenheit, Gleichmut, Unerschütterlichkeit (das heißt, Freiheit davon, durch Gefühle oder missliche Lagen aus dem Gleichgewicht gebracht zu werden)

Uns selbst oder andere zu lieben heißt, jedem diese vier Eigenschaften im Leben zu wünschen. Wir wünschen uns und anderen, Liebende Güte, Mitgefühl, Erfolg und Gleichmut zu erfahren.

Buddha lehrte die Praxis der Liebenden Güte, *Metta*, als Gegenmittel zur Angst. Wir werden uns der Übung der Liebenden Güte am Ende dieses Kapitels zuwenden. Sie beinhaltet, nach den vier unermesslichen Eigenschaften des unser Ego transzendierenden Selbst, unserer wahren Natur, zu streben, nicht nur für uns selbst und die uns nahestehenden Menschen, sondern für alle Menschen. Angst schwindet in diesem vierfältigen Licht.

Die *Metta*-Praxis ist wie *Agape*; es geht darum, Liebe auf bedingungslose und universelle Weise auszudehnen. Wir wissen, dass jeder geliebt werden möchte, doch manche Menschen haben die Hoffnung aufgegeben, Liebe zu finden oder zeigen zu können. Durch unsere einseitige [das heißt allein von unserer Seite ausgehende] und umfassend an alle verschenkte Liebe stellen wir die Hoffnung bei anderen wieder her. Wir erkennen und vertrauen darauf, dass jeder eine ihm innewohnende Güte besitzt und dass es helfen kann, sie zu aktivieren, wenn man jemanden liebt. *Agape* lässt uns zu der Person werden, die dies bewirken möchte, ungeachtet der Konsequenzen oder Bedenken, ob unsere Liebe auf Wertschätzung oder Ablehnung stoßen wird. Dies ist eine radikale Alternative zu unserer normalerweise sorgfältig auswählenden Art und Weise zu lieben. Sie ist nun rückhaltlos. Diese *Agape*, die durch die *Metta*-Praxis gefördert wird, verbindet das Mitgefühl mit anderen mit Altruismus und dem Dienst an anderen. Wir lieben dann, weil wir Liebe sind, und nicht, weil wir einen Grund zum Lieben gefunden haben.

Der Begriff „spirituell" bezieht sich auf das Transzendente, das mehr ist als das, was wir sehen, und das sich in allem findet, was wir sehen. Da *Agape* die üblichen Grenzen der Liebe transzendiert, ist dies die spirituelle Dimension von Liebe. Wie wir gesehen haben, ist Liebe an sich spirituell, denn jede Art und Weise zu lieben zeigt, dass wir über uns selbst hinausgegangen sind, uns transzendiert haben. In ihrem Sonett 43 (*Wie ich dich liebe?)* drückt Elizabeth Barrett Browning diese transzendente Qualität der Liebe aus:

> Ich liebe dich so tief, so hoch, so weit,
> als meine Seele blindlings reicht, wenn sie
> ihr Dasein abfühlt und die Ewigkeit."[8]

Aus mystischer Perspektive bildet alles, was ist, lediglich *eine* Wirklichkeit. Zu sagen, es gäbe Einheit in der Vielheit, ist eine andere Beschreibung dieser Verbindung. Ein solcher Glaube an die Einheit kann Liebe wahrscheinlicher machen. Je mehr wir uns mit unseren Mitmenschen identifizieren, desto stärker wird unser Mitgefühl und desto altruistischer werden unsere Entscheidungen. Zudem vertieft sich unsere Verbindung mit der Natur. Da Liebe Verbindung ist, ist all dies Liebe in voller Blüte.

Wir erkennen *Agape* ebenso in dem Aufruf Jesu: „Liebe deinen Nächsten wie dich selbst." Sie ist zwangsläufig einseitig, denn wir warten nicht erst, bis jemand uns zuerst liebt. Diese ethische Praxis kann dualistisch verstanden werden, vom Subjekt zum Objekt: „Ich liebe mich selbst und ich liebe meinen Nächsten auf gleiche Weise." Sie lässt sich aber auch als Ausdruck mysti-

---

8 Übersetzt von Rainer Maria Rilke 1908. Siehe: https://gedichte-lyrik-poesie.de/Rilke_Wie_ich_dich_liebe/index.html).

scher Einheit verstehen: „Liebe bildet meinen Fokus, da ich und mein Nächster ein und dasselbe sind.“ Diese Art von Liebe zu erlangen ist ein Ideal, eine Bestimmung, die zu erfüllen wir geboren sind, das evolutionäre Ziel, das zu verwirklichen wir auf diesem Planeten zu sein scheinen. Wir alle besitzen die Fähigkeit zu *Agape*, aber es bedarf der Übung, um sie zu aktivieren.

Unseren Nächsten zu lieben wie uns selbst bedeutet auch, die Würde und die Freiheit des anderen zu achten – genauso, wie wir es für uns selbst wünschen. In unserer Gesellschaft sind Belange wie diese zu politischen Problemen geworden, da sie eine echte Herausforderung darstellen, die gesamte menschliche Familie großzügig zu lieben: umfassende Gesundheitsversorgung, Gleichberechtigung von Frauen, gleichgeschlechtliche Ehe und die Abschaffung von Folter und Kriegen um wirtschaftliche Vorteile.

Wenn *Agape*, universelle Liebe, unsere Verpflichtung ist, treten wir – mit vorbehaltlosem Mitgefühl – für die Rechte aller Menschen auf Leben, Freiheit und das Streben nach Glück ein. Diese Worte sind nicht mehr politisch, sondern beschreiben die Verpflichtung eines jeden zur Liebe.

> Mich könnte nichts zufriedenstellen, das nicht die Größenordnung der Universalität besäße.
>
> — Pierre Teilhard de Chardin

Mitgefühl

Eine andere Form von Liebe ist Mitgefühl. Die Sorge um das Leiden anderer befreit uns von unserer Egozentrik. Aus diesem Grunde kann Mitgefühl leicht als Brücke dienen, nach Art von *Agape* zu lieben.

In meinem eigenen Leben fiel mir auf eigenartige Weise ein Fortschritt in der Entwicklung meines Mitgefühls auf. Ich sah eine Verfilmung von *Macbeth* und anstelle meiner üblichen Abneigung gegen die Hauptfigur empfand ich Mitgefühl für sie. Ich erkannte, wie sehr Macbeth in Ehrgeiz und Angst gefangen war, und er tat mir in seinem jammervollen Zustand leid. Ich billigte sein mörderisches Verhalten nicht, aber ich empfand seine Not auf einer menschlicheren Ebene, als ich es zuvor beim Lesen oder Ansehen des Stückes getan habe. Etwas war in mir geschehen; es gab eine neue, urteilsfreie Offenheit, eine Art und Weise, sich mit anderen zu verbinden, selbst wenn sie mir nicht sonderlich zusagten. Dies war ein Anzeichen dafür, dass ich mich in Richtung von *Agape* bewegte, was immer mit einer Zurücknahme der Beurteilung anderer einhergeht. Allmählich habe ich begriffen, dass es diese Offenheit ist, die Liebe geschehen lässt.

In diesem Kontext basiert Mitgefühl nicht auf Mitleid für die Notlage eines anderen. Es ist nicht von oben herab, sondern nichtdualistisch. Tatsächlich ist Mitgefühl keine Tugend, die wir besitzen oder nicht besitzen. Es ist die Art und Weise, mit der Liebe, die immer in uns ist, auf das Leid anderer zu reagieren. Dieser Schmerz zerrt aufgrund unserer natürlichen Verbundenheit mit der weltweiten Menschenfamilie an uns. Auf eine mitfühlende Reaktion zu verzichten heißt, einer natürlichen Neigung zuwiderzuhandeln. Mitgefühl ist in diesem Sinne nicht einfach nur Mitleid mit dem Leiden anderer. Es beinhaltet vielmehr, dass man sich dafür einsetzt, Leiden zu lindern und, wenn möglich, die Voraussetzungen, die dazu geführt haben, zu verändern.

In dem Maße, in dem sich unser Kreis des Mitgefühls ausdehnt, beginnen wir Leiden nicht nur in einzelnen Menschen, sondern als allgemeinmenschlichen Zustand anzunehmen. Uns rührt an, was Vergil in der *Aeneis* „die Tränen in den Dingen“ nennt. Wir verstehen, dass allem Sein der Kummer über die Vergänglichkeit eigen ist, eine Verletzlichkeit für Enttäuschung, Schmerz und

Verlust, eine Resignation gegenüber dem Leiden. Dies berührt uns sowohl als Teilnehmer an den Gegebenheiten der menschlichen Geschichte als auch als deren liebende Zeugen.

Hamlet sagt: „... denn die Übung kann fast das Gepräge der Natur verändern".[9] Wir wissen, dass die Übung, Liebe und Mitgefühl zu zeigen, unser Herz transformiert. Dadurch werden wir irgendwie tief von innen her verändert. Dieser Wandel führt zu einer tieferen Verbundenheit mit der Menschenfamilie, was die Essenz von *Agape* darstellt: „Du gehörst zu meinem Herzen." Diese Solidarität hilft uns schließlich zu realisieren, dass unser Teilen der Gegebenheiten von Schmerz und Vergänglichkeit keine Zwangslage ist, sondern die Essenz unserer Verbundenheit – und ein Weg zu unserer Erleuchtung.

Der altrömisch-jüdische Historiker Flavius Josephus erkannte, dass Liebe der Sinn religiöser Praxis ist: „Wie ich annehme, sollte offensichtlich werden, dass die Gesetze der Thora darauf angelegt sind, zu einer universellen Liebe der Menschheit zu führen."[10] Statt von den „Gesetzen der Thora" zu reden, können wir an diese Stelle auch unsere Spiritualität setzen, unsere psychologische Arbeit, unsere Religion, unsere Schulausbildung, unsere politische Partei, unsere Nation, unsere Familie, unsere Beziehungen, unsere Verpflichtungen, unsere Geburt, unseren Tod, unseren Atem oder unsere Lebensspanne. Denn im Grunde gibt es nichts, was nicht eine immer größer werdende Liebe als Ziel hat.

> Möge ich den Schutzlosen ein Beschützer sein,
> ein Führer jenen, die sich auf dem Weg befinden.
> Möge ich jenen, die [ein Wasser] zu überqueren wünschen,
> ein Schiff, ein Floß und eine Brücke sein.

---

9 Übersetzung von August Wilhelm von Schlegel
10 Flavius Josephus, *Contra Apionem* 2: 146

> Möge ich eine Insel sein für jene, die eine Insel wünschen,
> ein Licht jenen, die Helligkeit brauchen,
> eine Liegestatt jenen, die liegen müssen,
> und ein Diener den Wesen, die einen Diener wünschen.[11]
>
> — Shantideva, *Anleitung auf dem Weg zum Erwachen – Bodhicharyavatara*

Jemanden mögen und andere Verbindungen

Andere Empfindungen werden leicht mit Liebe verwechselt. Jemanden *mögen* bedeutet, einen Menschen als angenehm zu empfinden und ihn anderen vorzuziehen. Wir verwenden das Wort *Liebe* manchmal, wenn wir ein solches *Mögen* meinen. So sagen wir beispielsweise „Ich liebe Zitronenbaiser-Kuchen. Ich liebe Hawaii. Ich liebe Mozart." Der Kuchen, die Inseln und der Komponist stehen nicht für Fürsorge, doch sie bereiten Vergnügen und werden anderem vorgezogen. Sie schenken uns Freude.

Liebe ist ein bedingungslos positiver Blick mit oder ohne andauerndes Mögen. Liebe ist wie Gnade, sie muss nicht verdient werden. Mögen ist wie eine Bestätigung, und man muss es sich verdienen. Andere Menschen zu mögen ist eine Reaktion auf ihre Person, ihr Aussehen und ihr Verhalten. Dies verändert sich im Laufe eines Tages. Liebe ist eine Reaktion auf das wahre Selbst, die tiefe Wirklichkeit unserer Menschlichkeit, in der wir unwandelbar sind. Das Wort *tief* ist eine Metapher für die zugrundeliegende Realität von etwas, der Essenz, die für die Erfüllung unserer Liebe nötig ist. Diese ist unsere Essenz, weil Liebe

---

11 Übersetzung aus dem Tibetischen von Christof Spitz. Siehe http://www.dalailama-hamburg.de/fileadmin/user_upload/texte/bca-deutsch-dl2014-a5.pdf

Verbindung ist, und wir bleiben miteinander und mit aller Natur verbunden, jenseits von Mögen oder Nicht-Mögen, Geburt oder Tod, Beeinträchtigung oder Verzweiflung.

Zu erklären, dass Liebe unsere Essenz sei, hört sich tröstlich an. Aber es kann uns mit Schrecken erfüllen, wenn wir uns ungeliebt fühlen. Ungeliebt zu sein oder keine Reaktionen zu bekommen, die zeigen, dass man liebenswert ist, bedeutet dann praktisch, keine Essenz zu besitzen und ganz allein auf der Welt zu sein.

Wir können Lieben (immer) und Mögen (manchmal) durcheinanderbringen. Wenn wir sagen: „Meine Mutter hat mich geliebt, aber nicht bedingungslos“, wollen wir vielleicht ausdrücken: „Meine Mutter liebte mich, mochte mich aber nicht immer gern. Sie liebte mich ganz und gar, mochte mich aber nur dann, wenn ich mich so verhielt, wie es ihr gefiel.“

Wir mögen Liebe auch mit *Loyalität* verwechseln. Ohne uns dessen bewusst zu sein, wurde den meisten von uns durch ihre Familie, Schulen und Kirchen eine tiefe Loyalität eingeimpft. Aus der Sicht eines Kindes richtet sich Loyalität auf Institutionen oder Familien sowie die Autoritäten, die sie anführen. Aus der Sicht eines Erwachsenen gilt unsere Loyalität der Bedeutung und dem Zweck einer Institution. Wir sind dementsprechend unserer Familie gegenüber loyal, wenn sie für unsere Sicherheit und Geborgenheit sorgt. Wir sind loyale Unterstützer unserer Regierungspolitik, wenn sie die Prinzipien der Verfassung reflektiert. Wir sind unserer Religion gegenüber loyal, wenn ihre Lehren die Prinzipien des Gründers achten, wenn sie unsere vollkommene Selbstverwirklichung fördern und uns helfen, eine Welt von Gerechtigkeit, Frieden und Liebe mitzugestalten.

Auf einer zwischenmenschlichen Ebene mögen wir Loyalität gegenüber einem Partner fühlen und uns vorstellen, es sei Liebe. Wir mögen an einer Beziehung festhalten, die ihre Lebendigkeit verloren hat oder auf vielerlei Weise unerträglich geworden ist.

Wir bleiben aus Treue, nicht aber aus gegenseitiger Zuneigung und einem Gefühl von Glück. Dann besteht unsere Arbeit darin, die unangemessene Identifizierung von Loyalität mit Liebe aufzulösen. Wir können zum Beispiel jemandem gegenüber loyal bleiben, indem wir eine fürsorgliche Verbindung wahren, aber das muss nicht heißen, dass wir unter demselben Dach leben.

Verliebtheit bedeutet, dass man sich zu einem Menschen hingezogen fühlt und von ihm fasziniert ist, und sie beinhaltet eine starke erotische Komponente. Wenn unsere Hormone an einem bezaubernden Abend von einer Frau im gleichen Raum aktiviert werden, verlieren wir unsere Fähigkeit, echte Liebe von unmittelbarem Verlangen und Verzauberung zu unterscheiden. Es kann sein, dass wir uns dann von unserer eigenen Faszination verführen lassen. In einer authentischen intimen Beziehung wandelt sich eine Romanze in selbstlose Liebe und dann in eine ichlose Hingabe. *Agape* befreit *Eros* davon, in der Verzauberung hängenzubleiben. Unsere Reise setzt sich dann vom bezaubernden Abend zum erleuchteten Morgengrauen fort.

Der Zustand der Verliebtheit ist eine fürsorgliche Verbindung mit kurzen Ausschüttungen von Adrenalin für die Aufregung und Oxytocin für die Lust. Wenn nur noch die fürsorgliche Verbindung übrig bleibt, sagen wir, dass wir jemanden lieben, sind aber nicht mehr im Zustand der Verliebtheit. Dies kann die Folge davon sein, dass unser Partner nicht mehr oder nur noch sehr selten unser sympathisches Nervensystem erregt und unseren Herzschlag und Atemrhythmus beschleunigt. Wir mögen solch ein physiologisches Aufflackern als Liebe missverstehen, während es lediglich immer nur Faszination bedeutet hat. Dies passiert, weil unser Gehirn ohne sorgfältiges Training nicht kultiviert genug ist, subtile Hormonbotschaften zu erkennen. Da sich zu verlieben und fasziniert zu sein genau dieselben physischen Komponenten besitzen, können wir sie verwechseln, besonders wenn jener erste Kuss uns das Gefühl gibt, wir seien endlich zu

Hause angekommen, hätten gefunden, was wir immer gesucht haben, seien ins Nirvana eingetreten und hätten unseren Seelenpartner gefunden. Angesichts des ekstatischen Gefühls ist es verständlich, dass uns nicht klar ist, was wirklich geschieht.

„Ich brauche jemanden“ plus
„Du bist begehrenswert und verfügbar“

kann sich anfühlen wie

„Ich liebe dich“.

Sich zu verlieben ist oft ein Hineinstürzen in etwas, das scheinbar, aber nicht unbedingt zutreffend unseren Bedürfnissen entspricht, die Entdeckung eines Menschen, von dem wir hoffen, dass er diese Bedürfnisse erfüllen wird. Im Zustand der Verliebtheit sehen wir im Lächeln des anderen eine Widerspiegelung unseres eigenen inständigen Verlangens.

Erwachsene werden ihren Hormonen nicht trauen, bis sie im Einklang mit dem gesunden Menschenverstand sind. Ein Erwachsener weiß, dass es weitaus mehr braucht als ein einladendes oder verführerisches Lächeln, um eine Basis für echte Liebe zu schaffen, die eine anhaltende Verpflichtung darstellt. Eine Bindung, die sich nur auf sexuelle Erregung gründet, kann den Widrigkeiten von erwachsenen Beziehungen nicht standhalten. Wir brauchen eine tiefere Ressource als die Flitterwochen-Energie, um durch dick und dünn zu gehen und verbunden zu bleiben.

Selbst im verliebten Zustand können wir realisieren, dass dies nicht die richtige Beziehung für uns ist, dass sie keine Zukunft hat. Doch allzu oft können wir nicht loslassen. Wir mögen glauben, dies sei uns nicht möglich, weil unser Herz zu uns spricht, während es eigentlich unsere Nebennierenhormone sind. Wir befinden uns unter dem Einfluss unseres eigenen Adrenalins, dem Hormon, das uns festhalten lässt, ob unsere Gefühle nun echt sind oder nicht oder eine Beziehung gut für uns ist oder nicht. In der Welt von Dramatik und Adrenalin beginnt eine Beziehung mit Verliebtheit. In der erwachsenen Welt beginnt eine Beziehung mit Erkundungen. Wir erinnern uns an die humorvollen Reime aus *At Long Last Love* („Endlich richtige Liebe") von Cole Porter: *„Is it a cocktail, this feeling of joy, or is what I feel the real McCoy?"* („Ist es ein Cocktail, dies Gefühl von Freude, oder ist, was ich fühle, der wahre Jakob?")

Verliebtheit und Faszination sind Empfindungen – legitim, amüsant, aber vergänglich. Sie können eine Phase in einer knospenden Beziehung oder auch ein Strohfeuer sein. Wahre Liebe schließt romantische Faszination mit ein, geht dann aber durch Konflikte weiter zur Verbindlichkeit. Das ist nicht immer angenehm, aber anhaltend zuverlässig. Verliebtheit sehnt sich nach freudiger Erregung ebenso wie nach Sicherheit und Geborgenheit; Liebe bietet dies durch nachhaltige Vertrauenswürdigkeit.

Faszination schließt erotische Anhaftung mit ein, die zu zwanghaftem Klammern, einer Sucht, einer Form von Konsumverhalten, der Suche nach mehr oder etwas anderem führen kann. Die reife Alternative ist eine Verbindung, die sich gut anfühlt, ohne den Stress, die Zwanghaftigkeit und Ruhelosigkeit, die in süchtigen Bindungen so vorherrschend sind.

Projizieren heißt zu glauben, der andere habe Eigenschaften, die wir nicht besitzen. Wir sehen im anderen die Widerspiegelung unserer eigenen Wünsche, Glaubensvorstellungen, Gefühle, Bedürfnisse und Phantasien. Ein Beispiel für eine solche Projektion ist ein Schwarm, eine gewöhnlich kurzzeitige Verliebtheit. Wir können den Unterschied zwischen dieser heißen, stressreichen Reaktion auf jemanden und einer warmen, abgeklärten Zuneigung erkennen. Die erste gleicht einem aktiven Vulkan, die letztere grünen Wiesen und beruhigenden Gewässern.

Wir können auch erkennen, welchen Unterschied es macht, ob wir wirklich geliebt werden oder zum Gegenstand einer Schwärmerei geworden sind. Reife Erwachsene werden die letztere Ersatz-Projektions-Liebe nicht anziehend finden noch werden sie die Situation zu ihren Gunsten ausnutzen. Denn Schwärmerei ist schmerzhaft; daher können wir in spiritueller Bewusstheit Mitgefühl mit der anderen Person empfinden, die auf diese Weise von uns besessen ist. Wenn wir wissen, dass wir diese Gefühle nicht erwidern wollen, fühlen wir uns nicht wohl und empfinden Mitgefühl mit dieser Person.

In der buddhistischen Lehre heißt es, in der Anhaftung gefangen zu sein sei eine Ursache für Leiden. Doch es ist auch eine Form von Leiden für andere, die von ihrer Anhaftung an uns besessen sind.

Bei dieser und allen folgenden Tabellen denken Sie bitte daran, dass es zwischen jeder Spalte viele Abstufungen an Möglichkeiten gibt, den einzigartigen Gefühlen, Gedanken und dem Verhalten des Einzelnen entsprechend. In der menschlichen Erfahrung gibt es kein Entweder-Oder.

Projektion/Schwärmerei für uns	**Authentische Liebe für uns**
Basiert auf subjektiver Annahme	Basiert auf der Realität, die wir sind
Kann so schnell und irrational enden, wie sie begann	Beginnt und dauert durch die Widrigkeiten der Beziehung an
Bleibt fest verankert, ganz gleich, was wir tun	Passt sich den Wandlungen in uns an
Idealisiert uns und erkennt nicht unsere Schattenseite	Bleibt sich unserer Schattenseite bewusst und geht mit ihr auf kreative Weise um

Entstammt aus einem einseitigen Bedürfnis	Dreht sich um die gegenseitige Erfüllung von Bedürfnissen
Wird zu einer Obsession	Geht mit unserer Präsenz oder Abwesenheit locker um
Wird von Adrenalin hervorgerufen und aufrechterhalten	Führt zu Gelassenheit
Kann Hass oder Gleichgültigkeit nach sich ziehen	Kann sich nur in eine freundliche Sicht wandeln, sogar wenn wir verlassen werden

Im Herzen zentrierte Gefühle

In seinem Werk *Die Vielfalt religiöser Erfahrung* macht William James deutlich, dass es keine eigenständige, für sich allein stehende „religiöse Erfahrung" gibt. Vielmehr kann eine religiöse Empfindung Teil irgendeines Gefühls sein. Er sagt, es gäbe „religiöse Furcht, religiöse Ehrfurcht und religiöse Freude". Religiöse Liebe ist „nur die natürliche menschliche Emotion von Liebe, die auf ein religiöses Objekt gerichtet ist. ... Religiöse Ehrfurcht ist die gleiche organische Erregung, die wir in der Dämmerung in einem Wald empfinden, ... nur dieses Mal überkommt sie uns, wenn wir an unsere übernatürlichen Beziehungen denken." James fügt jedoch hinzu, dass die religiöse Emotion für ihn eine „höhere Art von Emotion" darstellt. Für ihn ist sie qualitativ verschieden, nicht nur wegen ihres erhabenen Objekts.

Gleichermaßen ist Liebe kein Gefühl an sich, sondern jedes Gefühl kann von Liebe begleitet sein:

- Wir können *traurig* sein und es auf liebevolle Weise zeigen, indem wir es ohne Selbstmitleid und mit Mitgefühl für alle, die ebenso leiden wie wir, fühlen.

- Wir können *zornig* auf jemanden sein, die Person aber dennoch lieben. Wir zeigen dies, indem wir unseren Zorn ohne Schuldzuweisung, Gewalt oder Einschüchterung zum Ausdruck bringen.
- Wir können *Angst* um die Sicherheit eines Menschen haben, weil er uns so viel bedeutet.
- Wir können *Freude* auf eine Weise empfinden, dass wir andere damit überschütten und sie enthusiastisch mit ihnen teilen.

Letztlich können all unsere Gefühle auf beiden der zwei Ebenen, die wir in unserer Psyche finden, erfahren werden: Egozentrik und Selbsthingabe. Freude kann beispielsweise in einem Nur-Ego-Modus oder im Ganzes-Ich-Modus erfahren werden. Wir empfinden Freude auf der egozentrischen Ebene, wenn wir nur über unsere eigene persönliche Befriedigung frohlocken. Wir fühlen Freude auf der Ebene der völligen Selbsthingabe, wenn unsere eigene Erfahrung von Vergnügen uns ein Gefühl von Verbindung mit der weiteren Welt vermittelt und wir uns wünschen, andere mögen in diesem Augenblick ebenso empfinden wie wir.

Opernhaft melodramatisch ausgedrückte Emotionen sind von Ego-Wünschen und Adrenalin durchtränkt. Sie fesseln unsere Aufmerksamkeit, indem sie an unsere oberflächlichsten und sentimentalsten Emotionen appellieren. Sie „drücken auf die Tränendrüse“ (wieder die Nebennieren). Sie verführen uns, indem sie uns zur Theatralik verleiten. Gefühle, die unsere tiefe existenzielle Erfahrung in der menschlichen Gemeinschaft anrühren, ziehen unsere Aufmerksamkeit durch ihre Aufrichtigkeit und Authentizität auf sich. Sie berühren unser Herz mehr als unsere Nebennierendrüsen.

Wir können uns einige besondere Gefühle ansehen, um zu verstehen, wie sie im egozentrischen Modus und wie im Modus der höheren Selbsthingabe, in dem Liebe am leichtesten geschieht, aussehen:

Gefühl	Nur-Ego-Ebene	Ganzes-Ich-Ebene
Traurigkeit	Selbstmitleid, gefangen in unserer eigenen Geschichte, besonders als Opfer	Trauer, die unseren eigenen Kummer mit einem mitfühlenden Bewusstsein dafür, wie auch andere leiden, verbindet
Zorn	Aggression, die aus einem Gefühl von persönlichem Affront entsteht	Unmut über Ungerechtigkeit, ohne Gewalt oder das Bedürfnis nach Vergeltung
Angst	Sorgen über Gefahren oder Bedrohung für uns selbst	Sorgen über Gefahr mit großer Angst vor Getrenntheit
Überschwang	Vergnügen darüber, das zu haben, was wir uns wünschen	Freude am Teilen und an unserem Gefühl der Verbundenheit

Was es braucht, um zu lieben

Unlängst habe ich ein Armaturen-Set gekauft. Auf der Verpackung stand eine Liste: „Was Sie an Werkzeugen für die richtige Installation der Armatur benötigen." Glücklicherweise besaß ich alle erforderlichen Werkzeuge auf der Liste. Ich hatte sie über die Jahre angesammelt – eins erbte ich von meinem Vater und ein anderes von meinem Großvater –, ohne zu ahnen, dass ich sie an diesem bestimmten Tag alle benötigen würde.

Später sinnierte ich: „Zu dumm, dass unser Körper-Geist nicht mit einer solchen klaren Liste an Dingen ausgestattet worden ist, dir wir brauchen, falls wir jemals Liebe in unserem Leben richtig installieren wollen". Dann realisierte ich, dass ich, genauso wie ich meine mechanischen Werkzeuge angesammelt hatte, ohne um ihre vollen potenziellen Vorzüge zu wissen, gleichermaßen psychologische und spirituelle Werkzeuge gesammelt hatte. Im Grunde haben das viele von uns getan. Das Sammeln begann in der Kindheit mit den Beiträgen von Eltern und Großeltern, und setzte sich in jeder unserer Beziehungen fort. Seit der Zeit, in der wir mit der Selbsthilfebewegung und Spiritualität bekannt geworden sind, haben wir zusätzlich Werkzeuge zum Lieben angesammelt. All dies war Synchronizität, das bedeutungsvolle Zusammentreffen genau der richtigen Fertigkeiten und Werkzeuge, die später in den Aufgaben der Liebe zum Einsatz kommen konnten.

Die frühe Selbsthilfebewegung hat sich zum Beispiel darauf konzentriert, uns dabei zu helfen, immer achtsamer für unseren Körper, unsere Gefühle und Motivationen zu werden. Wir haben damals vielleicht nicht realisiert, dass wir, indem wir lernten, wie wichtig Bewusstheit ist, Wege fanden, um auf der Hut vor primitiven aggressiven Reaktionen unseres Reptilienhirns zu sein – dem Teil in uns, der alles tut, um zu überleben. Die Meditationsanweisungen, die uns gelehrt haben wahrzunehmen, was im Hier und Jetzt geschieht, gehören deshalb zu den wesentlichen Anleitungen dazu, wie man liebt.

C. G. Jung hat uns geholfen zu erkennen, dass jeder von uns eine unbewusste Seite besitzt, die er den negativen Schatten nennt. Diese „dunkle Seite" enthält die uneingestandenen oder verdrängten, nicht angenommenen Anteile unserer Persönlichkeit. Wir neigen dazu, sie eher in anderen zu sehen, als sie in uns selbst zu erkennen. Heute realisieren wir, dass wir, während wir uns mit unserer Schattenseite vertraut gemacht haben, herausgefunden haben, wie wir Schuldzuweisungen auf andere projizieren, was uns dran hindert, sie zu lieben. Jung zeigte uns, wie wir tiefer in unsere eigenen Neigungen und unser Verhalten hineinschauen können. Das gibt uns die Gelegenheit, an uns selbst zu arbeiten und uns zu lieben.

Als wir den Reden von Martin Luther King Jr. zugehört haben und von ihnen bewegt wurden, haben wir entdeckt, wie wir allen Widrigkeiten zum Trotz auf die Macht gewaltloser Liebe vertrauen können, um Ungerechtigkeit und Hass zu überwinden.

Gleichzeitig erfordert Liebe, Grenzen zu setzen, *während* wir im Herzen zentriert bleiben. Dafür benötigten wir etwas Unterstützung von Seiten der Psychologie. Vielleicht hat uns das Selbstsicherheitstraining, das wir vor Jahren absolviert haben, verdeutlicht, wie streng Liebe manchmal mit anderen und mit uns selbst sein muss.

In den letzten Jahren ist uns bewusst geworden, wie die buddhistische Praxis der Liebenden Güte uns dabei helfen kann, uns mehr im Herzen zu zentrieren. Auch hier ging es um einen größeren Horizont für unsere Liebe, einen, der unsere Liebe für uns selbst rechtfertigt und zugleich unsere Fähigkeit ausdehnt, Fremde zu lieben. Der Umstand, dass wir darauf reagiert haben, war ein Anzeichen dafür, dass wir bereit waren, eine höhere Stufe unserer Liebesfähigkeit zu erklimmen. Wir werden diese Praxis und ihre effektive Anwendung etwas später in diesem Kapitel erforschen.

Ein anderes Beispiel aus dem Buddhismus hilft uns zu erkennen, wie wir für das Lieben vorbereitet werden. Das ist *Bodhichitta*. Dieses Sanskrit-Wort bezieht sich auf eine Sehnsucht, erleuchtet zu werden und anderen zu helfen, ebenfalls Erleuchtung zu erlangen. Aus der Perspektive von *Bodhichitta* können wir sagen, wir seien nicht vollständig, solange wir uns nicht dem Wohle anderer hingegeben haben. Da Liebe unsere tiefste Identität ist, bedeutet dies, unsere Liebe zu zeigen.

Bodhichitta ist das Erwachen von *Agape* in uns, denn es entsteht aus der Fürsorge für das spirituelle Wohl anderer. *Bodhichitta* ist unser Sehnen danach, andere von dem Leiden, in Furcht und Unwissenheit gefangen zu sein, zu befreien. Es ist bedingungslos, rückhaltlos und universal und stellt damit eine Verpflichtung dar, voll und ganz zu lieben.

Bodhichitta bringt die in uns vorhandene Liebe auch dadurch zum Vorschein, dass wir darin nach Transformation für uns und andere streben. Liebe schließt immer dieses Verlangen mit ein. Aus diesem Grund wissen wir zum Beispiel, dass Vergeltung nicht mit Liebe kompatibel ist, denn sie strebt nicht nach Transformation, sondern nach Strafe – einem Begriff, den es im Lexikon der Liebe nicht gibt.

In *Bodhichitta* ist unsere liebende Absicht in der Annahme unseres eigenen Leidens immer auch darauf ausgerichtet, das Leiden der anderen ebenfalls zu beenden. Wir tun dies, wenn wir uns daran erinnern, dass Menschen in der ganzen Welt in diesem Moment auf genau dieselbe Weise leiden wie wir selbst. *Bodhichitta* bewirkt, dass wir uns mit ihnen verwandt fühlen und unser Leiden als Opfer zu ihrem Wohle anbieten. Dadurch wird unsere Liebe ausgedehnt und universell. Unser Bewusstsein um das Leiden anderer und unsere Bemühungen zu helfen, befreien uns von einigen unserer eigenen Leiden, denn Leiden wird durch ein Zugehörigkeitsgefühl gemindert. Anteilnahme für andere ist daher ein Weg zu unserer eigenen Glückseligkeit, denn je umfassender unsere Liebe ist, desto mehr wird uns das Lieben zugutekommen. Deshalb ist es wichtig, sowohl die Annehmlichkeiten als auch die Herausforderungen des Lebens als essenzielle Zutaten für das Brot der Liebe willkommen zu heißen. Ein Leben voller Behaglichkeit ohne Herausforderungen wird uns nicht genug Schrot für die Mühle der Liebe geben.

Bodhichitta ist, wie alle Formen der Liebe, für jeden erreichbar; es ist keine besondere Berufung für einige wenige. Es ist für jeden von uns möglich, der wiederholt freundliche Handlungen praktiziert, die unser Bewusstsein von Leiden erweitern, und etwas unternimmt – und sei es auch noch so gering – , um das Leiden zu lindern. In *Bodhichitta* sind unsere persönlichen Bemühungen und Praktiken für jeden von Bedeutung; kein Wesen bleibt unbeachtet.

Bei *Bodhichitta* geht es nicht nur um uns und unsere Berufung. Uns wird auch die Wohltat des *Bodhichitta* anderer zuteil. Viele Heilige und Bodhisattvas widmen ihr Leben bereits *unserer* Erleuchtung. Wie Dornröschen begreifen wir in unserem dunkelsten Kerker und tiefstem Schlummer nicht, dass ein Prinz auf dem Weg ist, um uns zu erwecken. In dieser Geschichte erkennen wir eine weitere wundervolle Hoffnung für uns, denn der Erweckungsprinz kommt nicht zu uns, weil wir eine Liste guter Taten angesammelt haben, sondern aufgrund seines eigenen Gelübdes, uns zu finden.

Was es an Praxis braucht

> Obwohl dieser unfassbare Dharma in jedem Menschen im Überfluss vorhanden ist,
> wird er ohne Praxis nicht verwirklicht.
> — Eihei Dogen Zenji

Bevor wir mit der ersten Übung in diesem Buch beginnen, lassen Sie uns ergründen, was mit einer spirituellen Praxis gemeint ist. Das ist kein Training in dem Sinne, dass es eine Handlung oder Bewegung ist, welche eine Fertigkeit ausbildet, die wir noch nicht besitzen, oder eine Fertigkeit, die wir erlernen, noch weiter ausbildet. Eine spirituelle Praxis ist eine andauernde Hingabe an eine Lebensweise, welche eine Eigenschaft reflektiert, die wir *bereits besitzen*. Wir praktizieren nicht, um etwas zu werden, sondern um unsere wahre Natur als erleuchtete, liebende Wesen zu manifestieren. Es ist nicht so, dass unsere wahre Natur Liebe besitzt; sie *ist* Liebe. Und so bedeutet, mit Liebe zu handeln, im Einklang mit dem zu handeln, was wir wirklich sind. Der Erfolg liegt in der Aufrichtigkeit unserer Absichten, nicht darin, es jedes Mal richtig zu machen. Auch wenn wir oft dabei versagen, unseren Zielen entsprechend zu leben, führen wir ein erleuchtetes Leben, solange wir uns immer weiter aufs Neue bemühen.

Wir können darauf vertrauen, dass wir von unserer Praxis getragen werden, wenn wir sie aufrechterhalten. Sie schenkt uns den Rahmen achtsamer Bewusstheit, der sich um unsere umherschweifenden Gedanken legt. Wir können innehalten und die Reaktionen unseres Geistes beobachten. Dann haben wir die Wahl, nicht vom Ego her zu handeln, sondern von unserer erleuchteten liebenden Natur aus. Am Weg der Praxis festzuhalten schenkt uns befreiende Alternativen zu den Gewohnheiten, die wir auf der Straße gelernt haben. Wir haben jetzt etwas, zu dem wir immer wieder zurückkehren können; wir sind nicht mehr ohne Unterstützung da draußen. Mit einem Programm, das uns trägt, sind wir nicht mehr gezwungen, alles genau so zu tun wie bisher. Wir finden Sicherheit und Geborgenheit darin, ein inneres Handbuch nützlicher Richtlinien zu besitzen, das uns zeigt, wie wir in jedem Augenblick, in jedem Dilemma und in jeder Beziehung liebevoll und weise sein können.

Das heißt nicht, dass wir ein ideales Leben führen. Wir machen weiterhin Fehler. Jemand geht uns auf die Nerven und wir schimpfen ihn im Geiste einen Idioten. Wenn wir dieses aggressive Urteil bemerken und uns selbst deswegen zur Rede stellen, üben wir immer noch makellose Praxis. Wir korrigieren uns selbst, wenn wir unseren Ausrutscher bemerken. Unsere ungeschickten Gedanken und Aktionen haben uns geholfen, uns mehr auf die Übung auszurichten. All unsere Gedanken und Aktionen sind Tore zur Erleuchtung, solange unsere Absicht rein bleibt. Die Reinheit der Absicht bedeutet, dass wir unsere Gedanken wirklich zurück auf das Licht lenken wollen. Wir wollen unsere Liebe wirklich zeigen. Dann wird alles, was wir aus dem aufgeblasenen und ängstlichen Ego heraus denken oder tun, in das Freudenfeuer von *Bodhichitta* geworfen, dessen Flammen die dunkelste Nacht erhellen.

Alles, was wir aufgeben, sind die Baugenehmigungen für weitere Anbauten an unserem Haus des Elends. Wenn wir nicht mehr an der tyrannischen Adresse des Egos wohnen, können wir uns stattdessen mit unserer erleuchteten Natur identifizieren. Eine Liste von spirituell reifen Alternativen zu unseren Ego-Gewohnheiten findet sich in Anhang 1. Sie können sie als Richtlinien verwenden oder mit ihnen als Verpflichtungen arbeiten, während Sie dieses Buch weiterlesen.

Tagebuch zu führen kann eine hilfreiche Ergänzung zu den Übungen sein. Sie können Ihre Überlegungen über die in diesem Buch vorgestellten Ideen aufzeichnen, ein Gedicht über das schreiben, was Sie berührt oder aufregt, und Synchronizitäten und Träume notieren und aufzeichnen, die mit den Themen in diesen Kapiteln zusammenhängen. Es ist bestimmt gut, die Praktiken in Ihrem Tagebuch zu beschreiben und dann auf sie zurückzublicken, um sich an die Verpflichtungen zu erinnern, die sie nahelegen.

Folgen Sie Ihrem eigenen Timing, wenn Sie sich an die psychologischen wie auch an die spirituellen Übungen in diesem Buch machen. Sie sind schlicht und ohne Umschweife aufgeführt und beschrieben. Doch sie sollten so behutsam oder forsch angegangen werden, wie es Ihren Bedürfnissen oder Ihrem Stil entspricht. Einige der Praktiken können Angst oder Abneigung hervorrufen. Bleiben Sie bei diesen Gefühlen, um zu sehen, was diese über Sie offenbaren.

Führen Sie die Übungen nur auf die Weise aus, die für Sie in Ordnung ist und Ihnen hilft. Je mehr Sie mit ihnen improvisieren können, desto nützlicher und unterhaltsamer werden sie sein.

Und vergessen Sie letztlich nicht, dass wir alle manchmal eigennützig sind. Das ist menschlich. Liebe ist, diese radikale Kehrtwende zum Sichverschenken zu machen, was ebenfalls menschlich ist. Vielleicht hat man Ihnen in Ihrer Kindheit erzählt, Sie seien zu egoistisch. In Beziehungen haben Sie womöglich gehört, Sie wüssten nicht, wie man liebt. Sie selbst nehmen vielleicht an oder sind sogar sicher, dass Sie narzisstisch, egoistisch und keine wirklich liebenswerte Person sind. All das spielt überhaupt keine Rolle. Hier und jetzt, ganz gleich, was ist, können Sie Ihre Praxis der Liebe beginnen. Dies mag Ihnen anfangs vielleicht unecht vorkommen; das ist ganz normal. Ihr liebevolles Handeln mag sich wie Schauspielerei anfühlen, aber spielen Sie die Rolle einfach weiter. Allmählich werden liebende Handlungen zu echter Liebe und deren Kraft wird die Ängste außer Kraft setzen, die Sie all die Jahre zurückgehalten haben. Sie werden erkennen, dass Ihre Liebe bereits auf ihre Chance gewartet hat, persönlich in Erscheinung zu treten. Johannes vom Kreuz hat es am besten formuliert: „Wo es keine Liebe gibt, füge Liebe hinzu; dann wirst du Liebe finden.“ Wir können dies folgendermaßen umformulieren: „Wenn Sie glauben, in Ihnen gäbe es keine Liebe, dann führen Sie außen Handlungen der Liebe aus. Dann werden Sie die Liebe in sich selbst finden.“ Vielleicht sind all die anderen Menschen, die Sie als aufrichtig Liebende sehen, auf genau demselben Weg dorthin gelangt.

> In dem Maße, in dem unsere Erfahrung reich an Praxis ist, wird deutlich, in welchem Ausmaß unsere Erfahrung spirituell und göttlich ist.
>
> — Jonathan Edwards

Übungen

Unserer Fähigkeit vertrauen, achtsam zu lieben

Vertrauen Sie auf Ihre Fähigkeit, achtsam zu lieben. Stellen Sie sich die Frage, was Sie tun oder sein müssen, um Ihre Liebe in den spezifischen Ereignissen und Begegnungen, die Sie heute erwarten, zu zeigen. Überprüfen Sie auf die gleiche Weise am Ende des Tages, wie Sie auf das reagiert haben, was wirklich geschehen ist. Schreiben Sie dies alles in Ihr Tagebuch. Es kann hilfreich sein, sich mit jemandem, den Sie lieben, darüber auszutauschen. Sie können dann um ein Feedback darüber bitten, wie gut Sie die Eigenschaften gezeigt haben, die Sie am Morgen dieses Tages aufgelistet haben.

In diesem Buch verwenden wir den Begriff *Achtsamkeit* in seiner üblichen modernen Bedeutung, um das Verweilen im Hier und Jetzt zu beschreiben und das Geschnatter unseres Verstandes wahrzunehmen, ohne sich dem inneren Dialog anzuschließen oder ihn abzulehnen. Wir werden uns dessen einfach mit bloßer Aufmerksamkeit bewusst und kehren immer wieder zum gegenwärtigen Augenblick zurück, indem wir uns auf unseren Atem fokussieren, auf das, was gerade real ist.

In Achtsamkeit achten wir derart auf unsere Gedanken und Reaktionen, dass wir genau erkennen, wohin sie führen und wie sie Leiden für uns und andere hervorrufen oder nicht. Diese Bewusstheit ist es, die uns hilft, die Gefühle und Reaktionen anderer zu verstehen. Achtsamkeit ist nützlich, denn sie ist eine Art der Beobachtung ohne Vorurteile sowie das Bedürfnis, Ereignisse oder Menschen zu verbessern oder zu zügeln. Auf diese Weise werden wir geschickter darin, unser Mitgefühl, die erleuchtete Alternative des Urteilens, zum Ausdruck zu bringen,. Es wird uns ausreichen, mutig mit anderen in deren Krisen präsent zu sein (das heißt, ohne Kritik oder gar Empfehlungen für eine Lösung). Dies ist eine nicht-invasive Weise zu lieben. Wir sind ebenso da für andere, wie wir für uns selbst hier sind: vollkommen präsent, als stiller Zeuge und ohne eilfertig zu verbessern oder zu kontrollieren.

Wir verwechseln manchmal Einschätzen mit Urteilen. Eine Einschätzung zu geben heißt, auf eine objektive Weise Kritik zu üben oder den Wert von etwas uneigennützig zu kommentieren, so wie man einen Film rezensiert. Wir bewerten die Schauspielleistung, das Script und die Regie. Das ist nichts Persönliches, es geht lediglich um Information. Achtsamkeit zeigt die Berechtigung des Einschätzens. Damit wir die Gedanken und Gefühle etikettieren können, um zu erkennen, wie sie sich von dem, was in dem Moment wirklich ist, unterscheiden, bedarf es ständiger Einschätzung.

Zu urteilen bedeutet, im negativen Sinne zu kritisieren, zu zensieren, jemanden als falsch oder schlecht hinzustellen. Normalerweise ist dies eine Reaktion auf das Verhalten von jemandem, den wir nicht mögen. In Liebender Güte schätzen wir eher ein, als dass wir urteilen: „Ihre Mittel sind ungeschickt", nicht „Sie sind schlecht". Die folgende Übersicht hilft uns, den Unterschied zwischen Urteil und Einschätzung zu erkennen.

Urteilen im negativen Sinne	**Eine Einschätzung abgeben**
Basiert auf Vorurteilen	Gründet sich auf unvoreingenommene und aus Unvoreingenommenheit resultierende Bewertung
Entsteht aus reaktiver, sich etwas ausmalender Imagination	Kommt aus einem Intellekt, der einfach präsent bleibt

Ist eine Reaktion auf unsere eigenen Projektionen, wobei wir die Dinge persönlich nehmen	Ist eine Reaktion auf das, was wir tatsächlich von einer objektiven und neutralen Warte aus sehen
Beinhaltet möglicherweise Spott, Hohn und Lächerlichmachen	Ist respektvoll
Ist kritisch, ein Urteil	Ist verantwortungsbewusste Kommunikation
Verhält sich wie ein Gericht	Ist ein fairer Zeuge
Ist in Vorurteilen befangen	Ist achtsam
Wirkt für den anderen wahrscheinlich wie ein Befehl (auf ihn einreden)	Wirkt eher wie ein hilfreicher Vorschlag (mit dem anderen sprechen)
Stimme/Verhalten sind tadelnd/hart	Freundlich und milde in Tonfall und Verhalten
Weist Schuld zu, macht den anderen schlecht oder tut ihm Unrecht	Ist sich der Grenzen und Schwachstellen bewusst, behandelt aber alles als Information
Schließt Kritik ein, die den anderen heruntermachen soll	Schließt Kritik ein, die als Kommentar gemeint ist
Reagiert gewöhnlich sofort	Gibt dem Urteilsvermögen Zeit
Ist häufig hartherzig	Ist gewöhnlich mitfühlend
Ist häufig durch den Wunsch motiviert, den anderen zu bestrafen	Ist durch den Wunsch nach Transformation für den anderen motiviert
Ist eher geeignet, sich zu verteidigen oder die Gefühle anderer zu verletzen	Ist eher geeignet, Aufmerksamkeit und Verbesserung in anderen zu fördern
Schließt den anderen aus, sodass keine Liebe möglich ist	Versteht den anderen, sodass Liebe leicht möglich ist
Archetyp des Richters	Archetyp des Mentors, der helfenden Kraft, des Freundes

Unsere spirituelle Praxis der Achtsamkeit kann uns helfen, vom Urteilen zum Einschätzen zu gelangen.

In der Achtsamkeitspraxis werden wir mit Sicherheit feststellen, dass es schwer ist, unseren fortlaufenden inneren Dialog abzustellen. Wir lernen schon bald, dass alle Bemühungen, ihn zum Schweigen zu bringen, fruchtlos sind. Also geben wir es auf, irgendetwas verändern zu wollen. Es geht bei der Praxis nicht darum, unseren Gedankenstrom abzubrechen, und wir sind auf dem falschen Dampfer, wenn wir mit unserer Praxis aufhören, weil es uns nicht gelingt, unseren Geist für längere Zeit still zu halten. In der Praxis geht es darum, uns dem, was in uns abläuft, hinzugeben. Wir sind erfolgreich, wenn wir bemerken, wie unser Geist funktioniert, und jedes Mal, wenn wir unsere Ablenkungen zur Kenntnis nehmen, zum Atem zurückkehren. Unser Erfolg besteht darin, immer wieder bei der Stange zu bleiben, und nicht darin, vollkommen frei von ablenkenden Gedankenmustern zu sein. Wir bemerken, dass reine achtsame Bewusstheit normalerweise die Sache eines Augenblicks ist; es ist unmöglich, sie in einem fortlaufenden Zustand aufrechtzuerhalten. Angesichts der flüchtigen Natur von Achtsamkeit sind die folgenden Worte von William James ermutigend: „Aufmerksamkeit lässt sich nicht ständig aufrechterhalten. ... Die Fähigkeit, absichtlich eine abschweifende Aufmerksamkeit immer wieder aufs Neue zurück zu bringen, ist die Wurzel von Urteilsvermögen, Charakter und Wille."

Unsere Machtlosigkeit anzuerkennen, die enge Verkettung unserer Gedanken zu unterbrechen, bedarf der Bemühung. Diese ist die beruhigende Übung anzunehmen, wie unser Geist funktioniert, ein wesentlicher Faktor von wahrer Achtsamkeit. Dies hilft uns, Liebe zu lernen, denn Liebe gedeiht in einer Atmosphäre der völligen Hingabe an das, was ist. Liebe gelangt zu ihrer vollkommenen Verwirklichung, wenn unsere Hingabe dahin führt, bei unseren gesunden Bemühungen zu bleiben, immer wieder in eine fokussierte Gegenwart zurückzukehren – genau zu dem, was Liebe mit sich bringt. Und natürlich gleicht Liebe auch darin der Achtsamkeitspraxis, dass sie uns immer wieder misslingt, wir jedoch niemals aufgeben.

Zur achtsamen Bewusstheit zurückzukehren heißt, bereit für die Liebe zu sein. Am einfachsten ist die Verbindung zwischen Achtsamkeit und Liebe zu erkennen, wenn man die Fünf Aspekte als Grundvoraussetzung versteht. Schreiben Sie in Ihr Tagebuch, wie die Fünf Aspekte in Ihrer Beziehung zum Ausdruck kommen und wie Sie diese Aspekte sich selbst schenken. Beantworten Sie die kursiv gedruckten Fragen, die jeder der Beschreibungen folgen:

- Wir können nur dann aufmerksam sein, wenn wir uns verpflichten, dem anderen zuzuhören, ohne Urteile, Vergleiche, Angst oder um jeden Preis rechthaben zu wollen hinzuzufügen. *Bin ich in der Lage, meine eigenen Gedanken und Bedürfnisse lange genug beiseite zu lassen, um Interesse an jemandem zu bekunden und ihm meine ungeteilte Aufmerksamkeit zu schenken?*
- Ich achte auf meine innere Welt, auf das, was ich wirklich bin, wenn ablenkende und vom Ego geschaffene Gedanken sich von meinem psychischen Terrain davonmachen. *Kann ich mich auf meine eigenen Bedürfnisse konzentrieren und ihre Berechtigung begrüßen?*
- Annehmen erfordert eine Freiheit von jeglicher Bedrohung durch den anderen und das Fehlen von jeglicher Verurteilung oder Schuldzuweisung an jemand anderen. *Akzeptiere ich andere so, wie sie sind, oder urteile ich über sie?*
- Wenn ich mich selbst als wertvoll akzeptiere, kann ich den Wert des anderen dem meinen gleichstellen, ohne

ihn über mich zu stellen. Nur diese Gleichheit lässt Liebe wachsen. *Akzeptiere ich mich so, wie ich bin?*

- Annehmen erfordert die Anerkennung grundlegender Güte im anderen, seinen bedingungslosen Wert, der weder an seine Geschichte noch an sein Verhalten gebunden ist. *Bemerke ich, was andere Menschen für mich tun, und denke ich daran, Wertschätzung zu zeigen?*

- Wenn ich mich selbst wertschätze, nimmt auch meine Wertschätzung der Liebe zu, die andere mir entgegenbringen. *Schätze ich mich selbst?*

- Zuneigung kann sich durch eine fürsorgliche Verbindung im Hier und Jetzt durch körperliche Nähe und Berührung zeigen, doch ohne ein Klammern, welches die Geborgenheit, die wir durch Umarmungen in unserer Kindheit erfahren haben, wieder heraufbeschwören will. *Kann ich Zuneigung körperlicher Art zeigen, die nicht zum Sex führt?*

- Wenn ich zärtlich für mich selbst sorge, lerne ich, mich selbst zu lieben. *Wie kann ich als eine Art, mich selbst zu lieben, für meinen Körper und meine Seele sorgen?*

- Zulassen bedeutet, andere zu Wort kommen zu lassen und offen zu sein, ihnen zuzuhören, ganz gleich, wie ihre Botschaft an uns sein mag. Dies erfordert achtsame Bewusstheit hinsichtlich der Bedürfnisse und Gefühle der anderen Person und ein Loslassen unserer eigenen Ego-Beteiligung. *Bin ich in der Lage, anderen zu gestatten, im Einklang mit ihren eigenen tiefsten Bedürfnissen, Werten und Wünschen zu leben, oder versuche ich, sie zu kontrollieren?*

- Ich kann mir selbst die unabdingbare Freiheit gewähren, im Einklang mit meinen tiefsten Bedürfnissen, Werten und Wünschen zu leben. *Spiegelt mein Leben eher das wi-*

der, was ich bin, oder vielmehr das, was andere wollen oder von mir verlangen, damit ich ihnen gefalle?

Die essenzielle Praxis für all dies ist Achtsamkeit.

Hinter die äußeren Erscheinungen und inneren Wahrnehmungen zu schauen ist die andauernde Aufgabe – und Freude – der Achtsamkeitspraxis. Wir verlieren jedoch nicht die Hoffnung, wenn wir begreifen, dass Liebe, ob gegeben oder empfangen, nur selten frei von Projektionen, persönlichen Deutungen, Erinnerungen und Gefühlen ist. Das ist der natürliche Zustand eines jeden Geistes. Aber es gibt immer ganz besondere Momente, wenn wir für uns oder jemand anderen wirklich da oder vielmehr *hier* sind. Es kann Augenblicke geben, in denen wir uns selbst so sehen, wie wir wirklich sind, und uns so lieben, wie wir sind. Es kann Augenblicke geben, in denen wir andere sehen, wie sie sind, und sie dafür lieben, dass sie so sind.

Wie bei der Erleuchtung geschieht totale Liebe nur in Augenblicken, hier und jetzt, dann und wann. Aber wir können die Anzahl dieser Momente durch unsere Hingabe an eine Achtsamkeit steigern, die uns hilft, präsenter zu werden. Die gleiche Praxis unterstützt uns auch dabei, mehr zu lieben.

Die chinesischen Schriftzeichen für Achtsamkeit bedeuten „Präsenz “ und „Herz“. Achtsamkeit ist tatsächlich eine von Herzen kommende Praxis. Sie ist keine kühle Untersuchung der Mechanismen des Geistes; sie ist eine Hinführung zur Liebenden Güte. Wir werden nur ganz und gar präsent, wenn wir die Verstecke der Liebe aufspüren können und sie strahlend sichtbar machen.

Unseren Kreis an Liebender Güte ausweiten

Alle Übungen in diesem Buch können damit beginnen, dass wir uns selbst lieben, so wie im ersten Teil der *Metta*-Praxis. Dies ist eine Meditationspraxis, mit der wir allen Wesen innerlich Glück wünschen, wobei wir mit uns selbst beginnen und ein System wiederholter Sätze verwenden, die diesen Wunsch auf Menschen unterschiedlicher Art ausweiten. Wir beginnen damit, dass wir uns wünschen, selbst glücklich zu sein. Wir weiten unsere Wunschgebete dann auf diejenigen aus, die wir kennen, und dann auf jene, die wir nicht kennen, und so weiter, bis wir alle Wesen mit in diesen Wunsch einschließen.

Im Buddhismus ist Erleuchtung unser Erwachen zum Hier und Jetzt, ohne das Bedürfnis zu urteilen, zu definieren oder zu analysieren, was geschieht, ohne Anhaftung an ein bestimmtes Ergebnis und ohne Angst oder Gier. Mit anderen Worten: in Freiheit von dem, was William Blake „die vom Geist geschmiedeten Ketten" nennt.

Dies ist möglich, weil wir in unserem natürlichen Zustand erleuchtet *sind*. Uns allen wohnen die Vier Grenzenlosen Eigenschaften erleuchteter Wesen inne, die wir in der Praxis der Liebenden Güte für uns und andere bekräftigen: universelle, bedingungslose Liebende Güte; Mitgefühl mit jenen, die leiden; Mitfreude mit jenen, die Erfolg haben; und der Gleichmut, die Wirklichkeit ausgeglichen und gelassen zu akzeptieren, damit wir die Stabilität, uns mit den anderen drei Eigenschaften zu beschäftigen, aufrechterhalten können.

Liebende Güte ist ein geistiger Zustand oder vielmehr ein Zustand des Herzens. Durch ihn sehen wir den Schmerz der Menschen mit Mitgefühl. Wir freuen uns über ihren Erfolg. Wir sind mehr in Frieden, weil wir darauf vertrauen, dass wir dabei sind zu lernen, mit Gleichmut zu akzeptieren, was im Leben geschieht.

Wir tragen keine übelwollenden oder rachsüchtigen Gedanken über andere mit uns herum. *Gedanken führen zum Handeln, und daher ist das Kultivieren liebevoller Gedanken ein Schritt darauf zu, Liebe zu zeigen.*

Stress und Theatralik können unsere Fähigkeit, uns selbst uneingeschränkt zu geben, beeinträchtigen. In dem Maße, in dem unsere Gelassenheit durch die Praxis der Liebenden Güte wächst, wird unser Stresslevel reduziert. Auf diese Weise kann Gleichmut uns helfen zu lieben. Da Gleichmut bedeutet, die Dinge so anzunehmen, wie sie sind, ist er ein Weg zur Zufriedenheit: Wenn wir alles so annehmen, wie es ist, verlangen wir nicht nach mehr. Gleichmut ist das Gefühl eines gelassenen Geistes angesichts von Leiden und Freude, in allen Situationen, gegenüber Freund und Feind. Er ist das Vermögen, alle Wesen mit Liebender Güte und ohne Voreingenommenheit oder Parteilichkeit anzusehen. Dies schützt die Reinheit unserer Liebenden Güte, denn unsere Liebe bleibt unberührt von dem, was geschieht oder was andere Menschen tun. Unser Gleichmut hält uns im Gleichgewicht und unsere Liebe folgt dem direkt.

Eine essenzielle Praxis zum Erlangen von Gleichmut ist das Loslassen unseres Egos, des Anteils von uns, der sich berechtigt fühlt, von allen respektiert und gut behandelt zu werden. Mit Gleichmut nehmen wir soziale Enttäuschungen nicht so persönlich; diese bilden die Hauptursache für unseren Schmerz, wenn Ereignisse oder Menschen sich nicht als das erweisen, was wir erwartet hatten. Mit weniger Einmischung durch das Ego werden wir nicht mehr sauer, wenn Menschen uns nicht anerkennen oder zufriedenstellen. Weniger Ego bedeutet weniger Reaktionen auf andere Egos, ganz gleich wie grob diese sein mögen. Auf diese Weise verhilft uns Gleichmut dazu, unsere Liebe in der *Metta*-Praxis auf jene auszuweiten, mit denen wir Schwierigkeiten haben.

In der Praxis der Liebenden Güte weiten wir unseren Kreis der Liebe zu seinem vollen Ausmaß aus. Auf diese Weise hilft uns die Praxis, auf der Reise durch unser Leben von allgemeiner Höflichkeit zu bedingungsloser Liebe fortzuschreiten. Wenn wir in der Praxis der Liebenden Güte vom Ich zu anderen gehen, dehnen wir unsere Identität aus, während wir unseren Kreis der Liebe ausdehnen. Der Weg vollkommener Menschlichkeit führt von Egozentrik über die Zentriertheit auf andere zur Kosmozentrik.

Je mehr wir Liebende Güte praktizieren, desto mehr realisieren wir, dass jeder Mensch, dem wir begegnen, uns hilft, den Weg der Liebe zu finden. Der indische buddhistische Lehrer Shantideva sagt im *Bodhicharyavatara:*

> Deshalb will ich den Feind freudig willkommen heißen, wie einen Schatz, der sich im Haus einfindet, ohne mühevoll erworben zu sein; denn er hilft mir auf dem Weg zum Erwachen. Weil die Frucht der Geduld von ihm und von mir geschaffen wurde, ist es angemessen, sie zuallererst ihm zu schenken, denn er ist der Grund für meine Geduld. …
>
> Weil die Geduld in Abhängigkeit von der bösen Absicht [des Feindes] entsteht, ist er allein die Ursache der Geduld. Daher ist er der gleichen Hochachtung würdig wie die edle Lehre. …
>
> Wenn man also durch die Wesen wie durch die Sieger [Buddhas] gleichermaßen die Eigenschaften eines Buddhas erlangt, ist es dann gerecht, dass man die Wesen nicht ebenso hochschätzt wie die Buddhas? Sie sind gleich, nicht von der Größe ihrer Intention, sondern von ihrer Wirkung her. Insofern haben auch die Wesen ihre Qualität, und aus diesem Grund sind sie gleichwertig [mit den Buddhas].[12]

---

12 Übersetzung aus dem Tibetischen von Christof Spitz. Siehe http://www.dalailama-hamburg.de/fileadmin/user_upload/texte/bca-deutsch-dl2014-a5.pdf

Liebende Güte wird nicht einfach nur jeden Tag in einer dafür vorgesehenen Zeit praktiziert, in der wir unsere Wunschgebete aufsagen. Sie stellt eine ganze Lebensweise dar, doch eine, die in besonderen Momenten passiert. Es kann ein Übungsmoment sein, wenn wir uns in einem Restaurant dafür entscheiden, unserem Körper Gutes zu tun und gesundes Essen zu bestellen. Eine Gelegenheit zur Praxis mit unserer Partnerin kann sein, sich voll und ganz auf ihren Tagesbericht zu konzentrieren, auf ihre Gefühle einzugehen und sie darin zu unterstützen.

Ein Augenblick der Praxis kann darin liegen, wenn Sie eine Menschenmenge sehen und sich fragen: „Wie kann ich je in der Lage sein, all diese Menschen zu lieben?" Versuchen Sie folgendermaßen darauf zu antworten: „Ich kann nicht mit jedem in Kontakt treten, aber ich kann allen gegenüber, denen ich begegne, immer freundlich, höflich und respektvoll sein. Ich kann in diesem Moment all diese Menschen in meine spirituelle Praxis einschließen, indem ich ihnen Glück und Erleuchtung wünsche. Mögen ich und sie Wege finden, aus vollem Herzen zu lieben." Dies kombiniert die Elemente einer fürsorglichen Verbindung mit dem realistischen Gefühl von unseren wechselseitigen menschlichen Beschränkungen.

Hier gebe ich Ihnen eine einfache Reihe von angestrebten Zielen, die Sie jeden Tag wiederholen können, um mit einer Praxis der Liebenden Güte zu beginnen:

- Möge ich mich heute so lieben, wie ich bin.
- Möge ich glücklich und gesund sein.
- Möge ich frei von dem Leiden sein, mir vorzustellen, ich sei getrennt.
- Möge ich zu Hause und an meinem Arbeitsplatz sicher und geborgen sein.

- Möge ich keine unfreundlichen Gedanken hegen oder mich zu aggressiven Aktionen hinreißen lassen.
- Möge ich gelassen und gleichmütig sein, ganz gleich, was mir heute widerfährt.
- Möge ich Liebende Güte, Mitgefühl, Mitfreude angesichts des Erfolges anderer sowie Gleichmut praktizieren.

Wiederholen Sie einige dieser Wünsche oder alle (oder ähnliche) zuerst für sich selbst, dann für diejenigen, die Sie lieben, dann für jene, die Ihnen gleichgültig sind (Bekanntschaften oder Leute, denen Sie während des Tages begegnen, die Sie aber nicht kennen), dann für jene, mit denen Sie im Konflikt stehen, und schließlich für alle Wesen überall.

Diese Praxis zeigt uns die konzentrischen Kreise, in denen sich die Liebe bewegt. Wir beginnen bei uns selbst, schreiten fort zu einigen anderen und schließlich zu allen. Wir sind spirituell reif in unserer Liebe, wenn sie nicht eingeschränkt ist, sondern sich in alle Richtungen ausbreitet. Wir lieben uns selbst, ohne uns deshalb für egoistisch zu halten. Wir zeigen Liebe in unserer Familie, in unseren intimen Beziehungen und in unseren Freundschaften. Wir weiten den Wunsch nach Glück und Erleuchtung auch auf jene aus, die wir vielleicht nicht mögen oder die uns nicht mögen. Wir lieben alle Wesen mit fürsorglichem Mitgefühl. Dies sind ungewöhnliche und radikale Herausforderungen für die meisten von uns, aber wir wagen es, sie anzunehmen.

Die Praxis der Liebenden Güte zeigt uns, wie wir bedingungslos lieben können, denn wir schließen Menschen ein, mit denen wir in Schwierigkeiten und Konflikten sind. Dies umfasst auch jene, die uns verletzt haben oder uns gegenüber feindselig eingestellt sind. Wenn wir darüber nachdenken, wie schäbig sie sich uns gegenüber verhalten haben, dann empfinden wir keinen

Wunsch nach Vergeltung, sondern bedauern, dass sie eine Gelegenheit zu lieben verpasst haben.

Die Praxis weist uns den Weg, wie wir universell lieben können, da wir Liebende Güte bis hin zu Menschen ausdehnen, die wir nicht einmal kennen. Die Unterscheidung zwischen bekannt/unbekannt beschränkt uns nicht mehr, denn unser Ziel ist eine weite Ausdehnung von Liebe über die enge Reichweite hinaus, die sich auf Vorlieben gründet. Hier gibt es keine Vorlieben; alle empfangen genau dieselben Wünsche für ihr Wohlbefinden. Auf diese Weise dehnt sich unser Herz in der Praxis auf die Größe aus, die es tatsächlich besitzt.

Schließlich wird diese Praxis nicht nur durch Wünsche, sondern auch durch tägliches Handeln realisiert, welches Liebende Güte für andere, Mitgefühl für ihre Leiden, Freude bei ihren Erfolgen und Gleichmut bei allem, was von ihnen bei uns ankommt, zum Ausdruck bringt.

> Dass Eure Gefühle, Herr, wenn Ihr sie jetzt sähet,
> milde würden.[13]
>
> — William Shakespeare

13 William Shakespeare, Der Sturm, übersetzt und hrsg. von Gerd Stratmann, Stuttgart (Reclam) 1982

Mit unserer Angst vor der Liebe arbeiten

Obwohl ich dich liebe, wirst du springen müssen;
Unser Traum von Sicherheit muss verschwinden.

— W. H. Auden

Die meisten von uns haben genauso viel Angst vor der Liebe, wie wir sie uns wünschen – manchmal mehr, manchmal weniger. Wir fürchten sowohl das Empfangen als auch das Geben totaler Liebe. Der intensive Blick liebender Augen kann sich aufdringlich anfühlen. Diejenigen, die unsere Liebe verlangen, können den Anschein erwecken, zu viel von uns zu erwarten. Die dem Lieben und Geliebtwerden innewohnende Verletzlichkeit kann ziemlich beängstigend sein. Wir wollen, dass Liebe nach unseren eigenen Vorstellungen geschieht. Wir wollen Liebe nur auf eine Art und Weise zeigen, die sich sicher für uns anfühlt. Wir wollen die totale Kontrolle über die Liebe, die wir austeilen: Wie viel, wie lange, wie intensiv. Geliebt zu werden erfordert Verletzlichkeit in drei Formen von Bereitwilligkeit: jemandem unsere Liebe zu zeigen, bevor dieser uns zeigt, dass er uns liebt; uns im besten und schlechtesten Licht sehen zu lassen; unsere Bedürfnisse zu zeigen.

Es gibt ein direktes Verhältnis zwischen Verletzlichkeit und Mut. Je mehr wir bereit sind, verletzlich zu sein, desto mehr Mut besitzen wir. Angstfreie, draufgängerische Liebe ist waghalsig, nicht vorsichtig; sie geht ein Risiko ein, anstatt sich bedeckt zu halten; sie ist offen und spontan, nicht unter fester Kontrolle. Solche Möglichkeiten können Schrecken in unser Herz säen, das oft aufgrund solcher Dinge verletzt wurde.

Wenn wir das Bedürfnis haben, mehr von einer Person zu bekommen, während wir gleichzeitig mehr Nähe zu ihr fürchten, entsteht Spannung in uns. *Wir sind verunsichert, weil wir uns vor dem fürchten, was wir uns wünschen, und uns das wünschen, was wir fürchten.*

Die Komponenten sowohl für das Geben als auch das Empfangen von Liebe sind die Fünf Aspekte. Sie mögen auf den ersten Blick recht attraktiv erscheinen, aber wir können ebenfalls erkennen, wie sie Angst oder Misstrauen hervorrufen können.

Wenn wir unsere Liebe geben, kann sich jeder der Fünf Aspekte bedrohlich anfühlen. Wir können nicht darauf vertrauen, dass andere unsere Liebe auf die begrenzte Weise empfangen, in der wir sie anbieten. Wir mögen das Gefühl haben, dass die daraus folgende, von uns erwartete Verbindlichkeit zu groß sein wird, wenn wir die Liebe des anderen annehmen. Wir fühlen uns nicht sicher und geborgen, wenn wir Aufmerksamkeit zeigen, denn wir könnten Gefühle erkennen, die in uns Gefühle hervorrufen, und das macht Angst. Wir werden vielleicht Angst haben, Annehmen, Wertschätzung oder Zuneigung zu zeigen, weil wir festgestellt haben, dass sie zu einer Nähe führen können, für die wir noch nicht bereit sind. Wir werden uns vielleicht davor fürchten zuzulassen, dass andere ihre Wahl treffen, weil wir dann die Kontrolle verlieren, die wir über sie haben wollen.

Wenn uns Liebe entgegengebracht wird, kann sich jeder der Fünf Aspekte nicht vertrauenswürdig anfühlen und unser Gefühl von Sicherheit und Geborgenheit beeinträchtigen oder es außer Kraft setzen. Aufmerksamkeit kann sich anfühlen, als wolle uns jemand zu genau unter die Lupe nehmen und in Bereiche eindringen, die zu offenbaren wir noch nicht bereit sind. Annehmen, Wertschätzung und Zulassen können uns wie Unterwürfigkeit vorkommen, die aus dem nicht vertrauenswürdigen Motiv entsteht, uns zu manipulieren. Körperliche Zuneigung kann eine sexuelle oder zu freundschaftliche Note beinhalten, die vielleicht nicht willkommen ist, unsere Grenzen nicht wahrt oder sich vorschnell anfühlt, sodass wir ihr misstrauen.

Ängste nähren sich von den primitiven Emotionen im limbischen System unseres Gehirns. Doch wenn wir den Bewusstheitsfaktor unseres orbitalen und medialen präfrontalen Cortex benutzen, sind wir in der Lage, Situationen zutreffend einzuschätzen. Dann lässt sich unsere Angst leichter überwinden. Wenn sie auftaucht, können wir sie mit der Versicherung beruhigen, dass wir mit allem, was geschieht, umgehen können. Sich auf diese Weise selbst zu trösten baut Selbstvertrauen in uns auf, was der erste Schritt darauf hin ist, uns selbst zu lieben. Da Angst entsteht, wenn wir uns gefangen oder in die Enge getrieben fühlen, wird uns die Angst wahrscheinlich nicht so leicht überwältigen, wenn wir neue Möglichkeiten erkennen.

Unser Hauptkonflikt im Leben liegt oft zwischen den Entscheidungen, die von der unbewussten Amygdala und dem bewussten präfrontalen Cortex gefällt werden. Eine völlige Befreiung von Angst würde eine größere Umstrukturierung der Amygdala erfordern – eine beängstigende Aufgabe. Aber es gibt Hoffnung: Mit Achtsamkeit als unserer Praxis können wir nach primitiven Ängsten Ausschau halten und Körper/Geist-Techniken anwenden, um sie zu verwandeln und außer Kraft zu setzen. Wir können beispielsweise tiefe Atemübungen benutzen und auf achtsame Bewusstheit zugreifen.

Wir können die Technik der Vier Handlungsweisen von Anerkennen, Zulassen, Handeln und Affirmieren verwenden, um uns aus der Umklammerung der Angst vor dem Lieben und Geliebtwerden zu befreien:

1. Wir *erkennen an*, dass wir Angst haben, und kommen zu dem Schluss, dass unsere Angst nicht rational ist oder auf einer wirklichen Gefahr beruht.

2. Wir *lassen es zu*, ein wenig mehr Angst zu erfahren, als wir normalerweise aushalten können, während wir uns daran erinnern, dass Angst aus Gewohnheiten aufsteigt und keine Realität ist, die man zu persönlich nehmen sollte. Wir umarmen uns selbst, wie es liebevolle Eltern tun würden, finden es in Ordnung, unsere Angst zu haben, versichern uns jedoch, dass alles gut sein wird. In diesem Teil der Übung wählen wir unsere Reaktion aus. Dies hebt das Empfinden auf, ein Opfer zu sein, das sich gezwungen sieht, Angst zu empfinden – dass wir von der Amygdala, die die Angst so unüberwindbar erscheinen lässt, gekapert werden. Mit einer paradoxen Absicht gewinnen wir die Kontrolle, weil wir in einem sehr realen Sinne verantwortlich sind. Dieses „Versuch's doch mal" zeugt von Mut, von Courage oder Beherztheit. Wir lassen die völlige Befreiung einer Tugend zu, die unserem Herzen innewohnt.
3. Wir haben uns dafür entschieden, unsere Angst zu fühlen und so zu *handeln*, als hätte sie keine Macht darüber, uns von etwas abzuhalten oder uns zu etwas hinzutreiben. Mutig handeln heißt mutig sein. Die Übung ist sowohl Ursache als auch Wirkung. Dies ist kein Handeln in dem Sinne, etwas vorzugeben, sondern sich auf neue Art und Weise zu verhalten. Ralph Waldo Emerson schrieb: „Tu das, was du fürchtest, und das Ende der Furcht ist gewiss."
4. Wir entwerfen eine *Affirmation*, eine Bekräftigung, die unsere Praxis zusammenfasst und die wir weiter verwenden. Ein Beispiel wäre: „Ich lasse meine Angst durch mich hindurchgehen und bin frei davon, von ihr kontrolliert zu werden."

Unser nützlichstes spirituelles Werkzeug, um uns von der Macht zu befreien, die Angst über uns haben kann, ist immer noch die Praxis der Liebenden Güte. Die tägliche Verbindung von der

Metta-Praxis mit der Technik der Vier Handlungsweisen vereint psychologische Arbeit und spirituelle Praxis und kann außerordentlich wirksam sein.

Angst gedeiht auf Isoliertheit, daher zerstreuen wir unsere Ängste auch durch den Kontakt mit Menschen, die unser Vertrauen besitzen. Auf diese Weise sind wir immer, wenn wir sichere Unterstützung durch andere spüren, mehr dazu in der Lage, uns einer Gefahr zu nähern, anstatt vor ihr davonzulaufen oder uns davon zu distanzieren. Wir verringern damit ihre Macht über uns.

Vor kurzem hörte ich ein Radiointerview mit einem Mann, der einer der protestierenden Studenten während des Aufstands von 1989 auf dem Tiananmen-Platz in Peking gewesen war. Es ging darum, wie erhebend es war, Schulter an Schulter mit gleichgesinnten und ebenso entschlossenen Studenten zu stehen. Als er gefragt wurde, ob er Angst gehabt habe, getötet zu werden, antwortete er fest und ruhig: „Meine Ängste waren verschwunden und es spielte keine Rolle mehr, ob ich lebte oder stürbe."

Außerdem hilft die Empathie und Unterstützung anderer, unseren präfrontalen Cortex umzubauen. Dies restrukturiert unsere neuronalen Verbindungen, sodass wir unsere limbischen, emotionalen und impulsiven Reaktionen auf das, was geschieht, regulieren können. Jetzt arbeiten unser Cortex und unser limbisches System zusammen.

Dies geschieht ebenfalls, wenn uns in gesunden Beziehungen die Fünf Aspekte entgegengebracht werden, wenn wir unsere Verluste betrauern und loslassen und wenn wir eine unilaterale Verpflichtung eingehen, ein Leben der Liebe zu führen – all das sind Praktiken, die wir in diesem Buch erforschen. Das Gehirn ist nicht hermetisch verschlossen und so stehen unsere Chancen für eine Verbesserung gut. Wir haben ein Gehirn, das soziales Engagement und persönliche Verpflichtung zu Gesundheit, Glück und persönlichem Wachstum nutzen kann, um sich neu zu vernetzen.

Unsere Verpflichtung zu diesen Praktiken zeigt uns gleichzeitig die Kraft, die wir selbst besitzen, um die Kreisläufe von Selbstvorwürfen und Angst neu zu verdrahten, damit wir die Gegenwart maximieren können. Wir lieben uns selbst stärker, wenn wir auf derart loyale Weise für uns selbst präsent sind.

Wir können unsere Ängste im Hinblick auf Liebe in engen Beziehungen untersuchen, indem wir uns anschauen, was bei Zusammenkünften unserer Kernfamilie und der erweiterten Familie wie etwa zu Weihnachten geschieht. Was zwischen uns und unseren Familienmitgliedern passiert, kann uns Aufschluss darüber geben, wie Liebe gezeigt oder eingeschränkt wird, sowohl von uns selbst als auch in einer Gruppe, von der man im Allgemeinen eine enge Verbundenheit erwartet:

- Mögen wir uns alle wirklich gegenseitig?
- Kommunizieren wir aufrichtig über unser Leben, unsere Gefühle und Sorgen?
- Interessieren wir uns für die Gesundheit, das Glück und den Erfolg der anderen, ohne dass sich Konkurrenzgefühle einmischen?
- Freuen wir uns an der Gesellschaft der anderen?
- Zeigen wir gegenseitig Respekt füreinander?
- Ist einer von uns aus Verpflichtung da oder möchten wir wirklich dort sein?
- Sehen wir dem Ende des Besuchs weniger, mehr oder genauso entgegen wie der Ankunft?
- Wenn die Zusammenkunft vorbei ist, müssen wir uns dann von dem Stress unserer gemeinsam verbrachten Zeit erholen?

Überlegen Sie, wie die Familienmitglieder im Hinblick auf die folgende Tabelle dastehen, indem Sie die Fünf Aspekte als ein Barometer unerschrockener Liebe benutzen.

Mit Erfüllung der Fünf Aspekte	Ohne Erfüllung der Fünf Aspekte
Echte *Aufmerksamkeit,* die über längere Perioden durch Zuhören, Augenkontakt und Bewusstheit der Gefühle gezeigt wird	Ständiges Abgelenktsein, besonders durch übermäßiges Aufpassen auf die Kinder, das Spiel im Fernsehen, Simsen und so weiter
Völliges *Annehmen* jeder Person mit all ihren Macken, die mit Neugier und Heiterkeit willkommen geheißen werden	Urteilen, lächerlich machen, zensieren, anprangern
Echte *Wertschätzung* der Geschichte, der Grenzen, der Leiden, der Bedürfnisse und Talente jedes Einzelnen	Nichtbeachten oder Herabsetzung des Beitrags, den jede Person beisteuert (trägt jeder etwas bei?)
Zuneigung, die sich in fortlaufendem Kontakt und respektvoller freundlicher Berührung zeigt	Die erforderliche Umarmung bei Ankunft und Abfahrt, und nicht mehr
Zulassen, dass alle während des Besuchs sie selbst sind, ohne Anprangern oder Anschuldigung für ihr Verhalten oder ihr gelegentliches Bedürfnis, allein zu sein	Kritik oder Versuche, das Verhalten der anderen zu kontrollieren

Liebe gedeiht durch schöne miteinander verbrachte Zeit. Die Pflege sowohl von familiären als auch von intimen Beziehungen erfordert persönlichen und innigen Austausch. Unbehagen bei direkter emotionsgeladener Kommunikation von Angesicht zu Angesicht ist Angst vor Nähe und totaler Liebe.

Die folgende letzte Frage über Mahlzeiten im Familienkreis kann uns vielleicht helfen zu erkennen, ob wir gehemmt sind, einander die Fünf Aspekte entgegenzubringen: Sitzen die Erwachsenen am Ende der Mahlzeit weiter am Tisch zusammen und führen eine ernstzunehmende Unterhaltung? Die Alternative ist das ständige Achten auf die Kinder oder andere Stimuli vor, während und nach der Mahlzeit. In diesem Szenario sprechen die Erwachsenen in „Catch-as-catch-can"- Manier unter Einsatz aller verfügbaren Möglichkeiten miteinander, was vielleicht eine gute Beschreibung der einzigen Art von Nähe ist, die zu zeigen sie bereit sind.

Ich erinnere mich an einen Brauch in meiner italienischen Kindheit, den ich in den heutigen Familien kaum noch sehe. Natürlich waren alle Kinder unserer erweiterten Familie bei Festtagsessen am Tisch präsent, aber nach dem Hauptgang wurden wir nach draußen zum Spielen geschickt, während die Erwachsenen ihren Kaffee einnahmen. (Da dieses Getränk für Kinder nicht geeignet ist, gab es den Erwachsenen Gelegenheit, miteinander allein zu sein.) Das ganze Ritual erlaubte es den Erwachsenen, sich zu unterhalten, ohne durch uns von einem persönlichen Kontakt abgelenkt zu werden – etwas, wovor sie keine Angst hatten. Auch uns Kindern wurde die Möglichkeit gegeben, einander besser kennenzulernen – etwas, das nicht geschieht, wenn die Kinder zum Fernsehen oder Videospielen geschickt werden.

2
Wie wir uns selbst lieben können

Ich segne die Widrigkeiten, die Güte des Geschicks, die Missgeschicke meiner Karriere. Ich segne meinen eigenen Charakter, meine Tugenden, meine Fehler, meine Makel. Ich liebe mich selbst in der Form, die mir gegeben wurde, und in der von meinem Schicksal gestalteten Form.

— Pierre Teilhard de Chardin

Selbstliebe ist Fürsorge für einen selbst. Sie ist kein Egoismus, sondern eine kluge Pflege von unserem Körper-Geist, Liebende Güte für uns selbst. Wir lieben uns selbst auf effektive Weise, wenn wir unsere Beziehungen, unsere Ernährung, unseren Lebensstil, unsere Arbeit, unsere Freizeit und unsere Entscheidungen so organisieren, dass sie zu den drei Zielen von Selbstfürsorge führen und diese schützen: Gesundheit, Glück und persönliches Wachstum (was sich sowohl auf den psychologischen als auch auf den spirituellen Fortschritt bezieht).

Diese drei bilden die Kriterien für alle gesunden Entscheidungen. Sie sind bei jeder Entscheidung wichtig, sei es nun bei einem Hobby oder einem Partner: „Ist dies gut für meine Gesundheit, mein Glück und mein Wachstum?“ Wachstumsfördernde Entscheidungen sind solche, die unsere geistige Gesundheit und Gelassenheit aufrechterhalten. Wenn wir für uns selbst sorgen, indem wir uns an diese Normen halten, beginnen wir darauf zu vertrauen, dass wir uns gegenüber wirklich freundlich sind.

Wir lieben uns selbst, wenn wir keine Entscheidungen treffen, die unserer Gesundheit schaden, wie vergnüglich oder aufregend sie auch sein mögen. Wir lieben uns selbst, wenn wir unser eigenes Glück berücksichtigen, anstatt davon motiviert zu sein, anderen gefallen zu wollen. Wir lieben uns selbst, wenn wir das tun, was unser psychisches und spirituelles Potenzial vergrößert.

Wir lieben uns selbst, wenn unsere Kriterien für eine intime Beziehung Gesundheit, Glück und persönliches Wachstum sind. Wir finden niemanden attraktiv, der sich dem Streben nach diesen Zielen nicht anschließt. Unsere Verpflichtung zur Selbstfürsorge wird wichtiger, als eine Beziehung zu haben. Unsere körperliche und geistige Gesundheit steht an erster Stelle.

Es gehört zur Selbstliebe, dass wir lernen, vorsichtig in Bezug auf die Motivation zu sein, aus der heraus andere sich zu uns hingezogen fühlen. Wir können den Unterschied erkennen, ob jemand uns aufgrund unseres wirklichen Wesens mag oder ob er uns wegen unseres Aussehens oder deswegen begehrt, was für ihn dabei herausspringt. Diese Klarheit macht uns außerdem immun davor, durch Schmeichelei von jemandem eingefangen zu werden, der versucht, uns an Land zu ziehen, weil er Gesellschaft oder sexuelle Befriedigung braucht.

Wir erkennen, dass es sich bei Schmeichelei um die Bedürftigkeit der anderen Person oder um eine Strategie handeln kann und nicht um eine Reaktion auf unsere authentischen Vorzüge. Wir lieben uns selbst, wenn wir angehende Partner begrüßen, die gesund genug sind, gegenseitige Bedürfniserfüllung anzubieten. Wir schützen uns vor der Annäherung eines jeden, der diese Kriterien nicht erfüllt, ganz gleich, wie ansprechend sein Süßholzraspeln auch sein mag. Wir sind uns immer bewusst, dass jeder einzelne der Fünf Aspekte oder alle zusammen Formen der Verführung sein können.

Auch wir sind aufgerufen, unsere eigenen Motivationen und Absichten zu erkennen, wenn wir von einem potenziellen Partner angezogen werden oder Anziehung von ihm akzeptieren. Wir vertrauen auf unseren eigenen Wert und haben erkannt, was wir als Charakteristika gesunder Beziehungen oder Partner ansehen können. Daher sind wir nicht bereit, anderen sozusagen „alles abzukaufen", was sie uns verkaufen wollen. Wir sind vielmehr in der Lage, authentische Motivationen sowohl in uns als auch in einem Partner zu identifizieren, dessen Potenzial mit unserem eigenen kongruent ist.

Wir alle haben Liebe und Aggression in uns, doch wir lernen, diese Neigungen zum Ausdruck zu bringen, indem wir ihnen eine bestimmte Form geben. Wir haben in der frühen Kindheit und in späteren Beziehungen gelernt, uns selbst zu lieben, wenn uns von unseren Bezugspersonen die Fünf Aspekte entgegengebracht wurden. Jeder, der uns heute liebt, ist ebenfalls ein Musterbeispiel dafür.

Niemand wurde oder wird die ganze Zeit bedingungslos geliebt und wir brauchen das auch nicht, um uns vom Kind zum Erwachsenen zu entwickeln. Aber wenn wir uns immer wieder auf unsere Gefühle einstimmen, gibt uns dies das Gefühl, als der Mensch, der wir sind, verstanden und geliebt zu werden. Eine Ermutigung von anderen, auf uns selbst zu achten, hilft. Wir gelangen zu der Erkenntnis, dass Selbstfürsorge kein Egoismus ist. Dies ist sehr wichtig dafür, ein festes Fundament für unsere Selbstliebe zu legen. Uns auf uns einzustimmen bedeutet, unsere Gefühle, unseren Körper, unsere Bedürfnisse, Erinnerungen und Glaubensvorstellungen Augenblick für Augenblick zu verfolgen.

Selbstliebe wächst exponentiell, wenn wir von anderen geliebt werden. Das geschieht nicht nur, weil wir merken, dass wir liebenswert sein müssen, wenn andere Menschen uns lieben. Es geschieht auch auf einer tieferen Ebene. Wir wussten, dass wir den Übergang vom Kind zum Erwachsenen vollzogen haben, als wir die Funktionen der Bezugspersonen in unserer Kindheit und Jugend selbst übernommen haben. Schritt für Schritt haben wir selbst all das für uns getan, was sie sonst immer für uns getan haben – alles vom Anziehen bis hin zum Trösten. Wenn uns jemand liebt, beginnen wir, uns selbst die gleiche sorgfältige Fürsorge zu widmen, die wir von ihm oder ihr empfangen. Mit anderen Worten, wir saugen nicht einfach nur die liebende Haltung und Verhaltensweise von anderen uns gegenüber auf. Wir lassen sie in uns einsickern, sodass wir uns selbst so lieben können, wie sie uns lieben. Wir lieben uns nicht nur mit unserer eigenen Liebe. Wir lieben uns mit der Liebe, die andere für uns empfinden und die wir nun verinnerlicht haben. Der Liebe in unser Leben Einlass zu gewähren ist eine Übung, uns selbst zu lieben.

Ich will Ihnen ein Beispiel dafür geben, auf welche Weise von anderen geliebt zu werden uns zeigt, wie wir uns selbst lieben können. Vielleicht haben wir uns von jenen Menschen geliebt gefühlt, die uns bei schwierigen Gefühlen und in misslichen Situationen unterstützt haben. Als Erwachsene können wir uns verpflichten, bei uns selbst zu bleiben, wenn wir solche Dinge durchleben. Die Liebe, die uns von anderen entgegengebracht wurde, ist nun die Liebe, die wir uns selbst entgegenbringen. Wenn wir unser Beispiel anwenden, können wir dies tun, indem wir uns selbst die Fünf Aspekte zugestehen und uns inmitten der misslichen Lage, durch die wir hindurchgehen, eher begleiten als uns selbst aufgeben:

Aufmerksamkeit: „Ich achte sehr aufmerksam auf das, was ich empfinde, wie ich zu mir spreche, wie ich mich selbst beurteile. Ich lasse das los, was mich davon zurückhält, mich in engagierter Weise darauf zu konzentrieren, wer ich bin und wie ich auf diesen Augenblick reagiere."

Annahmen: „Ich nehme an, was ich in diesem Augenblick fühle, ohne ein Urteil über mich zu fällen oder meine Entscheidungen oder meine Lebendigkeit zu behindern."

Wertschätzung: „Ich schätze, wie ich bislang mit den Dingen umgegangen bin, und gratuliere mir dazu. Ich erwarte keine Perfektion, sondern nur, dass ich nicht aufgebe. Ich schätze es, wie ich auf Ressourcen zurückgreife, die mir helfen können."

Zuneigung: „Ich empfinde Zuneigung zu mir selbst in diesem Dilemma. Ich erweise mir Liebende Güte, indem ich für meinen Körper-Geist sorge. Ich pflege meine Gesundheit und mein Wachstum und achte darauf, während ich durch diese schwierige Zeit gehe."

Zulassen: „Ich lasse die Dinge einfach laufen und vertraue darauf, dass ich mit der Situation umgehen und etwas Neues daraus gestalten kann. Ich gebe die Kontrolle auf zugunsten von mehr Offenheit für das, was aus alledem entstehen kann."

Unsere Grundprägung wird außerdem Aufschluss über unsere hauptsächliche Angst in Beziehungen geben. Wenn unsere grundsätzliche Liebesprägung mit der Vorstellung verknüpft ist, jemand müsse bei uns bleiben, wenn wir schwere Zeiten durchleben, können wir uns vielleicht davor fürchten, verlassen oder ignoriert zu werden, weil das in unserem persönlichen Wortschatz den totalen Verlust von Liebe bedeutet.

Die Grundprägung dessen, was für uns Liebe ist, kann ebenfalls die Vorstellungen davon einfärben, wie eine höhere Macht aussehen kann. Wenn unser Liebesmodell das Gefühl ist, begleitet zu sein, dann kann der Psalm 23, wo es heißt: „Der Herr ist mein Hirte" eine besondere Bedeutung für uns haben. Wir könnten auch in eine Glaubenskrise geraten, wenn wir dem Thema von Psalm 22 begegnen, der damit beginnt: „Mein Gott, mein Gott, warum hast Du mich verlassen?" Gereifter Glaube ist flexibel und dehnbar genug, um auf die Begleitung zu vertrauen, auch wenn wir nicht das Gefühl haben, dass sie tatsächlich gegeben ist.

Eine verzerrte Prägung ist eine, die Missbrauch oder Missachtung unserer Freiheit beinhaltet. Wir mögen beispielsweise von dem Gefühl geprägt worden sein, dass unser Vater oder Ehemann uns gegenüber wirklich fürsorglich war, weil er uns kontrollierte. Oder eine Alkoholikerin als Mutter mag uns in ihre emotionalen Bedürfnisse verwickelt haben, uns aber auch gezeigt haben, dass wir ihr wichtig waren. Daher können sich Drama und Verwicklung in der gegenwärtigen Beziehung wie Nähe anfühlen.

Wenn es in einem Haushalt von Alkoholikern zu Misshandlung in unserer Kindheit gekommen ist, können wir eine Prägung wie die folgende in uns tragen: „Mir widerfährt etwas Schreckliches und ich kann nicht weg." Wenn wir an uns arbeiten, kann diese Prägung umgestaltet werden: „*Sollte* etwas Schreckliches passieren, dann werde ich fortgehen." Eine solche Vorwegnahme ist ein Zeichen von Selbstfürsorge, also Selbstliebe.

Wir flüchten instinktiv vor Missbrauch oder reagieren zumindest mit Wut und Selbstschutz. Wenn wir als Erwachsener so starke Angst haben, dass sie stärker ist als unser natürlicher Instinkt, dann können wir vermuten, dass dieses Problem auf die Kindheit zurückgeht. Dann ist die Prägung weiter wirksam, anstatt nur noch eine Erinnerung zu sein.

In diesem Fall hat unsere Arbeit drei Ebenen: Wir untersuchen jede unserer Prägungen und halten Ausschau nach gesünderen, um die beschädigten Originale zu ersetzen. Wir versuchen, das Vergangene aufzulösen, indem wir es betrauern. Schließlich erneuern wir unsere Verbindung mit unserem natürlichen Instinkt zum Selbstschutz und dazu, angemessene Wut zu zeigen. Diese „Verbindung" ist eine Art und Weise, uns selbst zu lieben. Die Übungen in diesem Buch können dabei helfen, dorthin zu gelangen.

Wichtig ist auch die Feststellung, dass ein Energieräuber auch ein großer Kenner von Prägungen oder einem blockierten Instinkt für Selbstschutz ist. Diese Person wird mit Leichtigkeit den verletzlichen Punkt in unserem Herzen aufspüren und ihn ausnutzen. Wir lieben uns selbst, wenn wir uns vor solchen Gaunern hüten und sie schnell hinter uns lassen, wenn wir ihnen begegnen.

In unserer frühen Lebensphase mögen andere uns Liebe auf extrem verzerrte Weise gezeigt haben, wie in der rechten Spalte der folgenden Tabelle beschrieben wird. In diesen Fällen beeinträchtigt die positive Absicht unserer Eltern, uns zu lieben, unsere Gesundheit, unser Glück und unser persönliches Wachstum. Die mittlere Spalte zeigt, wie gesunde Liebe sowohl in der Kindheit als auch in erwachsenen Beziehungen aussieht. Sie umreißt außerdem, wie wir uns selbst lieben können, wenn wir uns mit unserer Schattenseite anfreunden.

Die Fünf Aspekte, die uns in der Kindheit oder in reifen Beziehungen gezeigt wurden	Positiv und angemessen ausgedrückt	Zum Äußersten getrieben, verzerrt, spiegeln sie die Schattenseite der Liebe wider
Aufmerksamkeit	Engagierte Beachtung unserer Gefühle und Bedürfnisse, Interesse daran, wer wir sind.	Strikte Überwachung, die uns vordergründig vor der Welt beschützen sollte, die uns aber im Grunde kontrollieren wollte.
Annehmen	Wir wurden so angenommen und anerkannt, wie wir sind, wobei hilfreiche Rückmeldungen gegeben wurden, wenn sie angebracht waren.	Wir wurden behandelt, als seien wir vollkommen, sodass wir glaubten, wir könnten nichts falsch machen, während wir eine Rückmeldung gebraucht hätten, die uns hilft, unsere Talente und Grenzen realistisch einzuschätzen.
Wertschätzung	Unsere Begabungen wurden mit Dankbarkeit anerkannt und unsere Kämpfe mit Mitgefühl begleitet; wir wurden wertgeschätzt.	Wir wurden überschätzt und man hat uns über andere gestellt, so als hätten wir das Recht auf eine besondere Behandlung und trügen selbst keine Verantwortung.
Zuneigung	Liebe wurde uns durch häufige und angemessene Berührung und Umarmung körperlich gezeigt.	Wir erfuhren erstickende oder zudringliche Körperlichkeit, sodass unsere Grenzen nicht gewahrt wurden.

Zulassen	Unsere tiefsten Bedürfnisse, Werte und Wünsche sowie unser Recht, sie ohne Zwang oder Hemmung zu verfolgen, wurden geachtet.	Unsere Entscheidungen und unser Verbleib wurden nicht zur Kenntnis genommen und es gab keine Versuche, uns zu leiten oder vernünftige Grenzen zu setzen, die uns helfen konnten, unser Leben zu strukturieren, sodass wir unseren eigenen Weg finden konnten.

Wie ich dich lieben und auch ich selbst bleiben kann

Der schottische Philosoph David Hume schrieb in *Ein Traktat über die menschliche Natur*: „Wenn ich für meinen Teil zutiefst in das eintrete, was ich mein Ich nenne, stolpere ich über die eine oder andere besondere Wahrnehmung." Ein Weg, um uns der Selbstliebe anzunähern, ist zu erkennen, dass wir kein getrenntes Ich besitzen. Wir wissen dies, weil wir feststellen, dass das Ich niemals allein auftritt. Es wird immer in Verbindung mit einer Person, einer Sache, einer Vorstellung, einem Gefühl, einer Stimmung, einem Zustand erfahren. Es gibt kein bloßes Ich. Es gibt lediglich ein Ich als dasjenige, das hier und nicht dort ist, ein Ich als dasjenige, das dies empfindet und nicht jenes, ein Ich als dasjenige, das in einer spezifischen Beziehung zu jemandem oder etwas steht. Es gibt tatsächlich kein „Ich und du". „Ich-mit-dir jetzt hier" ist das einzige Ich, das es gibt. Es gibt kein Ich ohne Verbundenheit. Das ist ein weiterer Hinweis darauf, dass Liebe das ist, was wir sind.

Dies spiegelt die buddhistische Lehre wider, dass es kein abgetrenntes Selbst gibt. *Nicht getrennt* bedeutet in diesem Kontext, dass wir nicht unabhängig voneinander existieren, sondern wechselseitig völlig voneinander abhängig sind, dass wir nicht alleinstehen, sondern mit allem anderen verbunden sind. Unsere Persönlichkeit, unser Körper und unser Ego sind einzigartig, aber sie sind auch interaktiv und interdependent. Wir sind separate Köper-Geist-Wesen, aber nicht von allen anderen Wesen getrennt. Wir müssen über uns und andere sprechen, um nützliche Unterscheidungen zu machen. Zu erwachen heißt, immer tiefer in die Wahrheit einzudringen, dass es letztlich kein „Ich" und keinen „anderen" gibt. Im *Diamant-Sutra* lesen wir: „Obwohl der Bodhisattva alle fühlenden Wesen errettet, gibt es keine [individuellen] fühlenden Wesen zu retten." Das Wort *Ich* ist letztlich nur eine nützliche Bezeichnung, nicht jedoch ein Indikator für eine getrennten Existenz. Im Grunde genommen stellt unser Gefühl der Getrenntheit unsere Hauptillusion dar. Es widerspricht der Verbundenheit, um die es bei der Liebe vor allem geht.

Wenn wir unsere Sichtweise dementsprechend anpassen, begreifen wir, dass wir kein isoliertes Ich sind, sondern ein Ich-in-Beziehung – was Liebe ist. Unser Leiden entsteht aus dem Glauben, dass wir getrennt seien, was das Gegenteil von Liebe ist, ein Widerspruch zu unserer wahren Natur. Unser Gefühl von einem beständigen autonomen Ich ist dennoch verständlich. Es ergibt sich aus der Kontinuität unseres Namens, unseres Körpers, unseres Gedächtnisses, unserer Persönlichkeit und vor allem aufgrund unserer Gedanken. In diesem Sinne bedeutet René Descartes' Satz „Ich denke, also bin ich" eigentlich „Ich denke, also denke ich, ich bin".

Die Voraussetzung für Liebe als Mitgefühl ist die Erkenntnis, dass wir nicht von anderen getrennt sind. Aus diesem Grunde ist im Buddhismus *Prajna* (transzendente Weisheit) unsere direkte Wahrnehmung, dass wir kein getrenntes Sein besitzen, für das Empfinden von Mitgefühl notwendig. Wenn wir von anderen nicht isoliert sind, sind wir für sie verantwortlich, mit ihnen verbunden.

Psychologisch gesehen haben wir zwei Grundantriebe: unabhängig zu sein und interdependent zu sein. Wir wollen allein und mit anderen sein. Wir wünschen uns Beziehungen, in denen wir unsere eigene Individualität aufrechterhalten können, während wir eng verknüpft sind. Wir wollen uns nicht verlieren müssen, um mit anderen in Beziehung treten zu können. Doch wir wollen unsere Beziehungen auch nicht verlieren, um unsere Autonomie zu bewahren.

Unsere Zuneigung zu Haustieren sagt uns eine Menge darüber, allein und in Gemeinschaft zu sein. Ein Mann sitzt und liest, während sein Hund still neben ihm liegt. Ob wir nun introvertiert oder extrovertiert sind, wir lieben keine störende Gesellschaft: Unser Haustier ist präsent, verlangt aber nichts von uns, fällt keine Urteile oder unterbricht uns. Nicht jeder möchte einen Partner, aber alle wünschen sich irgendwann irgendeine Art von Gemeinschaft – sei es mit einem Mensch oder Tier. Dieses Bedürfnis ist noch ein weiterer Indikator für unsere Interdependenz. Durch sie finden wir, was wir sind: Liebe.

Insofern erfordert wahre Liebe, dass wir jegliches Festhalten an schroffem Individualismus und totaler Unabhängigkeit aufgeben. Das bedeutet, freudig die Lehre von der universellen Interdependenz anzunehmen; genau das ist es, was wir im spirituellen Bewusstsein entdecken. Wir können daher sehen, weshalb sich Liebe optimal im Rahmen einer spirituellen Praxis entwickelt. Unser höheres Selbst – das nicht-getrennte Ich – ist für eine solche Entwicklung bereit. Es ist gewöhnlich unser Ego, das sich aus Angst vor jeglicher Art von Hingabe zur Wehr setzt. Wenn wir unsere gesamte Identität mit dem Bewahren von Kontrolle gleichsetzen, kann die Aussicht, diese aufzugeben, uns in Panik versetzen. Kontrolle loszulassen kann sich wie Sterben anfühlen, so als wäre man niemand mehr. Ein bedingungsloses Ja zu den unvorhersehbaren Gegebenheiten des Lebens ist ein radikaler Sprung für ein Ego, das nichts anderes hat, worauf es zurückgreifen kann, als seine Gewohnheit der Kontrolle.

Wenn wir am Loslassen des ängstlichen Egos arbeiten, so ist das deshalb jedes Mal ein Akt großer Selbstliebe, weil es uns auf eine fürsorgliche Verbindung vorbereitet. Wir arbeiten an unserem Ego, sodass es in die Arme unseres höheren Selbst springen kann – das heißt, unseres wahren Selbst oder unserer erleuchteten liebenden Natur. Wir werden diese Arbeit in einem späteren Kapitel ergründen.

Sich die Lehre, dass es kein getrenntes Ich gibt, zu eigen zu machen, zeigt uns unseren Platz in der menschlichen Gemeinschaft; wir haben den gleichen Status und sind genauso liebenswert wie alle anderen. Dieses Gefühl von Kohärenz, das wir empfinden, wenn wir unsere Identität aufrechterhalten, während wir andere lieben, macht es wahrscheinlicher, dass wir uns selbst lieben und vertrauen. Dies ist eine ziemliche Aufgabe für ein Ego, das über allem stehen will.

Sobald wir bestätigen, dass wir für die Liebe geschaffen wurden, wird es leichter, uns selbst zu lieben, ohne das Gefühl zu haben, egoistisch zu sein. Dieses Vorurteil, das uns von der Familie, einer Religion oder einer sonstigen Quelle eingeimpft wurde, war die Furcht vor der vollkommenen Herausbildung dessen, was wir sind. Wenn wir uns selbst nicht lieben, dann nicht, weil wir nicht liebenswert sind, sondern weil man uns immer wieder erzählt hat, wir seien es nicht.

In der frühen Kindheit mögen wir festgestellt haben, dass wir anders sind: „Ich bin wie dieses; alle anderen sind wie jenes." Das Semikolon stand für die unermessliche Trennung, den Verlust der Möglichkeit, mit integriert zu werden, und gefährdete die einzige Art und Weise, geliebt zu werden, die wir kannten.

Es hätte uns unser wahres Selbst kosten können, uns den anderen anzuschließen. „Wenn ich bleibe, was ich hier bin, lauf ich Gefahr, getrennt zu sein; deshalb ist es besser, so wie alle anderen zu sein." Wenn wir reifer werden, schätzen wir unsere Einzigartigkeit und bieten sie jenen an, die sie annehmen können. Auf diese Weise fängt Trennung an, sich wie Verbundenheit anzufühlen. Nun verbindet das Semikolon.

Jeder von uns mag daran zweifeln, liebenswert zu sein: „Wenn die mich wirklich kennen würden, dann würden sie mich nicht lieben, denn ich bin nicht wie sie, nicht so gut wie sie, und so weiter." Die Ironie liegt darin, dass wir liebevollen Menschen dann liebenswert erscheinen, wenn wir uns ihnen so zeigen, wie wir sind. Ihnen unsere einzigartigen Eigenschaften zu offenbaren wird als Geschenk angesehen, nicht als Grund für den Ausschluss aus der Gemeinschaft. Diejenigen, die Liebe besitzen, werden uns für das lieben, was wir sind – ganz gleich, wie sehr wir uns vom Mainstream unterscheiden. Diejenigen, die uns nicht für das lieben, was wir sind, verdienen unser Mitgefühl dafür, dass ihnen etwas Wunderbares entgeht.

Übung

Uns selbst aufbauen, wenn wir schlechtgemacht werden

Unsere primitiven Vorfahren mussten sich mehr an negative Erfahrungen erinnern als an positive, damit sie immer alarmbereit blieben und dadurch überleben konnten. Daher war es wichtiger, sich daran zu erinnern, wie man dem Säbelzahntiger gerade noch entronnen ist, als an den wundervollen Sonnenuntergang. Auch auf der Stammesebene haben wir noch immer den Hang, uns an negative Ereignisse zu erinnern, daran festzuhalten und die negativen Erinnerungen länger aufrechtzuerhalten als die positiven.

Selbstverachtung kann ihre Wurzeln in der Kindheit haben, wenn man uns nicht die Fünf Aspekte entgegengebracht hat. Stattdessen könnten wir geringgeschätzt, erniedrigt, vernachlässigt oder missbraucht worden sein. Wenn wir dem Vorbild der Eltern folgen, die uns nicht mochten, mögen wir uns heute vielleicht ebenfalls nicht. Hätten wir eine völlig andere Meinung von uns selbst gehabt als unsere Eltern, dann hätten wir uns von ihnen getrennt und uns damit zu Waisen gemacht. Da Verbundenheit und nicht Glück unser wesentliches Bedürfnis ist, war es sicherer, sich ihnen in ihrer Aversion gegen uns anzuschließen. Eine wirklich traurige Loyalität.

Damit wir uns im Sozialisationsprozess auf Kurs halten können, braucht es einen inneren Kritiker, der uns daran erinnert, was in der Gesellschaft funktioniert und was nicht, sodass ein sozialer Ausschluss um jeden Preis vermieden wird. Das bezahlen wir unter anderem mit einer andauernden Selbstverachtung. Wir brauchen eine Weile, um zu begreifen, dass die Stimme des inneren Kritikers die Stimmen anderer imitiert. Sie ist kein Bestimmungsfaktor von dem oder ein unfehlbarer Führer zu dem, der wir wirklich sind. Es wäre besser, einen inneren Liebhaber zu haben, der uns immer wieder darin erinnert, wie viel liebenswerter wir sind beziehungsweise sein können, als einen inneren Kritiker, der uns schlechtmacht. Wir haben gelernt, der kritischen Stimme zuzuhören, doch wir können durch Übung ebenfalls lernen, der liebevollen Stimme zuzuhören.

In diesem Buch haben wir die Technik der Vier Handlungsweisen (Anerkennen, Zulassen, Handeln, Bekräftigen) benutzt und werden sie weiterhin verwenden. Sie ist eine der nützlichsten Praktiken, die uns zur Verfügung stehen, um Veränderungen herbeizuführen, weil sie nicht einfach eine Umkehrung unerwünschter Gedanken, Gefühle oder Verhaltensweisen ist. Stattdessen achtet sie alles, was wir denken und fühlen, und bietet gleichzeitig ein Verhalten an, dass uns von dem befreit, was unser Wachstum behindert.

Die Technik der Vier Handlungsweisen beginnt wie jede Genesung mit einem aufrichtigen Anerkennen all dessen, was wahr ist, anstatt es zu leugnen. Wir lassen dann unsere Gefühle eher zu, als nach einer Ausflucht zu suchen. Schließlich agieren wir in Übereinstimmung mit dem, was das Beste für uns ist, ganz gleich, was wir denken oder empfinden. Diese leicht durchführbare Technik verwendet das Paradox, den poetischen Weg zur Wahrheit, ein unfehlbares Mittel zur Heilung.

Das funktioniert folgendermaßen: Wenn wir eine unfaire, kritische oder selbstverachtende Stimme in uns vernehmen, wenden wir die Technik der Vier Handlungsweisen an:

1. Wir *erkennen* unseren Schmerz über die Beurteilung in unserer Vergangenheit *an* und dass wir diese jetzt selbst auf uns übertragen.

2. Wir *lassen es zu*, diesen Schmerz zu empfinden und ihn zärtlich zu umarmen, wobei wir uns selbst gegenüber mitfühlend sind, während wir ihn wieder in unserem Inneren auftauchen lassen. Wir haben auch Mitgefühl mit jenen, die dieses Urteil zuerst aus Unwissenheit oder Bosheit gefällt haben, was ein Ausdruck von Schmerz in ihnen selbst war.

3. Wir *handeln* gegensätzlich zu dem, was die Stimme uns diktieren will. Wenn die Stimme beispielsweise sagt: „Du bist egoistisch", zeigen wir irgendeine Art von Großzügigkeit bei der ersten Gelegenheit, die sich uns bietet. Das zeigt uns, dass das Urteil des Kritikers nicht richtig war.

4. Wir entwerfen eine *Bekräftigung*, die uns eher beglückwünscht als dass sie uns verunglimpft. Wir wiederholen sie in Gedanken und mit lauter Stimme jeden Tag aufs Neue. Eine Affirmation hält unsere Übung in unserem Bewusstsein und erinnert uns daran, sie im Laufe der täglichen Erfahrung weiterzuführen. Wenn wir das Beispiel unseres letzten Schrittes verwenden, können wir bekräftigen: „Ich wachse jeden Tag an Großzügigkeit und ich liebe mich immer mehr dafür, dass ich so bin." (Die Schritte von Handeln und Bekräftigung können auch ausgetauscht werden.)

Der Ansatz der Vier Handlungsweisen etabliert neue Nervenbahnen in unserem Gehirn, die die alten überschreiben. Wir können darauf vertrauen, dass wir wahrhaftig von Selbstverneinung zu Selbstbejahung wechseln. Dies ist eine machtvolle Art und Weise, die ursprüngliche limbische, primitive emotionale Programmierung auszuschalten.

Bei der Nutzung dieser Praxis ist allerdings Vorsicht geboten. Wir sollten nicht zulassen, dass unsere Gefühle mit voller Macht zutage treten, wenn sie uns überfluten oder überwältigen können. In diesem Falle kann uns das Zulassen derart traumatisieren, dass es nicht sicher ist. Wir lösen unsere Ängste dann nicht auf, sondern stürzen ab. Wir sollten diese Übung nur nutzen, wenn wir in der Lage sind, unsere Gefühle so weit anzupassen oder zu steuern, dass wir nur das fühlen, womit wir umgehen können.

Was ist erforderlich, um uns so zu desensibilisieren, dass wir unsere Gefühle kontrollieren können, anstatt von ihnen besessen zu werden? Wir müssen in der Regel im Rahmen einer Therapie daran arbeiten, unsere inneren Ressourcen aufzubauen. Dies beinhaltet ein bedingungsloses Ja zur Akzeptanz dessen, dass wir genauso zerbrechlich sind, wie wir es eben sind. Wie schwer wir von etwas betroffen sind, ist direkt proportional abhängig von dem Maß an Kontrolle, die wir darüber auszuüben suchen. Diese paradoxe Praxis eines bedingungslosen Ja gegenüber unseren Grenzen ist ein Weg zur Heilung. Es ist ein langer, aber nicht entmutigender Weg. Wir sollten uns niemals dafür schämen, sensibel zu sein.

Ein paar abschließende Worte noch darüber, was diese Praxis funktionieren lässt. Unsere Unzulänglichkeiten werden nicht als Beweis dafür ausgelegt, wie schlecht wir sind, sondern dafür, wie menschlich wir sind – was die beste Position ist, in der wir sein können, um uns selbst zu lieben. Wenn Sie sich sagen hören: „Ich bin total fertig“, sagen Sie stattdessen: „Auch dies ist zu bewältigen, da meine innere Neigung zur Heilung stärker ist als jeglicher Fehler, den ich zu haben glaube. Ich habe hier und jetzt alles Erforderliche für meine drei Ziele Gesundheit, Glück und Wachstum.“ Auf diese Weise verändert sich Ihre Programmierung. Sie sind nicht mehr an die Urteile gebunden, die andere über Sie gefällt haben. Sie widmen sich nun dem Vertrauen auf Ihre innere Güte. In dieser Einstimmung auf Ihre Güte sind Sie eher geneigt, sich selbst und andere zu lieben. Um diese innere Güte als Buddha-Natur, Gott im Inneren und eine höhere Macht als das Ego zu erkennen, müssen wir uns an eine spirituelle Unterstützung für unsere Arbeit andocken – etwas, das wir alle so sehr benötigen.

Uns selbst zu lieben ist der Weg, wir selbst zu werden. Angst davor, uns selbst zu lieben, ist eine zwar verständliche, aber vernichtende Art und Weise, uns noch immer den missbrauchenden Stimmen der Vergangenheit zu unterwerfen. Selbstliebe erfordert insofern, dass wir daran arbeiten, durchsetzungsfähig zu werden. Wir werden nicht mehr Gefangene unserer Vergangenheit sein, sondern uns gegen sie erheben. Unsere Übung wird sein, für uns einzustehen, den uns zustehenden Platz einzufordern und in der menschlichen Familie einen gleichberechtigten Rang einzunehmen. Denn uns selbst zu lieben ist in der Tat mehr, als einfach nur für uns zu sorgen oder unsere eigene Gesellschaft zu mögen. Selbstliebe ist im Grunde ein Riesenschritt hin auf dem Weg zu dem, was wir wahrhaft sind.

Uns selbst zu lieben begann in unserer frühen Lebensphase leicht und natürlich, wenn unsere ganze Identität begrüßt und nicht in der Entwicklung gehemmt worden ist, wenn ihr bedingungslos positive Beachtung und nicht Schuldzuweisung oder Verurteilung entgegengebracht wurde. Selbstliebe war die Folge aus einer solchen Liebenden Güte, unserem Geburtsrecht, dem, was uns zusteht. Unsere Selbstliebe ist nun ein Spiegel der Liebe, die uns als liebenswert bezeichnet hat. Dies wurde und wird durch jeden Menschen bekräftigt, der uns geliebt hat oder uns liebt. Dank unserer Praxis stimmen wir in die Anerkennung unseres Wertes, unseres Rechts, wir selbst zu sein, und unserer bedingungslosen Liebenswürdigkeit mit ein. Das Wundervolle daran ist, dass es lediglich des Glaubens bedarf, damit diese drei Werte wirklich werden: Wenn wir glauben, wir seien wertvoll, dann sind wir es. Wenn wir glauben, wir hätten ein Recht, wir selbst zu sein, dann haben wir es. Wenn wir glauben, wir seien liebenswert, dann sind wir es.

Der Anteil in uns, der wachsen will, ist furchtlos.
– Joseph Campbell

Sich mit der eigenen Schattenseite anfreunden

Unser Leben begann mit einer Verbindung. Unser Überleben hing von dem Wohlwollen unserer Betreuer ab. Wenn wir feststellten, dass eine bestimmte Verhaltensweisen oder irgendwelche Persönlichkeitszüge nicht gebilligt wurden, unterdrückten oder verleugneten wir sie. Unser Bedürfnis nach Verbindung hatte Vorrang gegenüber unserem Bedürfnis nach Individuation. Dabei wurden nicht nur unsere negativen Wesensmerkmale verdrängt. Manchmal wurden auch wundervolle Begabungen und Talente verspottet oder diskreditiert und mussten zugunsten von Sicherheit und Geborgenheit verborgen werden.

Wir realisieren nicht, wie viel Güte, wie viel Talent, wie viel Liebe in uns ist. Wir begreifen ebenfalls nicht, wie selbstsüchtig, gierig oder gemein wir sein können oder sind. Es gibt einen „Eisernen Vorhang“ des Unbewussten, der uns von unserem kompletten Ich trennt. Aber er hebt sich mit Leichtigkeit, wenn wir anerkennen, dass wir möglicherweise jede menschliche Eigenschaft besitzen, sowohl negative als auch positive. Wenn wir akzeptieren, dass wir sein können wie der beste oder der schlimmste Mensch, den wir kennen, erkennen wir auf diese

Weise unsere Verbundenheit mit der ganzen Menschheit. Wenn wir unsere dunkle Seite ans Licht holen, fühlen wir uns mit allen Wesen verwandt – und das ist ein großer Schritt auf die Liebe zu.

Da unsere Psyche sich ständig nach Ganzheit sehnt, sucht unser Schatten nach Wegen, sich als unser Ich erkennen zu geben. Ein angeborener Trieb zum Hervortreten des Ichs öffnet die Tür zu unserem Innenleben und drängt uns in das Licht der Bewusstheit. Aus diesem Grunde erscheint uns unsere Schattenseite in Träumen. In seiner negativen Form erscheint der Schatten manchmal als Monster oder wilder unkontrollierter Charakter. Wir können auch von Charakteren träumen, die sehr viel tugendhafter oder talentierter sind, als wir zu sein glauben. Diese Gestalten, die meistens unser Geschlecht haben, können womöglich auf die Schattenqualitäten verweisen, die kurz davor sind, in unser Bewusstsein zu treten. Sie sind normalerweise nicht wörtlich zu nehmen, sondern stehen symbolisch für nützliche, aber noch verborgene Stärken. Daher kann ein Traum, in dem wir aggressiv sind, symbolisieren, dass wir uns durchsetzen und ein gesundes Aggressionsmanagement pflegen müssen. Davon zu träumen, ein Konzertpianist zu sein, könnte bedeuten, dass wir unsere bisher unerkannten oder herabgesetzten künstlerischen Talente nutzen möchten.

Eine weitere Art, in der sich unser Schatten offenbart und ins Bewusstsein zu gelangen sucht, besteht darin, sich auf andere zu projizieren. In anderen Menschen sehen wir die Wesensmerkmale, die wir bei uns selbst nicht annehmen können. Wie Jung sagte, macht Projektion die ganze Welt zu einer Replik unseres eigenen unerkannten Gesichts.

Was den negativen Schatten angeht, so nimmt Projektion die Form starker Abneigung gegen jemanden an. Wir wenden uns eigentlich gegen genau die Eigenschaften, die in unserem Inneren verborgen liegen, aber nicht so klar hervortreten wie in der Person, die wir abstoßend finden.

Positive Projektion nimmt die Form starker Bewunderung für jemanden an. Die Eigenschaften, die wir bei anderen bewundern, sind auch in uns. Es können genau die gleichen oder ähnliche Charakteristika sein. Sie sind in uns vorhanden, allerdings als Potenziale. In denjenigen Menschen, die wir mit Ehrfurcht betrachten, sind diese Potenziale aktiviert. Ken Wilber schrieb in seinem Buch *Das Spektrum des Bewusstseins*: „Wir errichten Podeste aus unserem eigenen Potenzial.“ Mit anderen Worten, durch übermäßige Bewunderung für andere mindern wir unsere eigenen Kräfte.

Uns selbst zu lieben bedeutet, dass wir alles lieben, was wir bewusst und unbewusst sind. Uns selbst zu lieben bedeutet, uns mit unserem Schatten, unserer unbewussten Seite, anzufreunden. Sich anfreunden bedeutet, dass wir unsere negativen Eigenschaften nicht löschen oder ausrotte, sondern mit ihnen klarkommen. Je mehr wir an ihren Nutzen glauben, desto mehr entdecken wir ihre kreativen Energien. Tatsächlich enthält jeder negative Wesenszug eines Schattens auch etwas Wertvolles. Wir mögen zum Beispiel erkennen, dass wir stets die Kontrolle übernehmen wollen. Doch dieser inakzeptable Wesenszug enthält auch die Fähigkeit, Führungsvermögen und organisatorisches Geschick an den Tag zu legen, sowie die Fähigkeit, Dinge zu Ende zu bringen. Die aggressive Neigung zur Kontrolle kann so gebändigt und bewältigt werden, dass der zentrale Wert, Organisationstalent und Führungsqualitäten zu haben, in den Vordergrund rückt.

Jede positive Schatteneigenschaft zeigt ein Potenzial in uns an, das eine Person, die wir bewundern, widerspiegelt. Zum Beispiel erkennen wir Mut bei anderen. Das ist ein Anzeichen dafür, dass Mut in uns darauf wartet, aktiviert zu werden. Wir freunden uns mit unserem Schatten an, indem wir beginnen, selbstbewusster zu handeln, und so erwecken wir allmählich die Tapferkeit in uns. Wir bekräftigen eine Tugend und nehmen die Risiken auf uns, die uns helfen, dies in die Praxis umzusetzen. Dann ist es aufgrund des Muts, den wir in uns finden, leicht, uns selbst zu lieben. Dies ist ein Beispiel dafür, wie die Selbstliebe dadurch gefördert wird, dass wir uns mit unserem Schatten anfreunden.

Wenn wir die Projektionen unserer eigenen Eigenschaften auf andere zurücknehmen, finden wir unser verborgenes Selbst. Dann erkennen wir immer mehr von uns an, so wie wir sind, ohne davor Angst zu haben, was wir herausfinden könnten. Die Anteile, die wir auf andere projizieren, sind solche, die an uns selbst zu lieben wir niemals gelernt haben. Jetzt können wir es.

Wenn wir den Schatten unserer selbst sehen und seinen Ursprung in Unterdrückung und Angst erkennen, lieben wir uns selbst mit Mitgefühl. Auf diese Weise ersetzt die Liebe die Angst. Zudem lieben wir uns mehr, wenn wir uns selbst zeigen, wie wir sind, weil wir feststellen, dass Menschen mehr von unserer aufrichtigen Selbstdarstellung beeindruckt sind als von einer Maske, die wir anlegen, um ihnen zu gefallen.

Ein Beispiel für das Zurücknehmen unserer Projektionen ist, wenn wir eine Person um ihren Erfolg oder ihre Fertigkeiten beneiden, doch auf der Grundlage unserer Praxis der Liebenden Güte sagen: „Ich freue mich für sie.“ Allmählich werden wir uns tatsächlich für sie freuen. Gleichermaßen können wir sagen, wenn wir jemanden ziemlich abstoßend finden: „Ich glaube, er kann sich ändern.“ Dies hilft uns auch zu erkennen, warum es uns hilft, mehr zu lieben, wenn wir andere niemals aufgeben.

Die Psyche ist wie ein Kompass. So wie ein Kompass immer nach Norden zeigt, ganz gleich, wo wir uns befinden, so ist unsere Psyche immer auf unsere Arbeit ausgerichtet, ganz gleich, mit wem wir zusammen sind oder womit wir uns gerade herumschlagen. Wir begegnen genau den Menschen und Ereignissen, die uns zeigen, wo unser Schatten auf das Licht wartet. Das ist ein Beispiel für die unterstützende Gnade von Synchronizität in unserem Leben.

> Es ist ein Geist des Guten in dem Übel,
> Zög ihn der Mensch nur achtsam da heraus.[14]
>
> — William Shakespeare, *Heinrich V.*

Wie unser Gehirn hilft

Die neuere Gehirnforschung hat uns das Phänomen der Spiegelneuronen im Gehirn bewusst gemacht. Neuronen sind Zellen des Nervensystems, die neurochemische Signale aussenden und empfangen. Jede Zelle ist ein Energiesystem und passt sich den Veränderungen in der Umgebung an. Spiegelneuronen kommen ins Spiel, wenn wir jemanden etwas tun sehen, zum Beispiel ein Werkzeug handhaben, und diese Gehirnzellen bei uns automatisch das gleiche Aktivitätsmuster zeigen wie bei demjenigen, der diese Aktivität ausführt. Unsere Spiegelneuronen feuern, wenn wir ein Verhalten lediglich beobachten, daher auch das Wort *Spiegel.* Spiegelneuronen verbinden neurale Netzwerke der Wahrnehmung und Bewegung und helfen uns so beim Lernen und Erinnern. Wenn wir ein zielorientiertes Verhalten imitieren, wird unser präfrontaler Cortex aktiviert. Dies ist der Teil unseres Gehirns, der sich zu erinnern vermag, inwiefern ein Verhalten zukünftig von Nutzen sein kann.

---

14 Übersetzung von August Wilhelm von Schlegel.

Spiegelneuronen ermöglichen es uns, die Welt mit den motorischen Gehirnbereichen zu sehen. Wir benutzen den Teil des Gehirns, der eher mit Bewegung als mit kognitivem Lernen zu tun hat. Dies könnte etwa bei Sportzuschauern ablaufen, die im Grunde das Spiel erlernen, während sie ihm zuschauen. Das Gleiche kann bei einem Theaterstück oder einem Film passieren. Aristoteles sagte, dass wir bei einem Theaterstück Mitleid und Furcht empfinden. Wir können dies für die Schauspieler wie auch für uns fühlen. Am Ende erleben wir eine Katharsis, eine physische und emotionale befreiende Läuterung, die Lösung eines Konflikts. Durch Zusehen mit feuernden Spiegelneuronen lernen wir vom Verhalten der Schauspieler, was bei menschlichen Entscheidungen funktioniert und was nicht. Die Spieler auf dem Fußballfeld und die Schauspieler auf der Bühne sind Vorbilder, nicht nur Athleten und Entertainer.

Spiegelneuronen helfen ebenfalls, uns empathisch einzustimmen, sodass wir wissen können, was jemand gerade fühlt. Durch die Verbindung der Spiegelneuronen können wir den anderen aus unserem Inneren heraus erkennen, anstatt ihn als ein außenstehendes Objekt zu betrachten. Dadurch können wir uns leichter in die Gefühle oder die Schmerzen eines Menschen einfühlen und mitfühlend sein.

Unser Körper ist wunderbar dafür angelegt, die Geschichte der Liebe in unserem Leben zu erzählen. Mal wurde er in freundlicher Zuneigung umarmt, zu anderen Zeiten gewalttätig geschlagen – beides bleibt in jeder einzelnen unserer Zellen gespeichert. Die positiven Botschaften machen uns empfänglich für die Liebe oder manchmal auch für übertriebene Erwartungen an die Liebe anderer Erwachsener. Die negativen Botschaften fordern ihren Tribut von unserer Liebe für uns selbst und präsentieren uns die Rechnung von Selbstvorwürfen so lange, bis wir sie durchgearbeitet und aufgelöst haben – was sich nur schwer gänzlich erreichen lässt. Jüngste neurobiologische Forschungen bestätigen, dass wir Erinnerungen an früheren Verrat mental *und* somatisch speichern. Früher oder später begreifen wir, dass es mehr Schmerz aus unserer Kindheit gibt, der in unserem Körper gespeichert ist, als wir als Erwachsene erinnern können. Diese Erkenntnis kann Mitgefühl für uns fördern.

Die neuesten Forschungen über neuronale Neuverdrahtung zeigen jedoch, dass wir unsere Glaubens- und Gefühlsmuster umcodieren können. Das Gehirn kann umprogrammiert werden, um einen schon lange bestehenden Satz an Botschaften zu verändern; seine gewohnte Kodierung wird deaktiviert und es entsteht ein neuer Code. Die moderne Wissenschaft hilft uns zu erkennen, dass die neurochemischen Muster im Gehirn, durch die wir unsere Emotionen verwalten und verarbeiten, elastisch sind. Sie lassen sich so verändern, dass sie zugunsten von Gesundheit, Glück und persönlichem Wachstum tätig sind. Negative Selbstgespräche können durch die von uns erforschten Praktiken umprogrammiert werden. Unser Gehirn kann uns helfen, uns selbst zu lieben, aber es ist an uns, es neu zu verdrahten.

Es besteht eine direkte Verbindung zwischen gesunden frühen Erfahrungen und der Entwicklung von Gehirnteilen, die uns helfen, effektiv zu leben und zu lieben. So ist zum Beispiel die Inselrinde (auch Inselcortex genannt) in beiden Gehirnhälften zu finden. Sie gehört zur Großhirnrinde und ist daran beteiligt, Bewusstsein aufrechtzuerhalten. Bei Menschen, die sichere Bindungserfahrungen gemacht haben, besonders in frühen Jahren, stellt die Inselrinde Verbindungen her zwischen dem Ichgefühl und dem Gefühl, von anderen geliebt zu werden. Sie reguliert auch unsere körperlichen Zustände und Emotionen und ermöglicht es uns, sie zu identifizieren. Unser Gefühl, liebenswert zu sein, ist ein Teil dieser Selbstbewusstheit. Dies führt zu einem Vertrauen, dass es in der Welt mit rechten Dingen zugeht, dass das Gute über das Böse siegen wird, dass die Dinge schon irgendwie gut ausgehen werden, dass wir mit allem umgehen können, was uns widerfährt. Somit führen frühe liebevolle Umarmungen dazu, uns selbst auf diese Weise zu tragen und darauf zu vertrauen, dass wir in einer Welt leben, die auch uns trägt.

Entsprechend entwickelt sich der präfrontale Cortex, wenn uns als Kleinkind die Fünf Aspekte entgegengebracht wurden. Darauf gründet sich unsere Fähigkeit zu vertrauen, unser Selbstwertgefühl wächst, wir können mit unseren Emotionen umgehen, wir können Erwartungen so anpassen, dass sie realistisch sind, und wir können mit Problemen und misslichen Lagen umgehen. Die Entwicklung des präfrontalen Cortex hilft uns, gleichzeitig ein Gefühl für uns selbst und für andere aufrechtzuerhalten, sodass wir andere Menschen bei unseren Entscheidungen und Interaktionen berücksichtigen können. Dadurch vermögen wir effektiver zu lieben. Außerdem helfen uns die Inselrinde und der präfrontale Cortex, auf uns selbst zu vertrauen und daher gelassener und zuversichtlicher zu leben.

Sowohl die Inselrinde als auch der präfrontale Cortex sind vor dem 25. Lebensjahr noch nicht ganz ausgereift. Die Natur hat es für uns so angelegt, dass wir viel Zeit haben, die Gehirnverbindungen zu entwickeln, die für solche Fertigkeiten sorgen, wie sich inmitten von Angst selbst zu beruhigen oder sich nach einer Krise wieder zu regenerieren. Unser Gehirn behält tatsächlich unser ganzes Leben lang die Fähigkeit, Neuronen zu schaffen und zu regenerieren, die die Vernetzung unseres Gehirns positiv verändern. Fühlen wir uns beispielsweise geliebt, werden Endorphine ausgeschüttet, die auf die Belohnungs-/Lust-Zentren unseres Gehirns wirken. Dies macht uns eher geneigt, uns selbst zu lieben.

Neue Nervenbahnen können auf diese Weise die alten Superschnellstraßen der Gewohnheiten ersetzen. Die lebenslange Überzeugung „Ich kann nicht gewinnen“ kann mit einiger Beharrlichkeit und Engagement zu „Ich kooperiere gern, das ist der beste Weg, um zu gewinnen" werden. „Wenn die Leute wüssten, wie ich wirklich bin, würden sie mich nicht mögen" kann zu „Wenn den Leuten bekannt wäre, wie viel Liebe ich in mir trage, würden sie eine Beziehung mit mir eingehen wollen" werden. Und „Es ist egoistisch, sich selbst zu lieben" kann sich zu „Je mehr ich mich liebe, desto großzügiger werde ich gegenüber anderen" ändern. Wir können auch neue Bahnen in unserem Gehirn anlegen, um unsere Selbstliebe zu vergrößern, indem wir jeden Tag mit folgender Affirmation, die jederzeit hilfreich ist, beginnen und abschließen: „Ich bin Liebe in der Form von [Ihr Name]".

Bei den berühmten Experimenten von Henry Harlow in den 50er-Jahren wurden junge Affen, die von ihrer Mutter getrennt und mit aus Draht und Frotteestoff bestehenden Schaufensterpuppen zusammengebracht wurden, autistisch und sozial ängstlich. Wenn sie mit normal aufgezogenen Affen zusammenkamen und ständig von diesen liebkost wurden, wuchsen sie aus ihrer selbstbezogenen autistischen Verhaltensweise heraus und begannen, Vertrauen zu zeigen. Dieser Übergang von Angst und Isolation zu Vertrauen stellte eine Neuverdrahtung ihres Gehirns infolge von mit Liebe verbundenem Verhalten dar. Das erinnert uns an die biblische Aussage, dass vollkommene Liebe die Furcht vertreibt. (Johannes 4:18).

Aus anatomischer Sicht ergibt sich eine verringerte Aktivität in der Amygdala, dem primitiven Anteil unseres Gehirns, der uns in Alarmbereitschaft hält und der äußerst wachsam in Hinsicht auf beängstigende Stimuli ist. Wenn wir geliebt werden, fühlen wir uns sicher und geborgen; die höheren Level von Endorphin und Dopamin beruhigen die Amygdala und setzen auf diese Weise die primitive Furcht außer Kraft.

Die Amygdala ist dafür gerüstet, Gefahr zu erkennen, auch wenn sie nicht real ist. Dieser Teil des Gehirns ist nicht nuanciert und fein ausgeprägt, sondern grob auf das Überleben ausgerichtet.

Seine Reaktionen basieren eher auf Erinnerungen an vergangene angsteinflößende Ereignisse als auf der unmittelbaren Realität. Deshalb kann augenblicklich Angst entstehen, selbst wenn sie unangebracht ist. So kann zum Beispiel die Erfahrung, als Kleinkind zu fest gehalten worden zu sein, sodass wir Angst hatten zu ersticken, dazu führen, dass Angst, verschlungen zu werden, in uns aufsteigt, wenn jemand versucht, uns als Erwachsenen eng zu umarmen. Wir könnten sagen, dass die Amygdala nicht verstehen kann, dass das, was zuvor passiert ist, nicht unbedingt wieder geschehen wird. Sie sieht uns als Opfer, weil wir in der Vergangenheit Opfer waren. Bemerkenswert ist, dass sich gezeigt hat, dass die Amygdala bei Kindern mit Angststörungen größer als gewöhnlich ist.

Die Amygdala nimmt ein wütendes Wort oder Gesicht als bedrohlich wahr, während die höheren rationaleren Zentren des Gehirns dies nicht tun. Dies geschieht, weil die Überlebensinstinkte Priorität gegenüber Gelassenheit haben. Wie die neueren Erkenntnisse über die neuronale Plastizität unseres Gehirns zeigen, können wir Wege erlernen, unsere Reaktion auf wütende Gesichter oder Umarmungen zu rekalibrieren. Dies erfordert gewissermaßen, den Verlauf eines ganzen Lebens neu auszurichten; aus diesem Grunde braucht es so lange, bis wir uns von unseren irrationalen Ängsten befreit haben.

Wir müssen uns daran erinnern, dass das gesamte limbische System kein „Bösewicht" ist. Es ist für die Aufrechterhaltung unserer emotionalen Vitalität wertvoll und bietet unmittelbares intuitives Gespür für unser Überleben und unsere Lust. Doch da es uns aus der Bahn werfen kann, ist ein Helfer erforderlich, weshalb die Großhirnrinde eingreift, um bei der Regulierung und Neuorientierung, die wir alle von Zeit zu Zeit brauchen, behilflich zu sein.

Unsere chemische Konditionierung

Der Abstand zwischen Menschen ist den Synapsen vergleichbar, die notwendige chemische Stoffe zwischen den Neuronen übertragen. Wir könnten sagen, die Zellen seien sozial. Deshalb sind Beziehungen so wichtig für die Entwicklung unseres Gehirns, denn sie übermitteln Informationen und Gefühle oder sind an der Entwicklung des Gehirns direkt beteiligt.

Unsere Eltern stimmten sich durch die Fünf Aspekte auf unsere Bedürfnisse ein. Ein Partner oder Freund kann das heute für uns tun. Einstimmungen geben uns das körperliche Gefühl, liebevoll getragen zu werden. Ist dieses Gefühl, geliebt zu werden, mit Sicherheit verknüpft, dann lässt es uns darauf vertrauen, dass wir liebenswert sind. Das steigert unser Selbstwertgefühl und fördert das Gefühl von Sicherheit und Geborgenheit in unserem Inneren. Das daraus resultierende Selbstvertrauen ist das Gleiche wie Selbstliebe.

Unsere Fähigkeit, uns selbst zu lieben, nimmt rasch zu, wenn wir die Fünf Aspekte von jemandem auf zuverlässige Weise empfangen. Dies wird der Mensch sein, der uns hilft, unser Ichgefühl in unserer Großhirnrinde aufzubauen, sodass Selbstzweifel nicht mehr das Ruder in der Hand haben. Unsere Beziehungen können sogar rückwirkend heilsam wirken und etwas, an dem es uns in der Vergangenheit gemangelt hat, ausgleichen. Insofern sind Menschen an der Konditionierung unseres Gehirns beteiligt, und dies im Guten wie im Schlechten. In Primaten (wie wir) wird das Verhältnis der Großhirnrindengröße im Vergleich zum restlichen Gehirn proportional zu der Größe der sozialen Gruppe zunehmen. Es wird deutlich, dass unser Gehirn mit anderen verbunden ist, damit es sich so wie die Liebe selbst voll entwickeln kann.

Oxytocin ist ein Hormon, ein chemischer Stoff, der von einer Zelle oder Drüse gebildet wird und der auf andere Körperteile einwirken kann. Es ist außerdem ein Neurotransmitter, ein Botenstoff, der Kommunikation zwischen den Nerven herstellt. Es gibt ein Gefühl von Sicherheit und Geborgenheit, den Grundlagen für Vertrauen. Oxytocin und Vasopressin (ein anderes Hormon) spielen beim Bonding und dem Zugehörigkeitsgefühl eine Rolle; sie können uns helfen, offener zu werden. Dopamin (ein Neurotransmitter) wird mit Belohnung und Lust verbunden und es vermittelt Sicherheit und Geborgenheit.

Oxytocin macht es wahrscheinlicher, dass wir in einer Weise reagieren, uns zu beruhigen und Kontakt herzustellen, anstatt zu kämpfen, zu flüchten oder zu erstarren, was dann geschieht, wenn unser Cortisol (ein Stresshormon) zu wirken beginnt. Wenn wir uns getragen, geliebt und umsorgt fühlen, fließt Oxytocin und wir entspannen uns. Unsere stressigen Gefühle werden reguliert und wir können uns vor jeglichem schädlichen Einfluss schützen, den unsere Gefühle auf uns haben mögen. Das heißt, dass die Liebe von anderen die Macht hat, uns vor Stress zu schützen, indem sie uns ein Gefühl der Gelassenheit angesichts der Widrigkeiten des Lebens schenkt. Unser Selbstvertrauen wächst, wenn wir Gleichmut erlangen. Selbstvertrauen ist eine Brücke zur Selbstliebe.

Eine Mutter, die ihre eigenen Gefühle zu beherrschen weiß, trägt zu der emotionalen Entwicklung ihres Kleinkindes bei. Sie ist das Vorbild für Gefasstheit und wie man sich von Stress oder einer Krise wieder erholt. Ihr Kind lernt all dies, wenn es sicher und geborgen in ihren Armen gehalten wird. Die Mutter weiß, wie sie das Gleichgewicht ihres Babys mit ihrer Wärme, ihrer Berührung und tröstenden Worten wiederherstellen kann. Das ältere Kind macht die gleiche Erfahrung durch ihre beruhigenden Worte und gelegentlichen Erklärungen, wie die Welt und die menschliche Psychologie funktionieren. Noch später lernt der zum Erwachsenen Herangewachsene, sich dies durch selbstliebende und selbsttröstende Praktiken zu geben.

Wenn es in unseren frühen Beziehungen an den Fünf Aspekten mangelte oder sie Misshandlungen mit einschlossen, können unsere Oxytocin-Rezeptoren vielleicht nicht gänzlich ausgereift sein. Dann wird es, wenn wir älter werden, schwierig, anderen zu vertrauen. Aber es ist niemals zu spät, diese Rezeptoren neu zu verdrahten, indem man Liebe und Fürsorge von anderen Erwachsenen erfährt. Selbst wenn das Oxytocin nur einen Augenblick einströmt, kann unser Gehirn umcodiert werden. Vielleicht ist es das, worauf sich die Psychiaterin Rachel Naomi Remen in *Giving Darshan* bezieht: „Ein Augenblick bedingungsloser Liebe kann ein ganzes Leben, in dem man sich minderwertig gefühlt hat, in Frage stellen und dieses Gefühl aufheben." Dies mag daran liegen, dass das physiologische Element der Liebe eine Freisetzung von Oxytocin bewirkt, die unserer geballten Reaktion von Hypothalamus, Hypophyse und Nebennierenrinde, der Basis von Stress, entgegenwirkt.

> In den meisten Traditionen erkennen Heiler die Macht der Liebe als die wirksamste zur Verfügung stehende Heilkraft an. Erfolgreiche Heiler aus allen Kulturen der Welt sind jene, die die Arme von Liebe, Dankbarkeit, Annehmen, Anerkennung, Bestätigung und Würdigung ausbreiten.
>
> — **Angeles Arrien**, *Der vierfache Weg*

Übungen

Uns selbst geben, was wir denen geben, die wir lieben

Diese Übung lässt sich am besten mit Hilfe Ihres Tagebuchs durchführen. Fangen Sie damit an, indem Sie an den Menschen denken, den Sie am meisten auf der ganzen Welt lieben.

Schreiben Sie zuerst auf, was Sie diesem Menschen wünschen. Sie möchten zum Beispiel, dass er glücklich und gesund ist und in seiner Persönlichkeit ständig weiter wachsen wird; das sind die drei Hauptziele eines ganzheitlichen, sich bewusst entwickelnden Lebens.

Beschreiben Sie, wie Sie diesen Menschen in Ihrem Herzen tragen. Dies schließt auch Ihre Gefühle und Gedanken ein, die Sie für diesen Menschen hegen, sowie das, was Sie an ihm bewundern.

Stellen Sie sich vor, wie Sie versuchen würden, eine Klärung herbeizuführen, wenn er Sie verletzt oder enttäuscht hätte. Achten Sie darauf, wie weit Sie bereit wären, ihm zu vergeben. Zu vergeben heißt, Groll und Vergeltung fahren zu lassen. Vergebung öffnet die Tür zu Mitgefühl, das in einer Atmosphäre von Groll und Vergeltung nicht existieren kann. In seiner Rede „Liebet eure Feinde“ sagte Martin Luther King Jr. „Wer nicht vergeben kann, der kann auch nicht lieben. Wir können nicht mit der Feindesliebe beginnen, wenn wir nicht begreifen, dass wir denen immer wieder vergeben müssen, die uns beleidigen und verfolgen.“[15]

---

15 Übersetzung Hans-Georg Noack in Martin Luther King Jr., *Kraft zum Lieben*, Bahn (Konstanz) 1964.

Listen Sie nun auf, auf welche Weise Sie dem geliebten Menschen Liebe zeigen. Führen Sie dies genau aus. Beschreiben Sie auch, wie Sie keine Mühen scheuen oder scheuen würden, um für ihn da zu sein.

Schließlich beschreiben Sie, wie Sie ihn ermutigen, er selbst zu sein, sein ganzes Ich hervortreten zu lassen, um seine Eigenschaften, Interessen, Werte, Bedürfnisse, Wünsche und Talente ohne Scham oder Befangenheit zu zeigen. Dies ist das zulassende Element der Fünf Aspekte.

Der folgende Fragebogen fasst diese Punkte zusammen:

> Was wünsche ich ihm/ihr?
>
> Wie trage ich ihn/sie in meinem Herzen?
>
> Wie leicht kann ich ihm/ihr vergeben?
>
> Wie zeige ich ihm/ihr gegenüber Liebe?
>
> In welcher Weise ermutige ich ihn/sie immer wieder, sein/ihr ganz eigenes Wesen voll hervortreten zu lassen?

Überprüfen Sie nun jede dieser Antworten darauf, ob Sie sich selbst mit der gleichen Zuneigung behandeln. Gehen Sie spezifische Verpflichtungen ein, sich selbst so zu sehen, wie Sie den geliebten Menschen sehen, um sich selbst gegenüber so zu handeln, wie Sie es ihm gegenüber täten, um für Sie selbst so da zu sein, wie Sie es für ihn wären. Schreiben Sie diese Verpflichtungen in Form von Affirmationen in Ihr Tagebuch; schreiben Sie sie außerdem auf ein extra Blatt Papier, das Sie an einen Platz legen oder hängen, wo Sie es jeden Tag sehen.

Fragen Sie sich schließlich, wie Sie Ihre Liebe und Einstellung auf andere in Ihrem Leben ausdehnen können, sodass Sie ihnen dieselben Formen von Liebe entgegenbringen können. Wenn wir uns vorstellen, es gäbe nur eine einzige für uns ganz besondere Person, verlieren wir den Umstand aus den Augen, dass unsere Liebe einem Festmahl gleicht, zu dem alle willkommen sein können.

Vielleicht möchten Sie auch an den Menschen denken, der Sie am meisten liebt. Stellen Sie sich diese Fragen und schreiben Sie die Antworten in Ihr Tagebuch:

> Was wünscht dieser Mensch mir?
>
> Wie hält er mich in seinem Herzen? Welche Meinung hat er von mir?
>
> Wie geht er mit meinen Unzulänglichkeiten um?
>
> Wie zeigt er mir seine Liebe?
>
> Auf welche Weise ermutigt er mich, mein ganzes Ich hervortreten zu lassen?

Fragen Sie sich nun, ob Sie seiner Liebe Wertschätzung erweisen oder ob es etwas gibt, woran Sie beide arbeiten müssen.

Wenden Sie das, was Sie aus diesem Übungsteil gewonnen haben, darauf an, wie Sie andere mehr lieben können.

Unsere Geschichte durch einen Zusatz ergänzen

Wir können unserer Lebensgeschichte gegenüber eine freundliche Geisteshaltung einnehmen. Es ist uns möglich zu lernen, unsere verstörenden Erinnerungen, Versäumnisse und Fehler anzunehmen, ohne uns von ihnen in Verzweiflung, Schuldzuweisung oder Scham treiben zu lassen. Wir können unseren stressreichen oder pessimistischen Erinnerungen einen optimistischen Zusatz oder „Schwanz" anhängen.

Eigentlich haben wir in der Schule ab der vierten Klasse damit begonnen, mit dieser Technik zu arbeiten, nämlich als wir das Einmaleins gelernt haben. Wir haben immer wieder aufgesagt: „Vier mal vier ist sechzehn." Wir haben nicht gesagt: „Vier mal vier ist ...", ohne die Zahl „sechzehn" als Zusatz zu ergänzen. Diese Praxis hat die Antwort als eine Einheit in unser Gehirn eingeprägt und nicht als getrennte Frage und Antwort. Tatsächlich ist es uns heute unmöglich zu denken: „vier mal vier", ohne ebenfalls den daran angeschlossenen Zusatz „sechzehn" zu denken. Wir können dieselbe Fertigkeit benutzen, um mit unseren Erinnerungen zu arbeiten.

Hier ist ein Beispiel dafür, wie wir einem Gedanken einen Zusatz anhängen können, wenn wir Probleme damit haben, uns im Hinblick darauf abzugrenzen, was jemand von uns verlangt: „Ich stelle mich in jeder möglichen Weise zur Verfügung, für sie zu tun, was ich kann, *und* ich lasse los, sicher sein zu wollen, dass es genau ihren Wünschen entspricht." Hier zeigen wir unsere ursprüngliche Fürsorglichkeit, aber mit dem Zusatz des Loslassens. Auf diese Weise folgt auf unsere Fürsorglichkeit ein Loslassen von übertriebener Verantwortlichkeit für jemand anderen.

Wir benutzten ganze Sätze für das Einmaleins, aber psychologisch gesehen haben wir oft nur halbe Sätze gelernt. In dem vorausgegangenen Beispiel haben wir gelernt, dass es wichtig ist zu geben, aber auch, dass Grenzen für das Geben existieren müssen.

Indem wir dieselbe Technik, eine Ergänzung anzuhängen, benutzen, können wir den Einfluss unserer negativen Erinnerungen dadurch verändern, dass wir ihnen positive hinzufügen. Wenn eine negative Erinnerung auftaucht, können wir etwas Positives hinzufügen. Wir mögen uns beispielsweise daran erinnern, dass unser Vater uns für etwas ausgeschimpft hat, doch wir stellen sicher, dass wir ihn (oder irgendeine andere Vaterfigur) auch als lobend und fürsorglich uns gegenüber in Erinnerung haben. Wir machen es uns zur Praxis, jedes Mal, wenn wir uns an einen Augenblick des Tadels erinnern, auch ein positives Beispiel in uns wachzurufen. Die ursprüngliche, mit Bedauern verbundene Erinnerung wird bald jedes Mal mit ihrem ergänzenden Zusatz auftreten. Wir werden dann unserem Gedankenzug einen Zugbegleitwagen angekoppelt haben.

Mit dieser Übung ist nun jede Münze in unserer Psyche wertvoll, weil sie sowohl Kopf als auch Zahl hat. Wenn die positive Botschaft sich immer mehr durchsetzt, durchdringt sie die negative Botschaft allmählich immer stärker mit positiven Tönen. Dann wird das negative Material als neurochemisch positiv in unserem Gehirn neu verfestigt.

Hier ein Beispiel für eine andere Methode, wie diese Praxis funktionieren kann. Halten Sie inne und genießen Sie positive Erinnerungen, insbesondere Beispiele dafür, wie Ihnen die Fünf Aspekte entgegengebracht wurden. Ganz allmählich bauen Sie einen Vorrat an positiven Erinnerungen auf. Benutzen Sie diese, um alte Erinnerungen zu heilen, indem Sie diese in irgendeine kritische Stimme oder negative Geschichte Ihrer Vergangenheit einbringen. Dann können Sie das, was ursprünglich archiviert wurde, auf eine neue Art und Weise annehmen. Wenn Sie sich zum Beispiel daran erinnern, dass man Ihnen immer gesagt hat, Sie würden es zu nichts bringen, dann erinnern Sie sich an ein Kompliment eines Freundes über die gute Arbeit, die Sie heute leisten. Auf diese Weise wird die alte Botschaft von neuer und positiverer Information übertönt. Sie sagen „Dieses Urteil über mich hat sich als falsch erwiesen, wie das jüngste Ereignis zeigt. Mutter hat mir gesagt, ich würde es zu nichts bringen, aber mein Freund Harald hat mir etwas anderes gezeigt.“ Versuchen Sie, sich dies zu sagen, ohne Groll gegenüber ihren Eltern zu hegen und ohne ihnen – oder wem auch immer, der diese Botschaft Ihrem Gehirn eingetrichtert hat – Schuld zuzuweisen. Alles, worauf es jetzt ankommt, ist, dass Sie sich selbst und alle anderen genug lieben, um die Geschichte ihrer gegenseitigen Beziehung zu aktualisieren.

Wir wissen heute, dass neuronale Plastizität durch die Macht unserer Gedanken und Entscheidungen möglich ist. Je mehr Zeit wir für irgendeinen negativen Fokus, Gedanken oder eine negative Emotion aufwenden, desto mehr Macht geben wir ihnen in unseren Schaltkreisen des Gehirns. Infolgedessen fällt es dem Gehirn leichter, dieses Programm abzuspulen. Es wird zu einer Voreinstellung, zu einem leicht erreichbaren Hafen in jedem Sturm. Wenn wir unsere Gedanken und Gefühle positiv umlenken, bemerken wir, wie neue Programme in unserem Gehirn zum Leben erwachen. Bei diesen Worten mögen wir uns an das erinnern, was Paulus in seinem Brief an die Römer (12:2) schreibt: „ [...] verändert euch durch Erneuerung eures Sinnes“.

Um die Chemie des Gehirns in dieser Übung schätzen zu können, bedenken Sie Folgendes: Der Hippocampus speichert bestimmte Erinnerungen, ist aber sein Leben lang offen für neue Lernerfahrungen. Mit jeder neuen Erfahrung aktualisiert er sich selbst. Ich muss keine Angst mehr haben, mit meinem neuen Computer nicht zurechtzukommen, sobald ich feststelle, dass ich tatsächlich jeden Tag lerne, ihn besser zu nutzen.

Das Gedächtnis der Amygdala ist ausdauernd und verallgemeinert alles zu einem vergleichbaren ursprünglich negativen Ereignis oder einer solchen Erfahrung. Die Amygdala ist nicht leicht zu aktualisieren. Wir können sagen, dass sie durch Abhängigkeit von tief verwurzelten Erinnerungen gedeiht. Wenn sie Gefahr signalisiert, ducken wir uns weg, was unser Festhalten nur noch verstärkt. Unsere Arbeit besteht darin, die Botschaften der Amygdala aus der Sicht der intelligenten Erkenntnisse des präfrontalen Cortex zu betrachten.

Der Hippocampus aktualisiert sich ständig, sobald er neue Informationen erhält. Wir verstärken seine Hilfe, wenn wir unseren Erinnerungen und Botschaften einen Begleitwagen anhängen. Ich verwende diese Analogie, weil die ursprüngliche Funktion eines Güterzug-Begleitwagens darin bestand, dem Zugbegleitpersonal einen Aufenthaltsraum zu bieten. Vom Güterzug-Begleitwagen aus konnte es den Zug verlassen und ihn, seine Ladung und seine Ausrüstung überwachen. Die Zugbegleiter dekorierten den Begleitwagen mit persönlichen Objekten, wie etwa ihren Familienfotos. Er ist daher eine sinnvolle Analogie dafür, wie die Psyche ihre eigene Sicherheit findet, in Bewegung bleibt und die Vergangenheit würdigt. Diese Analogie erinnert auch an den Archetypus der Reise als zentraler Fokus für jedes menschliche Leben.

Ein persönliches Gedächtnis ist nicht statisch und unveränderlich wie das Einmaleins. Die Erinnerung an unsere Lebensgeschichte ist formbar und durchlässig, je nach der Verbindung mit den Umständen, unter denen wir uns an sie erinnern. Demzufolge können wir diese Praktik dazu nutzen, um eine unbegreifliche oder traumatische Erinnerung zu rekonstruieren und sie für uns dem Augenblick anzupassen. Es wäre so, als würde man einem Kind die Geschichte von Schneewittchen erzählen, das sich vor der Königin mit dem vergifteten Apfel fürchtet. Wir helfen ihm und beruhigen es, wenn wir hinzufügen, dies sei Schneewittchens Art, uns alle vor der Gefahr zu warnen, Früchte oder Süßigkeiten von Fremden anzunehmen. Wir haben der Geschichte einen Zusatz angehängt, der eine fürsorgliche Verbindung von der Heldin zu uns aufzeigt. Jede Figur in der Geschichte unseres Lebens kann das für uns tun.

Uns selbst zu lieben heißt, unsere Geschichte, unsere Erinnerungen und unsere Persönlichkeit zu lieben. Sie alle sind einzigartig und haben dazu beigetragen, uns zu Individuen zu machen. Heute liegt die Betonung, besonders bei jungen Menschen, auf elektronischer Verbindung, sei es nun per Computer, Handy oder Tablet. Liebe ist zwar Verbindung, aber diese Art von Verbindung kann uns von dem entfremden, der wir wirklich sind. Wir entziehen uns damit der Zeit, allein zu sein, die jedoch erforderlich wäre, damit wir uns selbst kennenlernen. Wir lieben durch Verbindung, aber unsere Individualisierung erfolgt durch Einsamkeit. Wenn es uns an langen Intermezzi von Einsamkeit und Stille mangelt, die einen Menschen zu dem machen, der er ist, können wir den Zugang zu unserer eigenen Identität verlieren. Wie also können wir uns selbst lieben?

Die Fünf Aspekte bekräftigen

Wir können die Fünf Aspekte auf die Ereignisse anwenden, die uns widerfahren sind und uns weiter widerfahren werden. Diese Übung hat eine spirituelle Dimension, die es uns ermöglicht, darauf zu vertrauen, dass das Universum uns irgendwie dabei hilft, uns selbst zu lieben. Folgende Affirmationen können in jeder Situation, mit der Sie sich konfrontiert sehen, hilfreich sein:

> Alles, was mir widerfährt, gibt mir Gelegenheit, auf mich selbst zu achten.
>
> Alles, was mir widerfährt, gibt mir Gelegenheit, mich selbst anzunehmen.
>
> Alles, was mir widerfährt, gibt mir Gelegenheit, mich wertzuschätzen.
>
> Alles, was mir widerfährt, gibt mir Gelegenheit, für mich zu sorgen.
>
> Alles, was mir widerfährt, gibt mir Gelegenheit, frei zu sein.

> Ich bin dankbar dafür, dass alles, was mir widerfährt, mir eine Gelegenheit schenkt, mich selbst zu lieben.

Die gleichen Affirmationen können auch von Partnern in einer Beziehung angewendet werden:

> Alles, was in unserer Beziehung geschieht, gibt uns Gelegenheit, mehr aufeinander zu achten.
>
> Alles, was in unserer Beziehung geschieht, gibt uns Gelegenheit, uns gegenseitig auf einer tieferen Ebene anzunehmen.
>
> Alles, was in unserer Beziehung geschieht, gibt uns Gelegenheit, einander mehr wertzuschätzen.
>
> Alles, was in unserer Beziehung geschieht, gibt uns Gelegenheit, uns gegenseitig mehr Zärtlichkeit zu zeigen.
>
> Alles, was in unserer Beziehung geschieht, gibt uns Gelegenheit, die Freiheit des anderen zu respektieren.
>
> Wir sind dankbar dafür, dass alles, was in unserer Beziehung geschieht, uns die Gelegenheit gibt, einander mit mehr Fürsorglichkeit, Mitgefühl und Freude zu lieben.

> Keine Form der Liebe ist falsch, solange es Liebe ist und du dich für das achtest, was du tust.
>
> — D. H. Lawrence

3
Unser Bedürfnis, geliebt zu werden

Wir sind spirituelle Wesen, die Liebe genauso sehr brauchen wie Nahrung. ... Das Überleben der Liebevollsten ist die einzige Ethik, die nicht nur ein gesundes persönliches Leben sichert, sondern auch einen gesunden Planeten.

— Bruce H. Lipton

Wir sind mit vier in unseren Körper und in unser Herz eingravierten Wörtern geboren: Liebe mich, halte mich. Schon immer wussten wir, dass sie in uns waren, auch wenn uns vielleicht nicht erlaubt wurde, sie laut auszusprechen. Heute mögen wir nach dem oder den Menschen Ausschau halten, die diese Worte lesen und verstehen können, ohne dass wir sie laut aussprechen müssen. Vielleicht fragen wir und erhalten ein Nein als Antwort. Oder wir haben die Hoffnung aufgegeben, jemanden zu finden, dem wir vertrauen können, dass er positiv auf diese vier kleinen Wörter antwortet oder sie überhaupt versteht.

Unsere erste Erfahrung, geliebt zu werden, hinterlässt einen Abdruck. Dieser bestimmende Augenblick wird bis ans Ende unserer Tage festlegen, wie Liebe sich für uns anfühlt. Unsere ursprüngliche Erfahrung davon, geliebt zu werden, wird zu unserer persönlichen Art und Weise, wie wir für den Rest unseres Lebens Liebe deuten und ihrer bedürfen.

Ein Beispiel für eine Kernprägung durch das Gefühl, geliebt zu werden, ist, begleitet zu werden, einen Beistand zu haben von jemandem, der durch Dick und Dünn zu uns hält. Zusammenzubleiben ist gewiss eine Form, Liebe zu zeigen, aber in ihrer reifen Version sehen wir sie als flexibel an – als etwas, das manchmal möglich ist, manchmal das Ziel verfehlt, das nicht durchgängig, aber im Großen und Ganzen verlässlich ist.

Es ist wichtig, uns daran zu erinnern, dass die ursprüngliche Art und Weise, auf die wir geliebt wurden, womöglich auch ein negatives Element enthalten hat. Derjenige, der uns in unserer Kindheit so sehr geliebt hat, war möglicherweise zu besitzergreifend und kontrollierend. Diese Züge sind das Gegenteil der zulassenden Komponente gesunder Liebe. Heutzutage mögen Sie dann Kontrolle oder Inbesitznahme durch einen erwachsenen Partner als Anzeichen für Liebe wahrnehmen. Auf die gleiche Weise können wir dann selbst besitzergreifend oder kontrollierend gegenüber denjenigen sein, die wir lieben, wie etwa unsere Kinder. Wir nehmen die beiden Seiten einer fürsorglichen Verbindung in uns auf, Licht und Dunkel, und gestalten dann beide Seiten aus. Es ist an uns, die subtile Schattenseite der Liebe in uns und in anderen aufzuspüren, was keine leichte Aufgabe ist. (Hilfe hierzu finden wir in dem Abschnitt „Sich mit der eigenen Schattenseite anfreunden" im 2. Kapitel.)

Dazu sei bemerkt, dass Eltern, die wirklich für ihr Kind sorgen, sich wünschen, dass es mit jedem weiteren Jahr von Abhängigkeit zu größerer Unabhängigkeit heranwächst. Solange ein Elternteil besitzergreifend und kontrollierend in seiner Liebe ist, wird dieser Elternteil es als echte Bedrohung empfinden, wenn das Kind in die Welt hinausgehen möchte. Ein solcher Elternteil wird sich getrennt und verlassen fühlen und einen schrecklichen

Verlust verspüren, wenn das Kind aus dem Nest flieht. Derselbe Elternteil wird vielleicht versuchen, das erwachsene Kind auf andere Weise in Abhängigkeit zu halten, wie etwa durch finanzielle Zuwendungen oder durch sein Bedürfnis nach ständiger Fürsorge. Diese Elternliebe ist mit dem Aufrechterhalten von Abhängigkeit synonym geworden, das heißt, sie ist nicht erwachsen und gereift.

Ein weiteres Problem in einer erwachsenen Beziehung kann darin bestehen, dass wir nicht aufhören, uns zu wünschen, dass wir von unserem Partner auf genau dieselbe Weise geliebt werden, wie wir es in der Kindheit erfahren haben – ohne ihn jedoch wissen zu lassen, was wir brauchen. Von einem erwachsenen Partner zu erwarten, genauso verlässlich für einen da zu sein, wie Großmutter es war, kann uns an eine kindliche Version des Geliebtwerdens ketten.

Apropos Großmutter: Ich erinnere mich daran, dass meine Großmutter, wenn sie einen Auberginenauflauf auf Parma Art zubereitete, ein kleines Stück in einer separaten Form extra für mich buk, auf dem nur Parmesankäse gestreut war, weil sie wusste, dass ich Mozzarella nicht sonderlich mochte. Wenn ich zurückdenke, begreife ich, dass dies eine andere Art und Weise von ihr war, mir das Gefühl zu geben, etwas Besonderes zu sein – in diesem Fall, indem sie sich an meine Vorlieben erinnerte und diese berücksichtigte. In dieser separaten Pyrex-Glasform sah ich mehr als Aubergine. Es war Liebe. Später im Leben handelte ich mir Schwierigkeiten ein, als Großmutters Art und Weise, mich zu lieben, bei mir zu einer Erwartung wurde. Zukünftige Frauen hatten meinen Vorlieben in ähnlicher Weise zu achten. Es dauerte nicht lange, bis ich meine wohlverdiente Strafe erhielt und lernte, dass die Welt sich nicht mehr um mich drehte. Und es ist auch gut zu wissen, dass ich heute meinen eigenen Auberginenauflauf auf dieselbe Weise zubereiten kann, wie ich ihn mag.

Das Problem hierbei ist, dass wir alle uns Liebe wünschen und deshalb versuchen, andere zu manipulieren, damit sie uns diese auf „Großmutters Art" servieren. Um ein umgekehrtes Beispiel anzuführen: Wenn wir Liebe dadurch erfahren haben, dass uns etwas geschenkt wurde, können wir lernen, die Menschen dahingehend zu manipulieren, dass sie uns geben, was wir heute haben wollen. Das kann für diejenigen, die uns lieben, oft sehr verwirrend sein. Wir mögen beispielsweise anderen nichts geben, solange wir nicht die Dinge bekommen haben, die wir uns wünschen. So machen wir womöglich einen geizigen Eindruck, wenn wir einfach versuchen, von anderen geliebt zu werden, indem wir sie dazu bringen, uns etwas zu geben und im Gegenzug nicht genauso viel zu erwarten. Die wohlverdiente Strafe folgt einer solchen Einstellung gewiss. Wenn wir daraus lernen, wachsen und verändern wir uns. Wenn wir uns stur stellen und an unseren momentanen Überzeugungen festhalten, werden wir am Ende allein sein.

Schließlich wird unser Bedürfnis nach Liebe in den Göttern und Helfern widergespiegelt, an die zu glauben wir uns entscheiden. Bodhisattvas kehren immer wieder in den Kreislauf der Existenzen zurück, um uns zur Erleuchtung zu führen. Engel stehen uns zur Seite und beschützen uns. Gott hat die Welt für uns geschaffen. Christus ist für uns gestorben. Menschen haben immer ein Bedürfnis nach Liebe, Begleitung und Schutz aus einem metaphysischen Ursprung. Diese Liebe ist in einem heroischen und verlässlichen Ausmaß fürsorglich: Die Begleitung bedeutet Verbindung, auch wenn sie nicht sichtbar ist; der Schutz ist Sicherheit und Geborgenheit jenseits dessen, was Menschen bieten können. Dies sind die tiefsten Sehnsüchte unseres Herzens. Wir verlangen sie von menschlichen und göttlichen Quellen – die, wie wir letztlich realisieren werden, alle eins sind.

Im Buddhismus wird der Bodhisattva Jizo als erleuchteter Heiliger verehrt, der mit großem Mitgefühl versteht, wie schwer es uns fällt, unsere Anhaftungen loszulassen und Zufriedenheit zu finden. Dies sind die Gelübde, die er um unseretwillen abgelegt hat. Sie stellen die heroische und loyale Liebe dar, auf die wir hoffen:

> Erst wenn alle Wesen Erleuchtung erlangt haben, werde ich selbst sie realisieren. Erst wenn alle Höllen leer sind, bin ich gewillt, in die vollkommene Erleuchtung einzugehen.
>
> — Bodhisattva Jizo

In der christlichen Tradition finden wir ein ähnliches Gelöbnis:

> Ich bat um die Gnade, das Paradies nicht eher zu betreten, bis nicht all meine spirituellen Kinder zuerst eingetreten sind.
>
> — Padre Pio

Wie wir erkennen, dass wir geliebt werden

In einer Episode der amerikanischen Fernsehserie *All in the Family*[16] ist die Nachbarin Louise dabei, in eine andere Stadt umzuziehen, und kommt zu Edith, um sich zu verabschieden. Als sie in der Küche beieinander stehen, fragt Edith Louise auf rührende Weise, ob sie ihr je gesagt habe, dass sie sie liebe. Louise antwortet: „In jeder einzelnen Minute jeder Stunde, die wir zusammen verbracht haben." Dass eine Person uns liebt, erkennen wir nicht immer nur dann, wenn sie es uns sagt oder ihre Zu-

16 *All in the Family* war das Vorbild für die deutsche Serie *Ein Herz und eine Seele.* (Anm. d. Übers.)

neigung zeigt. Liebe zeigt sich uns in jedem Wort und jeder Tat des anderen.

Andere Menschen lieben uns am ehesten aus zwei Gründen: Wenn wir sie bedingungslos lieben und wenn wir selbst transparent sind. Beide dieser Eigenschaften waren in den Charakteren der beiden Frauen in der Fernsehserie offensichtlich.

Liebe ist nicht zu übersehen; sie kann nicht verheimlicht werden. Wir werden wissen, wenn wir geliebt werden. Es fühlt sich an, wie Willkommen geheißen zu werden. Geliebt zu werden erweckt den geheimen inneren Kern in uns und lässt ihn wissen, dass er mit Sicherheit hervortreten wird. Wir wissen, dass wir geliebt werden, wenn wir unseren Schutzschild herunterfahren können; denn wir wissen, dass wir ungeachtet all unser Fehler wir selbst sein dürfen. Je mehr wir uns unterstützt fühlen, desto mehr lernen wir die Kunst der Selbstunterstützung. Wir können unsere Charakterzüge und Entscheidungen auf freundliche Weise einschätzen, Gefahren erkennen, wenn sie auftauchen, und zuversichtlich sein, mit allem umgehen zu können, was uns widerfährt. Dies ist Selbstregulierung: Wir werden nicht mehr von Emotionen oder Situationen überwältigt. Geliebt zu werden trägt somit zu unserer Gelassenheit bei.

Unser fortlaufender Kontakt mit denjenigen, die wir lieben, trägt zu unserer Zuversicht bei, dass wir einen Wert besitzen und unser Leben einen Sinn hat. Geliebt zu werden hilft uns, unser Vertrauen zu bewahren, dass wir in einer Welt leben, in der unsere tiefsten Bedürfnisse und Sehnsüchte erfüllt werden. Aus diesem Grunde empfinden wir eine solche Panik bei der Vorstellung, zurückgewiesen oder isoliert zu werden. Zurückweisung und Verlust lösen dieselben Kreisläufe im Gehirn aus wie körperlicher Schmerz.

Von anderen Menschen eine Erfüllung unserer Bedürfnisse zu erwarten ist weder ein Zeichen dafür, das etwas mit uns nicht stimmt, noch ist es eine Regression in die Kindheit. Problematisch wird die Sache nur, wenn wir erwarten, dass *alle* und nicht nur *manche* unserer Bedürfnisse von anderen Erwachsenen erfüllt werden.

Dann übersehen wir zwei wichtige Sachverhalte des Lebens. Erstens: Einiges von dem, was wir benötigen, findet sich in uns selbst, in der Natur, in Spiritualität, in der Karriere und anderen Quellen, die über das Individuum hinausgehen. Zweitens: Es ist eine existenzielle Realität, dass alle menschliche Erfahrung und Beziehung begrenzt ist. Unsere tiefsten Bedürfnisse werden vielleicht niemals eine entsprechende Erfüllung finden. Es ist eine Gegebenheit, dass das Leben und die Menschen uns in vielerlei Hinsicht nicht zufriedenstellen können. Ein Ja zu diesem Umstand macht es weniger wahrscheinlich, dass wir uns beklagen, wenn wir nicht jede Erfüllung finden, die wir uns wünschen. Dann ist das Unvollkommene in Ordnung für uns, unser eigenes unvollkommenes Ich eingeschlossen.

Wer uns liebt, wird unsere inneren Dämonen nicht für uns töten; er steht am Eingang der Drachenhöhle Wache, während wir hineingehen und uns dem Drachen stellen. Von dieser Stelle aus achtet er genau auf unseren Kampf. Er ruft uns ermutigende Worte zu, um uns anzufeuern. Er weiß, wir müssen selbst kämpfen, aber er wird nicht zulassen, dass wir vernichtet werden. Und er ist da, wenn wir herauskommen. Dies ist es, was eine Eltern-Kind-Verbindung, eine Freundschaft oder eine intime Beziehung sein kann. Manchmal bedeutet der Sprung der Liebe einfach nur, ganz still zu stehen. Wie John Milton sagte: „Doch auch die dienen ihm, die nur stille stehen und warten.“[17]

Das sind jene, die uns in unserer Kindheit liebten und unsere Einzigartigkeit schätzten und sie förderten, anstatt sie zu ma-

17 Siehe http://www.proz.com/forum/literature_poetry/43167-john_milton_in_german.html

nipulierten. Gleichzeitig spiegelten sie uns respektvoll wider, wenn wir Verrat an unserem Potenzial begingen. Dies fühlt sich an wie Liebe und ist Liebe: fürsorgliches Trösten in Verbindung mit fürsorglicher Herausforderung – genau das, was wir brauchen, wenn wir uns von früh auf entwickeln und das ganze Leben lang weiter entfalten sollen.

Es kann nur dazu kommen, dass wir das Gefühl haben, geliebt zu werden, wenn wir glauben, dass wir es wert sind. Für manche von uns mag das Gefühl, nicht geliebt zu werden, zum Standard geworden sein. Sie meinen, das sei gerechtfertigt, weil sie es nicht verdienen. Diese missliche Lage als zutreffend akzeptiert zu haben wurde zum Äquivalent einer lebenslangen Überzeugung, wir seien nicht wirklich liebenswert oder verdienten die Fünf Aspekte nicht. Es folgen hier einige Verhaltensweisen, die wir vielleicht erlernt haben, um mit dem Gefühl, nicht liebenswert zu sein, umgehen zu können:

- Wir haben gelernt, zu schauspielern und dies als eine Art und Weise zu nutzen, um *Aufmerksamkeit* und *Annehmen* auf uns zu ziehen. Wenn das nicht funktioniert hat, ließ es uns zumindest unabhängig erscheinen und wir konnten unsere Verletzlichkeit verbergen.
- Wir strebten nach *Wertschätzung*, indem wir uns auf Fertigkeit, Können und Leistung konzentrierten, wobei wir immer glaubten, dass für uns nur das Tun, nicht aber das Sein ausschlaggebend sei.
- Später haben wir die liebevolle *Zuneigung*, die wir uns so verzweifelt wünschen, mit Sexualität oder Abhängigkeit gleichgesetzt.
- Es war uns nicht mehr wichtig, die *Erlaubnis* zu eigenen Entscheidungen zu erhalten, und wir wandten uns stattdessen den Extremen von Rebellion oder Unterwerfung zu.

Ein Kind zeigt seiner Mutter aufgeregt, was es in der Schule gebastelt hat. Es sagt: „Sieh mich an, schau mal, was ich gemacht habe.“ Was es meint, ist: „Liebe mich.“ Wir wissen dies, weil es nach den Fünf Aspekten verlangt: „Achte auf mich; nimm mich an; schätze das, was ich getan habe; zeige Zuneigung und erlaube mir, diese Aktivität ohne Einmischung oder Unterbrechung weiter zu verfolgen.“

Liebe ist ein Mysterium, deshalb lässt sie sich letztlich nicht nur auf die Fünf Aspekte reduzieren. Manche Menschen sind einfach nicht so angelegt, dass sie Liebe so offen zeigen können. Tatsächlich haben die meisten von uns in ihrer Kindheit nicht durchgängig von einem oder beiden Elternteilen die Fünf Aspekte erhalten. Doch wir begreifen, dass uns unsere Eltern dennoch geliebt haben. Die Liebe kam auf Wegen zu uns, die vielleicht eher unauffällig als demonstrativ, eher indirekt als engagiert, eher praktisch als emotional waren. Wir wussten aber, dass sie uns auf die ihnen eigene Weise geliebt haben.

Übungen

Wie wurde ich geliebt?

In unserer Kindheit gab es Augenblicke, in denen wir einen oder mehrere der Fünf Aspekte besonders benötigten, wenn wir zum Beispiel von der Schule nach Hause kamen und unserer Mutter erzählten, dass die anderen Kinder sich über uns lustig gemacht hatten. In diesem Moment brauchten wir eine zärtliche Umarmung von ihr. Wir benötigten die Zusicherung, dass sie uns akzeptierte. Wir brauchten Wertschätzung, anstatt veräppelt zu werden. Wir wollten, dass man uns sagte, uns zu kennen bedeute, uns zu lieben.

Erinnern Sie sich an besondere Zeiten in Ihrer Kindheit, als Sie ein Bedürfnis nach einem oder mehreren der Fünf Aspekte hatten, und fragen Sie sich: „Wurde mein Bedürfnis in diesem Augenblick gewürdigt und gespiegelt? Auf welche Weise haben meine Betreuer meinen Moment des Annehmens, der Aufmerksamkeit und so weiter erfüllt oder ihn mir versagt?“

Der britische Kinderpsychiater Donald W. Winnicott sagte, dass Spiegeln oder die Einstimmung auf unsere Gefühle das Äquivalent zu körperlicher Umarmung ist. Wie wurden Ihre Gefühle aufgenommen? Wie sicher fühlten Sie sich, wenn Sie diese gezeigt haben?

Erinnern Sie sich an besondere Augenblicke der Bedürftigkeit in vergangenen oder gegenwärtigen Beziehungen und stellen Sie sich dieselbe Frage im Hinblick auf die Reaktion des Erfüllens oder Versagens. Dies wird natürlich ein ganzes Spektrum an Antworten hervorrufen: manche, die mit Erfüllung und manche, die mit Versagen zu tun haben.

Wenn man uns in der Kindheit ignoriert, vernachlässigt oder missbraucht hat, mögen wir unsere Gefühle abgestumpft oder uns von dem Geschehenen dissoziiert haben. Das war zu dieser Zeit sinnvoll, da wir nur wenige Möglichkeiten und keinen Ausweg hatten. Schreiben Sie in Ihr Tagebuch, ob Sie feststellen, dass Sie in Ihren gegenwärtigen Beziehungen oder jeder stressreichen Situation in solche Verhaltensweisen zurückfallen, und wenn ja, wie. Schreiben Sie einen Hinweis für sich auf, in dem Sie sich bestätigen, dass es damals gut für Sie war, sich diesen Gefühlen zu verschließen. Verpflichten Sie sich, heutzutage nicht mehr gefühllos zu werden, sondern die Neigung dazu als einen Hinweis auf das zu interpretieren, was Ihnen in Ihrer gegenwärtigen Beziehung fehlt oder problematisch ist: „Ich bin gefühllos geworden, wenn man mich übersehen hat. Wenn ich also heute gefühllos werde, so kann das bedeuten, dass ich mich übersehen fühle. Ich werde mit der Person, die mich zu übersehen scheint, ein Gespräch darüber beginnen."

Bitten Sie Ihren gegenwärtigen Partner oder einen Freund/eine Freundin, Ihnen von Zeiten zu erzählen, zu denen sie oder er eine besondere Zuwendung von Ihnen gebraucht hätte und wie Sie darauf reagiert haben. Lauschen Sie mit Ihrem Herzen, damit Sie ohne Ego-Verteidigung reagieren können. Verpflichten Sie sich, für die Bedürfnisse anderer aufmerksam zu sein, sodass Sie sich der Herausforderung stellen, für einen Partner, einen Freund oder ein Familienmitglied mit einer erstklassigen Reaktion da zu sein. Achten Sie genauer auf Ihre eigenen Bedürfnisse, damit Sie auch auf sich selbst und Ihre Bedürfnisse auf diese Weise reagieren können.

Finden Sie von nun an Möglichkeiten, andere auf direkte Weise wissen zu lassen, was Sie von ihnen benötigen. Achtsamkeit als bewusste und auf die Realität gegründete Kommunikation ist die Sprache unserer wahren Natur, weil sie im gegenwärtigen Augenblick verwurzelt ist. Sie ist niemals durch ein Trauma geschädigt worden noch kann sie durch negative Erfahrungen zum Schweigen gebracht werden. Achtsamkeit hilft uns, unsere Gedanken und Gefühle als das, was sie sind, zu identifizieren. Wir können diese Art der Praxis in unsere Beziehungen einbringen und so dafür sorgen, dass unsere Wahrheit auf wohlmeinende Weise von anderen anerkannt wird.

Fragen Sie sich schließlich, ob die Menschen, von denen Sie heute glauben, dass diese Sie lieben, den folgenden Kriterien entsprechen. Niemand wird ihnen völlig entsprechen, aber wenn Sie sich an einige Beispiele bei ihnen erinnern, wäre das sicherlich sehr aufschlussreich im Hinblick darauf, wie sehr oder ob diese Menschen Sie lieben:

- Sie geben beständig die Fünf Aspekte und können sie empfangen: Aufmerksamkeit, Annehmen, Wertschätzung, Zuneigung und Zulassen.
- Sie sorgen sich wirklich um Ihr Wohl.
- Sie freuen sich mit Ihnen bei Ihren Erfolgen.
- Sie sind in guten wie in schlechten Zeiten für Sie da.
- Sie geben Ihnen ein Gefühl von Sicherheit und Geborgenheit, wenn sie zusammen sind.
- Sie stimmen Ihrem Enthusiasmus freudig zu und fördern ihn.
- Sie finden Sie liebenswert, wenn sie Ihre Verletzlichkeit sehen, und nutzen dies niemals aus.
- Sie verstehen Ihre Liebe oder Großzügigkeit nicht als Erlaubnis, nur zu nehmen oder Ihre Energie zu absorbieren.
- Sie respektieren Ihre Grenzen der Ansprechbarkeit im Hinblick auf Ihre Bedürfnisse und akzeptieren das Maß an

Liebe, das Sie anbieten können, anstatt mehr zu verlangen oder Ihnen böse zu sein, weil Sie zu wenig anbieten.

- Sie gründen ihre Liebe für Sie nicht auf gegenseitigen Austausch. (Gegenseitigkeit ist für enge Beziehungen wichtig, doch ein Mensch, der Sie liebt, führt kein Buch darüber, wie viel Sie ihm geben im Vergleich zu dem, was er Ihnen gibt: „Nach alledem, was ich für dich getan habe, könntest du wenigstens dies für mich tun." Bei einer derartigen Erwartung geht es darum, sich gegenseitig etwas schuldig zu sein. Die Großzügigkeit von Liebe fehlt. Wenn jemand Sie liebt, gibt er von sich, ohne Ihnen das in Rechnung zu stellen.)
- Sie wollen stets das Beste für Sie und möchten immer, dass Sie glücklich sind, selbst wenn dies in einer Beziehung bedeuten kann, Sie gehen zu lassen, weil Sie jemand anderen als Partner gewählt haben.

Der Einfluss der Kindheit

Wir erkennen, dass wir unsere Kindheitsprobleme bewältigen, wenn wir weniger bedürftig werden, Partner auf einer gesünderen Ebene anziehen als zuvor und weniger Erwartungen an Partner und Beziehungen stellen.

Stellen Sie sich die folgenden drei in die Tiefe gehenden Fragen:

1. Welche Formen von Liebe habe ich in der Kindheit empfangen und suche ich jetzt bei anderen? Diese Frage führt dazu, unsere Eltern für das wertzuschätzen, was sie uns gegeben haben. Es führt auch zu Trauer darüber, woran es uns gemangelt hat, und zu einem Verzicht auf Anschuldigungen, was unsere Eltern versäumt oder vernachläs-

sigt haben.[18] Dann werden wir reifer, weil wir einem inneren Drang folgen, der allen Menschen innewohnt: auf die Heldenreise zu gehen und voranzuschreiten, anstatt steckenzubleiben. Wo wir uns jetzt befinden, ist nicht unsere Bestimmung. Es ist der Ort, an dem wir unsere Reise am besten beginnen können.

2. Wie habe ich mir selbst diese Liebe gegeben? Diese Frage führt uns zu Möglichkeiten, für uns selbst zu sorgen. Wir werden auf unseren Körper, unsere Gefühle und unsere Bedürfnisse achten, anstatt sie auf ein Minimum zu reduzieren oder von anderen zu verlangen, dass sie diese befriedigen. Dies schenkt uns ein Gefühl von Handlungsmacht oder von Fähigkeit, Können und Kraft in unserem Leben. Wir werden erwachsener, weil wir für uns selbst wie unsere Eltern oder Partner sorgen. Wenn es uns gelingt, unsere Bedürfnisse zu befriedigen, dann können wir andere einladen, sich uns anzuschließen, aber wir bitten sie nicht mehr darum, „es für uns zu tun".

3. Welche Formen von Liebe habe ich anderen gegeben, um ihnen auf diese Weise zu zeigen, was ich selbst mir am meisten wünsche? Diese Frage zeigt uns, wie schwierig es ist, unsere tiefste Verletzlichkeit zu zeigen, nämlich wie sehr wir andere brauchen. Vielleicht hatten wir Angst, von einem Partner direkt zu verlangen, was wir benötigten, und es deshalb durch Beispiele gezeigt. Wir haben anderen gegeben, was wir uns von ihnen wünschten, und gehofft, sie würden es uns gleichtun. Dies kann sich zu einer Praxis der Selbstbehauptung wandeln, bei der wir unsere Bedürfnisse gegenseitig offen darlegen, ohne je-

18 Mein Buch *Wenn die Vergangenheit allgegenwärtig ist: Wie die emotionalen Wunden heilen, die unsere Beziehungen vergiften* (Windpferd, 2011) enthält Übungen, die in diesem Bereich helfen können.

doch dabei zu manipulieren oder etwas zu fordern. Auf diese Weise zeigen wir ohne Verlegenheit und Manipulation, was wir uns wünschen.

Wenn wir stärker dazu bereit werden, verletzlich zu sein, können wir den Umstand akzeptieren, dass manche Menschen unsere Bedürfnisse freudig erfüllen können und wollen und andere eben nicht. Wir akzeptieren die ersteren mit Freude und hören auf, von den letzteren etwas zu verlangen oder ihnen Vorwürfe zu machen. Wir verlassen sie nicht, sondern versöhnen uns lediglich mit ihren Grenzen. Wir haben genug an Reife gewonnen, um das zu akzeptieren, worüber wir keine Kontrolle haben, und können dennoch um das bitten, was wir uns wünschen.

Wenn wir keine Stimme haben, weil wir uns nicht für uns einsetzen, schaffen wir ein Vakuum. Wenn wir nicht aufpassen, wird dieser Raum von Menschen in Besitz genommen, die uns kontrollieren wollen. Der Archetyp des Energieräubers ist Teil dieses kontrollierenden Verhaltens.

Diese drei Fragen und die daraus entstehenden Praktiken führen zu einer neuen Sicht auf gegenwärtige und zukünftige Partner. Sie sind nicht mehr das Ein und Alles unserer Bedürfnisbefriedigung. Sie werden von Riesen auf Lebensgröße, manchmal gar auf Zwergengröße reduziert. Sie nehmen in der Aufstellung von Liebesressourcen einen niedrigeren Rang ein. Wir suchen nun nicht mehr verzweifelt nach jemandem, der uns Liebe auf eine derart besondere Weise schenkt, dass wir auf Wolke Sieben schweben. Wir geben keinem Mann und keiner Frau mehr so viel – zu viel – Macht. Jetzt sind wir als Erste an der Reihe. Diejenigen, denen wir vertrauen, weil sie uns nie enttäuscht haben, kommen als Nächste. An dritter Stelle kommt der Partner. Dieser Mensch nimmt im Lauf der Zeit einen höheren Rang ein, wenn er oder sie sich stets als vertrauenswürdig erweist; aber wir lassen uns niemals von unserem ersten Platz verdrängen.

Selbstliebe steht an erster Stelle in der Praxis der Liebenden Güte und in der Psychologie.

Wenn wir unsere Aufstellung neu gestalten, sodass die Selbstliebe immer mehr im Vordergrund steht, werden wir vielleicht etwas sehr Erfreuliches feststellen. Wir fangen an, besser für uns zu sorgen. Kleine Vorlieben beginnen sich zu verändern. Wir fangen an, den Softdrinks echten Saft vorzuziehen. Wir geben Substanzen und Verhaltensweise auf, die unserer Gesundheit schaden. Wir halten uns von Menschen fern, die uns verletzen. Wenn uns ein attraktiver Mensch auffällt, freuen wir uns einfach an dem, was wir sehen, ohne zu bedauern, dass wir ihn oder sie nicht besitzen. Wir lieben unseren Seelenfrieden.

Sie liebt mich, sie liebt mich nicht

In dem Maße, in dem wir lernen, uns selbst zu lieben, haben die Reaktionen anderer uns gegenüber nicht mehr so starke Auswirkungen. Wir freuen uns über diejenigen, die uns auswählen, uns mögen und uns lieben. Wir nehmen diejenigen wahr, die es nicht tun, aber es macht uns nicht völlig fertig. Es geht uns nicht mehr so sehr darum, wie Menschen uns sehen oder wie wir erreichen können, dass sie uns mögen, sondern darum, wie wir im Hinblick auf Integrität und Liebende Güte in unserem Umgang mit ihnen wachsen können.

In dem Spiel aus Kindertagen, bei dem wir die Blütenblätter eines Gänseblümchens abpflückten, sagten wir „Sie liebt mich" mit dem gleichen Tonfall wie „Sie liebt mich nicht". Lediglich bei dem letzten Blättchen bekam unsere Stimme entweder einen jubilierenden oder einen bedrückten Tonfall. Können wir unseren Gleichmut jetzt als Erwachsene auf alle Entscheidungen ausdehnen, die andere in Anbetracht von uns treffen, ob nun zu mehr oder weniger Nähe? Können wir zu Zeugen der Annahme oder Ablehnung von anderen werden und achtsam beobachten, ohne deswegen am Boden zerstört zu sein oder völlig aus dem Häuschen zu geraten? Es wäre für uns als gewöhnliche Menschen vielleicht zu viel verlangt, immer gelassen zu reagieren; aber wir können üben, uns in diese Richtung zu bewegen, indem wir die Einstellung, die andere zu uns haben, mehr und mehr akzeptieren. Wir können mit den Gegebenheiten des Annehmens und Ablehnens locker umgehen. Sie müssen unsere Stimmung nicht mehr so stark beeinflussen – auch wenn Freudenausbrüche und Trauer immer ihre Berechtigung haben, wenn sie den Umständen entsprechen.

Unsere Aussagen mögen dann folgendermaßen lauten:

- Jetzt liebt sie mich und will mit mir zusammen sein; darüber freue ich mich und genieße es.
- Jetzt will er nicht mit mir zusammen sein; daher lasse ich ihn in Liebe los und bin offen für das, was geschehen wird.
- Ich akzeptiere, dass Menschen Gründe haben, die ich nicht immer verstehe oder die sich meiner Kenntnis entziehen. Ich sage Ja zu dieser Gegebenheit von Ungewissheit.
- Welche Rolle habe ich in dieser Angelegenheit gespielt, besonders wenn ein Muster zwischen anderen Menschen und mir erkennbar ist?

Diese Praxis kann nur dann funktionieren, wenn unser Ego ausreichend gezähmt ist, um nicht sofort von anderen Menschen und deren Entscheidungen aufgestachelt und gekränkt zu werden. Wir unterbrechen dann die Verbindung zwischen „Sie mögen mich nicht" und dem Gefühl von Beleidigung, weil „ich es verdiene, von allen gemocht und geliebt zu werden". Wir werden durch eine Ablehnung nicht aus der Bahn geworfen. Wir haben gelernt, diese Erfahrung mit Gleichmut und ohne das Gefühl persönlicher Verletzung anzunehmen, mit anderen Worten: ohne Ego. *Ein solches Loslassen des Egos ist gesunde Selbstliebe.* Wir werden zu Zeugen, nicht zu Opfern. Als Analogie können wir das Ansehen eines Films nehmen: Wenn ich einen Film anschaue, bin ich Zeuge dessen, was die Personen darin tun. Ich habe Gefühle, aber ich bleibe sitzen und versuche nicht, deren Verhalten zu beeinflussen oder mich einzumischen.

Diese Praxis wird nicht funktionieren, wenn wir das Bedürfnis nach Vergeltung noch nicht losgelassen haben: „Ihr werde ich's zeigen! Ich werde sie auch nicht mehr anrufen!" Oder: „Seine Beziehung mit der neuen Partnerin ist in die Brüche gegangen, ich bin schadenfroh und triumphiere. Er hat das bekommen, was er verdient hat." Stattdessen könnten wir sagen: „Ich empfinde echtes Mitgefühl, denn in der Praxis der Liebenden Güte habe ich mich darin geschult, dass ich alle Menschen glücklich sehen möchte."

Wir mögen uns geringschätzig behandelt fühlen, wenn sich die andere Person still und leise ohne Erklärung von uns zurückzieht. Dieses Schweigen ist eine Entscheidung zur Trennung, dem Gegenteil von Liebe. Das kann wehtun, aber mit dieser Praxis stürzen wir nicht mehr in tiefe Verzweiflung. Wir fragen nicht mehr: „Weshalb tut sie das?", oder: „Wie kann er es wagen, mir das anzutun?" Stattdessen sagen wir: „Dies fühlt sich nach Respektlosigkeit an und ich kann sagen ‚Autsch!'" Wir können auch sagen: „Dies ist ein Verlust für mich und ich muss darum trauern. Auf diese Weise vermindere ich die mich belastende Kraft der Zurückweisung. Ich gehe locker damit um und finde Wege, mit dem Stich im Herzen umzugehen. Je mehr ich mich in meiner Haut wohlfühle, desto weniger werde ich von dem beeinflusst, was andere tun, sagen oder über mich denken. Ich bin dankbar für dieses Ergebnis, den Anspruch meines Egos loszulassen."

Wir werden uns auf den Ausruf „Autsch!" im folgenden Rest des Buches beziehen. Ein gesundes „Autsch!" ist ein Schmerzensschrei. Ein Ausdruck von Wut, der unser Missfallen über etwas zum Ausdruck bringt, das wir für unfair halten, kann darauf folgen oder gleichzeitig mit ihm entstehen. Ein gesundes „Autsch!" repräsentiert Zorn ohne den Wunsch nach Vergeltung, ohne Groll, ohne Schuldzuweisung, ohne missgünstig zu sein – Zorn in einem letztlich vergebenden Geiste. Ein gesundes „Autsch!" schließt nicht solche Ego-Aufwallungen ein wie: „Wie kannst du es wagen, *mich* auf diese Weise zu behandeln? Dich werde ich dafür rankriegen.". Wir sagen im Grunde: „Dies tut weh", weil das unsere Erfahrung ist, und nicht „Du tust mir weh", was eine Anschuldigend ist und Tür und Tor für Bestrafung der anderen Person öffnen kann.

Wir können auch lernen, zu Blitzableitern zu werden, wenn wir auf Menschen und Ereignisse reagieren. Wir lassen unsere Gefühle voll und ganz zu und stellen uns vor, sie würden sicher durch unseren Körper hindurchfließen, von Kopf bis Fuß und dann in den Boden. Wir bleiben geerdet und werden nicht mehr durch Ereignisse oder unsere Reaktionen auf sie aus der Bahn geworfen. Wir tun dies, weil wir uns selbst lieben und unsere drei gesunden Prioritäten würdigen: unsere Gesundheit, unser Glück und unser persönliches Wachstum.

Wenn es dazu kommt, dass ein Familienmitglied oder ein Freund ohne Erklärung nicht mehr auf Anrufe antwortet, uns nicht mehr sehen will oder sich weigert, mit uns zu sprechen, tragen wir mit der folgenden Praxis einer respektierenden Entscheidung zu unserem Gleichmut bei:

1. Wir unternehmen einen Versuch, uns in Verbindung zu setzen.
2. Wenn der andere nicht darauf reagiert, spüren wir unsere Trauer, wie oben beschrieben. Wir spekulieren nicht darüber, weshalb dies geschieht.

3. Wir schließen diesen Menschen mitfühlend in unsere Praxis der Liebenden Güte mit ein.

4. Wir reagieren nicht auf gleiche Weise.

Wir mögen offen für eine erneute Verbindung sein, wenn der andere sie eröffnet. In diesem Falle können wir um eine Erklärung bitten. Auch ist es schließlich normal, Spekulationen anzustellen und sich zu fragen, weshalb jemand mit uns anfangs oft zusammen sein möchte und uns später nur noch gelegentlich, wenn überhaupt, sehen will. In *Das Summen der Bienen ist verstummt* schreibt Emily Dickinson: „Wie Ton in Pause untergeht/Indem sich Freunde trennen/Bis unser Spekulieren aus ist."[19]

Unsere Praxis besteht dann darin, unsere Spekulationen zu bemerken, sie als Gedanken zu identifizieren und sie loszulassen, anstatt zu versuchen, sie zu verleugnen, unter den Teppich zu kehren oder zu schüren. Allmählich verblassen all unsere Vermutungen, alle Formen des „Warum?" zu „Ja zu dem Nichtwissen, warum". Dann geht es nur noch darum, dass unser Selbstrespekt und unsere großzügige Liebe uns davon abhalten, andere auf die gleiche Weise zu verletzen.

Wenn der Mensch stirbt, der uns geliebt hat

In diesem Fall gibt es zwei Arten des Kummers: Klagen und Akzeptieren. Der Kummer des *Klagens* darüber, dass jemand gegangen ist, steht für den Verlust der Liebe, die uns dieser Mensch entgegengebracht hat. Wir sind untröstlich, weil es nun ein Loch in unserem Leben gibt.

19 *Gedichte englisch und deutsch,* neu übersetzt von Gunhild Kübler, München: Hanser 2006, S. 383

Wir erfahren ein radikales *Akzeptieren* des Kummers, wenn wir das Scheiden des Menschen betrauern, während wir uns mit einer geringeren Liebesdividende in unserem Leben aussöhnen. Wir akzeptieren dies mit einem bedingungslosen Ja, einer radikalen Akzeptanz. Dies führt uns zu einer wundervoll tröstlichen Erkenntnis: Wir können die Art und Weise, auf die wir von diesem Menschen geliebt wurden, imitieren und sie uns selbst schenken. Wir erkennen, dass seine Liebe als Teil der Liebe für uns selbst in uns weiterwirkt. Wir vermissen seine Liebe noch immer, doch wir fühlen uns nicht so vollkommen beraubt wie bei reinem Wehklagen. Unser Kummer ist eine schöne Sehnsucht nach seiner Besonderheit und zärtliche Dankbarkeit dafür, dass er unser Leben bereichert hat, solange er da war – und wir ihn nun in uns tragen. Der Dichter Sir Philip Sidney hat dies sehr schön ausgedrückt: „Meine wahre Liebe besitzt mein Herz und ich das ihre."

Etwas annehmen mit einem bedingungslosen Ja ist eine hilfreiche Praxis, wenn wir irgendeinen Verlust erfahren, so wenn wir beispielsweise feststellen, dass wir aufgrund unseres Alters nicht mehr so leistungsfähig sind wie früher, nicht mehr den Job bekommen, den wir einmal hatten, nicht mehr den Partner anziehen, auf den wir gehofft hatten. Wir können lamentieren oder wir können die Gegebenheit des Wandels mit einem Ja akzeptieren, das uns mit dem „Weniger" aussöhnt. Dies wird die Tür zu neuen Arten des „Mehr" öffnen.

Wehklagen ist ironischerweise ein Kummer, der die Abwesenheit eines anderen Menschen nur noch vertieft. Annehmen hält das Geschenk der Liebe lebendig, das der Verlorengegangene uns einst in unserem Herzen gegeben hat; nun wirkt es in uns dadurch weiter, ihn auf berührende und dauerhafte Weise lebendig zu halten.

Liebt jemand, der uns misshandelt, uns wirklich?

Wir bedürfen der Verbundenheit so sehr, dass wir, wenn wir wissen, dass jemand uns liebt, bereit sind, dafür Verletzungen in Kauf zu nehmen. Dennoch hat Misshandlung keinerlei Berechtigung. Liebe kann nicht echt sein, wenn sie Misshandlung beinhaltet, die eine fürsorgliche Verbindung zerstört oder zeigt, dass es sie von Anfang an nicht gab. Für die meisten von uns ist Verbundenheit wichtiger, als glücklich zu sein, was uns dazu veranlassen kann, Missbrauch zu tolerieren, auch wenn er niemals verdient oder angemessen ist – ganz gleich, was ihn provoziert haben mag.

Gelegentliche milde Misshandlung in der Kindheit ist komplex und muss nicht unbedingt einen Mangel an Liebe darstellen. Massiver unaufhörlicher Missbrauch kann niemals ein Ausdruck von Liebe sein. Zu glauben, dass ein Elternteil uns „im tiefsten Inneren" geliebt hat, während er uns die ganze Zeit über misshandelt hat, ist ein Irrtum. Es entlässt einen Täter aus seiner Verantwortung und hält uns in der Rolle des Opfers fest. Missbrauch kann körperlicher, emotionaler und sexueller Art sein.

Wir mögen uns an den Glauben klammern, dass Papa uns auf jeden Fall geliebt hat, weil diese Überzeugung uns für die Auswirkung seiner Grausamkeit uns gegenüber oder unserer Erniedrigung abstumpft. Lassen wir die Misshandlung weiterhin zu, so kann das auch insofern gefährlich sein, als dass es die Gewalt, die wir auszuhalten hatten, legitimieren kann. Die „Liebe" von Eltern ist nur dann echt, wenn sie mit der Übernahme von Verantwortung gegenüber dem Kind einhergeht. Liebe ist nichts Abstraktes. Um daran glauben zu können, muss man sich von der Platos Sichtweise befreien, dass es einen Realitätsbereich gäbe, der aus reinen und abstrakten Formen und Gefühlen besteht.

Diese Sichtweise lässt sich nicht auf Liebe anwenden. Liebe existiert nicht in irgendeinem vagen, entkörperlichten Nimmerland.

Wenn wir in der erwachsenen Realität geerdet sind, ist *Liebe* als abstraktes Substantiv unzureichend und tatsächlich unmöglich. Liebe ist dann real, wenn sie durchgängig respektvoll ist und sich wiederholt in einem Handeln zeigt, das eine fürsorgliche Verbindung zeigt. Gewalt bedeutet Schmerz, ganz gleich, was es angeblich für ein zugrundeliegendes „Gefühl" gab oder inwieweit sie „zu unserem eigenen Besten" gemeint war. Ein grausamer Vater liebt uns nicht, solange er grausam ist. Wenn wir hinzufügen, „er war krank", meinen wir in Wirklichkeit, er sei zu krank gewesen, um uns zu lieben. Wenn wir diese Unterscheidung respektieren, gewinnen wir die Weisheit zu erkennen, dass Liebe nur dann echt ist, wenn sie wie Liebe aussieht, wie Liebe agiert und sich durch und durch wie Liebe anfühlt.

Wie sehr ich meine eigenen Eltern in all den Jahren aus der Verantwortung entlassen hatte, eröffnete sich mir diese Woche. Mit dem Hintergrund, aus einer italienischen Familie zu stammen, sah ich mir mit einem nicht-italienischen Freund einen italienischen Kinofilm an. Die Hauptperson, ein zwölfjähriger Junge, wird im ganzen Film ständig von seinem Vater geohrfeigt. Ich sah das als keine große Sache an, da es mich an meine eigene Kindheit erinnerte, und es wurde in unserer italo-amerikanischen Kultur gewiss als legitim angesehen. Unsere Eltern, Immigranten aus der Arbeiterklasse, besaßen keinerlei Ausbildung in Kindererziehung; sie wiederholten einfach nur das, was man ihnen in ihrer eigenen Kindheit angetan hatte. Ich schrieb die Misshandlung im Film der Kultur und der Unzulänglichkeit der elterlichen Fertigkeiten zu. Ich betrachtete die Schläge, die manchmal heftig waren, als harmlos, weil sie nicht bösartig waren, als entschuldbar, weil es „damals eben so war". Der Missbrauch wurde auf quasi komische Weise dargestellt und nichts wies darauf hin, dass er irgendwelchen Schaden anrichtete. Dies zeigte mir, dass der Regisseur selbst die Kindesmisshandlung entschuldigte, insbesondere da er ebenfalls nicht versäumte zu zeigen, dass der Vater seinen Sohn letztlich liebte.

Beim Ansehen des Films nahm ich all dies auf die leichte Schulter. Doch mein Freund, ebenfalls ein Therapeut, wies mich darauf hin, dass ich ein Verhalten rechtfertigte, dass ungeachtet der Kultur nicht rechtens ist. Dies half mir zu erkennen, dass ich meine eigenen, oft misshandelnden Eltern entschuldigt hatte. Jeder von uns kann davon profitieren, sich zu fragen, ob wir solche Entschuldigen machen und wie. Vielleicht haben wir immer noch Angst, dass wir zu Waisen werden, wenn wir zugeben, dass unsere Eltern uns nicht immer oder überhaupt nicht geliebt haben – ein schlimmeres Schicksal als mit der Wahrheit zu leben.

Schließlich hing in den meisten Räumen in dem Film auch ein Kruzifix an der Wand. Alle, die mit dem Anblick eines Kruzifixes in ihrem Heim aufgewachsen sind, müssen sich fragen, was wohl in ihrem Körper-Geist aufgezeichnet wurde, als sie es ansahen. Ja, man hat uns gelehrt, daran zu glauben, dass es zeigt, wie sehr Christus uns geliebt hat. Aber es konnte auch etwas Düsteres ausdrücken: „Dies darf ein Vater dir antun, wenn er dich liebt."

Dieselbe Botschaft könnte aus dem Alten Testament in der Geschichte von Abraham zu uns gelangt sein, der bereit war, seinen Sohn Isaak zu opfern, weil Gott ihn dazu aufgefordert hatte. In letzter Minute hob Gott dieses Gebot auf. Der Vater Abraham wurde von Gottvater gebeten, eine grausige Tat zu begehen, denn man nahm an, beide besäßen die Macht über Leben und Tod.

Unser Selbstvertrauen im Erwachsenenleben ist direkt proportional zu unserer Fähigkeit, uns über dieses wesentliche Thema klar zu werden. Solange wir diejenigen, die uns misshandeln, von ihrer Verantwortung freisprechen, können wir unsere eigene menschliche Kraft nicht voll entwickeln. Wir sind noch an eine Loyalität gebunden, die es anderen erlaubt, uns ungestraft zu verletzen, ob es sich dabei nun um einen Elternteil auf der Erde oder im Himmel handelt.

Wenn wir mit regelmäßiger Misshandlung groß geworden sind, glauben wir, es gäbe keine Alternativen: „Das ist alles, was es gibt, und ich muss es aushalten." In der Kindheit erscheint dies sinnvoll. Wenn uns jemand als Erwachsener zu Hause oder bei der Arbeit missbraucht, haben wir andere Möglichkeiten: „Dies ist inakzeptabel und ich muss das nicht mehr mitmachen."

Wir mögen jene lieben, die uns verletzen, wie es Desdemona in Shakespeares *Othello* tat:

> Unzärtlichkeit kann viel tun, sie kann mich ums Leben bringen, aber meine Liebe kann sie nicht vermindern.[20]

Eine solche Liebe kann edel sein und einer spirituellen Verpflichtung zu Liebender Güte und Mitgefühl entspringen. Sie rechtfertigt jedoch niemals Missbrauch, und so besteht unsere beste Reaktion darin, in Deckung zu gehen und erst dann wieder hervorzukommen, wenn es sicher ist – was Desdemona nicht getan und mit ihrem Leben bezahlt hat. Liebe wird zu Co-Abhängigkeit, wenn wir bleiben und Misshandlung aushalten. Dann wird unsere Zuneigung fehlgeleitet und in die falsche Richtung gelenkt. Echte Liebe von uns zu anderen bringt uns niemals in Gefahr.

Wenn wir uns einer Kindheit angepasst haben, in der unser kleines Herz oder kleiner Körper ausgenutzt wurde, können wir dennoch überleben. Doch wir zahlen später den Preis dafür, weil unsere Anpassung an diese Atmosphäre unsere gesunde Entwicklung beeinträchtigt hat. In der psychischen Evolution ist „das Überleben des am meisten Geliebten" eine zutreffendere Formulierung als „das Überleben des Stärkeren".

---

20 Übersetzung von Christoph Martin Wieland

Werden wir missbraucht, so leben wir in der Welt wie die ängstlichen und wehrlosen Dorfbewohner, die vom Drachen bedroht werden, und nicht wie der heilige Georg mit dem Schwert in der Hand. Doch nachdem er den Drachen erschlagen hatte, zerteilte er ihn und reichte ihn den Dorfbewohnern als Speise, sodass sie die Kraft des Drachen in sich aufnehmen konnten und niemals wieder einen Retter benötigten. Diese Geschichte zeigt symbolisch, dass wir manchmal Hilfe benötigen und dass die bestmögliche Hilfe uns fähiger und geeigneter macht, uns selbst zu helfen.

Therapie ist in diesem Rahmen eine wichtige Option. In Anhang 2 dieses Buches findet sich ein Fragebogen, der Ihnen helfen kann herauszufinden, ob eine Therapie für Sie sinnvoll wäre. Je gesünder Sie werden, desto effektiver ist Ihre Liebe für sich und andere.

Die Übungen in diesem Buch können uns helfen, über unsere Vergangenheit hinauszuwachsen. Auch ein spirituelles Programm vermag dies zu tun. Doch selbst in Verbindung mit einer Therapie, Selbsthilfegruppe oder Vertrauen in Spiritualität ist dies ein langer und mühsamer Weg. Wir wissen aber, dass wir, ungeachtet aller Hindernisse oder der Länge des Weges, unabhängig genug werden können, um Liebe zu geben, und interdependent genug, um sie zu empfangen.

Wir können auf eine uns innewohnende Selbstfürsorge vertrauen, die uns hilft, auf einen Verlust oder einen Mangel an Liebe zu reagieren. Wir können trauern, loslassen, vergeben und weitergehen. Die Fähigkeit zu trauern ist eine notwendige Fertigkeit in einer Welt, in der Liebe nicht immer verwirklicht wird, Zurückweisung und Verrat immer möglich und Enttäuschungen mit Sicherheit unvermeidlich sind.

Unsere Evolution als voll ausgereifte Menschen schreitet durch ein Kontinuum von Entwicklungsaufgaben fort. Wenn wir gehalten und genährt werden, können wir uns den Gegebenheiten und Widrigkeiten des Lebens mutig stellen. Wenn unsere Verbindung keine Sicherheit und Geborgenheit garantieren kann, dann mögen uns unsere Wunden davon abhalten, mit unserem Leben effektiv zurechtzukommen, selbst als Erwachsene noch. Wir alle haben bedingte Akzeptanz und genug Liebe für eine ausreichende Entwicklung empfangen, da wir während unseres Lebens reichlich Gelegenheit zu Verbindungen hatten. Vieles ist von der Kindheit abhängig, aber nicht alles.

Wir können unsere Eltern immer noch lieben, auch wenn wir um ihre Unzulänglichkeiten wissen. Wir können noch immer daran glauben, dass sie uns geliebt haben. Aber es ist wichtig anzuerkennen, dass sie uns, als sie uns geschlagen, gedemütigt oder verletzt haben, nicht geliebt haben. Sie zeigten Liebe am Montag, als sie sich uns gegenüber liebevoll verhielten. Sie haben uns am Dienstag nicht geliebt, als sie uns wehgetan haben.

Trotzdem kann eine liebevolle Bindung immer begonnen oder wiederbelebt werden, weil die Fähigkeit zu lieben intakt bleibt. Ein Missbrauchstäter kann sich verändern und Bedauern zeigen. Er kann Wiedergutmachung leisten. All dies hilft, dass sich die Bindung wieder aufbaut. Dazu ist es natürlich nötig, dass das Ego des Täters kapituliert: ein schwer zu erkämpfender Weg, aber einer, der durch und durch transformativ ist.

Übung

Was wir tolerieren

Ist Ihnen die folgende Aussage aus Ihrer Kindheit oder einer gegenwärtigen Beziehung vertraut? *Wenn die fürsorgliche Verbindung andauern soll, dann muss ich mich von meiner besten Seite zeigen.* Die unausgesprochenen Überzeugungen, die implizit in dieser Aussage stecken, sind folgende:

- In dieser Beziehung gibt es keine Sicherheit und Geborgenheit für mich.
- Es mangelt mir an einer Vertrauensbasis in dieser Beziehung.
- Ich muss diesen Elternteil oder diesen Partner besänftigen.
- Wenn ich sie auf dem falschen Fuß erwische, gerate ich in Schwierigkeiten.
- Ich bin immer auf der Hut, kann mich niemals so geben, wie ich bin.
- Ich kann niemals genug für ihn/sie tun oder ihm/ihr gänzlich gefallen.
- Ich werde ihm/ihr niemals gerecht, ich mache immer etwas falsch.

Diese uns herabsetzenden Überzeugungen sagen uns nicht, wie wir uns zu verhalten haben, aber sie zeigen uns die Gründe dafür, „Autsch!“ zu sagen und etwas für eine Veränderung zu tun. *Wo stehen Sie in alldem?*

Eine intime fürsorgliche Verbindung ist wahrhaftig, wenn sie bedingungslos ist. Wenn sie (wie die vorangehende Liste) eine

Reihe von Selbstverleugnungen enthält, die den Fünf Aspekten widersprechen, ist es zwar eine Verbindung, aber keine fürsorgliche, ganz zu schweigen von einer intimen. Ein Mensch, dem in seinem frühen Familienleben dieselbe Liste an Überzeugungen eingebläut wurde, ist ein leichtes Ziel für eine Beziehung mit einem schikanierenden Partner. *Erleben Sie so etwas?*

Ein Bestandteil gesunder Selbstfürsorge besteht darin, unser empfindsames Herz zu schützen. Wir können uns gegen Missbrauch wappnen, ihn ertragen und auf diese Weise unser Herz *verhärten.* Dies ist so, als würden wir uns dafür entscheiden, in einem gefährlichen Stadtviertel zu wohnen, wo man in jeder Minute aufpassen muss, wohin man geht, die ganze Zeit über auf der Hut sein muss und niemals seine Verteidigungsbereitschaft aufgeben darf. Es mag uns vielleicht gelingen, in Sicherheit zu bleiben, aber zu dem Preis, dass wir unser Herz verschließen, anstatt es zu öffnen. Wo es um die Liebe geht, ist dies ein zu hoher Preis. *Welchen Preis zahlen Sie, um den Lebensstil und die familiären Beziehungen, die Sie weiterhin verletzen, aufrechtzuerhalten?*

4
Von Bedürftigkeit angetriebene Dramatik oder gleichmütige erfüllte Liebe

Wohl würde auch das Sinnliche nicht geliebt werden, wenn es nicht beseelt wäre; aber Lieben und Geliebtwerden, es war mir am köstlichsten, wenn ich auch den Körper der Geliebten genießen konnte. [...] So stürzte ich mich hinein in die Liebe, die mich fesseln sollte. [...] ... und insgeheim verstrickte ich mich in die Fesseln des Genusses und ließ mich mit schmerzbringenden Banden umgarnen, um dann gepeitscht zu werden von den glühenden Eisenruten der steten Eifersucht, des Argwohns, der Furcht, des Zorns und des Zwistes.

— **Aurelius Augustinus**, *Die Bekenntnisse des heiligen Augustinus*[21]

Ich liebe Dich bis zu dem Grad
des stillsten täglichen Bedürfnisses ...

— **Elizabeth Barrett Browning**

21 Drittes Buch, erstes Kapitel. Übersetzt von Otto F. Lachmann

Manchmal verwechseln wir Liebe damit, einen sicheren Hafen im Sturm unserer eigenen Bedürftigkeit zu finden. Wir mögen Liebe mit Dramatik gleichsetzen – mit einer Beziehung, die gleichzeitig von Sprunghaftigkeit, Heißblütigkeit, Explosivität, Anklammern, Ungewissheit, Angst und Begehren geprägt ist. Die Intensität der Dramatik kann den Eindruck entstehen lassen, wir würden zutiefst und anhaltend lieben. Dramatisches Begehren kann mit Mitleid mit jemandem verwechselt werden, mit sexueller Begehrlichkeit oder mit der Verheißung von Rettung. Wir mögen so sehr von Einsamkeit geplagt sein, dass wir denken, derjenige, der uns daraus errettet, wäre der, den wir lieben.

Am Rande sei bemerkt: Es gibt viele Formen von Einsamkeit. Zwei stehen im Vordergrund: Wir können einsam sein, weil es uns an Gesellschaft oder Verbindung mangelt. Dies ist auf Langeweile beruhende Einsamkeit. Wir können auch einsam sein, weil wir jemanden, der uns überaus wichtig ist, vermissen oder Angst haben, ihn zu verlieren. Dies ist auf Angst beruhende Einsamkeit. Wir haben das Gefühl, in etwas zu versinken, das sich wie eine unheilbare Machtlosigkeit anfühlt. Unsere Sicherheit und Geborgenheit ist an jemanden gebunden, der uns so viel bedeutet, dass wir ohne diesen Menschen keine Identität besitzen.

Diese Einsamkeit der Verlassenheit ist für Wesen wie uns die Alternative, die uns am meisten Angst macht, da wir so leidenschaftlich eigenständig sein wollen, aber so dringend einer fürsorglichen Beziehung bedürfen. Die Praxis, unsere Blöße wirklich zu akzeptieren, also uns ihr direkt zu stellen und sie uns ganz zu eigen zu machen, kann uns helfen, sie zu überleben. Anstatt zu versuchen, Kontrolle über sie zu gewinnen oder sie aufzulösen, wird dieses Akzeptieren unserer Einsamkeit dann zu einer Ermächtigung. Unsere Praxis des Annehmens, unser Ja zur Einsamkeit, ist unsere Zuflucht und unser Schutz.

Auf Angst beruhende Einsamkeit kann unser Ichgefühl schmälern oder zerstören. Über die Vorstellung nachzudenken, dass wir vielleicht in Wirklichkeit ein Niemand sind, keine echte Identität oder wie auch immer geartete Substanz besitzen, ist erschreckend. Unsere Angst, ein Niemand zu sein, führt dazu, dass wir in allen unseren Lebensbereichen die Kontrolle übernehmen wollen. Wir glauben, wenn wir die Kontrolle besitzen, seien wir bestimmt jemand. Aber eines Tages realisieren wir vielleicht, dass die Kontrolle alles ist, was unsere Identität ausmacht. Also stehen wir wieder am Anfang, wo alles begonnen hat: Nicht-Ich, wie es Buddha fortwährend verkündet hat. In diesem Nicht-Ich als einem inneren Raum zu ruhen, anstatt sich aus ihm heraus in Kontrolle zu flüchten, ist die Freiheit von Angst.

Wir verwenden in diesem Abschnitt das Wort *Liebe*. Von Bedürftigkeit angetriebene Liebe ist eigentlich keine Liebe, sondern eine Dramatisierung derselben. In diesem Kontext von Bedürftigkeit ist eine wechselseitige Erfahrung von Sicherheit und Geborgenheit unmöglich, selbst wenn eine gewisse Zuneigung zum Ausdruck gebracht wird. Von Bedürftigkeit angetriebene Liebe ist wie Zucker; sie ist Nahrung, tut uns aber nicht gut.

In der gesunden Eltern-Kind-Beziehung geht es um Bedürfnisse und deren Befriedigung. Dieser Kombination wohnt eine universelle Annahme inne: Unsere Eltern lieben uns und wir lieben sie. Von unseren ersten Tagen an assoziieren wir Bedürfnisbefriedigung mit Liebe, ob sie nun tatsächlich zusammen auftreten oder nicht. Wird in einer erwachsenen Beziehung eines unserer Bedürfnisse befriedigt, glauben wir vielleicht, dies wäre alles, was nötig ist, damit auch Liebe vorhanden ist. Wir brauchten unsere Eltern und konnten nicht immer zwischen Brauchen und Lieben unterscheiden. Vielleicht halten wir Bedürftigkeit immer noch fälschlicherweise für Liebe.

Wurde uns Liebe in einem häuslichen Umfeld gezeigt, das voller Chaos und Aufruhr war, dann ist es höchstwahrscheinlich so, dass wir darauf programmiert sind, Liebe mit dramatischen Exzessen zu assoziieren. Diese Fehlprogrammierung lässt uns nur von Dramatik triefende Liebe authentisch erscheinen. Intellektuell gesehen wissen wir, dass das nicht stimmt, aber dieses Wissen befreit unseren Körper nicht von seinem emotionalen Irrtum. Die Gleichsetzung von Liebe und Stress ist tief in unserer Psyche und unseren Zellen verankert. *Tief* bedeutet hier, so fest in uns verdrahtet, dass sie schwer aufzugeben ist. Was man uns einmal gelehrt hat, kann leicht wieder gelernt werden; das aufzulösen, worin wir konditioniert worden sind, erfordert lange harte Arbeit. Unbewusste Programmierungen laufen in unserem Körper-Geist weiter. Ihre sogartigen Unterströmungen wirken sich auf unsere Entscheidungen und Verhaltensweisen aus, bis wir uns dessen bewusst werden und Schritte unternehmen, um uns von ihnen zu lösen. Die Praktiken im vorangegangenen Kapitel haben uns dabei geholfen, neue neuronale Bahnen anzulegen, die zu solch einer gesunden Lösung führen.

Bedürftigkeit gedeiht auf verinnerlichten Überzeugungen aus der Kindheit, die sich wie Urteilssprüche ohne Aussicht auf eine Revision anfühlen. Hier einige Beispiele dafür: „Ich spiele keine Rolle." – „Ich bin unsichtbar." – „Mit mir stimmt etwas nicht und ich weiß nicht, was es ist, aber alle anderen wissen es und es lässt sich nicht beheben." Immer wenn wir von einem Bedürfnis besessen sind, wenn es sich unnachgiebig und schwer auszuräumen anfühlt, wenn wir uns ihm gegenüber hilflos fühlen, geht es gewöhnlich um etwas Unbewältigtes aus der Kindheit.

Als Kinder mussten wir oft mit den ungelösten Problemen unserer Eltern umgehen, die sie uns untergeschoben haben. Da wir damals noch keine Grenzen hatten, konnten wir nicht unterscheiden zwischen dem, was von ihnen und was von uns stammte. Das magische Denken unserer Kindheit ließ es angebracht erscheinen, dass wir uns für das Wohl unserer Eltern verantwortlich fühlten, denn wir waren nicht in der Lage, das zu tun, was ein gesundes Ego tut, nämlich ihre Konflikte von unseren eigenen zu trennen.

Die vertrauten Botschaften von unseren Eltern können es so aussehen lassen, als hätten wir eine echte Bindung zu einem Partner, wenn wir doch nur unsere Vergangenheit mit ihm oder ihr wiederholen. Dies ist ein heimtückischer Effekt von verinnerlichten Überzeugungen. Oftmals bleiben wir nur deshalb in einer Beziehung, weil sie die Beziehung mit unseren Eltern oder die Urteilssprüche unserer Eltern über uns reproduziert.

Die Ereignisse in der Kindheit wirken auf uns ein wie ein Hammer, der eine Glocke anschlägt. Die Schwingung kann ein Leben lang andauern, je nachdem, wie stark wir angeschlagen worden sind. Wir tragen weder eine Verantwortung für das Anschlagen noch gänzlich für die Entscheidungen, die wir aufgrund der anhaltenden Schwingung in unserem Körper und Geist treffen. Aber wir sind verantwortlich für die daraus erfolgenden Entscheidungen, die wir treffen.

Wenn unser spirituelles Bewusstsein reift, wird Zufriedenheit wertvoller als Belohnung. Wir ziehen meditative Elemente dem theatralischen Ausagieren vor. Unser Glück liegt mehr in dem Gleichmut von „grünen Weiden und stillen Gewässern“ als im Stress andauernder Turbulenzen.

Wenn wir mit Dramatik aufgewachsen sind, kann eine solche Gelassenheit langweilig und unattraktiv wirken. Vielleicht wissen wir nicht einmal, was Gelassenheit ist und wie gut sie sich anfühlt, da alles, dem wir ausgesetzt waren, der auf ständigem Aufruhr basierende Stress war, ohne Vorhersehbarkeit oder Sicherheit. Vielleicht glauben wir, dass Liebe in einer erwachsenen Beziehung so sein sollte, weil es eben die Form war, wie sie sich in dem Haus von denen, die uns sicherlich geliebt haben, abspielte.

Eine frustrierende Suche

Die natürliche Abfolge besteht darin, ein Bedürfnis zu empfinden und danach zu streben, es zu befriedigen. Ein *Bedürfnis* wird als Bedarf nach etwas, das nötig oder nützlich ist, definiert. Ein Bedürfnis endet, wenn es erfüllt ist, und das Ergebnis ist Zufriedenheit. Zum Beispiel bin ich am Mittag hungrig. Ich muss etwas essen. Ein Restaurant ist geschlossen und so gehe ich zu einem anderen. Wenn ich dort zu Mittag gegessen habe, bin ich nicht mehr hungrig und fühle mich befriedigt:

Bedürfnis → Erfüllung → Befriedigung

oder

Bedürfnis → nicht erfüllt → woanders suchen → Befriedigung

Manchmal empfinden wir jedoch nicht einfach ein Bedürfnis, sondern Bedürftigkeit. Bedürftigkeit ist ein Verlangen, das nicht befriedigt werden kann. Sie endet nicht in Zufriedenheit wie ein normales Bedürfnis. Im Grunde endet sie überhaupt nicht, selbst wenn alle Elemente gegeben sind, die sie normalerweise befriedigen würde.

Ein wahres Bedürfnis richtet sich auf etwas außerhalb von uns selbst. Bedürftigkeit ist ein Anzeichen dafür, dass wir *uns selbst* brauchen – gewöhnlich, um uns einen der Fünf Aspekte zu geben.

Ein gewöhnliches Bedürfnis ist ein Verlangen, das vielleicht an uns nagt und befriedigt werden will. Bedürftigkeit ist eine Form von Qual, weil sie sich endlos anfühlt. Damit habe ich nachts Hunger auf eine Kleinigkeit, aber wenn ich sie esse, fühle ich mich dennoch nicht befriedigt. Vier Haferkekse befriedigen einen wirklichen Hunger, aber ich suche noch immer nach einer anderen Kleinigkeit, die wiederum nicht genug sein wird – denn im Grunde gibt es nichts, was ihn befriedigen könnte:

Bedürftigkeit → finden, was wir wollen, oder zumindest etwas Ähnliches → unbefriedigt bleiben → weiter nach mehr suchen

Das Bedürfnis hat niemals den Keksen gegolten, sondern einem Trost in meiner Einsamkeit und der Erlösung von meiner Langeweile. Essen tritt in solchen Fällen oft an die Stelle eines Trostpreises.

Sobald wir das, dessen wir bedürfen, in uns selbst finden, verändert sich die Art und Weise, wie wir anderer bedürfen: Wir mögen feststellen, dass wir sie gar nicht so verzweifelt benötigen. Umgekehrt können wir sagen, dass Verzweiflung ein Signal dafür ist, dass wir nicht alles, was in uns ist, voll ausgenutzt haben.

Wenn wir das Bedürfnis nach einer Beziehung haben, mögen wir nach Verbindung streben, aber wenn es uns an der Fähigkeit zur Erfüllung mangelt, kann unsere Annäherung an andere leicht klammernd oder aggressiv wirken. Unsere panikartige Bedürftigkeit kann einen insistierenden Ton besitzen, der aufdringlich, ja sogar einschüchternd für den anderen klingen kann. Wenn wir bedürftig sind, dann sind wir niedergeschlagen, wenn der andere uns nicht liebt. Wenn der andere uns liebt, mögen wir Schwierigkeiten haben, es einfach zu genießen und sanft anzunehmen. Wir wollen danach greifen und es festhalten, was bei einem gesunden Erwachsenen mit klaren Grenzen nicht gut ankommen wird. Daher schreckt der andere zurück.

Jemanden zu suchen, der uns liebt, ist oft schon ein verlorenes Spiel, denn einem/einer Geliebten zu begegnen, scheint am besten zu funktionieren, wenn es von selbst geschieht, wenn wir Menschen im gewöhnlichen Fluss von Leben und Arbeit begegnen. Auch durch Synchronizität kann es passieren, durch ein bedeutungsvolles Zusammentreffen von unserer Offenheit und dem Auftauchen eines Menschen, der sich zu uns hingezogen fühlt. Die Wahrscheinlichkeit, dass dies in gesunder Weise geschieht, ist größer, wenn wir dafür offen sind, anstatt bedürftig zu sein.

Unsere bedürftige Suche nach Liebe kann zu einer Sucht führen, wenn wir auf abhängige, klammernde, besitzergreifende, unersättliche oder launische Weise in Beziehung zu jemandem treten. Bei einer Sucht geht es um den Kitzel, uns selbst zu befriedigen, im Gegensatz zu wahrer Liebe, in der es darum geht, gegenseitige glückliche Befriedigung zu schaffen. Eine wirkliche intime Beziehung ist nicht suchterzeugend. Sie ist nicht auf Abhängigkeit ausgerichtet, sondern ist interdependent. Wir klammern nicht, wir halten im Einklang mit dem, was der andere anbietet, fest und lassen los. Eine solche Beziehung ist eher befreiend als besitzergreifend, eher befriedigend als unersättlich. Wir sind nicht von dem anderen Menschen besessen, sondern lediglich für ihn und mit ihm präsent. Wir kommen nicht von der Warte des „Habenmüssens", sondern des „Offenseins für", nicht von „kann nicht ohne leben", sondern von „es wäre schön zu haben".

Geben wir die Sucht zugunsten von wahrer Intimität auf, wird sich unser Verständnis der Quelle von Sicherheit und Geborgenheit vertiefen. Anfangs dachten wir: „Er wird für die Sicherheit und Geborgenheit sorgen, die ich so dringend brauche." In dem Maße, in dem unser Selbstvertrauen wächst, sagen wir: „Ich begrüße die Sicherheit und Geborgenheit, die er mir gibt, während ich darauf ausgerichtet bin, Sicherheit und Geborgenheit in mir selbst zu finden. Jetzt brauche ich sie nicht mehr so dringend von jemand anderem." Wenn unser Bedürfnis unersättlich war, so lautete die implizite Aussage bedauerlicherweise: „Ich versuche, von ihm Sicherheit und Geborgenheit zu bekommen, die ich jedoch nicht empfangen kann, weil mir die Rezeptoren für Befriedigung fehlen."

Als Randbemerkung können wir sagen, dass ein Mensch, der mit dieser bedürfnislastigen Energie auf andere zugeht, meistens auf Partner attraktiv wirkt, die wenig oder gar keine Sicherheit und Geborgenheit in sich tragen. Sie können nicht geben, was sie nicht haben. Sie können sich nicht voll und ganz auf eine Beziehung einlassen; sie laufen vor Konflikten und Gefühlen davon. Daher sind die Chancen auf eine erfolgreiche Beziehung von vornherein recht gering.

Bei einer Sucht streben wir letztlich nach Sicherheit und Geborgenheit in etwas, von dem wir glauben, es könne uns über die unmittelbaren Umstände und Grenzen hinaus zu etwas Transzendentem führen. Schon bald erkennen wir, dass Sucht zwar eine zeitlich begrenzte Flucht ermöglicht, jedoch keine Lösung bietet. Pierre Teilhard de Chardin charakterisierte unser Dilemma treffend: „Wir finden uns in den Fängen dessen wieder, was wir zu ergreifen wähnten."

Zudem werden wir bald feststellen, dass das Objekt unserer Sucht, das wir für verlässlich gehalten haben, eigentlich labil ist. Eine Genesung von Suchtverhalten erfordert daher ein spirituelles Programm, das Zugang zu etwas bietet, das *verlässlich* transzendent ist, zu einer Macht, die höher ist als das, was man in einem Objekt der Sucht finden kann.

Bei Suchtverhalten bemerken wir nicht unbedingt, dass wir dazu neigen, etwas für uns Schädliches zu tun, und so werden wir vielleicht leugnen, dass wir Hilfe in Form eines 12-Schritte-Programms benötigen. Paradoxerweise suchen wir Sicherheit in etwas, das sie nicht geben kann, und vermeiden ein Programm, das uns heilen könnte. Unser Widerstand, dies zu beheben, zeigt, dass die Sucht ein eigenes Leben führt, das sie aufrechterhält. So will sich beispielsweise ein Alkoholiker nicht auf die Anonymen Alkoholiker einlassen, *weil* deren Programm wirklich funktioniert.

Wenn wir unsere eigene Machtlosigkeit eingestehen und ein Genesungsprogramm akzeptieren, führt dies zu mehr als bloßer Nüchternheit. Wir stützen uns nicht mehr auf Adrenalin. Dann kann es zu einer fürsorglichen Verbindung ohne Festhalten oder Angst kommen, die zu Zufriedenheit in der Verbindung führt. Diese Auffassung von Liebe landet mit Vernunft in unserem verletzten, aber geheilten Herz.

Eines Tages werden wir verstehen, dass wir nicht das suchen, was wir zu brauchen glauben. Derjenige der sucht, ist derjenige, den wir suchen. Das Ziel unserer Reise war immer, uns selbst zu finden.

Festhalten, wenn wir jemanden finden

Sobald wir jemanden finden, kann uns unser Drama in dem gefangen halten, was man Co-Abhängigkeit nennt. Wir hängen an denen, die uns nichts wiedergeben oder uns immer wieder aufs Neue verletzen. Wie bereits erwähnt, besitzen wir einen Instinkt, der uns keine guten Dienste erweist: Wir bleiben denen verhaftet, die uns nicht gut behandeln, weil wir eine Verbindung stärker begehren als Sicherheit und Geborgenheit.

Diese unsichere Verbindung kann mit einschließen, dass wir uns gegenseitig verletzen. Gordon Clifford bringt diesen Fall in seinem Song-Text *I surrender Dear* klar zum Ausdruck: „Diese kleinen gemeinen Dinge, die wir getan haben, müssen ein Teil des Spiels gewesen sein, die dem Werben seine gewisse Würze verliehen.“ Hunde haben interessanterweise denselben fehlgeleiteten Instinkt. Sie bleiben bei uns, ganz gleich, wie schlecht wir sie behandeln.

Eine Verbindung wird dramatisch und stressig, wenn wir glauben, wir besäßen nicht das, was notwendig sei, um jemanden für uns zu interessieren. Vielleicht finden wir Gefallen an der Ungewissheit und Spannung auf das, was der nächste Augenblick in unserem fortlaufenden Drama bringen mag. Eine gesunde Beziehung ist nicht spannend. Wir können auf ihre Vergangenheit, Gegenwart und Zukunft vertrauen. Spannung besitzt ihren Platz im Leben, denn sie macht Dramen, Sport und Unterhaltung so interessant. Wir freuen uns an einem Theaterstück, einem Kinofilm oder einem Spiel, weil wir in Spannung gehalten werden.

Ein gesunder Mensch findet Spannung in einer Beziehung nicht unterhaltsam oder tragbar. Wir wünschen uns Sicherheit und Geborgenheit, die Vertrauen aufbauen und Seelenfrieden schenken. Wenn wir uns Gelassenheit mehr als Spannung wünschen, reift unsere Liebe heran. Wir können in der Liebe als tröstender Erfahrung verweilen, die eine Quelle von Sicherheit und Geborgenheit bietet. Wir begrenzen das Drama auf die Filmleinwand und den Fernsehbildschirm, suchen es jedoch niemals neben uns auf dem Sofa oder im Bett.

Abschließend können wir sagen, dass wir uns in eine von zwei Richtungen bewegen können, wenn wir wirklich getragen und geliebt werden. Wir mögen die Liebe und die Umarmung freudig empfangen und sie als Vorbild dafür nehmen, wie man sich selbst und andere liebt und hält. Dann ist die Erfüllung unserer Bedürfnisse nicht nur eine Freude, sondern eine Lernerfahrung mit vielen Vorteilen.

Die zweite Option besteht darin, an etwas zu klammern und weiter festzuhalten, was kein hilfreicher Stil für Menschen ist, die mit einem Hang geboren wurden, auf eine Reise zu gehen. Unser Fehler liegt darin, dass wir weiter *nur* von anderen das haben wollen, was wir uns selbst geben können. Ein zentrales Thema beim Erwachsenwerden ist, alles, was man von anderen empfängt, als Anleitung zur Selbstfürsorge zu akzeptieren und anzunehmen. Auf diese Weise lernen wir, dass andere eher an unserer Liebesgeschichte teilhaben, als dass sie der Ursprung ihres Erfolges sind.

Übung

Drama oder Liebe?

Wo finden Sie sich in der folgenden Tabelle wieder?

Von Bedürftigkeit getriebene Dramatisierung der Liebe	Authentische Liebe
Basiert auf in der Kindheit unerfüllten Bedürfnissen und dem Versuch, diese noch immer durch andere befriedigen zu lassen, anstatt dies selbst zu übernehmen. Letzteres ist nur möglich, wenn wir die Defizite und Enttäuschungen in der Kindheit betrauert haben.	Die Bedürfnisse in unserer Kindheit wurden ausreichend befriedigt oder wir haben die Art von Arbeit an unseren Kindheitsproblemen geleistet, die uns nun für eine gesunde Beziehung bereit macht.
Stellt theatralische „Leidenschaft“ zur Schau, die die Angst vor echter Intimität kaschiert.	Zeigt Wohlbehagen bei intimem Kontakt und lässt sich darauf ein, diesen zu intensivieren.
Wird von Stresshormonen wie Adrenalin, Norepinephrin, Testosteron und Cortisol genährt. Die Lust- und Vertrauens-Hormone werden nur kurz und gelegentlich abgerufen.	Gedeiht beständig auf Lust- und Vertrauens-Hormonen, wie Dopamin, Oxytocin, Vasopressin und Endorphinen. Stresshormone werden nur kurz und gelegentlich ausgeschüttet.
Schließt Lügen und Betrug mit ein, sodass Sicherheit und Geborgenheit unmöglich sind. Das bedeutet, dass das Vertrauen, der wesentliche Baustein von Liebe, fehlt.	Basiert auf gegenseitiger Aufrichtigkeit und Vertrauen, einer Atmosphäre, in der Liebe gedeihen und reifen kann.
Beinhaltet Geheimnisse.	Beinhaltet Offenheit, die dem Anlass oder den Grenzen in der Beziehung entspricht.
Ist rastlos und zwanghaft.	Ist ruhig und frei gewählt.

Enthält impulsive, chaotische, ambivalente Verhaltensweisen, die die Beziehung in Aufruhr und Spannung halten.	Enthält bewusst gewählte Formen, die Sicherheit und Geborgenheit innerhalb einer von Grund auf verlässlichen Bindung zu begründen und aufrechtzuerhalten.
Konzentriert sich auf unmittelbare Belohnung; ein oberflächlicher Stil.	Konzentriert sich auf das Wachstum in einer das Ego opfernden Liebe; ein Stil der Tiefe.
Stammt aus einer inneren Leere, die gefüllt werden muss.	Fließt aus einer Fülle, die geteilt werden möchte.
Ist Begehren ohne die Fähigkeit, Befriedigung zu finden.	Ist die Fähigkeit, mit moderater Bedürfniserfüllung zufrieden zu sein.
Ist charakterisiert durch einen Mangel an Entschlossenheit; Groll dauert fort.	Ist charakterisiert durch die Bereitschaft, Konflikte anzusprechen, durchzuarbeiten und im größtmöglichen Maße zu lösen.
Zeigt sporadisch intensive Nähe, schwankt zwischen Angst davor, verlassen zu werden und überwältigt zu werden.	Zeigt den fortlaufenden gegenseitigen Ausdruck der Fünf Aspekte: Aufmerksamkeit, Annehmen, Wertschätzung, Zuneigung und Zulassen.
Erfährt die gleiche Erregung bei Verbindung und Trennung, da das, worum es am meisten geht, die Reaktion auf uns ist.	Ist nur mit einer andauernden positiven Verbindung, die der Definition von authentischer Liebe als einer fürsorglichen Verbindung entspricht, zufrieden.
Ist egoistisch; unser eigenes Begehren steht an erster Stelle und der Partner ist dazu da, es zu erfüllen.	Ist gegenseitiges Begehren mit gegenseitiger Erfüllung: Wir entledigen uns unseres Egos um des Aufbaus einer erfolgreichen Beziehung willen.
Ist durch intensivem und obsessivem Sex charakterisiert, der erregende, aber nur zeitweilige Entladung schenkt.	Ist durch aufregenden und Freude schenkenden Sex charakterisiert, der bleibende Zufriedenheit schenkt.

Lässt die „Liebe" leicht in Hass umschlagen.	Lässt die Intensität und den Ausdruck von Liebe sich verändern, aber sie hält dabei an.
Kann Misshandlung und Rache einschließen.	Verpflichtet sich zu einer gewaltfreien Kommunikation und Versöhnung, anstatt Vergeltungsmaßnahmen zu ergreifen.
Legt dem körperlichen Erscheinungsbild zu viel Bedeutung bei.	Gibt der inneren Anziehungsktaft den Vorrang.
Lässt die Macht bei einer Person oder permanent von der einen zur anderen Seite wechseln.	Lässt beide Partner die Macht teilen.
Wird oft als Co-Abhängigkeit in einem oder beiden Partnern bezeichnet.	Wird als ideale Beziehung bezeichnet, in der einander verpflichtete Partner jeden Tag daran arbeiten, sie in kleinen Dingen aufrechtzuerhalten.

Bei dieser Tabelle geht es nicht um gut oder schlecht, entweder/oder. Wir würdigen die Überlebensfunktionen unserer bedürftigen, anhaftenden Seite, während wir die erwachsene Seite begrüßen, die jene reguliert und managt.

Schließlich können wir den Unterschied zwischen bedürftiger Liebe und reiner Liebe erkennen. Wir denken an eine Beziehung oder Freundschaft mit einem Menschen zurück, von dem wir immer wieder etwas wollten, wie etwa Sex, das uns jedoch verweigert wurde. Wir erinnern uns an das Dramatische, das wir in die Beziehung eingebracht haben: Verlangen, Erwartungen, Enttäuschungen und Groll. Nun ist das Bedürfnis verflogen und wir lieben diesen Menschen auf eine gelassene, wirklich fürsorgliche, respektvolle und unterstützende Weise. Wir bringen ihm die Fünf Aspekte entgegen, ohne etwas dafür zu verlangen. Auf diese Weise können wir erkennen, dass wir lieben und was Liebe ist.

Was für Veränderung notwendig ist

Bedürftigkeit führt auf beiden Seiten zu Unzufriedenheit. Wir spüren, dass wir niemals genug bekommen, und unser Partner hat das Gefühl, dass zu viel von ihm verlangt wird – besonders, wenn das auf eine fordernde oder gereizte Weise geschieht. Diese Herangehensweise wird uns nicht weit bringen. Wenn unsere Bedürfnisse nach Erfüllung schreien, gibt es einen Schritt, den wir unternehmen können, auch wenn er nicht besonders reizvoll ist. Die Arbeit, die wir leisten müssen, wenn wir bedürftig sind, ist, so lange keinen Partner zu suchen, bis wir mit unserer Bedürftigkeit umgehen können. Wir verpflichten uns zu dieser Arbeit, die uns auf eine gesunde Beziehung vorbereitet. Diese Arbeit wird wahrscheinlich einen gesünderen Partner anziehen.

Die Entscheidung, an uns selbst zu arbeiten, bevor wir andere in unsere Dramen verwickeln, ist ein Akt der Liebe ihnen gegenüber. Wir möchten sie vor dem Schmerz bewahren, der in einer frustrierenden Beziehung unausweichlich bei ihnen auftreten wird, wenn wir weiter unreif bleiben.

Auf die Weise an uns zu arbeiten, zu der die Übungen dieses Buches anleiten, hilft uns, von durch Bedürftigkeit motivierter Liebe zu gesunder und reifer Liebe voranzuschreiten. Es bedeutet, gerne das Opernhaus zu verlassen und den Meditationsraum zu betreten.

Die Arbeit geht voran, wenn wir realisieren, dass sich hinter jeder Form von Bedürftigkeit ein Defizit von Bedürfniserfüllung in der frühen Kindheit verbirgt, ein Versäumnis, uns einen oder mehrere der Fünf Aspekte zu geben. Daher zeigt Bedürftigkeit unser Bedürfnis an, über das, was uns gefehlt hat, zu trauern, nicht aber unser Bedürfnis, eine bessere Version unserer Eltern zu finden. Wir wissen, dass wir wirklich jemanden brauchen, wenn dieser Mensch kein Ersatz für jemand anderen ist. So brauchen reife Erwachsene keinen Partner, der ihre Eltern ersetzt. Aber Momente väterlicher oder mütterlicher Liebe von anderen sind in unserem Leben gewiss willkommen und bedeutsam. Wir werden niemals dem Wunsch entwachsen, diese beiden Arten von Liebe erhalten zu wollen, und wir können sie immer anderen geben.

Die Trauer um unerfüllte Bedürfnisse in der Vergangenheit beginnt mit drei Gefühlen: Wir lassen das Gefühl zu, *traurig* über den Mangel an Bedürfniserfüllung zu sein. Wir sind *zornig* darüber, dass uns die Bedürfnisbefriedigung versagt geblieben ist, und wir empfinden *Angst*, dass es keine Möglichkeit gibt, dies wieder wettzumachen. Unsere Gefühle können unseren Verlust nicht rückgängig machen, aber wir stellen eine neue Beziehung zu ihm her: Wir *lassen es los*, den Eltern die Schuld daran zu geben, dass sie nicht mehr für uns gesorgt haben, als sie es getan haben, und wir *gehen weiter* zu Formen der Selbstfürsorge. Wir erkennen, dass wir Fortschritte machen, wenn wir mehr Mitgefühl als Groll für unsere Eltern empfinden. Wir haben die Realität von fehlenden Aspekten als bloße Tatsache erkannt und klagen niemanden dafür an. An diesem befreienden Punkt fragen wir uns lediglich: „Und was nun?"

Wir beginnen die Bedeutung der Kindheit für die Gestaltung einer erwachsenen Beziehung zu verstehen. Im Laufe des Lebens entdecken wir immer neue Bestätigungen dieser Tatsache. Dies ähnelt der wiederholten Lektüre der Werke Shakespeares, wobei wir im Laufe der Jahre immer neue Bedeutungsebenen aufdecken. Lesen wir in jeder Dekade unseres Lebens wieder einmal *König Lear* oder sehen uns das Stück im Theater an, so finden wir jedes Mal tiefere Bedeutungsebenen und aufschlussreiche Einsichten in die Seele des Menschen. Shakespeares Theaterstücke besitzen allerdings mehr Bedeutungsebenen, als uns an Dekaden in unserem Leben zur Verfügung stehen, um diese in ihrer Fülle zu begreifen. Auf die gleiche Weise können wir in Hinblick auf unsere Kindheit nicht erwarten, letztlich alles zu begreifen und zu einer vollkommene Lösung von dem, was uns widerfahren ist, zu gelangen. Eine Lebensspanne ist nicht genug, da so vieles auf hartnäckige Weise unbewusst bleibt, obwohl es unsere bewussten Entscheidungen stark beeinträchtigt. Aber wir können darauf vertrauen, dass wir schließlich gesünder werden, wenn wir unsere Arbeit an uns selbst fortsetzen. Unsere Vergangenheit wird nicht mehr unsere Beziehungen beeinträchtigen oder beschädigen.

Die Arbeit, mit unserer Bedürftigkeit umzugehen, schließt außerdem ein, in der Lage zu sein, Folgendes zu tun:

- Sich auf nichts weniger einzulassen als auf Beziehungen, die die drei Ziele gesunder Entscheidungen fördern: Gesundheit, Glück und persönliches Wachstum
- Die Fünf Aspekte zu geben und zu empfangen
- Frei von Süchten zu sein
- Unsere eigene Verletzlichkeit und die anderer anzunehmen und damit umzugehen
- Unsere Gefühle zu zeigen und offen für die anderer zu sein
- Fähig zu sein, mit Konflikten und Trennungen umzugehen
- Mit oder ohne Partner vollkommen in Ordnung zu sein
- Die Dinge, die wir nicht ändern können, zu akzeptieren, die Dinge zu ändern, die wir ändern können, und die Weisheit zu besitzen, zwischen beidem zu unterscheiden.

Dies ist eine schmerzhafte Arbeit. Wir sollten nicht überrascht sein, wenn wir Dinge fühlen, die wir nicht fühlen wollen, oder uns scheuen, uns überhaupt auf Beziehungen einzulassen. Diese Angst wird vorübergehen. Doch da wir den Stier bei den Hörnern packen, müssen wir damit rechnen, dass er uns sicherlich stoßen und vielleicht sogar aufspießen wird. Doch wir tragen es in uns, ihn unter Kontrolle zu bringen. Unsere Wunden werden zu Öffnungen für neue Kräfte in unserem Inneren, zu neuen Formen, uns selbst zu lieben. Wir werden aufgrund unseres Kampfes und aus Stolz darüber, dass wir nicht davonlaufen, stärker werden. Dies geschieht, weil wir nicht mehr außerhalb von uns nach etwas suchen, sondern auf unsere innere Fülle vertrauen, die darauf wartet, entdeckt und aufgedeckt zu werden.

Ich will Ihnen noch ein persönliches Beispiel für Synchronizität geben: An dem Tag, an dem ich diesen Abschnitt des Buches redigierte, stellte mir ein Klient die rhetorische Frage: „Wann werde ich für die Liebe, die ich verdiene, bereit sein?" Ich gab ihm später in der Sitzung die obenstehende Liste. Als er meine Praxis verließ, fragte er mich: „Sie wollen, dass ich den Stier bei den Hörnern packe, nicht wahr?" Na bitte.

Dafür offen sein, etwas zu finden

Freiheit von Bedürftigkeit ist das Ziel unserer Reise von „Ich bin unvollkommen und brauche dich" zu „Wie können du und ich kooperieren, um unsere Bedürfnisse gegenseitig zu erfüllen?" Die Herausforderung in jeder Liebesbeziehung besteht darin, gemeinsam eine tragende Umgebung von Sicherheit und Geborgenheit zu schaffen. Eine tragende Umgebung ist ein häusliches Umfeld, ein soziales Setting oder eine Beziehung, in der die Fünf Aspekte verlässlich gegeben werden, in der es sicher ist, Bedürfnisse und Gefühle zu haben und diese zum Ausdruck zu bringen, und in der wir persönlich darin unterstützt werden, so zu sein, wie wir sind.

Dann taucht eine neuartige Energie aus unserem Inneren auf. Unser Fokus liegt jetzt darauf, *offen dafür zu sein*, etwas zu finden, anstatt *finden zu müssen*. Verbindung stellt dann etwas dar, wofür wir empfänglich sind, und wir halten die Augen offen dafür. Dies ist eine Neigung zur Entdeckung, kein Verlangen nach Befriedigung. So wie Kolumbus gehen wir nicht auf unsere Reise, weil wir eine neue Welt brauchen; wir haben nur die Absicht, eine zu finden, wenn sie am Horizont auftaucht.

Ein Weg zu erkennen, ob wir aus einem natürlichen Bedürfnis oder aus Bedürftigkeit in einer Beziehung sind, besteht darin zu fragen, was wir tun, wenn unser Partner oder unsere Partnerin aus dem Haus ist. Läuft unser Leben mit seinen üblichen gesunden Entscheidungen und den Routine-Verantwortlichkeiten ab? Oder halten wir uns ernsthaft für unvollständig und suchen nach kompensatorischer Ersatzbefriedigung, indem wir zu unserer Sucht zurückkehren? Vernachlässigen wir unsere Ernährung? Verbringen wir Zeit damit, im Internet Pornos anzusehen? Dies können Anzeichen dafür sein, dass unsere Abhängigkeit von unserem Partner oder unserer Partnerin extrem ist. Er oder sie ist zu einer Quelle der Stabilisierung für uns geworden. Ohne ihn oder sie fallen wir auseinander oder fallen in schädliche Gewohnheiten zurück. Das liegt daran, dass wir unseren Partner oder unsere Partnerin dafür benutzen, das zu tun, was nur wir selbst, ein vollkommenes Unterstützungssystem, eine höhere Macht oder unsere spirituelle Praxis leisten sollten.

Unser Partner ist keine Mutter, kein Vater, Coach, Retter oder Sponsor, der immer parat steht, damit es bei uns nicht drunter und drüber geht. Eine solche Abhängigkeit von einem Partner ist ein Hinweis auf unsere Bedürftigkeit. Abhängigkeit an sich kann sich wie Verbindung anfühlen; deshalb bleiben manche Menschen bedürftig, genau um dieses Gefühl zu erfahren: die Armeleute-Version, geliebt zu werden.

Gleichzeitig ist ein bedürftiger Mensch auch ein zorniger Mensch. Wir grollen immer dem, von dem wir abhängig sind. Unser Ego wünscht sich aus seinem Gefühl der Anspruchsberechtigung heraus die voller Aufmerksamkeit von einem Partner. Andererseits stellt unser Ego in seinem Beharren auf Autarkie die Frage: „Wie kann es jemand wagen, so wichtig zu sein, so viel Macht über mich zu haben?“ Tief in seinem Inneren grollt das Ego den Menschen, *weil* wir sie brauchen. Außerdem grollen wir ihnen, weil sie uns nicht genau auf die Weise lieben, die wir uns wünschen die wir zu verdienen glauben. Die Ebene ganz großen Stils, die bedingungslose Liebe, die wir uns wünschen, wurde vielleicht von unseren frühen Sorgeberechtigten reflektiert, die großen Wirbel um uns machten und ihr Leben darauf ausgerichtet hatten, jede unserer Launen zu befriedigen.

Wir müssen uns keine Vorwürfe für unsere Bedürfnisse oder die Bedürftigkeit gegenüber anderen machen. Wir müssen uns nicht vorwerfen, dass wir ihnen Macht darüber geben, ob wir glücklich sind oder nicht. Wenn die Beziehungen in unseren ersten Lebensjahren nicht sicher und geborgen waren, werden sich unsere Verbindungen später im Leben unsicher anfühlen. Es fällt uns schwer zu glauben, dass andere uns so lieben können, wie wir sind. Wir glauben, wir müssten anderen gefallen und ihnen Zugeständnisse machen, damit sie uns jemals trauen werden. Aus dem Stirnrunzeln im Gesicht des anderen lesen wir, dass wir etwas falsch gemacht haben und dafür bezahlen müssen. Wenn wir mehr Vertrauen zu uns selbst haben, deuten wir das Runzeln als Schmerz in der betreffenden Person, ohne es auf uns selbst zu beziehen. Wir fragen uns dann, wie wir helfen können. Jetzt sind wir frei, Mitgefühl zu zeigen, was ein Zeichen von Liebe ist, wenn der andere Schmerzen erleidet, und wir verstricken uns deswegen nicht in Selbstvorwürfe.

In jedem Fall ist die menschliche Psyche nicht wie eine Statue aus robustem Marmor auf einem festen Marmorsockel. Sie bleibt flexibel, verletzlich und sensibel für jedes Lächeln oder Stirnrunzeln, ungeachtet dessen, wie viel wir an uns arbeiten. Dies ist kein Anzeichen für Schwäche, lediglich von menschlicher Empfänglichkeit dafür, ob eine Verbindung sicher oder bedroht ist. Ich erinnere mich an ein Plastikspielzeug in meiner Kindheit, eine Giraffe, die auf einem runden Sockel stand. Wenn ich auf den Knopf unter dem Sockel drückte, knickte die Giraffe in einem anscheinend nicht wieder reparierbaren Kollaps zusammen. Wenn ich den Knopf jedoch losließ, nahm die Giraffe wieder Form an und stand erneut aufrecht da. Dies ist eine gute Metapher für die menschliche Stabilität. Auch wir können zusammenbrechen, aber wir können uns instand setzen und wiederherstellen. Manchmal müssen wir dafür nur loslassen, so wie bei dem Spielzeug, und manchmal ist mehr dafür erforderlich, aber es kann geschehen. Beachten Sie das Paradox bei der Spielzeug-Metapher, dass wir bei Druck kollabieren, aber beim Loslassen wieder zurück auf unsere Füße kommen. Transformation erfordert eine Phase der Dekonstruktion, wie jede Raupe, die nun mit ihren pudrigen Flügeln flattert, bestimmt und jubelnd bestätigen kann.

Besonders schwierig ist es, ohne Partner zu sein, wenn wir für Beziehungen geschaffen sind; in Beziehung zu sein ist unsere angeborene Ausrichtung. Unsere geduldige Affirmation könnte sein: „Ich akzeptiere und vertraue auf das, was jetzt ist, und bin offen für das, was kommen mag.“ Wir beweisen, dass wir diese Affirmation ernstnehmen, wenn wir die Möglichkeit einer Beziehung weder suchen noch vermeiden. Wir vertrauen auf das Universum, dass es uns jemanden schickt, wenn der richtige Zeitpunkt gekommen ist. Diese Einstellung schafft eine nicht anhaftende Gelassenheit, die in unserem ganzen Körper und unserer Haltung sichtbar ist und die uns für andere anziehend macht. Das Paradoxe an diesem Umstand ist, dass unsere Akzeptanz von dem, was ist, und unsere Offenheit für das, was sein kann, ohne den Versuch, ein Ergebnis zu kontrollieren oder zu forcieren, *uns zufrieden macht, auch wenn wir keine Erfüllung erfahren.* Was für eine ermächtigende Leistung! Wenn wir greifen und festhalten, verlieren wir unsere Chance, dieses wundervolle Paradox zu erfahren.

Wir können unsere Bedürfnisse nicht klar erkennen, wenn wir nicht im Einklang mit unserer eigenen Wahrheit leben. Zum Beispiel sind wir in einer Ehe ohne Liebe, ohne Sex und ohne Zukunft, in der keiner der Partner Hilfe suchen will, in Wahrheit nicht wirklich verheiratet, sondern allein. Wenn diese leere Ehe zur Scheidung führt, kann es sein, dass wir, wenn wir eine Weile allein in unserer Wohnung sind, herausfinden, was wir wirklich brauchen und wie wir überleben können, ohne das zu haben, was wir bislang immer zu brauchen glaubten. Die Wahrheit über unsere wahren Bedürfnisse mag vielleicht versucht haben, zu uns durchzudringen, aber das war nicht möglich, bis dies geschah. Nun schaffen wir eine neue Beziehung zu unserer Lebensgeschichte und unseren Gefühlen, weil wir nur das sind, was wir sind, und nicht das, was wir in Beziehung zu jemandem waren, der zu einem so überaus wichtigen Spieler in unserem Drama geworden war.

Jetzt motiviert uns unser gesundes Ego, unser angemessener Stolz auf unser Recht, es uns gut gehen zu lassen, unser Potenzial auszudehnen und mehr Selbstachtung zu gewinnen. Diese Egostärke hilft uns, die notwendigen, aber angsteinflößenden Risiken einer neuen Beziehung einzugehen. Wir werden selbstbewusster. Wir zeigen unsere Bedürfnisse und erbitten das, was wir uns wünschen. Wir freuen uns über die Antwort „Ja" und nähern uns weiter an. Wir gehen ohne Groll weiter, wenn die Antwort „Nein" lautet. Dies führt zu einer neuen, fürsorglicheren Verbindung zu uns selbst. Diese fürsorgliche Verbindung, die woanders oder zuvor gefehlt hat, ist eine andere Art und Weise zu lernen, uns zu lieben.

Wir können Liebe mit der im Zen-Buddhismus eingenommenen Haltung gegenüber der Sitzmeditation vergleichen. In der Praxis des Sitzens geht es nicht darum, Erleuchtung zu erlangen. Wir sitzen, weil wir bereits erleuchtet sind und es dies ist, was erleuchtete Menschen tun. Wir sitzen, um unseren Geist und seine Machenschaften zu beobachten, damit wir seine Verdunkelungen durchschauen können. Bei der Liebe ist es genauso. Wir handeln liebevoll, weil wir Liebe sind. Wir lieben andere, nicht um ihre Liebe zu gewinnen, damit unsere Bedürftigkeit gestillt wird, sondern weil es das ist, was Liebe tut – sich zu zeigen, nicht aber Verstecken zu spielen.

Haben wir uns derart offenbart, sind wir bereit dazu, uns selbst zu lieben, und unsere Bedürfnisse nehmen jetzt die vernünftigere und ruhigere Position ein, die sie schon immer innehaben sollten. Sie bilden eine Landschaft, nicht aber das ganze Bild.

Wenn wir nicht genug bekommen können

Eine Kindheit, in der unsere Bedürfnisse gewürdigt und erfüllt wurden, befähigt uns dazu, später auf die moderate Weise, die für Erwachsene angemessen ist, Erfüllung zu finden. Eine Kindheit, in der unseren Bedürfnissen nicht entsprochen wurde, sondern diese verhöhnt und geleugnet wurden, entlässt uns mit nur geringer oder gar keiner Kapazität für Erfüllung in unser späteres Leben. Uns fehlt sowohl die Erfahrung der Befriedigung als auch die Fähigkeit dazu. Wenn Erwachsene uns die moderate Bedürfniserfüllung anbieten (die erwachsene Dosierung), können wir sie daher nicht als ausreichend deuten. Wir wünschen uns mehr, als gesunde Erwachsene anbieten können. Unsere Bedürfnisse werden zu einem unersättlichen, bodenlosen Fass, wie es bei den Bedürfnissen in einer Sucht der Fall ist.

Wir mögen uns auch nicht im Klaren über unsere Bedürfnisse sein. Wir werden vielleicht eine gesunde Umarmung und Berührung brauchen, verwechseln sie jedoch mit Sex. Dann suchen wir sexuelle Kontakte, in denen wenigstens körperliche Befriedigung möglich ist. Wir haben weder unser echtes Bedürfnis erkannt noch die Form, wie es erfüllt werden kann. Gleichzeitig ist unsere körperliche Befriedigung gerade eben angenehm genug, dass wir in unserem Muster damit fortfahren. Leider ist eine solche Befriedigung nur von kurzer Dauer, sodass wir sie uns schon bald wieder wünschen.

Wir können uns nicht erlauben, irgendjemandem darin zu vertrauen, dass er oder sie vollkommen liebevoll oder loyal zu uns ist. Wir wissen auch, wie schwer es uns trifft, verlassen zu werden. Tatsächlich interpretieren wir jede Entfernung von uns als ein Verlassenwerden. Das macht uns nicht nur dem Vertrauen gegenüber anderen, sondern auch gegenüber unseren eigenen Bedürfnissen misstrauisch. Da ein sinnvolles Leben für den Menschen so eng mit Intimität verknüpft ist, macht dies das Leben erschreckend, weil es sich so sinnlos leer und zwecklos anfühlt.

Mit diesem frustrierenden, in unserem Inneren ablaufenden Muster mögen wir unser Bedürfnis nach Nähe verleugnen, weil wir solche Angst davor haben, zurückgewiesen zu werden, dass wir abstreiten, uns diese zu wünschen. Wir entwickeln eine Phobie gegenüber Intimität, während es uns doch verzweifelt danach verlangt. Was für eine traurige und schmerzhafte Situation!

Wir halten Liebe für schwierig, selbst in ihrer rudimentärsten Form – willkommen heißen und eine positive Verbindung herstellen. Wir können Liebe nicht in unserem Leben willkommen heißen, weil es uns an Vertrauen mangelt. Die Geschichte unserer Enttäuschungen lässt uns an denjenigen zweifeln, die uns heute aufrichtig ihre Liebe anbieten.

Wir wünschen uns, jemanden zu haben, und wir haben gleichzeitig Angst davor, jemanden zu haben. Das können wir uns jedoch nicht eingestehen, weil wir so feststecken. Wie Shakespeares Julia sagt: „Abhängigkeit ist heiser, wagt nicht laut zu reden."

Wir können unsere Emotionen nicht vollständig kontrollieren. Wir sind frustriert und verärgert darüber, dass andere vor uns zurückweichen. Irgendwo wissen wir jedoch um den Grund dafür: dass es so schwierig ist, mit uns umzugehen. Wir suchen weiterhin die Nähe anderer, sind jedoch nicht fähig dazu, Erfüllung zu finden, wenn wir die Menge an Intimität empfangen, die sie uns anbieten. Gleichzeitig haben wir Angst vor Nähe, weil sie in den frühen Jahren unseres Lebens mit Missbrauch oder Verrat assoziiert gewesen ist. Dies trägt noch zu unserer Frustration bei. Wir können nicht genug von dem bekommen, was wir fürchten zu bekommen. Wir haben Angst davor, das zu finden, was wir am meisten brauchen.

Die linke Spalte der folgenden Tabelle zeigt die Charakteristika und Auswirkungen einer intimitäts-phobischen beziehungsweise intimitätssüchtigen Persönlichkeit. Die rechte Spalte zeigt die gesunde Alternative, den Unterschied in der Art und Weise, wie mit Krisen umgegangen wird, wenn unser Ich grundlegend stabil ist.

Intimitätsphobische/intimitätssüchtige Denk- und Verhaltensweisen	**Ziele für ein gesundes Ichgefühl**
Unsere gegenwärtige Krise scheint unüberwindbar, unabänderlich und dauerhaft zu sein.	Wir vertrauen darauf, dass dies vorübergehen wird und wir uns wieder davon erholen werden. Diese Krise ist ein Rückschlag, aber keine Katastrophe.

Unsere Stimmungen sind unkontrollierbar und verändern sich schnell ohne ersichtlichen Grund.	Wir sind uns bewusst, dass unsere Stimmungen und Biorhythmen vorübergehend sind und wir gehen locker mit ihnen um.
Wir erfahren tiefe Einsamkeit mit einem Gefühl der Leere, die verdient und unentrinnbar zu sein scheint; Zeiten, in denen wir allein mit uns sind, sind schwierig.	Wir akzeptieren einsame Zeiten als eine Gegebenheit des Lebens und wissen, dass sie keine Strafe für uns sind. Zeiten allein sind schwierig, wenn wir einsam sind, aber vielleicht finden wir so mehr darüber heraus, wer wir sind.
Wir brauchen Anerkennung.	Wir wollen im Einklang sein.
Wir suchen Nähe, haben aber gleichzeitig Angst davor.	Wir suchen Nähe und mögen uns gleichzeitig vor Überwältigung fürchten, aber wir kommen damit zurecht.
Wir können Trennung oder jegliche andere Form von Distanzierung nicht ertragen, da sie sich wie Verlassenwerden anfühlt, auch wenn sie nicht so gemeint ist.	Eine Trennung bestürzt uns, aber wir müssen sie nicht als Verlassenwerden auslegen; wir überleben sie, indem wir trauern und loslassen.
Wir geraten in Panik, wenn es nur das leiseste Anzeichen dafür gibt, dass man uns verlassen oder ablehnen könnte.	Der Umstand, dass manche Menschen uns ablehnen, betrübt uns, und wir mögen aufgrund des Verlustes sogar eine Weile deprimiert sein, aber letztlich akzeptieren wir die unerwünschte Realität und nehmen sie nicht so persönlich.
Wir haben manchmal paranoide Gedanken.	Wir mögen Argwohn und Zweifel hegen, ob die anderen uns mögen, und uns fragen, wie sie uns wohl sehen, aber nach einer Weile lassen wir all dies los.
Wir können große Probleme nicht leicht von geringeren unterscheiden.	Wir kennen den Unterschied zwischen großen und kleinen Problemen, und wir setzen unsere Prioritäten.

Zorn und Wut steigen immer wieder in uns auf, auch wenn es keinen ersichtlichen Grund dafür gibt.	Als Reaktion auf bestimmte Reize mögen wir zornig oder wütend werden, aber unsere Gefühle lösen sich schon bald in Wohlgefallen auf.
Wir können uns körperlichen Schaden zufügen oder uns als selbstmordgefährdet darstellen, oftmals um unseren Kummer und Frustration zu dramatisieren.	Wir haben Möglichkeiten gefunden, uns zu beruhigen, die uns durch schwere Zeiten tragen.
Wir agieren impulsiv und suchterzeugend, wie etwa in übermäßigem Konsumieren, Ausleben der Sexualität, übermäßigem Essen und so weiter.	Wir mögen gelegentlich impulsiv oder süchtig sein, aber nicht lange und nicht auf eine Weise, die uns wirklich in Schwierigkeiten bringen oder uns ernsthaft Schaden zufügen kann.
Unsere Beziehungen sind instabil, oft von kurzer Dauer und können voller Aufruhr sein.	Unsere Beziehungen neigen dazu, lange zu halten, auch wenn sie sicherlich manchmal stürmisch und verwirrend sein können.
Wir sind von unseren Dramen besessen; unsere missliche Lage wird zur Quelle von Besessenheit und führt zu zwanghaften Reaktionen. Wir fällen Entscheidungen, die zu anhaltendem Aufruhr und Stress führen.	Wir lassen uns vom Drama gefangen nehmen, aber wir finden Möglichkeiten, es zu verarbeiten. Wir suchen wahrhaftig Gelassenheit.
Wir stecken fest; wir verarbeiten die Dinge nicht. Wir neigen dazu, Dinge unvollständig, ungewiss und unaufgelöst zu lassen.	Wir mögen manchmal feststecken, aber dann versuchen wir, unsere Probleme zu benennen, durchzuarbeiten, aufzulösen und zu integrieren.
Wir nehmen eine Entweder/Oder-Perspektive gegenüber Dingen ein und wollen nicht mit anderen verhandeln oder kooperieren.	Wir sind fähig dazu, Schattierungen in Vorstellungen und Verhalten zu erkennen und bleiben in unseren Reaktionsweisen flexibel.

Wir sehen Menschen als vollkommen gut und dann als durch und durch schlecht an, daher mögen oder hassen wir sie abwechselnd.	Wir begreifen, dass Menschen sowohl gute als auch nicht so gute Eigenschaften besitzen, daher idealisieren wir sie nicht noch dämonisieren wir sie.
Wir mögen uns von dem, was im Augenblick geschieht, distanzieren.	Wir können abgelenkt sein, bleiben aber im Allgemeinen für den Augenblick präsent.
Wir haben wahrscheinlich ernsthaften sexuellen, emotionalen und/oder körperlichen Missbrauch in unserer Kindheit erfahren und dieser bleibt unaufgelöst.	In unserer Kindheit mag es zu Missbrauch gekommen sein, aber wir finden Wege, damit umzugehen.
Menschen mit dieser Persönlichkeitsstörung besitzen einige, nicht aber unbedingt alle diese Merkmale. Die Symptome dieser unsicheren, ängstlichen Anhaftung sind destabilisierend, lang andauernd und allgegenwärtig, aber sie können kontrolliert werden, insbesondere durch Achtsamkeitstraining.	Ein Mensch mag einige oder alle dieser intimitätsphobischen/intimitätssüchtigen Merkmale von Zeit zu Zeit aufweisen. Doch sie sind kontrollierbar und auflösbar, und sie nehmen ab und verschwinden dann ganz, wenn sich die Umstände verbessern.

In Liebender Güte empfinden wir für Menschen wie diese Mitgefühl. In Liebender Güte uns selbst gegenüber versuchen wir den Aufbau einer intimen Beziehung zu Menschen zu vermeiden, deren Schädigung so weitreichend ist, dass sie nichts anzubieten haben oder nicht in der Lage sind, uns effektiv zu vertrauen oder in Beziehung mit uns zu sein. Gesunde Erwachsene werden keine Beziehungen mit Menschen eingehen, die gravierende psychische Probleme haben, bei denen, zumindest für den Moment, keinerlei Aussicht auf Besserung besteht. Wir streichen sie aus unserer Liste von Kandidaten für eine Beziehung, während wir Mitgefühl mit ihnen empfinden. Dies ist unsere Art und Weise, eine fürsorgliche Verbindung aufrechtzuerhalten, während wir auf unsere eigenen Grenzen achtgeben.

Wir mögen bereits mit jemandem in einer Beziehung sein, der intimitätsphobisch/intimitätssüchtig ist und feststellen, dass wir ständig Kompromisse machen, die den Stress einigermaßen bewältigen, aber nicht zu Gelassenheit führen. Wir reiben uns manchmal auf richtige Weise aneinander, doch meistens auf die falsche Weise. Das gehört mit dazu. Wenn wir zusammenbleiben sollen, würde eine fortlaufende Therapie zu einer wichtigen und hilfreichen Kraft werden.

5
Gesunde Sexualität

In genau diesem Geist von Feier, Dankbarkeit und Freude ist wahre Reinheit zu finden.

— Thomas Merton

Unsere Psyche umfasst verschiedene Facetten oder Dimensionen. Einige Beispiele aus dieser Konfiguration von Elementen sind persönliche Macht, Intimität, Gefühle, Sexualität, Intellekt und Spiritualität. Sie alle geschehen auf verkörperte Weise und interagieren miteinander, sind also keine Teile oder Kategorien. Wären sie das und würden sie nicht miteinander interagieren, dann wären wir keine ganzen Menschen. So ist beispielsweise unsere Sexualität die Erfahrung eines ganzen Menschen und nicht nur eine genitale Empfindung. Unsere Spiritualität ist ein Engagement, das die ganze Person betrifft, und nicht nur Kerzen und Räucherstäbchen.

Jede unserer Facetten erfordert jedoch drei Formen von Unterstützung, wenn sie sich zu ihrem vollen Potenzial entwickeln soll. Die erste ergibt sich aus der vollen Nutzung unserer körperlichen und geistigen Kräfte, um Informationen zu sammeln und förderliche Gewohnheiten anzunehmen. Wir müssen zum Beispiel lernen, wie wir unseren Geist nutzen können, um richtige Urteile zu fällen und gesund zu essen, damit wir einen gesunden Körper bekommen.

Die zweite Art der Unterstützung kommt aus unserer Sozialisation. Anfangs findet Sozialisation zu Hause und in der Schule statt. Dort lernen wir, dass sich jeder Bereich am besten innerhalb gesunder Grenzen öffnet, die andere berücksichtigen. So lernen wir beispielsweise im Kindergarten, dass Zorn zwar manchmal berechtigt, es aber nicht angemessen ist, ihn dadurch zu zeigen, dass wir jemanden schlagen.

Die ersten beiden Arten der Unterstützung liegen in unseren Händen – mit Hilfe von anderen. Die dritte Art liegt in den Händen unserer ursprünglichen Betreuer: Das ist die Unterstützung, die daraus erwächst, dass man gehalten und umarmt wird. Wir brauchen die Einstimmung auf unsere Gefühle und alle Dimensionen unseres sich entwickelnden Ichs. Das geschieht in einer tragenden Umgebung. Wie im vorausgegangenen Kapitel erwähnt, ist eine tragende Umgebung ein auffangender Raum oder eine tragende Gruppe, die uns so akzeptiert, wie wir sind, und sich auf unsere Gefühle einstimmt. Wenn wir zum Beispiel zu Hause Zorn zum Ausdruck bringen, könnten unsere Eltern Raum dafür schaffen und ihn mit den Fünf Aspekten umgeben. Sie könnten unsere Gefühle als berechtigt verstehen und uns Formen zeigen, wie wir sie zum Ausdruck bringen, sodass sie sowohl für uns als auch für andere sicher sind.

Wir werden also mit Fähigkeiten geboren, die in einer Welt fürsorglicher Verbindungen aufblühen. Es ist letztlich Liebe, die unsere volle menschliche Kraft freisetzt und uns zeigt, wie wir diese Fähigkeiten am besten zu unserem Vorteil nutzen können. Die folgende Analogie könnte vielleicht hilfreich sein: Unsere Fähigkeiten sind wie Software-Programme für einen Computer. Wir besitzen die Programm-CD, aber das Programm muss auf die richtige Weise installiert werden, damit es funktioniert. Persönliche Arbeit, Sozialisation und Einstimmung können helfen, ein Programm wie etwa Sexualität richtig zu installieren.

Das hätte bedeuten müssen, dass es uns immer erlaubt war und wir sogar dazu ermutigt wurden, als junge Menschen zu Hause Fragen zum Sex zu stellen. Man hätte uns außerdem gelehrt, dass es nichts Sündiges ist, sexuelle Bedürfnisse zu haben. Sexueller Missbrauch ist uns weder zu Hause noch anderswo widerfahren. Diese drei Voraussetzungen sind das Äquivalent zu einer tragenden Umgebung für die sexuelle Dimension in uns. Sie kann nur dann in gesunder Weise hervortreten, wenn sie auf intelligente Art erörtert wurde, in Sicherheit und Geborgenheit, ohne Unterdrückung, und als normal und etwas Wundervolles angesehen wurde.

Eine Familie, Schule, Gesellschaft oder Religion kann unsere Sexualität falsch installieren. Dann funktioniert diese Dimension unserer Persönlichkeit nicht auf gesunde Weise für uns. Wir wissen, dass mit ihr etwas nicht stimmt, wenn wir vor Sex Angst haben, nicht genug davon bekommen können, ihn nicht genießen können, uns sexuellem Verhalten hingeben, das nicht zu unserer sexuellen Reifung beiträgt, oder uns noch immer vorstellen, dass sexuelle Leistung oder Anziehung unseren Wert als Menschen bestimmen. Bei gesunder Sexualität kommt es auf die Kraft an, Intimität zu zeigen.

Für die meisten von uns, die in den 1950er- und 1960er-Jahren aufgewachsen sind, wurde die Sexualität nur selten in gesunder Weise installiert. Wo sie eine geschädigte Dimension unserer Psyche darstellt, wird es schwierig für uns, sie für unsere berechtigte Lust, für gegenseitige Unterstützung in einer Beziehung oder für eine gesunde psychische oder spirituelle Entwicklung zu nutzen. Wenn Sex zu Hause nicht erwähnt wurde oder nicht darüber gesprochen werden durfte, wenn wir durch eine repressive Religion beeinflusst wurden, wenn wir in einer Familie oder Gesellschaft gelebt haben, die Vorurteile gegenüber jeglicher Form von sexueller Aktivität hatte, die nicht dem heterosexuellen Bild von Ehe entsprach, oder wenn unsere Sichtweise von

Sexualität stark durch Hollywood-Filme beeinflusst worden ist, dann müssen wir fast immer im Bereich der Sexualität Arbeit leisten.

Als Erwachsene können wir heute diesen sowie jeden anderen Anteil von uns selbst, der in unserer Kindheit tabuisiert, beschädigt, vernachlässigt oder fehlgeleitet worden ist, aufgreifen und erforschen. Wir können nach Wegen Ausschau halten, Sicherheit und Grenzen in unserer Beziehung zu schaffen, die es ermöglichen, mit unseren sexuellen Ecken und Kanten zu experimentieren. Es ist für uns kein Problem, dies auf der intellektuellen Ebene zu tun, aber Gefühle und Sex sind für uns alle beängstigend. Wir dürfen uns nicht entmutigen lassen. Wir können unseren Weg in einer Landschaft finden, die genau hier in unserem Inneren liegt. Wie Shakespeare in *Hamlet* sagt: „Bereit sein ist alles."

Vielleicht haben wir bemerkt, dass einige Aspekte unseres Körper-Geistes leicht zu bearbeiten sind, während dies bei anderen eher schwierig ist. So kommen wir beispielsweise aus einem häuslichen Umfeld, in dem keine guten Essgewohnheiten gepflegt wurden oder uns keine gesunde Kost geboten wurde. Als Erwachsene ist es uns möglich, unsere Essgewohnheiten zu unserem Wohl umzustellen. Informationen darüber finden wir überall und so ist es für uns leicht, uns um diesen Teil unseres Lebens zu kümmern und neue Möglichkeiten zu erkunden, auch wenn es noch immer eine Herausforderung darstellt, unsere Ernährung umzustellen. Bei dieser Suche können wir durch die Gesellschaft, Familie und Gesundheitsfürsorge unterstützt werden. Wenn wir ein neues Programm installieren und sozusagen ein „Upgrade" unserer Ernährung vornehmen, ist damit weder Scham noch Stigma verbunden.

Bei der Sexualität ist dagegen die Sache nicht so einfach. Wir werden nicht bereitwillig darin unterstützt, wenn wir uns entscheiden, im Bereich der Sexualität eine Art „Upgrade" und Forschungen vorzunehmen. Vielerorts ist sie noch immer ein Tabuthema. Trotz allem Getue fürchtet unsere Gesellschaft das volle Hervortreten von Sexualität und misstraut ihm, insbesondere bei Frauen. Außerdem haben wir keinen Zugang zu Informationen über Sex, die so klar und präzise sind wie die Informationen über die richtigen Nahrungsmittel. Ein Großteil der Informationen über Sex ist noch immer durch das befangen, was wir als Moral ansehen. Als Erwachsene haben wir die Aufgabe, tief in unsere sexuelle Geschichte hineinzublicken, um einen Weg zu finden, unsere sexuelle Erfahrung so zu gestalten, dass sie auf Lust, Unterstützung, Gesundheit und Liebe hinwirkt.

Gesunde und liebevolle Sexualität ist ein Fest für uns selbst und unsere fürsorglichen Verbindungen. In einer Beziehung ist diese Feier nicht einseitig, sondern gegenseitig. Es handelt sich dabei immer um eine Wahl, nicht um eine Verpflichtung oder einen Zwang. Sie ist leidenschaftlich, nicht aber ruhelos, zwanghaft oder unersättlich bedürftig.

Bei gutem Sex spüren wir eine Verbindung. In erfüllendem Sex empfinden wir eine fürsorgliche Verbindung, die zutiefst persönlich und zwischenmenschlich zugleich ist.

Bei Sex, der durch Liebe motiviert ist, liegt unser Fokus auf intimer Nähe und sowohl auf dem Geben als auch dem Empfangen von Lust. In einer wahrhaftig liebenden Bindung liegt unsere Betonung bei sexueller Aktivität in erster Linie darauf, dem anderen Lust zu bereiten. Natürlich ist unsere eigene Lust wichtig, aber nicht so sehr als etwas, das wir verlangen, sondern als etwas, das wir empfangen. Dieser Aspekt unserer sexuellen Aktivität, nämlich Lust zu schenken, anstatt nach ihr zu grabschen, ist ein wundervolles Beispiel dafür, wie Liebe funktioniert. Es geht in erster Linie um das Geben und gleichwertig um die Offenheit des Empfangens. In einer wahren intimen sexuellen Erfahrung gibt jeder dem anderen den Vorrang, sodass letztlich alles ausgeglichen wird, obwohl das gar nicht die Motivation dahinter ist. Alles, was zählt, ist Freude zu geben und zu empfangen.

Lust ohne Schuld

Liebe und Sexualität können gleichzeitig oder getrennt voneinander geschehen. Wir können unsere Liebe zum Beispiel auf sexuelle Weise zeigen. Wir können aber auch sexuell aktiv sein, um vor der Liebe davonzulaufen. Wir können Sex um der Lust willen erfahren, ohne Liebe zu empfinden. Die zahlreichen Möglichkeiten machen das Thema Sexualität für viele von uns ziemlich verwirrend. Es hat sicher etwas von einem Mysterium an sich.

Es ist dabei hilfreich, zwischen sexuellem Verhalten und Sexualität zu unterscheiden. *Sexuelles Verhalten* bezieht sich auf Aktivitäten, die innerhalb oder außerhalb von Beziehungen stattfinden können. *Sexualität* bezieht sich auf den Ausdruck einer Dimension von uns, die sowohl privat als auch gegenseitig sein kann. Sie schließt nicht nur Empfindungen wie in sexuellem Verhalten ein, sondern auch Gefühle. Unsere Sexualität zu erforschen ist ein direkter Weg, unsere persönlichen Grenzen auszudehnen, mehr darüber herauszufinden, wer wir sind und was wir – und die Liebe – sein können.

Ein liebender Mensch in einer Beziehung hält nach Möglichkeiten Ausschau, seine Sexualität zu manifestieren, sodass Körper, Herz, Geist und Seele die Liebe zeigen, die in ihm ist. Er entscheidet sich auch, in all seinen sexuellen Interaktionen verantwortungsvoll gegenüber anderen zu handeln.

Da Sexualität so eng mit Kreativität verbunden ist, kann sie auch Ausdruck unserer Ehrfurcht vor dem Leben sein. Der Umstand, dass sexuelles Verhalten neues Leben hervorbringen kann, gibt uns einen Hinweis auf dessen evolutionäre Bedeutung. Auch wenn keine Zeugung stattfindet, hängt sie mit dem Ehren und Nähren von Lebendigkeit, der Schwelle zur Kreativität, zusammen.

Viele von uns kommen aus einer religiösen Tradition, die uns eine Furcht vor Sexualität eingeflößt hat. Wir verbinden Sex möglicherweise mit Schuld oder Scham. Das liegt nicht nur daran, dass man uns gelehrt hat zu glauben, nach Lust zu streben sei egoistisch. Unsere sexuellen Schuldgefühle können mit der Überzeugung zu tun haben, wir würden keine Macht verdienen oder dass diese gefährlich sei. Die wirkliche Angst der patriarchalen Religionen vor Sexualität besteht darin, dass wir eine Erfahrung persönlicher Macht erleben könnten – das Recht, die Einschränkungen, die sie uns auferlegen, zu transzendieren und völlige Autonomie zu entwickeln.

Vielleicht sind wir darauf programmiert zu glauben, dass persönliche Entscheidungen für sexuelle Lust zu Bestrafung führen. Unsere Religion mag uns Furcht angesichts der Frage eingeflößt haben, wie weit wir beim Sex gehen können – was gleichbedeutend damit ist, wie weit wir gehen können, wir selbst zu sein, wie weit wir uns selbst erkennen oder zum Ausdruck bringen können. Die Fähigkeit, Kontrolle aufzugeben oder uns kontrollieren zu lassen, ist die Essenz sexueller Erfüllung. Die einzige Angst besteht darin, uns vollkommen zu offenbaren.

Ist es nicht paradox, dass es beim Sex um Verbindung geht, er aber zu Schuldgefühlen und dem Gefühl führen kann, von anderen getrennt zu sein? Wie sehr stehen Schuldgefühle dann im Gegensatz zu unserem Kriterium für Liebe: Was davon schließt positive Verbindung aus oder vertieft sie? Wenn Sex zu einer negativen Form der Verbindung wird, ist es kein Wunder, wenn er von der Liebe abgetrennt wird. Dies ist ein direkter Zusammenhang zwischen anti-sexuellen Einstellungen und der Spaltung von Liebe und Sexualität.

Gleichzeitig haben Kinofilme und Werbung Kapital aus dem Sex geschlagen und ihn manchmal zum Idol gemacht. Die kommerzielle Geschäftswelt versucht uns zu manipulieren, indem sie uns Macht durch die Erfüllung unserer sexuellen Begierden verspricht. In Wirklichkeit unterliegen wir ihrer Macht, wenn wir auf ihre oberflächliche Version von Liebe hereinfallen.

Bei gutem Sex geht es gleichzeitig um Erregung und Beruhigung. Er schließt Sicherheit und Geborgenheit ein, die aus Selbstberuhigung kommen, und repräsentiert das Gegenteil von Dramen, die aus Bedürftigkeit entstanden sind: Umgang mit Gefühlen, die Regulierung unserer Körperreaktionen, ein Gefühl von Meisterung gewinnen, Zugang zu einem bleibenden Wohlbehagen in uns selbst erlangen. Wenn all dies an seinem Platz ist, dann ist unser Kern stabil und wir fühlen uns integriert. Dann suchen wir nicht nach jemandem, der uns Sicherheit und Geborgenheit gibt, sondern nach einem Menschen, der sie in uns bewahrt, reflektiert, erweckt und bekräftigt. In der Tat ist es unser lebenslanges Projekt, positive Verbindungen zu suchen, die unsere einzigartige Geschichte hervorrufen und ihr ein glücklicheres Ende verleihen.

Erwachsene suchen jedoch nicht nur in den Armen eines anderen nach Sicherheit, denn sie haben gelernt, sie in sich selbst zu finden. Das Gleiche gilt, wenn wir nach sexueller Lust in anderen und in uns selbst suchen und dabei Unterscheidungen und Grenzen berücksichtigen. So können wir beispielsweise Ja zu Sex sagen, wenn wir ihn von uns selbst verlangen. Wir können nicht immer darauf vertrauen, dass andere Ja sagen, wenn wir uns Sex von ihnen wünschen. Wir können mit uns selbst eine viel schönere Zeit verbringen als mit anderen oder umgekehrt. Andererseits kann das Gefühl von Sicherheit und Geborgenheit viel stärker von anderen als von uns selbst vermittelt werden, je nach den Umständen und Mitspielern.

Sex kann mit uns durchgehen, wenn wir uns an ihn klammern, oder uns im Stich lassen, wenn wir ihn ignorieren. Es liegt an uns, ihn zu pflegen und zu kultivieren, damit er sich auf gesunde Weise entwickeln kann. Das bedeutet, dass wir wachsam sein müssen auf diesem Gebiet, das so viel Impulsivität in sich trägt. Es bedeutet, sich um unsere erotischen Neigungen zu kümmern, damit sie immer kreativer werden. Es bedeutet, darauf zu achten, wo, wie und mit wem wir unserem sexuellen Verlangen folgen. Auf diese Weise kann Sexualität sowohl unser Selbstwertgefühl steigern als auch uns Gelegenheit geben, mehr zu lieben, was nützliche Kriterien für eine befriedigende sexuelle Erfahrung sind.

Lust und Verlangen

> Es ist schon merkwürdig, die Leidenschaft – sexuelles Verlangen – nicht mehr als eine wandernde Sache, sondern als stetig und ruhig zu erfahren. Ich glaube, wenn jemand liebt, wird seine sexuelle Leidenschaft ruhig, eine stetige Art von Kraft anstelle eines Sturmes. **Leidenschaft, die mich fast zum Wahnsinn treibt, ist weit von Liebe entfernt. [Hervorhebung von mir]**
>
> — Frieda Lawrence an ihren Mann D.H. Lawrence

Lust ist ein starkes sexuelles Verlangen, das keine Verbundenheit erfordert, um befriedigt zu werden. Sie unterscheidet sich auch von einem körperlichen Standpunkt aus von Liebe. Wir wissen heute zum Beispiel, dass in unserer Gehirnchemie Liebesreaktionen im Bereich der Area tegmentalis ventralis und des Nucleus caudatus angesiedelt sind, die Dopamin, einen Vermittler von Lust, ausschütten. Die Lust selbst liegt jedoch im Hypothalamus, wo eher Urbedürfnisse wie Hunger und Durst angesiedelt sind. Daher kann sich die Erfüllung unseres sexuellen Verlangens wie etwas anfühlen, bei dem es um unser Überleben geht. Das kann der Grund dafür sein, dass sich Liebe rundherum gut anfühlt und zu Entspannung führt, während Lust uns dazu anstiftet, mehr zu wollen.

Lust ist auch mit der vermehrten Ausschüttung von Testosteron und Östrogen assoziiert. Der Zustand großer Verliebtheit ist durch die Ausschüttung von Pheromonen, Noradrenalin, Serotonin und Dopamin gekennzeichnet. Diese Ausschüttung kann nur für eine bestimmte Zeit aufrechterhalten werden und kann daher nicht als Basis für eine langfristige gegenseitige Verpflichtung dienen. Sobald „der Kick weg ist", läuft für uns nichts mehr – es sei denn, wir reifen zu einer tieferen Art von Liebe. Eine voll ausgereifte Bindung sorgt für eine Ausschüttung von Vasopressin und Oxytocin, chemischen Substanzen, über die wir zuvor gesprochen haben und die mit beruhigender und nährender Beziehung assoziiert werden.

Liebe ereignet sich zwischen zwei Subjekten. Lust geschieht von einem besitzenden Subjekt zu einem besessenen Objekt, auch wenn beide Teilnehmer dabei Lust empfinden. Liebe lässt unsere Sicherheit wachsen, während Besitznahme Unsicherheit verstärkt. Wahre Liebe führt zu Kummer, wenn der geliebte Mensch fort ist. Lustvolle Besitznahme führt zu Wut und Aggression, wenn das Objekt nicht mehr zur Verfügung steht, um die Bedürfnisse des Subjekts zu befriedigen.

Je weniger wir von Adrenalin angetrieben werden, desto mehr sind wir zu authentischer Liebe fähig. Eine Bindung von ruhiger und gelassener Liebe spricht denjenigen Teil in uns an, der heitere Gelassenheit sucht, eine Reaktion von Oxytocin und Serotonin. Es ist nicht so, dass an Lust etwas falsch wäre, doch wir sollten darauf achten, dass sie keine Obsession wird und von uns Besitz ergreift wie eine Sucht.

Befinden wir uns in einem Suchtzustand, dann sind wir in der Illusion gefangen, dass es jemanden gibt, mit dem wir, sei es real oder virtuell, die Art von Sex haben können, die unsere ungeheure Sehnsucht nach Verbindung befriedigt. Unser Verlangen fühlt sich übergroß an, denn unter einer Sucht liegt ein Fass ohne Boden an Bedürftigkeit – niemand ist genug und wir können nicht genug bekommen. Das Fass ohne Boden lässt zu viel nicht genug sein und volle Befriedigung unmöglich werden. Dann überfällt uns das Verlangen noch schlimmer als zuvor. Wir glauben, dass mehr besser ist oder dass genau die richtige Art von Berührung oder Erfüllung von Fantasie unseren unbändigen Durst stillen kann. Verbindung mit anderen scheint genau das zu sein, was wir benötigen, aber ironischerweise mangelt es uns an einer wesentlichen Komponente von Intimität: der Fähigkeit, in den Armen von *einem* Menschen Erfüllung zu finden.

Süchtigkeit in diesem Kontext kann das Sexualisieren unserer Bedürfnisse mit einschließen, sodass wir uns einbilden, sexuelle Aktivität entspräche der Erfüllung eines oder aller Fünf Aspekte (Aufmerksamkeit, Annehmen, Wertschätzung, Zuneigung und Zulassen). Diejenigen Aspekte, die uns in unserer Kindheit gefehlt haben, sind jene, die in uns ein Fass ohne Boden entstehen ließen und uns heute der Fähigkeit berauben, auf moderate und erwachsene Weise Erfüllung zu finden.

Es ist nicht schwer zu erkennen, dass Schwärmerei, Faszination, Süchtigkeit und Lust für unser Ego aufregend sind, weil sie durch adrenalinreiche Reaktionen gesteuert werden. Adrenalin gedeiht darauf, die Dramatik auf höchster Stufe aufrechtzuerhalten, und es ist zu einem Charakteristikum der zeitgenössischen Gesellschaft und Unterhaltung geworden. Früher war die Fahrt mit einem Pferdeschlitten eine spannende und aufregende Sache, doch die Mehrzahl der Menschen in der heutigen Gesellschaft verlangen nach einem Andrenalinschub in heißeren Situationen und kräftigeren Dosierungen. Einst mochten wir

Kinofilme aufgrund ihrer anrührenden Geschichte, heute ziehen wir dagegen Thriller vor, in denen die Welt vom Untergang bedroht ist oder tatsächlich zerstört wird.

Übung

Unsere Sexualität achten

Unsere Sexualität ist ein großer, aber empfindlicher Anteil unseres Seelenlebens. Wie auch unser Körper erfordert sie Pflege. Wir müssen uns um sie kümmern, da sie sonst verkommt oder ihre Kapazität verliert, unserer Gesundheit, unserem Glück und persönlichem Wachstum zu dienen.

Unsere Arbeit als Erwachsene besteht darin, uns unsere Kindheit und Jugend anzuschauen und uns zu fragen, was uns geholfen hat, unsere Sexualität zu entwickeln, und was uns dabei geschadet hat. Dann müssen wir unseren sexuellen Stil im Einklang mit angemessenen Verhaltensweisen und Zielen umgestalten. Wir passen die Settings an, sodass unsere Psyche unserer Sexualität im bestmöglichen Interesse von uns selbst und anderen entgegenkommen kann.

Betrachten Sie die folgenden Eigenschaften bei der Überprüfung Ihrer Sexualität, um zu sehen, ob Sie Ihnen das gibt, was für Sie optimal ist:

- Ist meine Sexualität offen und verstärkt sie positive Verbindung?
- Wie stehe ich zu Sex ohne Beziehung?
- Ist mein Sexualleben anderen gegenüber respektvoll oder beutet es sie auf irgendeine Weise aus?
- Benutze ich Sex als Waffe oder einen Weg, um andere zu manipulieren?
- Wenn es mir an Zuneigung und Berührung in meinem Leben mangelt, ist es natürlich, körperliche Spannung zu spüren. Greife ich zur Entspannung auf Sex zurück?

- Schäme ich mich, Sex mit mir selbst zu haben?
- Kann ich befriedigenden Sex haben, ohne Drogen, Pornographie oder andere künstliche Stimulanzien zu benutzen?
- Fühle ich mich mit meiner sexuellen Orientierung wohl?
- Ist mein sexueller Stil zwanghaft oder süchtig geworden?
- Halte ich noch immer an puritanischen Vorstellungen fest?
- Kann ich intim sein, ohne unbedingt sexuell zu sein?
- Handle ich in Hinblick auf die Gesundheit verantwortungsvoll?
- Achtet mein Sexualverhalten die Grenzen und Vereinbarungen in meiner hauptsächlichen Beziehung?
- Kann ich Liebe durch Sex ausdrücken?
- Wie helfen mir meine Sexualität und mein Sexualverhalten, mit allem, was ich in mir habe, zu lieben?
- Ist Sex eine Quelle sowohl von Lust als auch von Freude?
- Basieren meine sexuellen Entscheidungen auf religiösen Lehren?

> Sehe ich etwas anderes als den Geliebten,
> ist es keine Liebe, lediglich Leidenschaft.
>
> — Rumi

Unser Fantasieleben

Wir fragen uns manches Mal, welchen Nutzen eine bestimmte Funktion im Betriebssystem unseres Computers wohl haben mag. Welchem Zweck dient sie? Wir stellen die Frage, haben aber möglicherweise nicht genügend Interesse, um die Sache weiterzuverfolgen oder uns die Arbeit zu machen, um es herauszufinden. Wir vertrauen einfach darauf, dass sie aus einem bestimmten Grund da ist, und wissen genug, um nicht daran herumzubasteln.

Auch die Psyche besitzt viele Programme und Funktionen in ihrem Betriebssystem, die normale Benutzer nicht verstehen. Manche bemerken sie niemals; andere nehmen sie wahr, besitzen aber keine Kenntnisse darüber. Einige erkunden sie und andere schenken ihnen keinerlei Beachtung.

Wir können darauf vertrauen, dass unsere sexuellen Fantasien auf irgendeine Weise der vollen Enthüllung unseres Ichs dienen, so wie wir darauf vertrauen, dass das, was in unserem Computer ist, dazu beiträgt, dass er seine volle Leistung erbringt. Unsere Psyche ist verworren und eine Lebensspanne allein ist nicht ausreichend, um sie zu verstehen. Wir können jedoch den Versuch unternehmen, etwas zu verstehen, indem wir Fragen wie diese stellen, ohne eine Antwort zu erwarten: „Was sagen mir meine besonderen sexuellen Fantasien über mich selbst? Welchen Zweck haben sie in meinem Leben? Wie können sie mir helfen, ganz zu werden? Inwiefern dienen sie meinem Wachstum? Wie enthüllen sie meine echten Bedürfnisse?"

Eine andauernde, immer wiederkehrende sexuelle Fantasie kann einen tiefen, geheimnisvollen und unerwarteten Weg in ein Gebiet aufzeigen, das aufgrund unserer Sozialisation oder von Tabus in Hinblick auf unser sexuelles Verlangen unerforscht geblieben und auf keiner Karte verzeichnet ist. Wenn wir uns erlauben, unser Fantasieleben direkt anzusehen, mögen wir faszinierende, manchmal herausfordernde Schätze finden, die lange in der Vergangenheit verschüttet waren.

„Wozu dient es?“ war die Frage, die ein Ritter im Mittelalter stellen musste, um seine Suche nach dem Heiligen Gral beginnen zu können. Der Gral ist ein Symbol für menschliche Ganzheit. Der Ritter stellt die Frage nicht, um eine Antwort zu erhalten; sie ist keine Nachforschung. Sie ist sein *Passwort*, mit dem er die Schwelle auf dem Weg übertreten kann, der zur Ganzheit führt. Alles, was er tun muss, um zu zeigen, dass er der richtige Ritter für diese Aufgabe ist, besteht darin, die rechte Frage zu stellen. Das höhere Selbst, der innere Gral, wird antworten, wenn die Zeit reif dafür ist.

Unsere hauptsächliche sexuelle Fantasie ist das richtige Passwort für den Zugang zu unserer geheimnisvollen Innenwelt. Dies ist kein intellektuelles Projekt, Problem und keine Lösung, sondern ein Mysterium, in das man eintritt und immer wieder neu eintritt. Es ist das Mysterium, in der Vollversion dessen geboren zu sein, der wir sind. Es wäre eine erschreckende Aussicht, wenn unser ganzes Leben eine einzige große Flucht vor dem vollen Hervortreten unserer selbst wäre – ein trauriges, aber nicht unabänderliches Schicksal.

Sexuelle Fantasien besitzen Eindeutigkeit. Wir stellen uns genau die Szene und die Figuren vor, die wir begehren. Wenn wir in dem Bemühen, unsere authentischen Bedürfnisse zu verstehen, hier stehen bleiben, ist das eine Form von Fundamentalismus; wir nehmen die Fantasiegeschichte dann wörtlich. Wir sind davon überzeugt, dass nur dieses Szenario, das detailgetreu nachgespielt wird, uns Lust schenken kann. Manchmal verhindert das Suchen nach dem, was wir zu brauchen *glauben*, dass wir *erkennen*, was wir wirklich brauchen. Wir erforschen unsere Fantasien, Gefühle und Bedürfnisse tiefer, wenn wir anstelle der genauen Beschreibung nach den Assoziationen suchen.

Eine bestimmte Fantasie, die seit langem in unserer Vorstellung vorherrscht, gibt uns wertvolle Hinweise auf uns selbst. Gewöhnlich steht ein eingefrorenes Bedürfnis dahinter, ein Bedürfnis aus der Vergangenheit, das zu einer Fixierung geworden ist, weil es nicht erfüllt wurde. Es bleibt in dem kindlichen Zustand von Bedürftigkeit stecken, obwohl es in unserem Fantasieleben wie etwas Erwachsenes aussehen kann. Eine solche Fantasie hat wenig Hoffnung auf Erfüllung und schränkt im Grunde unsere Fähigkeit zu Intimität ein, weil Intimität eine uneingeschränkte Offenheit dafür erfordert, auf welche Art und Weise der andere Mensch liebt. Eine rigide, festgelegte Fantasie führt zu einer allzu genauen Erwartungshaltung. Unsere Arbeit in diesem Abschnitt besteht darin zu erforschen, was unsere sexuelle Vorstellungskraft erregt, damit wir den Schmerz, der sich dahinter verbergen könnte, lokalisieren und lindern können.

Insofern repräsentieren sexuelle Fantasien tiefere Sehnsüchte, als sie oberflächlich gesehen darstellen. Wenn wir erforschen, wie sie Hinweise darauf geben, was uns in unserer Kindheit gefehlt hat, sind wir auf der richtigen Spur. Es geht hier nicht um Inzest, da die ursprüngliche Fantasie wie eine Metapher behandelt werden sollte, als ein Codewort für eines unserer ersten Bedürfnisse. Wie oft haben wir gedacht, wir bräuchten Sex, wenn unser wirkliches Bedürfnis jene Sicherheit und Geborgenheit war, die eine Umarmung vermitteln kann. Dieses Bedürfnis ist viel machtvoller als die sexuelle Lust, die wir fälschlicherweise dafür halten. Die wortwörtliche Erfüllung einer sexuellen Fantasie ist leichter zu erreichen, vielleicht nehmen wir sie deshalb als Maßstab. Doch unter der buchstäblichen, fundamentalistischen Interpretation einer lange andauernden Fantasie und deren grober Erfüllung liegt eine viel größere Herausforderung. Wir können versuchen, das echte Verlangen in unserem Herzen, das von unserer Fantasie im Kopf nur angedeutet, nicht aber erfüllt wird, zu identifizieren. Die folgende Praxis könnte hilfreich dabei sein.

Übung

Wie unsere Fantasien uns Aufschluss über unser Ich geben können

Sie können eine Menge über Ihre Sexualität herausfinden, wenn Sie mit einer Ihrer andauernden sexuellen Fantasien arbeiten. Dies ist die Fantasie, die immer wieder zurückkehrt und die selten vollkommen erfüllt wird. Tatsächlich ist das Bedürfnis, sie vollkommen erfüllt zu bekommen, ein Hinweis auf den Umstand, dass sie eine tiefere Bedeutung besitzt, als erkennbar ist, wenn man sie wortwörtlich nimmt.

Um mit fixierten sexuellen Fantasien zu arbeiten, kann ein Ehepaar oder können Freunde die Technik des Rollentauschs anwenden. Die Person mit der Fantasie spielt den Part des Objekts ihrer Fantasie, während der Partner oder Freund das Subjekt darstellt. Die Person mit der Fantasie spricht laut und immer wieder über die sexuelle Aktivität, die sie (nun in der Rolle des Objekts) jetzt für „ihn/sie" ausführen wird, wobei sie ihren eigenen Namen nennt.

Nach und nach wird die Person dabei feststellen, dass sie unerfüllte Bedürfnisse aus ihrer Kindheit und aus früheren oder gegenwärtigen Beziehungen aufdeckt. Indem sie ausspricht, was sie benötigt, damit ihre Fantasie erfüllt wird, begegnet sie den Verletzungen und Enttäuschungen in ihrem Leben, die sie mit Menschen aus ihrer Vergangenheit, entweder aus der Familie oder früheren Beziehungen, verbindet. Das wird sie wahrscheinlich zu einem Kummer führen, der bisher nie angesprochen worden ist.

Vielleicht begegnet die Person einem der Fünf Aspekte (Aufmerksamkeit, Annehmen, Wertschätzung, Zuneigung oder Zulassen), die zu empfangen sie gehofft hatte, als sie sich die Erfüllung ihrer Fantasie vorgestellt hat. Der buchstäbliche sexuelle Aspekt der Fantasie stellt nur die Oberfläche dar. Darunter liegt die Einsicht in eine tiefe, zu lange unterdrückte Sehnsucht nach Liebe.

Hier sind die Arbeitsschritte. Entfernen Sie die groben erotischen und spezifisch sexuellen Elemente, sodass nichts als die menschliche Verbindung hinter allem übrig bleibt. Verwenden Sie die Technik der Vier Handlungsweisen, um das wahre Bedürfnis hinter Ihrer Fantasie zu erforschen:

1. *Erkennen* Sie die nackte Wahrheit von Verbundenheit, Umarmung oder irgendeinem der Fünf Aspekte *an*, die Sie im Grunde suchen, und fragen Sie sich, inwiefern es Ihnen in Ihrer Kindheit daran gemangelt hat oder nicht.

2. *Lassen* Sie *zu*, sich diesen Aspekt der Liebe voll, frei und uneingeschränkt zu wünschen, mit der umfassenden Erlaubnis, ihn zu erhalten und der vollen Bekundung, dass Sie ihn verdient haben.

3. *Agieren* Sie auf verschiedene Weisen, die diesen Aspekt willkommen heißen oder offen dafür sind, anstatt nach Wegen zu suchen, die sexuellen Fantasien, die ihn repräsentieren oder verdecken, zu erfüllen.

4. *Bejahen* Sie Mitgefühl für sich selbst und befürworten Sie Ihre Kraft, Ihre Fantasien zu nutzen, um Ihr wahres Ich zu finden. Sie können in diesem Rahmen eine Affirmation gestalten wie etwa: „Meine sexuellen Wünsche helfen mir, meine Sehnsüchte nach Liebe zu erkennen."

Es ist wichtig, Ihre Verletzlichkeit und Ihr persönliches Timing bei dieser Verwendung der Technik der Vier Handlungsweisen zu beachten. Nehmen Sie sich so viel Zeit, wie Sie brauchen, um Schritt für Schritt voranzugehen.

Wir werden unausweichlich herausfinden, dass unsere fixen sexuellen Fantasien letztlich nicht für die Aktivität stehen, die wir uns vorgestellt haben, sondern für einen oder mehrere der Fünf Aspekte, insbesondere solche, die wir nicht von unseren Eltern bekommen haben. Möglicherweise entdecken wir das Bedürfnis, von Papa umarmt oder von Mama akzeptiert zu werden. Dies ist eine Schatzkarte, die zum Verständnis von uns selbst führt. *Unsere Fantasie kann eine Metapher sein, die wir wörtlich genommen haben.* Unser Verlangen kann eher ein Hinweis auf unser Bedürfnis sein, das zu betrauern, was uns vor langer Zeit vorenthalten wurde, und nicht so sehr darauf, was wir uns jetzt so dringend von einem anderen Erwachsenen wünschen.

Was wir uns in unserer Kindheit am meisten gewünscht haben, wie etwa von Papa umarmt zu werden, kann auch etwas sein, das direkt zu verlangen wir niemals gelernt haben oder das wir uns selbst niemals gegeben haben. Uns die Erfüllung dieses Wunsches vorzuenthalten war ein Verlust. Aber was enthalten wir uns heute selbst vor? Besonders Männer werden von frühester Kindheit an darauf konditioniert, Trauer durch sexuelles Verhalten zu ersetzen. Das Tempo bei der folgenden Übung zu drosseln ist eine Möglichkeit, sich wieder mit diesen Gefühlen zu verbinden. Es kann ein Schock für uns sein zu realisieren, dass es bei unserer lange gehegten Fantasie nicht wirklich um Sexualverhalten, sondern um Intimität ging, die auf sexuelle oder andere Weise gezeigt werden kann.

Hier gebe ich Ihnen eine Möglichkeit, langsamer zu werden und in das geheimnisvolle Reich Ihrer Gefühle einzutreten. Unser persönlicher Kummer über die unerfüllten Bedürfnisse dreht sich um Fragen, wie die folgenden. Unser Partner in dieser Übung stellt uns diese Fragen und wiederholt jede fünfmal:

Was habe ich wirklich von Mama gebraucht?

Was hat sie mir tatsächlich gegeben?

Was habe ich wirklich von Papa gebraucht?

Was hat er mir tatsächlich gegeben?

Was brauche ich wirklich von mir selbst?

Was gebe ich mir selbst tatsächlich?

Wiederholte Antworten auf dieselbe Frage führen uns tief in unsere Einstellungen, Überzeugungen und Gefühle hinein. Eine Frage mehrfach zu hören kann uns in unsere Kindheit versetzen. Unsere Mutter mag uns mehrfach eine Frage gestellt haben, wenn sie annahm, dass unsere erste Antwort eine Lüge war oder nicht dem entsprach, was sie selbst für die Wahrheit hielt. Wir wurden so lange bearbeitet, bis die echte Wahrheit herauskam. Als Erwachsene müssen wir uns nicht verurteilt fühlen, wenn uns eine Frage mehrmals gestellt wird, so als wäre die ursprüngliche Antwort nicht befriedigend. Unsere Antworten sind nur deshalb unzureichend, weil wir noch nicht die Tiefe, zu der wir fähig sind, ausgelotet haben. Unsere aus dem Stegreif gegebenen Antworten können langsamer angegangen werden und durch Wiederholung können wir tiefer in die Realität dessen eindringen, wer wir sind und was wir uns wirklich wünschen, wenn es um sexuelles Verlangen geht.

Wenn das Erkennen unserer selbst wertvoller als die Verteidigung unseres Egos wird, freuen wir uns über solche Erkundungen als Weg, uns zu finden und wir selbst zu sein, was die beste Vorbereitung für guten Sex ist.

Noch eine abschließende Bemerkung: Wir haben nicht nur fixierte sexuelle Fantasien darüber, was wir uns wünschen, sondern wir hatten auch Erfahrungen von großer sexueller Lust. Auch diese sind Metaphern für die Bedürfnisse in der Vergangenheit. Vielleicht haben wir die Momente von emotionaler Erfüllung, die wir erfahren haben, wieder erlebt. Hoffentlich werden uns solche Augenblicke auch weiterhin geschenkt.

6
Anderen Liebe zeigen

> Es ist unsere Aufgabe, andere zu lieben, indem wir aufhören zu fragen, ob sie es wert sind oder nicht. Das geht uns nichts an und geht tatsächlich niemanden etwas an. Wir sind aufgefordert zu lieben; und diese Liebe wird sowohl uns als auch unsere Nächsten für würdig erachten, wenn überhaupt irgendetwas das tun kann.
>
> — Thomas Merton

Wir lernen von Vorbildern, die wir nachahmen. Jeder, der uns je geliebt hat oder uns heute liebt, hat uns gezeigt, wie man liebt. Wir alle tragen Liebe in uns; geliebt zu werden zeigt uns, wie man sie manifestiert.

Früher haben wir auf der Basis der liebevollen Zuwendung unserer Eltern gelernt, uns selbst zu lieben. Das Beispiel anderer ist eine der Hauptquellen von allem, was uns prägt, und Liebe ist hierbei keine Ausnahme. Nur das beste Vorbild für Liebe führt zu der besten Version von Selbstliebe. Haben unsere Eltern uns geliebt, uns aber gleichzeitig bis in jede Kleinigkeit kontrolliert, welche Chance hatten wir dann, da wir so leicht zu prägen waren? Wir stellen uns schließlich vor, Liebe bedeute Fürsorge durch Kontrolle.

Wir sind mit einem breiten Spektrum von Emotionen geboren worden, aber nicht mit der Fähigkeit, diese zu regulieren. Wir mussten diese Fertigkeit erlernen, indem wir unsere Eltern bei der Steuerung ihrer Emotionen beobachteten und erfuhren, wie sie uns dabei geholfen haben, die unseren zu regulieren. Insofern ist die positive Verbindung mit anderen ein Spiegel, in dem wir erkennen können, wie wir uns um uns selbst kümmern können.

Da wir durch Vorbilder lernen, waren wir auch leicht durch negative Verhaltensweisen und Einstellungen unserer Eltern beeinflussbar. Ich erinnere mich, wie ich mit einer Drogensüchtigen therapeutisch gearbeitet habe, deren fundamentalistisch religiöse Eltern ihr gesagt hatten, sie würde wegen ihrer lesbischem Orientierung in die Hölle kommen. Durch ihr erbärmliches, gefährliches und höllisches Leben mit Drogen kam sie tatsächlich in die Hölle. Sie fand einen Weg, ihre Eltern zu bestätigen. Aber dank eines Rehabilitationgsprogramms kam sie ins Licht zurück und konnte letzten Endes glücklich mit ihrer sexuellen Ausrichtung leben.

Soziales Referenzieren ist ein technischer Begriff, der bedeutet, eine Vorstellung von der Gestaltung des eigenen Verhaltens zu bekommen, indem man andere beobachtet. In der Kindheit wird die Mutter zum Beispiel das Vorbild für die Art und Weise, wie der Sohn seinen Vater beurteilt und liebt. Wenn Mutter den Vater ständig schlechtmacht, respektiert ihn der Junior nicht. Wenn ihre Liebe bemutternd zum Ausdruck kommt, wird der Junior glauben, der Vater sei unzulänglich. Erst später wird der Junge in der Lage sein, eine eigene Art und Weise zu finden, mit seinem Vater in Beziehung zu treten. Wir könnten sagen, dass wir keine Gelegenheit hatten, einen Elternteil zu erkennen und zu lieben, solange wir noch unter dem Einfluss des anderen Elternteils standen. Viele von uns vollziehen diesen Übergang nicht. Wir beurteilen und empfinden gegenüber einem Elternteil immer noch genauso, wie wir durch die Haltung des anderen Elternteils geprägt worden sind. Ein anderer Bereich unserer persönlichen Arbeit ist die Befreiung von diesem Einfluss, ein Weg, das traute Heim endlich zu verlassen.

Eltern sind anfangs für alle Belange eines Babys voll verantwortlich. Allmählich lernen sie, das Wachstum eines Säuglings, ganz gewiss jedoch das eines Jugendlichen und eines jungen Erwachsenen über ihre ursprüngliche Rolle als Beschützer und Lehrer hinaus zu respektieren. Dies ist der sich ausdehnende Rahmen der Liebe. Eltern und Kinder akzeptieren sich schließlich als Gleichgestellte. Gesunde Eltern passen die Art und Weise, wie sie die Fünf Aspekte zeigen, dem Fluss des Wachstums und den Veränderungen des Kindes an. Wir zeigen zum Beispiel einem Baby und Kleinkind ständige Aufmerksamkeit, indem wir alles beaufsichtigen, was es tut. Dies funktioniert nicht bei Jugendlichen, wenn unsere Teenager ihre Privatsphäre und ihre eigenen Grenzen benötigen. Als Erwachsene benötigen sie dann Unterstützung von uns als Ebenbürtige, die ihre eigenen Entscheidungen treffen, ungeachtet dessen, was wir selbst für gut oder schlecht halten.

Viele junge Kinder werden heute unter aufdringlicher Überwachung erzogen anstatt mit respektvoller Aufmerksamkeit. Manche erhalten nicht nur alles, was sie brauchen, sondern auch alles, was sie sich wünschen. Die Eltern reagieren prompt auf ihre Wünsche oder gar Launen. Dann mögen die Kinder keine Gelegenheit finden, die drei Grundprinzipien für eine effektive Beziehung zu begreifen: Wertschätzung, Sehnen und Teilen:

- *Wertschätzung* ist einer der Fünf Aspekte, der Komponenten von Liebe. Wenn wir unseren Kindern immer weiter nur geben, dann mögen sie später glauben, einen Anspruch auf all diese Dinge zu haben, anstatt diese wertzuschätzen.
- Liebe gedeiht auf der Basis einer fortlaufenden Erfahrung von *Ersehnen* und Haben. Wenn wir sofort auf alle Wünsche der Kinder reagieren, dann werden sie vielleicht nicht erkennen, was es heißt, sich nach etwas zu sehnen: ein wichtiger Bestandteil von Sensibilität und Geduld.

- *Teilen* ist eine weitere Art und Weise, die fürsorgliche Verbindung, die Liebe ist, zu beschreiben. Wenn wir unsere Kinder nicht die Wichtigkeit des Teilens mit anderen lehren, werden sie womöglich die Tugend der Großzügigkeit nicht wertschätzen.

Übung

Unsere Arten zu lieben ausdehnen

Die lieben nicht, die keine Liebe zeigen.

— Shakespeare, *Die beiden Edelleute von Verona*[22]

Unsere Herausforderung besteht darin, völlig anders zu leben, als der übliche Lebensstil unserer Gesellschaft es uns vorgibt. Bei diesem geht es darum, so viel Liebe wie nur möglich anzuhäufen, damit wir uns sicher und geborgen fühlen können: eine Art von „Liebesmaterialismus". Stattdessen können wir lernen, uns mit uns selbst wohlzufühlen, indem wir unsere Liebe überall zeigen. In Anhang 1 dieses Buches finden Sie spezifische Übungen, um dahin zu gelangen.

Wir können üben, Liebe zu zeigen, indem wir diejenigen nachahmen, die uns Liebe entgegengebracht haben. Unser ganzes Leben war, wenn auch mit wechselndem Erfolg, eine Lektion in Liebe. Jeder Augenblick der Liebe, die wir von jemandem empfangen, ist eine Empfehlung für uns, es ihm gleichzutun. Hier folgen drei Beispiele dafür, wie dies geschehen kann:

1. Wir durchleben eine schmerzhafte Krise, weil uns jemand verletzt hat. Ein Freund sagt: „Es tut mir leid, dass dir so etwas passiert ist." Diese schlichte Aussage bedeutet uns sehr viel. Wir erinnern uns an daran, und wenn andere Freunde in eine ähnlich schmerzhafte Situation gelangen, wiederholen wir genau diese Worte. Sie helfen uns dabei, in uns Liebe für den anderen Menschen zu finden. Die ist das Element von Mitgefühl unserer Praxis der Liebenden Güte.

22 Übersetzung von Karl Simrock

2. Wir teilen einem Freund uns betreffende gute Nachrichten mit und er sagt sofort: „Ich freue mich für dich!" Wir können erkennen, dass er wirklich hocherfreut über unseren Erfolg ist, und das fühlt sich für uns wie unterstützende Liebe an. Wir sagen dasselbe zu anderen, wenn sie gute Nachrichten erhalten. Dies ist Freude am Erfolg des anderen, ein weiterer Aspekt von Liebender Güte.
3. Wir bitten einen Freund bei einem kritischen Problem in unserem Haus um Hilfe und er kann erkennen, dass wir unser Anliegen begrenzen, um ihm so wenig Unannehmlichkeiten wie möglich zu bereiten. Er unterbricht uns plötzlich und meint: „Sag mir, was ich wirklich für dich tun soll, wenn du die Wahl hättest." Wir realisieren, dass er bereit ist, uns in jeder Hinsicht zu helfen, nicht nur als ein minimales Engagement für unser Projekt. Das fühlt sich an wie echte Hilfe, so als wolle er wirklich auf unterstützende Weise für uns da sein. Dies ist Liebende Güte, die wir nachahmen können.

In diesen Beispielen wird jeder der drei Freunde zu einem Lehrer, einem Vorbild dafür, wie Liebe gezeigt wird. Wir können uns an sie erinnern und innerlich unseren vielen fantastischen Vorbildern danken, wenn wir hören, wie wir sie zitieren. Wir sind dankbar, dass sie uns so offensichtlich geliebt und uns gezeigt haben, wie man liebt: Alles, was wir empfangen, wird zu etwas, das wir geben können.

Die Schattenseite zeigt sich in Menschen, die gemein und gleichgültig zu uns gesprochen haben. Wir können uns an sie erinnern und sie als Beispiel dafür nehmen, wie wir zu niemandem sprechen sollten.

Manchmal wird eine fürsorgliche Verbindung stillschweigend gezeigt. Als ich in der 7. Klasse war, trug ich Zeitungen aus. Jeden Morgen beim ersten Licht im Sommer oder in der kalten Dunkelheit des Winters warf jemand von einem Lastwagen ein mit Bindfaden zusammengeschnürtes Bündel Zeitungen auf den Bürgersteig vor unserem Haus. Ich suchte dann nach einer Glasscherbe – in jenen Tagen waren die Straßen voll davon –, und zerschnitt die Schnur, bevor ich die Zeitungen in meine Schultertasche steckte.

Auf meinem Heimweg von der Schule am Nachmittag ging ich öfter bei Jenny vorbei, um ihr durch ihr Fenster im Erdgeschoss gegenüber von unserem Haus Hallo zu sagen. Sie war eine freundliche Nachbarin, die an Krebs erkrankt war und nicht laufen konnte. Eines Tages griff sie in eine Tasche ihres geblümten Kleides und reichte mir einen Aluminiumring mit einem scharfen Haken daran. Sie erklärte mir, dass man ihn an einem Finger trage, um damit eine Schnur oder ein Seil durchzutrennen. Ich begriff, dass sie mich beobachtet und einen Weg gefunden hatte, mir zu helfen.

Jenny hatte mich dabei beobachtet, wie ich jeden Morgen nach einem Stück zerbrochenem Glas Ausschau hielt, und hatte jemanden gefunden, der mir ein Werkzeug besorgte, um meine Aufgabe zu erleichtern. Ich erinnere mich daran, wie überrascht und dankbar ich war. Dieses Geschenk einer fürsorglichen Verbindung habe ich niemals vergessen.

Jennys liebevolle Bewusstheit mir gegenüber ist ein Vorbild für Liebe und es ist an mir, diesem zu folgen. Ich möchte es auf meine Weise tun. Dies ist besonders sinnvoll, da die Geschichte von Jenny voller Synchronizität ist: Genau die richtige Person lebte in meiner Nähe und sorgte sich auf eine Weise um mich, die mir etwas bedeutete. Insofern muss wohl ihre Art und Weise zu lieben, ebenfalls durch Synchronizität, genau die Zutat gewesen sein, die ich brauchte, um sie meinem persönlichen Repertoire von Liebe hinzuzufügen. Sie schenkte mir ihre Gunst, die mir geholfen hat, mich in Zeiten, in denen ich mich eher zerbrochen als ganz fühlte, daran zu erinnern. So wie William Wordsworth in *Preludes XII* sagte, enthalten besondere Augenblicke von Liebe eine erneuernde Kraft, sodass

> *... unser Geist*
>
> *genährt und unsichtbar erneuert wird.*

Im Buddhismus spricht man von der *Übertragung* der Lehren und nicht nur von ihrer Darlegung. Die Praktizierenden lernen nicht nur einfach etwas; sie empfangen eine Übertragung des Dharma, der erleuchteten Lehren. Die Lehren sind keine bloßen Worte, sondern eine Lebensweise. Die Ausbildung von Liebe durch andere im Laufe unseres Lebens, wie etwa in dem Beispiel mit Jenny, ist genau eine solche Transmission. Wir lernen am meisten darüber, wie man liebt, indem wir die Art und Weise, wie andere uns Liebe gezeigt haben, nachahmen. Doch wie jede spirituelle Praxis erfordert Übertragung auch eine fortlaufende Übung, wenn wir unsere Liebe in unseren alltäglichen Entscheidungen ausdrücken wollen.

Fragen Sie sich, welche stillschweigenden Formen von Liebe Ihnen zuteil wurden, und schreiben Sie die Verpflichtung nieder, sie nachzuahmen.

Unsere eigene Liebe für andere kann ebenfalls stillschweigend sein. Wir können jemanden auf dauerhafte und fürsorgliche Weise in unserem Herzen tragen, auch wenn wir unsere Liebe nicht zeigen oder offen zum Ausdruck bringen. Wir lieben beispielsweise bestimmt unsere Kinder oder unseren Partner oder Freund, auch wenn sie gerade körperlich nicht bei uns sind oder wenn wir nicht an sie denken. Wir tragen sie auf eine fürsorgliche Art stets in unserem Herzen. Ebenso gab es Menschen in unserer Vergangenheit, die wir geliebt und nun aus den Augen verloren haben. Die alte Flamme mag vor langer Zeit erloschen sein, aber wir empfinden noch immer ein freundliches, fürsorgliches Gefühl für diese erste Liebe. Dies gilt auch für Freunde, die fortgezogen sind und mit denen wir nicht mehr im Kontakt sind. Wir wissen, wir tragen sie alle liebevoll in unserem Herzen, denn wir lächeln noch immer zärtlich, wenn wir an sie denken. Wahre Liebe hört niemals auf; sie kann nur in einen inaktiven Status übergehen.

In beinahe jedem Kinofilm gibt es mindestens ein Beispiel für Liebe oder das Bedürfnis danach. Wir können es uns zum Prinzip machen, nach solchen Beispielen Ausschau zu halten und sie sogar schriftlich festzuhalten. Wir können in unserem Leben und in unseren Beziehungen die Beispiele gesunder Liebe, die wir auf der Leinwand sehen, nachahmen. Wir können uns sogar fragen, ob unser Bedürfnis dem gleicht, was uns in dem Film so berührt hat. Wie bei den fixierten sexuellen Fantasien nehmen wir das, was wir sehen, nicht wörtlich, sondern forschen nach den tieferen Gefühlen und Bedürfnissen, die durch den Film wachgerufen wurden. Auf diese Weise kann Unterhaltung als Weg zum Lernen benutzt werden, wie man liebt und welches unsere besonderen Bedürfnisse nach Liebe sind. Die Schauspieler sind unsere Vorbilder; die Geschichte ist unsere Geschichte.

Ich gebe Ihnen hier ein Beispiel, wie dies in der Praxis aussehen kann. In der berührenden Komödie *Lars und die Frauen* braucht Lars Liebe, hat aber anfangs Angst, sie in einer wirklichen Person zu finden, und er bestellt sich deshalb eine lebensechte Puppe. Die Leute aus der Kleinstadt begreifen, dass Lars ein Problem hat und machen ihn deswegen nicht lächerlich oder demütigen ihn. Stattdessen spielen sie bei seiner „Beziehung" zu der Puppe mit, um ihm zu helfen, durch diese Phase hindurchzukommen – ein Beispiel dafür, wie geduldig, mitfühlend und respektvoll Liebe dem Timing eines Menschen gegenüber sein kann.

Später, als sein „Mädchen" im Krankenhaus „stirbt", kommt eine kleine Gruppe von Damen aus der Stadt zu Lars' Haus und hält mit ihm „Totenwache". Eine von ihnen sagt ausdrücklich: „Wir sind zum Sitzen hergekommen."

Beim Ansehen dieses Films mögen wir uns fragen, ob wir nicht auch, wie Lars, Angst vor Intimität haben. Wir können lernen, dass eine schöne Art und Weise, Liebe auszudrücken, ist, einfach nur da zu sein, keine Ratschläge zu geben, sondern einfach nur bei jemandem zu bleiben, der eine schwere Zeit durchmacht, wie es die Leute aus der Kleinstadt für Lars getan haben. Alle Figuren in diesem Film schenken uns Informationen über uns selbst, unsere Ängste und unsere Gelegenheiten, Liebe zu zeigen.

Und hier noch ein Beispiel: In der mittlerweile berühmt gewordenen Szene des Films *Five Easy Pieces – ein Mann sucht sich selbst* erniedrigt der von Jack Nicolson gespielte Mann eine genervte Serviererin in einem Restaurant. Diese Szene sollte humorvoll sein, doch woher rührte unser Lachen? Wir lachten über den Schmerz eines anderen Menschen. Eine liebevolle Einfühlsamkeit würde uns zu *Mitgefühl* für die Serviererin führen, sowohl für ihre Rigidität als auch für die Art und Weise, wie sie behandelt wurde. Unser Gefühl für das, was komisch ist, könnte durch unsere Wertschätzung dessen, was Liebende Güte ausmacht, ausgeglichen werden. Unser eigener Gebrauch von Humor, wenn wir uns einer liebevollen Sprache verpflichtet haben, zielt auf menschliche Schwächen ab, ohne andere durch Sarkasmus oder Hohn zu verletzen. Unsere Reaktion als Zuschauer auf diese Szene hilft uns, unsere Beziehung zu Mitgefühl und Humor einzuschätzen.

Wir sind uns zwar dessen bewusst, dass die Figuren auf der Leinwand schauspielern, sodass die „Serviererin" nicht wirklich erniedrigt worden ist. Hier erkunden wir jedoch, wie wir aus Filmen und unserer Reaktion auf sie lernen können. Daher ist dieser Punkt nach wie vor nützlich.

Wir können eine Liste von Filmen erstellen, die wir gesehen haben, und die besonderen Formen von Liebe, die wir aus ihnen gelernt haben, aufschreiben – ebenso inwiefern sie uns geholfen haben, unsere eigenen Bedürfnisse und Ängste zu verstehen. Wir wollen, dass alles und alle für uns Coaches in der Kunst der Liebe werden.

Schließlich möchten wir unsere Liebe für andere vielleicht einer *Prüfung* unterziehen. Hier geben ich Ihnen eine Checkliste, die Ihnen helfen kann zu untersuchen, in welchem Ausmaß Sie Ihre Liebe selbstlos, als *Agape*, zeigen:

- Ich gehe auf andere zu, ergreife die Initiative, mich ihnen auf sanfte, unaufdringliche Weise zu nähern.
- Ich gebe mir größte Mühe, für andere Menschen da zu sein, insbesondere in einer Krise.
- Ich entschuldige mich, wenn ich andere verletzt habe.
- Ich lege Loyalität und Vertrauenswürdigkeit an den Tag.
- Ich unterstütze das ganze Spektrum möglicher Lebensweisen, für die sich die Menschen entscheiden.
- Ich gebe, wenn nötig, hilfreiches und freundlich zum Ausdruck gebrachtes Feedback.
- Ich entgehe der Verkettung von Schmerz und Vergeltung.
- Für mich ist das Wohlergehen anderer genauso wichtig wie das eigene.
- Ich opfere meine eigenen Bedürfnisse manchmal zugunsten einer Bindung.
- Ich halte sowohl selbstlos gebende Großzügigkeit als auch mich selbst schützende Grenzen aufrecht.

Die beste Art und Weise, um wirklich sicher zu sein, dass wir uns einem Leben der Liebe verpflichtet haben, ist, so viel Liebe wie möglich zu zeigen: in allem, was wir sagen oder tun, in jeder Situation, Tag für Tag, ohne jemanden auszuschließen, zu verwünschen, auszustoßen oder zu ignorieren, und ungeachtet dessen, ob wir wieder im Gegenzug Liebe erfahren.

Drei Arten der Verbindung

Nun können wir uns ansehen, wie wir anderen Liebe auf drei besondere und gestaffelte Arten entgegenbringen können: positive Verbindung, fürsorgliche Verbindung und universelle fürsorgliche Verbindung.

Auf der grundlegendsten Ebene ist die allgemeine Höflichkeit eine Form, Liebe zu zeigen, denn jede *positive Verbindung* ist eine Form von Liebe. Wir zeigen diesen Stil zu lieben schlicht und einfach, indem wir anderen gegenüber freundlich, höflich, angenehm und respektvoll sind. In dieser Hinsicht ist unsere Arbeit an der Verwendung effektiver Kommunikationstechniken eine Einübung von Liebe, denn sie hilft uns, uns mit anderen zu verbinden *und* unsere eigenen Grenzen zu schützen, was ein Ausdruck davon ist, uns selbst zu lieben. Allgemeine Höflichkeit geschieht im alltäglichen Leben, normalerweise in kurzen Augenblicken. Sie bildet einen lebenslangen Stil ohne jede Unterbrechung und gründet sich auf Wohlwollen gegenüber allen: „Die Interessen anderer sind von Bedeutung und ich respektiere diesen Umstand; lediglich in kritischen oder ernsthaften Situationen stelle ich ihre Interessen vor meine." Dies ist soziale Verbundenheit, Nächstenliebe. Diese grundlegende Art und Weise zu lieben wird jedem gezeigt, dem wir begegnen, sei er nun fremd oder uns bekannt.

Wir können Liebe auch als eine *fürsorgliche Verbindung* im Rahmen unserer intimeren Beziehungen zeigen. Diese Art und Weise zu lieben beschränkt sich meistens auf unsere Familienmitglieder, Freunde, Partner und jeden, der uns nahesteht. Diese Liebe kann die Form der Fünf Aspekte annehmen – Aufmerksamkeit, Annehmen, Wertschätzung, Zuneigung und Zulassen –, die wir aufrichtig denjenigen zukommen lassen, die uns etwas bedeuten: „Die Interessen der anderen haben dieselbe Bedeutung wie meine eigenen, daher ordne ich meine oft den ihren unter." Dies ist eine familiäre Verbindung sowie eine Verbindung mit Menschen, die wir gut kennen.

Wir können unsere Liebe auch als *universelle fürsorgliche Verbindung* zeigen. Diese humanitäre Liebe kann Formen der Fürsorge und des Mitgefühls für Menschen in der ganzen Welt annehmen, zumeist für solche, denen wir nicht direkt begegnen: „Die Interessen anderer sind wie meine eigenen von Bedeutung, daher stelle ich meine hinter die ihren, wenn es angemessen ist. Ich setze jedoch die lebensnotwendigen Güter, für die zu sorgen ich zugunsten der mir Anvertrauten verantwortlich bin, nicht aufs Spiel, um meine Dienste der ganzen Welt zugute kommen zu lassen." Dies ist eine spirituelle Verbindung; sie zielt auf alle Menschen ab – manche sind bekannt, andere unbekannt – und schließt auch die ganze Natur mit ein.

Gegenseitigkeit ist bei intimer Liebe wichtig, aber irrelevant bei allgemeiner Höflichkeit und universeller Fürsorge. Wir können ein Liebesspektrum von positiver Verbindung über persönliche fürsorgliche Verbindung zu universeller fürsorglicher Verbindung herstellen. Zwischen diesen liegen Myriaden an Formen von Liebe, je nach den daran beteiligten Menschen und Umständen. Wir können nun jede dieser Formen genauer betrachten.

Höfliche Liebe: Jede Art von positiver Verbindung

Wir sind höflich und zuvorkommend, respektvoll, hilfsbereit, entgegenkommend, aufrichtig und menschlich in all unseren Unterfangen. Gewöhnlich ist es leicht, diese Art von Liebe zu zeigen. Wir benutzen Rituale, wie etwa einen Händedruck oder ein Lächeln, um sie zu fördern. Dies ist soziale Höflichkeit, Entgegenkommen und Umgänglichkeit. Das ist Liebe in ihrer rudimentärsten Form, weil ihre Motivation einfach nur Gewohnheit oder Geselligkeit sein kann anstelle von wirklicher Fürsorge. Dennoch können wir es als eine Form der Liebe bezeichnen, da sie positive Verbindung befürwortet und ausdehnt, das kleinste Kriterium für Liebe.

Höfliche (Nächsten-)Liebe konzentriert sich darauf, wie man sich freundlich in einer Welt von anderen verhält. Sie ist ein Teil des sozialen Vertrages, der erforderlich ist, wenn die Gesellschaft gut funktionieren soll. Diese Form von Verbindung ist unvoreingenommen und in ihrer Anwendung ohne Grenzen. Sie kann manchmal einige Geduld von uns verlangen, aber im Allgemeinen ist sie leicht auszuüben, sowohl gegenüber den Menschen, die wir oft sehen, als auch gegenüber solchen, die wir gerade getroffen haben und wohl nur dieses eine Mal sehen werden.

Paradoxerweise kann sich diese grundlegende Art und Weise zu lieben als beängstigend erweisen, wenn es um Menschen geht, die wir gut kennen! Es kann zum Beispiel manchmal schwerer sein, mit Familienmitgliedern umzugehen als mit Fremden. Wir haben wohl alle schon gesehen, welche Tiefe von Entfremdung, Wut und Aggressivität auftreten kann, wenn es zu einer Verletzung innerhalb der Familie kam, sei sie nun real oder vorgestellt. Fehden können daraus resultieren und unaufgelöst bleiben, ja wir mögen sogar trotz katastrophaler Auswirkungen für alle Beteiligten an ihnen festhalten. Einige unaufgelöste Probleme ruhen und warten darauf, geweckt zu werden. Einige lauern in einem Versteck und warten nur darauf, sich auf uns zu stürzen. In beiden Fällen verlieren wir, denn es handelt sich um einen Kreislauf aus Verletzung und Rache, Entscheidungen, die für einen Erwachsenen, dessen Fokus im Leben auf Liebe gerichtet ist, nicht annehmbar sind.

Höfliche Liebe ist manchmal alles, was ein Elternteil oder Geschwister anbieten oder zulassen. Menschen können uns nahestehen, aber sich nicht zärtlich wie Turteltäubchen verhalten, und das Zusammensein mit ihnen mag sich nicht unbedingt behaglich anfühlen. Wir nehmen dies als eine Gegebenheit an, bleiben in unserem Herzen zentriert, bleiben offen für größere Nähe, erwarten oder fordern jedoch nicht mehr, als sie zu geben bereit sind.

Nachdem ich diesen Abschnitt geschrieben hatte, kam es zu einer Synchronizität. Ich hörte gerade Louis Armstrong mit *What a Wonderful World* im Radio und musste schmunzeln, als ich diese besonderen Verse von George David Weiss und George Douglas hörte, die so perfekt zur höflichen Liebe passen: *„I see friends shaking hands saying ‚How do you do?'/They're really saying ‚I love you'"* („Ich sehe Freunde, die sich die Hand geben und sagen ‚Wie geht's?'/Doch in Wirklichkeit sagen sie ‚Ich liebe dich'").

Intime Liebe: Persönliche fürsorgliche Verbindung

Höfliche Liebe richtet sich an die Personen, denen wir begegnen. Intime Liebe bringen wir den Menschen entgegen, die wir kennen und die wir in unseren Kreis spezieller Beziehungen aufgenommen haben. Intime Liebe schließt zusätzlich zum Geben der Fünf Aspekte die Fürsorge für das Wohlergehen anderer mit ein, indem wir Mitgefühl mit ihrem Schmerz zeigen, bereit sind, ihre Fehler zu vergeben, anstatt Vergeltung zu üben, großzügig ihnen gegenüber sind, ihnen gegenüber vertrauenswürdig und loyal bleiben und keine Mühen scheuen, ihnen zu helfen, sie zu unterstützen oder ihnen zur Seite zu stehen, wenn sie es am meisten brauchen.

Universelle Liebe: Sich um alle Wesen kümmern

Humanitäre Liebe wohnt in unserem sich entwickelnden menschlichen Gehirn und wird durch die Sorge um die ganze Welt motiviert, anstatt einfach nur durch den Wunsch, wir und unsere Gruppe mögen überleben und gedeihen. Sie umfängt Menschen, die wir im Fernsehen gesehen haben oder von denen wir aus der ganzen Welt gehört haben.

Humanitäre Liebe zeigt sich manchmal durch Formen der Selbstaufopferung in einer Krise oder in Notzeiten. Sie kann zu einer Mission werden, aus der sich eine Verpflichtung herausbildet. Lieben wir auf diese Weise, so sind wir darauf ausgerichtet, auf einfache oder auf heroische Weise eine Gesellschaft von Gerechtigkeit, Frieden und Liebe herbeizuführen. Eine solche Liebe *transzendiert* unsere Verbindungen zu Individuen, Partnern und Gruppen. Sie ist daher *per definitionem* spirituell. Sie ist gleichermaßen bedingungslos (basiert nicht auf Gegenseitigkeit) und universell (ist ohne Grenzen oder Einschränkungen). Sie ist mutig, altruistisch motiviert und stellt das eigene Ich zurück.

Wahre menschliche Liebe steht in Widerspruch zu unserem natürlichen Instinkt, die Menschen in Insider und Outsider aufzuteilen. Eine solche Aufteilung macht es wahrscheinlich, dass wir „unsere Seite“ unterstützen und idealisieren, während wir „deren Seite“ verunglimpfen und dämonisieren. Diese Vorurteile kommen selbst dann zum Tragen, wenn die Gruppenaufteilung willkürlich stattfindet. Zu lieben erfordert immer sowohl den Kampf als auch das Willkommensein: Wir bekämpfen unsere natürliche Neigung zur Aggression und öffnen uns unserer natürlichen Neigung zum Zusammenschluss. Der „Kampf“ besteht natürlich aus einer Bändigung anstatt einer Prügelei.

Bevor wir danach streben, auf heroische humanitäre Weise zu lieben, können wir uns fragen: „Wie viel Mitgefühl kann ich aufbringen und inwieweit bin ich bereit, meine eigene Bequemlichkeit zugunsten anderer zu opfern?“ Am besten sorgen wir für uns, wenn wir unsere eigenen Grenzen und unser Timing bei unserem Engagement für mitfühlenden freundlichen Kontakt respektieren. Grenzen zu haben ist kein Anzeichen für einen Mangel an Liebe. Wir verpflichten uns zu dem, wofür wir bereit sind. Wir können uns jedoch auch dafür entscheiden, weiter zu gehen, indem wir nach dem streben, wofür wir bereit sein *wollen*. Die gute Nachricht ist, dass wir unsere Bereitschaft und Befähigung stets durch Übung vergrößern können.

Es gibt viele Arten der Liebe, die zwischen die drei aufgelisteten einzuordnen sind, insbesondere zwischen die zweite und die dritte Art und Weise. Liebe kann auf so viele verschiedene Weisen gezeigt werden, wie es Menschen gibt, die das tun.

Wollten wir unsere Liebesverantwortlichkeiten in eine Reihenfolge bringen, so könnten wir sagen, dass unsere erste Verantwortung darin besteht, für uns selbst zu sorgen; unsere nächste Sorge gilt den von uns geliebten Menschen; und das volle Ausmaß unserer Liebe gilt der ganzen Welt mit all ihren Menschen. In dieser Reihenfolge können wir auch unsere Ressourcen teilen oder in Aktion treten: Ich presse bei einem Druckabfall in der Kabine eines Flugzeugs zuerst mir die Sauerstoffmaske aufs Gesicht, dann meinen Kindern und als Drittes der Person auf dem Platz im Gang gegenüber. Die Reihenfolge von uns und unseren Kindern kehrt sich natürlich um, wenn die Angelegenheit heikler ist: Ich kaufe mir keinen neuen Mantel, damit meine Kinder ihre Wintersachen bekommen können.

In seinem Buch *The Triune Brain in Evolution,* („Das dreieinige Gehirn in der Evolution") legt Paul McLean dar, dass unser Gehirn drei operative Schichten besitzt: das Reptilienhirn, das Säugetier-Gehirn und das menschliche Gehirn. Wir können seine Vorstellung umreißen, indem wir seine Unterscheidungen verwenden. Unser Hirnstamm reguliert unsere Herzfrequenz, Temperatur und Reflexe, wie etwa den Kampf-, Flucht- oder Erstarrungs-Reflex. Er ist hauptsächlich genetisch bedingt und daher nicht so leicht durch Lernen zu beeinflussen. Dieser *Reptilien-*Teil unseres Gehirns versetzt uns in die Lage, für unser eigenes Überleben zu sorgen und unsere eigenen Interessen in den Vordergrund zu rücken; doch wir zeigen noch immer höfliche Liebe, um unsere Verbindung mit der Gesellschaft aufrechtzuerhalten.

Der *mammalische* Teil unseres Gehirns schenkt uns die Fähigkeit, andere zu lieben und ihre Interessen in den Vordergrund zu rücken, wic bei intimer Liebe.

Unser entwickeltes *menschliches* Gehirn befähigt uns zu Zuneigung, die sich über unsere Nächsten und Geliebten hinaus ausdehnt, wie bei universeller Liebe.

Bevor ich mich heute niedersetzte, um diese Seite zu redigieren, hörte ich ein Interview im Radio, bei dem die Zuhörer anrufen und Fragen stellen konnten. Der Gast war Lyle Lovett, ein Country-Sänger und Schauspieler. Keiner der Anrufer war ihm je begegnet, aber an ihrer Stimme und ihren Worten konnte ich hören, dass sie ihn und sein Talent zutiefst wertschätzten. Einige Leute erzählten, er habe ihr Leben nachhaltig beeinflusst. Während ich weiter den Anrufern zuhörte, realisierte ich plötzlich, dass sie so klangen, als würden sie ihn *lieben* und nicht nur Freude an dem haben, was er produzierte. „Da haben wir's", dachte ich mir. „Man muss jemanden nicht persönlich kennen, um liebevolle Gefühle für ihn zu hegen."

Dies eröffnet uns eine Einsicht: *Wir müssen jemanden nicht kennen, um ihn zu lieben, doch wir kennen jemanden nur, wenn wir ihn lieben*. Wenn wir jemanden lieben, müssen wir außerdem auch uns selbst kennen, denn es stellt sich heraus, dass die Liebe im anderen und in uns selbst dieselbe ist. Was sich unterscheidet ist lediglich die Art und Weise, wie wir Liebe deuten, zeigen und suchen.

Der dreistufige Weg

Das Ziel, auf das dieses Buch uns ausrichten will, besteht darin, unsere Liebe immer weiter auszudehnen, damit sie sich von uns selbst zu anderen und schließlich zu allen ausweiten kann. Wir können die drei Arten von Liebe als *Stufen* betrachten. Wir gehen von einfacher Freundlichkeit jedem gegenüber zu fürsorglichem Respekt für unsere Familie und Freunde weiter. Dies stattet uns dafür aus, unsere Fürsorge auf alle Wesen auszudehnen. Die zwei ersten Arten des Liebens können dann zu einer Praxis werden, die uns dahin bringt, die dritte Möglichkeit zu aktivieren: unser volles Liebespotenzial. Es folgen hier die drei Formen der Liebe, die wir besprochen haben, und einige Möglichkeiten, sie in die Praxis umzusetzen:

- *Positive Verbindung*: Wir verpflichten uns, jedem mit *Freundlichkeit, Höflichkeit* und *Respekt* zu begegnen. Einfach angenehm und freundlichen Herzens zu sein ist schon ein Anfang. Bei dieser Praxis verhalten wir uns so, wie wir letztlich werden möchten. Angenehm und freundlichen Herzens zu sein ist nicht aufgesetzt, wenn es als Übung verstanden wird. Nettes Verhalten ist nur dann falsch und verlogen, wenn es benutzt wird, um uns bei anderen einzuschmeicheln, um diejenigen zu beschwichtigen, die uns einschüchtern oder bedrohen, oder um andere zu manipulieren oder zu betören. Unsere Motivation ist der Schlüssel: Eine echte Absicht, so liebevoll zu sein, wie es uns möglich ist, steht im Gegensatz zu Schauspielerei, um uns zu schützen oder uns Vorteile zu verschaffen.

- *Fürsorgliche Verbindung*: Wir verpflichten uns zu einer besonderen Form von Liebe für ausgesuchte Individuen. Dies zeigt sich als *Nähe, Fürsorge* und *Intimität* – alles im Kontext eines echten, durchgängigen Ausdrucks der Fünf Aspekte. Unsere Verpflichtung schließt ein, dass wir unsere Ängste vor Intimität durcharbeiten, damit wir Nähe zeigen und zulassen können sowie gewillt sind, unsere Probleme zu bearbeiten und Vereinbarungen einzuhalten.
- *Universelle fürsorgliche Verbindung*: Unsere *weltweite mitfühlende Fürsorge* kann damit beginnen, dass wir ein universelles Streben in all unsere Gebete und spirituellen Praktiken einbinden. Wenn wir unser eigenes Glück durch Affirmationen bekräftigen, wünschen wir es wie in der buddhistischen Praxis der Liebenden Güte auch für andere. Wenn wir krank sind und im Gebet um Hilfe bitten, beten wir auch dafür, dass alle Menschen mit derselben Krankheit ebenfalls Hilfe finden mögen. Dann weitet sich unser Bewusstsein aus und schon bald finden wir weitere aktive Wege, unsere Liebe zu zeigen, zum Beispiel: uns für ein mitfühlendes Ehrenamt bewerben; Geld spenden, um Armut zu lindern; uns einer politischen Aktion anzuschließen, die darauf abzielt, eine gerechtere, grünende und friedlichere Welt zu schaffen.

Wie Lieben und Geliebtwerden uns von Angst befreien

In einer Legende heißt es, die Feinde Buddhas schickten einmal einen verrückten Elefanten zu ihm, der ihn angreifen und niedertrampeln sollte. Buddha sah Angst in den Augen des Elefanten und empfand tiefes Mitgefühl für ihn. Er erhob seine rechte Handfläche hin zum Elefanten, was ein „Nein zur Furcht" symbolisieren sollte. Er wölbte seine linke Hand in seinem Schoß, was ein „Ja zur Liebe" symbolisieren sollte. Diese erste *Mudra* (meditative Handhaltung) besänftigte den Elefanten, der sich daraufhin vor Buddha verneigte. Auf diese Weise befreit uns Liebe von der Angst, weil sie die Angst automatisch in Verbindung umwandelt, denn Angst gedeiht auf Ausgrenzung und Spaltung. Wenn Liebe hinzukommt und alles umfängt, wird die Notwendigkeit für Angst außer Kraft gesetzt.

Angst sendet mehr Blut in unsere Beinmuskulatur, damit wir rennen können. Dies geht auf primitive Zeiten zurück, als wir bereit sein mussten, vor Raubtieren davonzulaufen. Diejenigen, die davonrennen konnten, überlebten. Mit anderen Worten, diejenigen, die Angst verspürten und darauf reagierten, indem sie losrannten, überlebten und wurden zu unseren Vorfahren. Unsere Gene begünstigen also nicht gerade, uns der Angst zu stellen, doch das können unsere Übungen leisten. Wir haben die Wahl zwischen primitivem Überlebensverhalten und erleuchtetem Verhalten, dem entwickelten Weg zum Überleben.

Unsere Ängste mögen daraus resultieren, dass wir daran zweifeln, uns vor Bedrohung und Gefahr schützen zu können. Unsere geradlinige Hingabe daran, all unsere Liebe zu zeigen, wird zu einer Quelle persönlicher Sicherheit, weil unsere Liebe mit einschließt, dass wir unsere Grenzen setzen und aufrechterhalten, damit andere lernen können, unsere Grenzen zu respektieren.

Dann brauchen wir keine Angst mehr zu haben, ausgenutzt zu werden.

Unsere Angst nimmt auch ab, wenn wir von anderen geliebt werden. Wir werden daran erinnert, was Romeo in Shakespeares *Romeo und Julia* sagte. Er erzählt Julia, er fühle sich nicht bedroht von jenen, die ihn anfeinden:

Blick du nur freundlich,

So bin ich gegen ihren Hass gestählt.

Dies ist ein Kommentar zu dem anhaltenden menschlichen Gefühl, dass geliebt zu werden uns *Schutz* bietet. Das ist kein Aberglaube, es sei denn wir nehmen es wörtlich. Es ist vielmehr eine Art und Weise, die Verbindung zwischen Geliebtwerden und unserem eigenen Gefühl von Sicherheit und Geborgenheit zu finden. Wie wir vorher gesehen haben, können wir uns selbst vertrauen, wenn wir lieben oder geliebt werden. Wir fühlen uns stärker und selbstsicherer angesichts einer Gefahr oder eines Feindes.

Die folgende Tabelle soll die Unterschiede zwischen Liebe und Angst zusammenfassen:

Liebe	**Angst**
Schließt ein	Grenzt aus
Bewegt sich hin zu etwas; ist verbindend	Bewegt sich fort von etwas; ist trennend
Ist immer unser natürlicher Zustand	Ist unsere zeitweilige situationsbedingte Haltung
Sieht viele Möglichkeiten	Ist in einer katastrophalen Sichtweise gefangen

Vertraut ohne Angst	Ist argwöhnisch
Riskiert etwas	Hält uns zurück
Offenbart das wahre Ich	Verbirgt das wahre Ich
Öffnet sich für Gefühle	Sperrt sich gegen Gefühle
Stellt sich auf das Gegenüber ein	Reagiert
Ist großzügig	Behält für sich zurück
Befreit	Hält gefangen
Vergibt	Hegt Groll
Vertreibt Angst	Vertreibt Liebe

Das Glück, das aus einem angstfreier und liebevoller Offenheit verpflichteten Leben resultiert, ist anhaltend, aber es garantiert keine ständige Euphorie. Denn Glück ist tatsächlich kein eigenständiges Gefühl. Es ist das *Ergebnis* eines Engagements für etwas, das für uns Bedeutung besitzt und uns gefällt. Für den einen bedeutet das Engagement in einer riskanten Sportart Glück. Für einen anderen liegt es im Angeln. Für die meisten von uns liegt Glück in Sicherheit und Geborgenheit, aber dieses Gefühl wird niemals gewährleistet sein, wenn seine Grundlage außerhalb von uns selbst liegt. Wenn unser Lebenssinn darin besteht, uns und andere zu lieben und offen für die Liebe von anderen zu sein, dann fühlen wir uns wirklich sicher und geborgen, weil die Grundlage unseres Glücks in unserem Inneren zu finden ist.

Übung

Andere lieben, auch wenn sie uns nicht mögen

Wenn unser Leben hauptsächlich darauf ausgerichtet ist, nach Gelegenheiten zu lieben zu suchen, erfahren wir in unserem Glück heitere Gemütsruhe. Mit einer derartigen Zufriedenheit regen wir uns nicht mehr auf oder wollen uns rächen, wenn andere uns nicht mögen. Wir interpretieren ihre Haltung uns gegenüber als Information, dass sie unserer Liebe mehr denn je bedürfen. Wir sehen uns an, was sie an uns nicht mögen, und kritisieren uns selbst. Wir verändern unser Verhalten, wenn uns dies wirklich angemessen erscheint. Unsere Selbstverbesserung wird nun davon angetrieben, unser Auftreten, unsere Entscheidungen, unser Verhalten und unsere Gefühle zu den besten Instrumenten für den deutlichen Ausdruck unserer Liebe zu machen.

Wir werden vielleicht erkennen, dass andere uns aus Gründen nicht mögen, die sich unsrer Kenntnis entziehen oder für die wir nicht verantwortlich sind. Wir akzeptieren dies als eine Gegebenheit menschlicher Interaktion. Von uns wird nicht verlangt, ihre Entscheidungen zu berichtigen oder zu diskutieren, sondern nur, sie zu beobachten. Wir sind nicht darüber empört, dass andere uns nicht mögen. Wir sehen ihre Abneigung als eine Einladung an, sie noch liebevoller in unser Herz zu schließen, ohne den Kontakt zu erzwingen. Wir halten sie und alle anderen einfach in unserem Kreis der Liebe – einem Kreis, der keinen festen Umfang besitzt. Liebe lockt uns durch jede Reaktion anderer auf uns zu sich. *I surrender, dear.*[23]

23 „Ich gebe mich dir hin, Schatz" – ein bekannter Jazz-Standard (Anm. d. Übers.)

Es ist natürlich, Schmerz zu empfinden, wenn andere unsere Gefühle verletzen oder sich uns gegenüber nicht liebevoll verhalten. Das ist ein gesundes Anzeichen, denn es zeigt, dass andere uns etwas bedeuten, dass Liebe uns etwas bedeutet. Unser Schmerz wird dann ungesund, wenn verletzt zu werden unser Selbstwertgefühl herabsetzt oder uns dazu verleitet, Vergeltung zu üben. Wir können die Erfahrung, verletzt oder abgelehnt zu werden, stattdessen als Ansporn dafür nehmen, mehr zu lieben, liebevoller gegenüber allen zu handeln und immer wieder Liebende Güte zu üben. Nun kann unsere Verletzung und möglicherweise jedes durch andere ausgelöstes Gefühl und jede Reaktion zu einer Gelegenheit werden, das zu praktizieren, worauf es am meisten ankommt: die Liebe, die wir wirklich sind. Auf diese Weise kann uns Verletzung zur Erleuchtung führen.

> Wenn du dies in Angriff nimmst, ist das die einzige Zielsetzung, die für ein menschliches Leben großartig genug ist. Nicht einfach nur zu lieben – sondern in der Liebe zu bleiben.
>
> — Sue Monk Kidd

7
Liebe in einer Beziehung zeigen

Nur in einer Beziehung siehst du das Gesicht dessen, was ist.

— Jiddu Krishnamurti

Wir beginnen die Behandlung dieses Themas mit einer Zusammenfassung und Erinnerung daran, inwiefern Kräfte aus der Kindheit unsere Beziehungen beeinflussen können, wenn wir erwachsen sind. Wir begannen unser Leben mit zwei Sehnsüchten. Wir sehnten uns nach Anerkennung (das heißt nach der *Spiegelung* unseres Wertes) durch unsere Eltern, und wir sehnten uns nach *Verbundenheit* mit ihnen als Menschen von Macht und Wirksamkeit in der Welt. Wir wollten mit ihnen verschmelzen, damit wir an derartigen Fertigkeiten teilhaben konnten.

Wird unser Wert in einer gesunden Kindheit gespiegelt, so fördert das unsere Selbstwertschätzung. Die Verschmelzung wird zu einem Gefühl von Macht mit Verantwortung. Beide Gefühle flößen uns eine innere Sicherheit und Geborgenheit ein. Deshalb vertrauen wir auf uns selbst, weil wir geliebt und ermächtigt wurden.

Kam es in unserer Kindheit nicht zu einer solchen Spiegelung und Verschmelzung, dann fehlen uns diese beiden Ressourcen. Doch im Erwachsenenleben gibt es immer noch Gelegenheit, sie zu finden. Wir können das betrauern, was uns in der Vergangenheit gefehlt hat, und lernen, uns selbst in diesem Prozess zu spiegeln und zu nähren. Dies baut die inneren Ressourcen auf, die wir uns früher nicht aneignen konnten.

Eine gesunde Beziehung zu führen wird schwer sein, wenn wir unsere vergangenen Verletzungen und Defizite nicht aufgelöst haben. Für eine wirklich gesunde Beziehung ist es erforderlich, dass die inneren Ressourcen bereits vorhanden sind. Erst dann können wir auf einen Partner mit der Fähigkeit zugehen, etwas Wundervolles zu teilen, statt mit einem riesigen Bedürfnis, das erfüllt werden muss. Lernen wir zu lieben, wird es wahrscheinlicher, dass wir die dafür notwendige Arbeit bewältigen, um uns sowohl persönlich als auch beziehungsmäßig von der Kindheit zum Erwachsensein weiterzuentwickeln. Die Übungen in diesem Buch helfen uns, diesen Übergang zu vollziehen.

Eine erwachsene Partnerschaft sollte ein Gefäß sein, welches die ganz verschiedenen Erfahrungen und Wesensmerkmale jedes Partners fürsorglich aufnimmt, indem sie gegenseitig gehalten, benannt und durchgearbeitet werden. Es ist wie ein Schoß, in dem sich zuerst Wachstum und dann ein Loslassen vollzieht.

Einige potenzielle oder gegenwärtige Partner wollen nicht etwas in sich heranreifen lassen und als Erwachsene in einer Beziehung geboren werden. Sie haben vielleicht Angst vor dieser Art von Liebe, die ihnen helfen könnte zu wachsen. Wir müssen sie dann in Liebe loslassen und unseren Weg allein fortsetzen. Unsere Verpflichtung zu *Agape* bedeutet jedoch, sich nicht auf immer und ewig von jemandem zu trennen. Selbst wenn wir den Kontakt zu einigen Menschen abbrechen, die uns einst nahestanden, halten wir immer eine Verbindung in unserem Herzen aufrecht. Auf welche Weise? Unsere Verbindung besteht darin, dass wir weiterhin das Beste für sie wünschen. Die Praxis Liebender Güte hilft uns, dorthin zu gelangen.

Vielleicht glauben wir, wir wüssten aufgrund dessen, wie sich Liebe für uns anfühlt, wie man andere liebt. Doch wir können andere nur so weit lieben, wie *sie* die Liebe zu empfangen bereit sind. Manche Menschen können sich nur dann geliebt fühlen, wenn wir ihnen nahe bleiben; andere fühlen sich mehr geliebt, wenn wir ihnen Raum geben. Wenn wir ein bestimmtes Handeln für liebevoll halten, die andere Person es jedoch als aufdringlich empfindet, dann ist es aufdringlich. Bei Interaktionen gründet sich die Bedeutung auf die Wahrnehmung des Empfangenden.

Wir können lernen zu erkennen, wann andere sich geliebt fühlen, indem wir auf ihre Reaktionen auf unsere Annäherungsversuche und unser Verhalten achten. Die beste Art und Weise ist, sie direkt zu fragen. Denn in der Tat ist es ein Liebesdienst, auf diese Weise forsch zu sein, weil wir von dem anderen Menschen direkt erfahren, was er braucht, anstatt ihm zu geben, was er unserer Meinung nach braucht.

Wenn wir Probleme haben, einander zuzuhören, kann das daran liegen, dass wir eine bestimmte Information oder Implikation nicht erfassen. Hier ein Beispiel:

Lila ruft ihren Partner an seinem Arbeitsplatz an und fragt: „Wann wirst du nach Hause kommen? Ich will heute Abend für uns kochen."

Tyler antwortet: „Ich habe um sieben Schluss, aber ich war den ganzen Tag hier eingesperrt und würde lieber ausgehen."

„Gut, mein Essen wird dann um sechs fertig sein", antwortet Lila.

Lila lässt keine Information zu sich durchdringen. Tyler hat ausdrücklich gesagt, dass er nicht vor sieben frei hat; außerdem lässt er durchblicken, dass er heute Abend nicht zu Hause essen möchte. Lila muss sich nicht unbedingt Tylers Wunsch anschließen, aber eine liebevolle Antwort würde sicherlich mit einschließen, dass sie ihm größere Aufmerksamkeit schenkt.

Tyler ist jetzt vielleicht verärgert und fühlt sich ungehört. Er glaubt, Lila habe seine Wünsche beiseite gewischt und diese hätten für sie keine Bedeutung. Er hat keine Lust zu wiederholen, dass er nicht vor sieben frei hat. Lila hört nun einen scharfen Ton in seiner Stimme. Doch es wäre an Tyler gewesen, deutlicher und direkt zu sagen, dass er es vorziehe, heute Abend nicht zu Hause zu essen.

Dieses Problem mit Lilas Zuhören und dem Mangel an Nachdrücklichkeit von Seiten Tylera kann ein Verhaltensmuster in einer Partnerschaft darstellen. Ein solches Muster beeinträchtigt eine intime Bindung.

Übungen
Wie Partner ungeschickte Muster durchbrechen können

Herausfinden, wo wir stehen

Die Partner können sich in verschiedenen Stadien der Verpflichtung befinden. Sich gegenseitig darüber auszusprechen, ob und wie unsere jeweiligen Stadien zusammenpassen oder nicht, ist eine hilfreiche Weise, um Klarheit zu erlangen. Wenn Sie die folgenden Beschreibungen der Stadien lesen, in denen die Bereitschaft, an Dingen zu arbeiten, vorhanden ist, fragen Sie sich, wo Sie in diesem Spektrum stehen – oder falls Sie sich zwischen zwei Stadien befinden, welcher Teil von welchem Stadium zu Ihnen passt.

Das Stadium des *Aufeinanderzugehens* bedeutet, dass Sie große Bereitschaft an den Tag legen, die Dinge auszuarbeiten. Sie sind optimistisch und enthusiastisch im Hinblick auf die Zukunft der Beziehung und vertrauen aufrichtig darauf, dass alle Falten geglättet werden können. Wenn beide Partner sich in diesem Stadium befinden, haben Sie die besten Voraussetzungen auf Erfolg, wenn es Brüche zu reparieren oder Konflikte zu lösen gilt. In dieser Phase wird ein Riss automatisch zu dem Versuch führen, den Schaden zu beheben. Alles ist zu reparieren (daher fühlen wir uns geliebt), und wir haben teil daran, wie dies geschieht (daher wächst unser Selbstwertgefühl).

Das Stadium des *Protest*s bezieht sich darauf, dass Sie so wütend und frustriert darüber sind, was alles schiefgelaufen ist, dass Sie Ihren Zorn rauslassen wollen, direkt oder indirekt. An diesem Punkt gibt es nur sehr wenig Energie für Fürsorge oder das Durcharbeiten von Dingen. Sie werden von Emotionen überflutet. Dieses Stadium zeigt, dass es für die Beziehung noch Hoffnung gibt, weil die wütende Energie zurück in gesunde Bahnen gelenkt werden kann. Aber aufgrund der Frustration, aufgrund all der Zeit, die verstrichenen ist, ohne dass etwas gelöst werden konnte, grenzt dieses Stadium schon an Verzweiflung. In diesem Stadium gibt es kein echtes Wir, nur ich gegen dich und du gegen mich. Groll, Ansprüche und Klagen sind oft die drei häufigsten Kommunikationsformen auf dieser Stufe. Die Lunte ist kurz, aber die Explosion lang.

Das Stadium der *Verzweiflung* ist erreicht, wenn es keine Hoffnung mehr gibt; keine Verpflichtung; nichts mehr, das noch aufgerührt wird oder worüber man sich aufregt; kein Interesse mehr daran, die Dinge durchzuarbeiten; kein Glaube und kein Interesse oder keine Energie mehr für Veränderung. In solch einem Trübsinn hat nichts mehr von dem, was sich in der Beziehung ereignet, eine Bedeutung oder einen Einfluss. In diesem Stadium stagniert alles zwischen Ihnen beiden und die Auseinandersetzungen werden seltener und kürzer. Sie schleichen um einander herum, wenn Sie überhaupt präsent sind. „Wie du willst" oder „Ja, okay" sind die üblichen Antworten auf eine Bemerkung oder Frage von einem der beiden Partner.

Das erste Stadium besitzt sofort nutzbare Energie. Das zweite besitzt Energie, die nutzbar zu machen ist, damit die Beziehung zur ersten Stufe verbessert werden kann, auch wenn es hart sein wird, diese zu erreichen. Das dritte Stadium enthält keine Energie für eine Veränderung.

In welchem Stadium befinden Sie sich? Auf welcher Stufe steht Ihrer Meinung nach Ihr Partner/Ihre Partnerin? Was sagt er oder sie, auf welcher Stufe er oder sie sich befindet? Welches Stadium haben Sie bereits bei Ihren Eltern gesehen?

Wir können vom Stadium des Aufeinanderzugehens zum Stadium des Protests übergehen, weil wir die Hoffnung aufgegeben haben, die Dinge klären zu können. Wir mögen vom Protest zur Verzweiflung übergehen, weil wir jegliche Hoffnung verloren haben. Insofern schließt jedes neue Stadium Trauer über eine Enttäuschung ein. Als Sie sich im Stadium zwei oder drei befunden haben, haben Sie da Ihren Kummer zugelassen?

Diese drei Stadien spiegeln im Übrigen diejenigen wider, die der Psychoanalytiker John Bowlby in seiner Forschung über Waisen und Flüchtlingskinder entdeckt hat. Diese Wörter – *Waise* und *Flüchtling* – stehen im krassen Gegensatz zu Verbindung; sie klingen gewiss unheilvoll für uns Wesen, die wir so sehr liebevoll getragen werden möchten.

Was eine Beziehung von uns verlangt

Eine gesunde ernsthafte Bindung ruht auf sechs Grundpfeilern. Sie sind Ausdruck einer lebendigen Beziehung, und eine regelmäßige gründliche Überprüfung dieser Grundpfeiler zeigt den Gesundheitszustand unserer Verbindung deutlich an:

- *Vertrauen:* Wir können dem anderen vertrauen und wir sind vertrauenswürdig.
- *Intimität:* Wir halten eine fürsorgliche Verbindung aufrecht, indem wir die Fünf Aspekte von intimer Liebe geben und empfangen: Aufmerksamkeit, Annehmen, Wertschätzung, Zuneigung und Zulassen.
- *Verpflichtung*: Wir sind eine anhaltende gegenseitige Verpflichtung zueinander eingegangen. Das bedeutet, wir tun alles uns Mögliche, um unsere Probleme zusammen zu lösen, unsere gegenseitigen Vereinbarungen zu halten und die Grundregeln unserer Beziehung zu beachten. Wir sind entschlossen, die verschiedenen Lebensphasen miteinander durchzustehen – außer im Falle von Missbrauch.

- *Selbsthingabe*: Wir lassen kontinuierlich den Teil unseres Egos los, der sich in Kontrolle, Anspruchsberechtigung, Konkurrenzdenken verfängt sowie darauf besteht, recht zu haben, sich weigert zu vergeben und der Vergeltung übt. Unser Ziel in einer gesunden Beziehung ist nicht die Belohnung unseres auf sich zentrierten Egos, sondern der Aufbau eines gesunden Ichs, um die Beziehung zu belohnen.
- *Körperlichkeit*: Wir halten unsere erotische Beziehung aufrecht. Es handelt sich dabei nicht um die „Chemie" von Verliebtheit, die nur kurze Zeit besteht. Es ist vielmehr die Chemie anhaltender Lebendigkeit, die der Natur der Bindung und den Vereinbarungen entsprechend auf körperliche, sexuelle und emotionale Weise gezeigt wird.
- *Spirituelle Praxis*: Jeder von uns widmet sich der spirituellen Praxis von Integrität und Liebender Güte, die bestimmt, wie wir uns gegenüber jedem anderen Menschen verhalten. Diese Praxis wird in Anhang 1 umrissen.

Diese sechs Komponenten bilden die Kriterien für eine erfolgreiche Beziehung. Jede ist ein Geschenk für unseren Partner. Jede von ihnen mag Angst erzeugen, weil wir herausgefordert werden, unser Ego zu transzendieren und uns einer anderen Person hinzugeben. Wir wissen, dass dies bedeutet, unser so oft verletztes und noch immer verletzliches Herz bloßzulegen.

Überprüfen Sie, wie gut oder schlecht diese sechs Herausforderungen in Ihrer jetzigen Beziehung zum Tragen kommen. Wie hat sich der Intensitätsgrad jeder Ebene verändert, seitdem Sie sich zum ersten Mal getroffen haben? Sind Sie von der Wichtigkeit eines jeden Elements vollkommen überzeugt? Inwiefern erzeugt jedes von ihnen Angst in Ihnen? Sind Sie damit zufrieden, wie diese Elemente von Ihnen Ihrem Partner gegenüber und von Ihrem Partner Ihnen gegenüber zum Tragen kommen?

Stellen Sie Ihrem Partner dieselben Fragen und vergleichen Sie dann Ihre Antworten. Dies ist der härteste Teil der Übung, aber es kann sehr hilfreich sein, den Stand Ihrer Verbindung aufzuzeigen und zu sehen, ob Ihre Beziehung dabei ist zu gedeihen oder zu scheitern. Es ist niemals zu spät, diese wesentlichen Komponenten einer liebevollen erwachsenen Partnerschaft einzusetzen oder zu reparieren. Eine Verpflichtung von Ihnen beiden, alle Übungen dieses Buches durchzuführen, kann Ihnen, falls nötig, helfen, damit anzufangen.

Wenn Sie keinen Partner haben, können diese Kriterien für eine gesunde Beziehung Ihre Checkliste sein, worauf Sie bei einem potenziellen Partner achten müssen. Die Checkliste kann Ihnen auch helfen zu erkennen, ob Sie für eine Beziehung reif sind. Können und wollen Sie sich auf jeder der sechs Ebenen der Herausforderung stellen?

Sichere Gesprächsthemen

Liebe bringt alle Fakten dessen, wer wir sind und wer unser Partner ist, ans Licht. Es heißt, Liebe mache blind, aber wahre Liebe öffnet die Augen. Wir erkennen uns und unseren Partner wirklich, in unserer Vergangenheit und Gegenwart.

Jeder Verpflichtung wohnt die Anforderung inne, dass wir uns bemühen zu verstehen, wie unser Partner zu dem geworden ist, der er ist. Wir wollen genau verstehen, woher seine Einstellungen, Überzeugungen und Reflexe kommen, damit wir ihn darin unterstützen oder ihm helfen können, an deren Verbesserung zu arbeiten.

In jeder Beziehung sind wir für die Erfahrung von ursprünglicher Stressbelastung und Schrecken aus unserer Vergangenheit verantwortlich. Sie können nur dann geheilt werden, wenn wir sie nicht an unserem Partner auslassen. Eine Beziehung sollte die neue Umgebung sein, in der alte Wunden untersucht und vernäht werden können – durch beide Partner. Das ist der Grund dafür, aus dem unsere Arbeit an uns selbst durch einen Partner, der uns versteht, so sehr gefördert wird.

Da so vieles in unserem gegenwärtigen Verhalten auf Erfahrungen in der Vergangenheit beruht, können Partner tatsächlich sehr davon profitieren, dass sie den jeweiligen Background des anderen verstehen. Die Intimität in der Beziehung wächst, wenn Partner bestimmte Fakten und Erfahrungen aus ihrer Kindheit mitteilen, nachdem sie selbst ihren Hintergrund ausgelotet haben. Viele von uns haben nur wenige Erinnerungen an ihre Kindheit, doch jeder kann sich auf irgendeine Weise bei diesem Austausch einbringen. Die Diskussion zu eröffnen und die Vergangenheit zu erforschen, selbst wenn es anfangs oberflächlich sein mag, löst innere Erkenntnisse aus, die mit der Zeit unserer Selbsterkenntnis und dem Verständnis unseres Partners Tiefe verleihen.

Partner müssen verstehen, wie die jeweiligen Bedürfnisse in der Kindheit angesprochen, wie Gefühle ausgedrückt wurden, und ob und wie es zu Missbrauch oder Sucht gekommen ist. Sie teilen sich abwechselnd detailliert Informationen über die ersten dieser Probleme mit und gehen erst dann zum nächsten weiter. Während sich ein Partner mitteilt, ist es am besten, wenn der andere zuhört, ohne ihn zu unterbrechen. Dies ist eine Zeit des Zuhörens und Lernens, ohne Kommentare, Urteile oder Vergleiche. Einfache Fragen sind jedoch angebracht, wenn sie dazu dienen, Unklarheiten zu beseitigen.

Die Übung endet damit, dass jeder Partner mitteilt, was er oder sie aus dem Zuhören und dem Angehörtwerden gewonnen hat. Dies rundet das Gespräch ab und trägt zu einem Gefühl von Intimität bei.

Uns gegenseitig unsere Geschichte zu erzählen und dabei die Fünf Aspekte zu empfangen, baut gegenseitiges Vertrauen auf. Die Intimität nimmt zu, wenn wir unsere Vergangenheit und uns selbst dem anderen mitteilen. Ist die Angst vor einer derartigen Intimität womöglich der Grund, weshalb wir es vermeiden, uns mitzuteilen?

Partner können sich dem anderen wechselseitig über eines oder alle der folgenden Themen anvertrauen. Es ist am besten, sich pro Sitzung auf ein Thema zu beschränken, wobei die Partner abwechselnd über dasselbe Thema sprechen.

Das Gespräch ist am wirksamsten, wenn wir nichts kommentieren, sondern einfach die Fakten und unsere Gefühle darüber mitteilen, ohne jemandem Schuld zuzuweisen oder ihn zu beurteilen. Der Zuhörer lauscht kommentarlos. Dann öffnet sich ein Dialog. Es gibt kein Urteil, kein Verteidigen oder Ausweichen, nur den Versuch, mit Interesse und Mitgefühl zu verstehen.

Wenn das Wort *Eltern* verwendet wird, gehen Sie erst auf den einen Elternteil und dann auf den anderen ein.

Wie in der Kindheit mit meinen frühen Bedürfnissen umgegangen wurde

1. Wie haben meine Eltern mir Aufmerksamkeit geschenkt?
2. Wie haben mir meine Eltern gezeigt, dass sie mich so akzeptiert haben, wie ich bin?
3. Wie haben mir meine Eltern gezeigt, dass sie mich wertschätzten?
4. Wie haben mir meine Eltern Zuneigung, insbesondere auf körperliche Weise, gezeigt?

5. Haben mir meine Eltern erlaubt, eigene Entscheidungen zu treffen, oder haben sie Kontrolle ausgeübt und Ansprüche an mich gestellt?
6. War es in jedem dieser Fälle sicher, meine Eltern um das zu bitten, was ich brauchte?

Wie meine Bedürfnisse in dieser Beziehung erfüllt werden können

Erzählen Sie Ihrem Partner von Ihrer einzigartigen Art und Weise, jeden der Fünf Aspekte zu empfangen.

1. Dies ist die Art von Aufmerksamkeit, die ich brauche und die hilft, mir das Gefühl zu geben, sie zu bekommen: ....
2. Dies ist die Art von Annehmen, die ich brauche und die hilft, mir das Gefühl zu geben, sie zu bekommen: ....
3. Dies ist die Art von Wertschätzung, die ich brauche und die hilft, mir das Gefühl zu geben, sie zu bekommen: ....
4. Dies ist die Art von Zuneigung, die ich brauche und die hilft, mir das Gefühl zu geben, sie zu bekommen: ....
5. Dies ist die Art von Respekt für meine Grenzen, den ich brauche, und die hilft, mir das Gefühl zu geben, ihn zu bekommen: ....

Wie in meiner Kindheit mit Gefühlen umgegangen wurde

Antworten Sie auf diese Fragen abwechselnd in Bezug auf Ihren Vater, Ihre Mutter, Ihre Geschwister und sich selbst.

1. Wie wurde in meiner Kindheit zu Hause Traurigkeit ausgedrückt?

2. Wie wurde in meiner Kindheit zu Hause Wut ausgedrückt?
3. Wie wurde in meiner Kindheit zu Hause Angst ausgedrückt?
4. Wie wurde in meiner Kindheit zu Hause Überschwang ausgedrückt?

Wenn Sie über diese vier hauptsächlichen Gefühle sprechen, erörtern sie, ob es sicher war, diese auszudrücken, und ob Sie sich sicher gefühlt haben, wenn die Eltern diese ausgedrückt haben.

Wie Gefühle heute sicher zum Ausdruck gebracht werden können

1. Gibt es Gefühle, von denen Sie glauben, es sei für einen Mann oder eine Frau nicht angemessen, sie zum Ausdruck zu bringen?
2. Was ist unser Plan und unsere Vereinbarung im Hinblick auf den Ausdruck unserer Gefühle?
3. Wie kann ich mich in meiner Traurigkeit sicher fühlen und was brauche ich von dir, wenn ich traurig bin? Wie kann ich dir helfen, damit auch du dich sicher fühlst?
4. Wie kann ich mich in meinem Zorn sicher fühlen und was brauche ich von dir, wenn ich wütend bin? Wie kann ich dir helfen, damit auch du dich sicher fühlst?
5. Wie kann ich mich in meiner Angst sicher fühlen und was brauche ich von dir, wenn ich Angst habe? Wie kann ich dir helfen, damit auch du dich sicher fühlst?
6. Wie kann ich mich sicher fühlen, wenn ich Überschwang zeige, und was brauche ich von dir, wenn ich wirklich glücklich bin? Wie kann ich dir helfen, damit auch du dich sicher fühlst?

Andere Gesprächsthemen

1. Wie wurde mit Konflikten zwischen meinen Eltern und zwischen meinen Eltern und mir umgegangen?
2. Wie möchte ich in dieser Beziehung mit Konflikten umgehen?
3. Wurde in meinem häuslichen Umfeld freie Rede unterstützt, sodass ich mich sicher fühlte, meine Bedürfnisse mitzuteilen, meine Wahrheit auszusprechen, das, was andere Leute sagten oder taten, zu kommentieren und meine Meinung zu sagen?
4. Wie können mein Partner und ich eine freie Rede zwischen uns gewährleisten?
5. Wie sieht meine Familiengeschichte in Hinblick auf Alkohol und Drogen aus?
6. Wie sieht meine Geschichte und der gegenwärtige Konsum von Alkohol und Drogen aus?
7. Wie sieht meine Geschichte in Bezug auf Missbrauch aus, zwischen meinen Eltern, mir gegenüber oder von oder gegenüber meinen Geschwistern?
8. Fühlen wir uns auf irgendeine Weise vom anderen missbraucht?

Hier folgt ein Weg, wie der Prozess fortgesetzt werden kann

Erstellen Sie eine Liste von dysfunktionalen oder verletzenden Reaktionen Ihrer Eltern auf Sie, wie etwa Beschämen oder Abkanzeln. Zeigen Sie diese Ihrem Partner. Dies baut Vertrauen auf, weil Sie sich verletzlich machen. Sie vertrauen darauf, dass Ihr Partner es nicht ausnutzen wird, dass Sie ihm Ihre Achillesferse gezeigt haben.

Arbeiten Sie dann darauf hin, im Umgang miteinander nicht auf diese dysfunktionale und verletzende Weise zu agieren. Achten Sie auf jeglichen Widerstand bei dieser Verpflichtung. Halten Sie diese Verpflichtung mittels der Fünf Aspekte ein und vermeiden Sie es, zu urteilen, zu beschämen oder Schuld zuzuweisen.

Untersuchen Sie, wie Sie auf Ihre Eltern reagiert haben, wenn diese sich Ihnen gegenüber nicht fürsorglich verhalten haben. Wenn Ihr Partner sich auf die gleiche Weise verhält, verpflichten Sie sich dazu, nicht auf Ihre alte, gewöhnliche Weise zu reagieren, sondern den direkten Kommunikationsstil zu nutzen („Autsch!") und dann darauf hinzuarbeiten, eine Vereinbarung zur Veränderung zu treffen.

Manche von uns haben nur primitive Möglichkeiten gelernt, sich nach einer Verletzung wieder ins Gleichgewicht zu bringen, wie etwa durch Vergeltung. Es ist klug, ein gesundes „Autsch!" mit einer Verpflichtung zu kombinieren, die Dinge im Dialog und mit der Praxis Liebender Güte zu bearbeiten. (Falls nötig, sehen Sie sich noch einmal die Erklärung eines gesunden „Autsch!" in Kapitel 3 an.)

Wir können Groll zum Ausdruck bringen, damit er ausgesprochen und aufgelöst werden kann. Auch wenn dies sinnvoll und hilfreich ist, sollten wir uns vielleicht ins Gedächtnis rufen, dass Groll zu einer Strategie, einer Form der Manipulation werden kann: „Ich werde dies nicht für dich tun, weil du mir jenes angetan hast." Deshalb ist es wichtig, unseren Groll nicht nur auszusprechen, sondern uns zur Ordnung zu rufen, wenn wir ihn zur Vergeltung oder zum Schmollen nutzen. (Wir werden weitere Möglichkeiten, mit Groll zu arbeiten, in einer anderen Übung in diesem Abschnitt ansprechen.)

Stellen Sie Ihrem Partner Fragen wie die folgenden, um eine Diskussion in die Wege zu leiten

1. Wie können du und ich wachsam in Hinblick auf familiäre Auslöser sein, damit diese nicht in unserer Beziehung wirksam werden?
2. Können wir uns verpflichten, unsere Beziehung auf diese Weise zu schützen?
3. Können wir sorgfältig darauf achten, unsere Vergangenheit nicht in diesen gegenwärtigen Augenblick hineinspielen zu lassen?

Da Liebe verletzlich macht, ist das, was wir wirklich sagen, wenn wir lieben: „Meine Beziehung zu dir ist so wertvoll, dass ich dir die Macht verleihe, mein Herz zu verwunden, aber mein Vertrauen zu dir gleicht dies wieder aus, sodass ich glaube, du wirst deine Macht nicht auf diese Weise benutzen.“ Können Sie Ihrem Partner dies ohne Vorbehalte sagen? Kann Ihr Partner dies zu Ihnen sagen?

Selbstgewahrsein kann Angst hervorrufen. Die meisten von uns fühlen sich zu unsicher im Hinblick auf eine solche Selbsterkenntnis, um diese Übung ohne vorherige Arbeit an sich selbst leisten zu können. Wir können einiges bei dieser Arbeit in den vorangegangenen Übungen dieses Buches finden.

Eine wichtige Fertigkeit, die für ein Selbstverständnis erforderlich ist, besteht darin, mit den Ängsten umgehen zu können, die aufsteigen, wenn wir unserer eigenen Wahrheit begegnen. Dies geht am besten, wenn wir lernen, uns selbst zu vertrauen, Gleichmut aufzubauen, Ego-Verteidigung loszulassen und äußerst neugierig im Hinblick auf diese Realität zu bleiben, die wir „ich“ und die wir „wir“ nennen.

Unser Tonfall spielt eine wesentliche Rolle, um Sicherheit für die Person zu schaffen, mit der wir kommunizieren. Arbeiten Sie an dem Klang Ihrer Stimme. Sprechen Sie mit fester, aber freundlicher, gleichmäßiger Stimme, wenn Sie nachdrücklich sind, damit Sie nicht aufdringlich oder gar aggressiv wirken. Seien Sie auf der Hut davor, unbewusst in Ihren Straßen-Slang oder die Harte-Jungs-Sprache zu verfallen, die Ihre Herkunft verrät. Während eines Besuch bei einer Freundin telefonierte ich einmal mit meinem Sohn im Teenager-Alter und sagte ihm, er solle eine bestimmte Hausarbeit erledigen. Ohne es zu merken, stimmte ich ihm gegenüber einen aggressiven Ton an, weil er sich weigerte zu kooperieren. Meine Freundin kam in das Zimmer und sah sich um. Später fragte ich sie nach dem Grund dafür und sie sagte, die Stimme, die sie gehört habe, hätte nicht der meinen geähnelt, und so hätte sie gedacht, es befände sich noch jemand anderes bei mir im Zimmer. Ich hatte meine italienische Gangster-Stimme verwendet und nur wenig Ahnung, dass eine solche Stimme in mir steckte. Seither habe ich sie nie wieder gehört, aber ich zweifele nicht im Geringsten daran, dass sie in mir sitzt, wie die verzerrte Fratze eines gotischen Wasserspeiers an einer Kathedrale, unbeweglich, aber immer auf der Lauer. Sie wartet nur auf denjenigen, der es wagen könnte, meinem kontrollierenden Ego zu widersprechen. Alle Arbeit, die ich an mir geleistet habe – und die wir an uns leisten – sei sie nun psychologischer oder spiritueller Natur, hält den inneren Al Capone nicht hinter Schloss und Riegel.

Klärung der Vergangenheit

Hier gebe ich Ihnen ein Beispiel dafür, wie man an der Veränderung eines Musters arbeiten kann, das auf die Kindheit zurückgeht oder ein Überbleibsel aus einer früheren Beziehung ist. Dies kann allerdings nur funktionieren, wenn beide Partner dafür offen sind.

Folgendes Szenario: Ein Muster Ihres Partners verursacht Unmut, und wenn Sie sich dann von ihm zurückziehen, hat er einen Grund, Ihnen die Schuld zu geben, und die Genehmigung, sich zu verweigern. Er hat oft erlebt, wie sein Vater sich so verhalten hat.

Sie können dieses Muster ändern, indem Sie den Partner auf die Probe stellen. Wenn er schwierig wird, ziehen Sie sich nicht zurück oder verweigern sich. Rühren Sie sich nicht vom Fleck, beharren Sie nicht darauf, recht zu haben, sondern versuchen Sie, die Atmosphäre zu entspannen, indem Sie zum Beispiel etwas Humor mit einfließen lassen. Aus solch einem Kreislauf auszubrechen heißt, zu intervenieren, indem Sie eine Speiche des Rades auswechseln. In diesem Fall wird sich der Kreislauf fortsetzen, wenn Sie sich zurückziehen. Wenn Sie sich nicht zurückziehen, unterbrechen Sie den Kreislauf. Dies überrascht Ihren Partner, weil er die gewohnte Reaktion erwartet, die ihn weiter in seinem Muster hält. Indem Sie an ihn herangehen und ein neues Szenario kreieren, durchbrechen Sie das Muster. Das ist oft alles, was nötig ist, um das unruhige, verängstigte Kind, das in uns allen wohnt, zu bändigen.

Schließlich – und das ist äußerst wichtig für den Erfolg – müssen Sie ihn bitten, Ihnen einen ähnlichen Gefallen zu tun, damit Sie eines Ihrer Muster loswerden können. Dann ist die Übung nicht bevormundend, sondern beruht auf Gegenseitigkeit, ein anderes Beispiel für eine liebende Verbindung. Bei einer intimen Bindung geht es um gegenseitige Anerkennung von Mustern und das gegenseitige Angebot zur Hilfe. Dies kann nur geschehen, wenn beide Partner sich sicher fühlen, weil sie darauf vertrauen, dass sie beide hinderliche Muster aufbrechen wollen. Es geht hier *nicht* darum, einen Triumph für das Ego zu erringen; es geht darum, einen Sieg für Intimität zu gewinnen. Eine solche Motivation zu haben ist eine Art und Weise, eine liebevolle Verpflichtung in einer Beziehung zu zeigen.

Es ist gut, sich an die ernüchternde Äußerung der Bindungstheoretikerin Mary Main zu erinnern, dass wir fünf Jahre lang konstante Reaktionen von unserem Partner brauchen, die anders sind als die Reaktionen unserer Eltern, bevor unsere Angst, unsere Einstellungen und Gewohnheiten sich verändern können.[24] Diese Praxis kann also fünf Jahre dauern, in denen wir mitfühlend mit seinem Widerstand oder dem festverwurzelten Ego bleiben müssen. Dies zeigt erneut, wie wichtig Geduld für wahre Intimität ist. Wenn wir über Mary Mains Fünfjahresprognose nachdenken, mögen wir uns fragen, ob dieser Zeitplan für uns langsam Lernende nicht geradezu optimistisch ist. Können wir warten? Haben wir einen Partner, der bereit ist, zu warten?

Unsere emotionalen Reaktionen, insbesondere Zorn, durch ein Upgrade aktualisieren

Emotionen sind instinktiv. William James wies darauf hin, dass eine Emotion ohne eine körperliche Reaktion ein bloßer Gedanke wäre. Unsere Emotionen steigen meist in einer primitiven Form auf. Es braucht Übung, unsere Gefühle der Realität anzupassen und sie mit Liebender Güte auszudrücken, sowohl uns selbst als auch anderen gegenüber. Die Gefühle anzupassen heißt nicht, sie abzulehnen, sondern sie zu bändigen, sie neu zu verdrahten, sozusagen ein Upgrade vom Primären zum Zivilisierten zu machen. Es bedeutet, dass wir mit einer Erfahrung und deren Integration Freundschaft schließen, sodass sie im Einklang mit Liebe steht, während wir die ganze Bandbreite der Klaviatur benutzen – die einzige Art und Weise, wie eine Melodie vollkommen wohlklingend sein kann.

---

24 Mary Main, "Attachment: From Early Childhood Through the Lifespan", Vortrag an der University of California, Los Angeles, 2002

Ein Wort noch zu dem Begriff *Upgrade* in diesem Zusammenhang. Ein Upgrade zu machen heißt, unsere Einstellungen, Gedanken, Gefühle und Gewohnheiten zu aktualisieren, neu zu gestalten, zu rehabilitieren, neu zu beleben oder zu erneuern. Wir aktualisieren unsere Religion, wenn wir unsere Angst, Schuldgefühle wegen unserer Impulse, Aberglaube und blinden Gehorsam aufgeben. Das Gleiche gilt für Patriotismus: Wenn uns das Grundschulkonzept „Recht oder Unrecht – mein Vaterland" eingetrichtert wurde, nehmen wir ein Upgrade vor zu der Erwachsenen-Version der Sechzigerjahre: „Wir treten selbstbewusst und engagiert gegenüber den Mächtigen auf, um die Politik zugunsten von Vernunft und Frieden zu beeinflussen." Bei uns selbst ein Upgrade vorzunehmen beinhaltet automatisch, uns selbst zu lieben, indem wir in unser voll ausgebildetes Ich, das liebenswerte und liebende Ich eintreten.

Die folgende Übersicht mag dabei helfen, den primitiven Stil und den höher entwickelten Stil, unsere Emotionen auszudrücken, voneinander zu unterscheiden. Wir können uns fragen, in welche dieser Rubriken wir hineingehören:

Primitiv ausgedrückte Emotionen	**Gebändigte, regulierte und gesteuerte Emotionen**
Sind automatisch, plötzlich und außer Kontrolle	Sind spontan und gehen einher mit Bewusstheit dessen, was wir beabsichtigen
Sind so in die Hitze des Augenblicks verwickelt, dass sie den Kontakt zur Realität verlieren, weil unser präfrontaler Cortex im Offline-Modus ist	Entstehen aus einer lebendigen Energie, die im Kontakt mit der Realität steht, weil unser präfrontaler Cortex im Online-Modus bleibt, um unsere limbischen Reaktionen zu regeln
Brechen direkt aus der Amygdala hervor, ohne Abwägung	Werden im präfrontalen Cortex eingeschätzt

Sind reaktiv	Geben Antworten
Kennen nur ein kleines Repertoire an Reaktionen	Kennen eine größere Bandbreite an möglichen Antworten
Neigen dazu, nach einem Sündenbock zu suchen (der andere ist die Ursache für unsere Gefühle)	Übernehmen persönliche Verantwortung (der andere ist Katalysator für unsere Gefühle)
Missachten die Bedeutsamkeit, verbunden zu bleiben (wenn wir vermeiden) oder nach übermäßiger Bindung zu verlangen (wenn wir ambivalent sind)	Fokussieren sich auf die Aufrechterhaltung einer liebenden Verbindung, die sicher, flexibel und stabil ist, weil wir eine sichere Bindung haben und aufrechterhalten
Machen uns fortlaufend Stress, da sie ungelöst bleiben	Werden durchgearbeitet und gelöst, damit sie in Gelassenheit enden können

Zorn ist ein Beispiel für eine automatisch hervorgerufene Emotion, die auf anpassungsfähige oder auf primitive Weise auftreten kann. Gesunder Zorn ist Unmut über Ungerechtigkeit, der uns dazu veranlasst zu reagieren, indem wir unsere Kraft einsetzen. Diese Kraft ist nicht schädlich und gerät nicht außer Kontrolle.

Wenn wir uns zu einem Leben der Liebe verpflichtet haben, entscheiden wir uns dafür, gesunden Zorn als Reaktion auf Menschen und Situationen zu kultivieren. Wir üben, unseren Zorn zu zeigen, indem wir mit dem „Autsch!" beginnen, das unseren Schmerz bekundet. Unser Zorn folgt unmittelbar darauf, nicht aber ausgeschmückt wie auf der linken Seite der obenstehenden Tabelle beschrieben. In diesem primitiven Modus können wir anderen gegenüber grausam und einschüchternd sein. Unsere ungebändigte Wut kann auch die Realität dessen verzerren, was geschieht, sodass wir eine Situation nicht genau einschätzen können.

Wenn uns jemand verärgert oder zornig macht, können wir unsere emotionale Reaktion bändigen, indem wir unsere Frage von „Wieso reizt mich ihr Verhalten?“ zu „Worauf reagiere ich und wie kann ich daran arbeiten?“ verändern. Meistens gehen die Auslöser auf die Kindheit zurück und werden durch ähnliche Dinge ausgelöst, die jetzt mit einem Partner passieren. Wir können mit Auslösern in einer Beziehung arbeiten, indem wir zwei Teile der Interaktion unterscheiden.

Im ersten Teil war das, was die Person gesagt oder getan hat, beleidigend oder ärgerlich und verlangt nach einem „Autsch!“, damit sie die schmerzhafte Wirkung ihrer Worte oder ihres Verhaltens mitbekommt. Das geschieht im häuslichen Umfeld, zwischen den Partnern, ist interaktiv und immer respektvoll und gewaltfrei.

Teil 2 jedoch, unsere anhaltende oder übertriebene Reaktion, ist allein unsere eigene Sache; sie ist nicht interaktiv, sondern liegt in der Verantwortung von unserem eigenen Körper-Geist. Diesen Teil „tragen“ wir also „draußen“ aus. Ich benutze diesen Ausdruck mit einem Augenzwinkern, weil er mich an die vielen Western erinnert, die ich gesehen habe, in denen der Barkeeper, bevor eine Schlägerei im Saloon losgeht, weise sagt: „Tragt das draußen aus, Jungs.“

Die Unterscheidung der zwei Teile – Was ist unseres?/Was ist meins? – bezieht sich auf die wesentlichen Ressentiments innerhalb einer Beziehung. Ein Ressentiment ist ein fortdauernder Zorn. Der Zorn-Teil sollte von einem Partner zum anderen zum Ausdruck gebracht werden. Der andere Partner kann zeigen, dass er ihn versteht, und er kann Wiedergutmachung auf eine wie auch immer angemessene Weise leisten. Aber es kann auch sein, dass es hier noch nicht zu Ende ist, weil ein ernsthafter Bruch in der Beziehung noch einen Schwanz aus Schmerz hinter sich herzieht, sodass der zornige Partner nicht zufrieden sein mag. Die Person mit dem Ressentiment kümmert sich auf sich selbst gestellt um diesen Teil, indem sie trauert oder die weiteren Implikationen untersucht, die für sie damit einhergehen, wie etwa, wie es ist, sich an vergangene Erfahrungen zu erinnern. Die zeitliche Reihenfolge bestimmen zu können ist überaus hilfreich: „Oh, da kommt meine Vergangenheit wieder zum Vorschein."

Teil 1, das Ressentiment, ist interpersonell und wird deshalb von dem Paar bearbeitet. Es spricht das Problem zu Hause zusammen an, verarbeitet es und löst es auf.

Teil 2, der übrig gebliebene Schmerz, ist persönlich und wird individuell außerhalb des Hauses bearbeitet. Die Arbeit besteht in der Regel aus Trauern über das in der Vergangenheit Geschehene, insbesondere in der Kindheit. „Außerhalb des Hauses" kann bedeuten, in der Praxis eines Therapeuten.

Die Dinge bearbeiten

Hier folgt ein Übungsbeispiel dafür, wie Probleme in einer Beziehung bearbeitet werden können.

Körperliche Vorbereitung: Scan und Bericht

Wir fangen mit einer körperlichen Überprüfung an. Wir stimmen uns auf unseren Körper ein und scannen ihn durch, wo wir angenehme/unangenehme, flexible/unflexible, ruhige/ängstliche und lebendige/deprimierte Empfindungen wahrnehmen. Wir bemerken, ob wir herumzappeln, ob unser Herz rast, ob wir Mühe haben, Atem zu holen, ob wir stammeln, ob unsere Handflächen schweißnass sind, ob wir Schmetterlinge im Bauch oder einen verspannten Nacken haben. Alles dies sind Anzeichen dafür, dass wir Angst davor haben, problematische Angelegenheiten zu thematisieren. Sie sagen uns, dass dies nicht der rechte

Zeitpunkt dafür ist, uns mit diesen Problemen zu beschäftigen. Vielleicht brauchen wir mehr Zeit, um uns zu beruhigen, damit wir sie aus einer Position von Stärke und Klarheit angehen können.

Wir mögen uns auch körperlich gut fühlen, aber intuitiv spüren, dass wir Zeit benötigen, um unsere Angelegenheiten zu erwägen und auszubrüten, bevor wir sie angehen.

Wenn die andere Person darauf besteht, jetzt sei der richtige Zeitpunkt, dann ist Selbstfürsorge vonnöten, sodass wir uns dagegen aussprechen und „Noch nicht!" sagen. Dieses Insistieren kann zum ersten Problem werden, das anzugehen ist. Wenn die Situation umgekehrt ist und unser Partner noch nicht bereit ist, müssen wir geduldig genug sein, die Beschäftigung damit loszulassen, bis er bereit dazu ist. Es braucht einige Übung, bis wir mit unseren körperlichen Problemen und unserem Zögern umgehen können. Es ist ein Akt der Liebe zugunsten anderer, an der Handhabung dessen zu arbeiten, was innerhalb eines möglichst angemessenen Zeitraums angegangen werden kann. Irgendwo zwischen diesen beiden befindet sich der Mittelweg von Gegenseitigkeit in Beziehungen.

Atem- und Entspannungsübungen können helfen. Wir nutzen unseren Körper dann als Ressource und nicht nur als Indikator. Wir können ihn zur Regulierung unserer Gefühle verwenden, damit wir sie in ihrer ganzen Bandbreite erfahren können, während wir unseren Gleichmut wahren.

Mit Problemen in einer Beziehung umzugehen heißt, sie zu benennen, zu bearbeiten, sie aufzulösen und unsere Belange zu integrieren. Wir sind nur dann dazu bereit, wenn unsere Körperreaktionen uns dabei nicht im Wege stehen und damit verhindern, dass wir vollkommen präsent sowohl für das Sprechen als auch das Zuhören sind. Wir sind nur dann bereit, wenn wir keine Angst haben, frei zu sprechen. Wir sind nur dann bereit, wenn wir sicher sind, dass wir uns wieder erholen, wenn die Dinge erschreckend und schrill werden und uns bedrohlich nah auf die Pelle rücken. Wir sind bestimmt nicht bereit, wenn wir noch nicht an unserem Ego gearbeitet haben und es noch immer ungehalten ist, wenn jemand es wagt, uns herauszufordern, uns zu hinterfragen oder uns zur Ordnung zu rufen.

Bei der Praxis des Benennens, Bearbeitens, Auflösens und Integrierens geht es nicht um Konzepte oder Logik. Diese können sich uns in den Weg stellen, wenn wir an unseren Problemen arbeiten wollen. Unser Intellekt kann uns einen Schritt entfernt von unseren echten Gefühlen halten, die körperlich und sinnlich, aber nicht logisch und linear sind. Auf diese Weise kann Sprechen ein Vermeiden sein, wenn es uns in unserm Kopf hält, ohne uns weiterzubringen.

Bei der Praxis, die Dinge miteinander zu bearbeiten, geht es mehr um den Prozess als um den Inhalt. Sie ist daher eine *verkörperte* Praxis. Unsere Körperempfindungen müssen deshalb für eine volle Teilhabe verfügbar sein. Außerdem ist es gut, einander Rückmeldung zu geben, wo in unserem Körper wir Reaktionen auf das Gesagte oder Geschehene empfinden.

Um überhaupt etwas hiervon durchführen zu können, müssen wir offen für herausfordernde Wahrheiten und nicht nur für bequeme Wahrheiten sein. Wir müssen in der Lage sein, direkte Fragen zu stellen und direkte Antworten zu geben. Wir werden bald herausfinden, ob wir mit einem Menschen zusammen sind, der für ein solches Gespräch offen ist. Wenn wir wahrnehmen, dass es keinerlei Offenheit oder wenigstens einen Spalt an Offenheit gibt, ist es am besten, innezuhalten und es an einem anderen Tag erneut zu versuchen oder sich Hilfe von einem Therapeuten zu holen. Ein Partner, der sich weigert, überhaupt Probleme mit uns anzusprechen, ist nicht wirklich bei uns und mit uns verbunden. Wir können uns den Herausforderungen von Widerstand oder Widerstreben bei einem Partner stellen, nicht aber der Verweigerung.

Hier gebe ich Ihnen einige Tipps, wie wir unsere Probleme und Angelegenheiten auf verkörperte Weise benennen, bearbeiten und auflösen können, sobald wir uns dazu bereit fühlen. Jeder Schritt im Umgang mit Konflikten ist an sich eine Form der Liebe, wobei wir unser Kriterium für Liebe als ein Willkommenheißen und Ausdehnen der Verbindung verwenden. Die Schritte können in jeder beliebigen Reihenfolge erfolgen oder auch mehrere gleichzeitig. Diese Praxis muss wechselseitig sein, damit sie funktioniert.

Schritt 1: Ansprechen

Dies funktioniert nur, wenn wir offen und geradeheraus über unsere Gefühle und unser Verhalten sprechen. Es gibt nichts zu befürchten, wenn es nichts zu verbergen gibt.

Ein Problem in unserer Beziehung anzusprechen bedeutet Folgendes:

- Wir überprüfen, auf welcher der drei Stufen wir uns momentan in unserer Beziehung befinden – versuchen wir es noch, protestieren wir bereits oder sind wir schon bei Verzweiflung angelangt (siehe den vorausgegangenen Abschnitt in diesem Kapitel).
- Wir sprechen darüber, was innerlich und äußerlich in uns vorgeht, und verlangen das Gleiche vom Partner.
- Wir legen das Problem in Worten dar, wie jeder von uns es sieht. Wir verwenden keine bedrohlich wirkende Mimik und Gestik zur weiteren Beschreibung.
- Wir fragen uns, mit wem wir sprechen, wenn wir uns streiten. Sprechen wir zueinander als Erwachsene oder

als Platzhalter für unsere Eltern, frühere Partner oder jemand anderem als unserem derzeitigen Partner?

- Wir schätzen unsere gegenwärtige Situation ruhig und direkt ein und sind offen für die Einschätzung des anderen, ohne unseren Standpunkt zu verteidigen oder recht haben zu wollen.

Wenn wir im täglichen Leben achtsam sind, beginnen wir, andere und ihr Verhalten auf neutrale Weise zu sehen. Wir sind Zeugen, keine Richter. Wir mögen unsere Einschätzung abgeben, aber wir stellen niemanden als Schuldigen hin noch nehmen wir das, was geschieht, persönlich. Es wird zu bloßer Information. Wir können andere darum bitten, die Verantwortung für ihr Verhalten zu übernehmen. In manchen Fällen ist alles, was wir tun können, die Gegebenheiten auf Seiten des andere zu akzeptieren. Dies kann für uns Trauer bedeuten, aber nicht, jemandem die Schuld zu geben. Trauer hält uns innerhalb unserer eigenen Gefühle. Schuldzuweisung usurpiert das Trauern zugunsten von Zorn, Ressentiment oder Vergeltung.

Schritt 2: Bearbeiten

Unseren Konflikt auf verkörperte Weise zu bearbeiten bedeutet Folgendes:

- Wir bringen unsere Emotionen gewaltfrei zum Ausdruck und betrachten sie ohne Schuldzuweisung als unsere eigenen.
- Wir geben immer wieder an, wo wir uns gerade in unserem Körper befinden.
- Wir erkennen, welche unserer Reaktionen oder Handlungen vom Ego stammen.

- Wir erkennen an, dass unser eigener Schatten hinter den Projektionen auf den Partner lauern mag.
- Wir stellen die Verbindung zwischen dem gegenwärtigen Problem und unseren vergangenen Beziehungen oder unserer Kindheit her.
- Bei der Arbeit mit Angst verwenden wir die Technik der Vier Handlungsweisen: Wir *geben zu* oder erkennen an, dass wir Angst haben, und lokalisieren unsere Angst in unserem Körper. Wir *lassen* es *zu*, unsere Angst körperlich zu spüren. Wir *agieren* so, dass Angst uns nicht mehr aufhalten oder in unserer Entscheidung und Wahl bestimmen kann. Wir bestärken mit einer *Affirmation* unsere neuentdeckte Kraft.

Wenn wir uns bedürftig fühlen, also von einem Bedürfnis verfolgt werden, das nicht zu befriedigen ist, wenden wir den gleichen Ansatz der Vier Handlungsweisen an. Wir *geben zu* oder erkennen an, dass unser Bedürfnis ein Relikt aus der Vergangenheit ist, und versuchen, es zu identifizieren. Wir erinnern uns und *lassen zu*, den Schmerz darüber zu empfinden, dass es nicht erfüllt wurde. Wir achten darauf, uns nicht von dem Schmerz überwältigen zu lassen, aber wir lassen mehr von ihm zu als gewöhnlich. Als Erwachsene mit Handlungsmacht *agieren* wir auf eine Weise, die unsere Bedürftigkeit nicht begünstigt; zum Beispiel halten wir es aus, nicht das zu bekommen, wonach es uns verlangt, oder wir suchen gesunde Ventile für unsere Frustration. Wir benutzen eine *Affirmation*, die uns hilft, der Übung bewusst zu bleiben und sie weiterzuführen.

Schritt 3: Auflösen

Probleme in unserer Beziehung aufzulösen bedeutet Folgendes:

- Wir entschuldigen uns und leisten, wo nötig, Wiedergutmachung.
- Wir vergeben, wenn es angebracht ist.
- Wir hegen keinen Hass oder Groll.
- Wir planen nicht, Vergeltung zu üben.
- Wir treffen eine Vereinbarung, die Dinge künftig anders zu machen. Vereinbarungen sind Begegnungen des Geistes, und das ist Liebe, die unserer Definition von positiver Verbindung entspricht.

Schließlich gebe ich Ihnen eine hilfreiche Checkliste, welche die vorangegangenen Übungen zusammenfasst. Wir stellen vier Fragen über unerledigte Angelegenheiten in unserer Vergangenheit. Jede hat eine starke Auswirkung auf unsere erwachsenen Beziehungen. Jede kann mit den bisher vorgestellten Übungen bearbeitet werden. Diese Fragen stellen Elemente aus der Kindheit oder aus Beziehungen dar, mit denen umzugehen für die Mehrheit von uns äußerst schwierig ist. Doch wir haben nun Werkzeuge an die Hand bekommen, um mit ihnen zu arbeiten.

1. Welche Bedürfnisse wurden nicht erfüllt?
2. Welche Gefühle wurden nicht ausgedrückt?
3. Welche Konflikte wurden nicht aufgelöst?
4. Welche Ereignisse waren nicht klar? (Dies bezieht sich auf Ereignisse und Verhaltensweisen, deren Bedeutung uns niemals klar wurde, wie etwa Familiengeheimnisse.)

Weshalb wir die verletzen, die wir lieben

So bin ich geschlagen im Hause derer, die mich lieben.
— Sacharja 13:6

Wir verletzen diejenigen, die wir lieben, indem wir

- sie für das verurteilen oder das unterdrücken, was sie sind
- sie kontrollieren wollen
- ihre Bedürfnisse, Grenzen und Gefühle missachten oder bagatellisieren
- darauf bestehen, dass unsere Wünsche die einzigen sind, auf die es ankommt
- keine Anerkennung geben
- auf körperlicher, emotionaler, sexueller oder spiritueller Ebene Missbrauch betreiben
- an ihnen die Wut auslassen, die aus unserer Kindheit stammt
- Vergeltung üben, wenn sie uns verärgern

Wir können zehn mögliche Erklärungen für das Phänomen untersuchen, warum wir diejenigen verletzen, die wir lieben:

1. *Es geht um das Hoheitsgebiet*

Wir alle rufen Enttäuschungen hervor und daher ist Schmerz in jeder Beziehung unvermeidlich. Außerdem hinterlassen die Gegebenheiten des Lebens, wie etwa Beendigungen oder Veränderungen, eine Spur von Schmerz. In einer Liebesbeziehung wird jeder für den anderen bedeutsam. Daher ist es ganz natürlich, dass jeder das, was in der Beziehung geschieht, ernst nimmt. Dies verstärkt den Schmerz, der von Verrat oder Enttäuschung zwischen zwei Menschen herrühren kann. Je stärker die Bindung ist, desto härter trifft uns das, was zwischen uns passiert. Zudem können wir nicht glücklich sein, wenn der andere, den wir lieben, leidet. Jemanden zu lieben bedeutet deshalb, sich dafür zu öffnen, auf irgendeine Weise verletzt zu werden. Entscheidet man sich für die Liebe, entscheidet man sich dafür, verletzlich zu sein. Doch das bedeutet nicht, zum Opfer zu werden. Es heißt, für die Gegebenheit von Schmerz in menschlichen Beziehungen zugänglich zu sein. Wenn wir zu den Gegebenheiten der Liebe Ja sagen, zeigt sich unser Schmerz als ein Merkmal für Erwachsensein, für den Aufbau innerer Stärke und für die Kultivierung von Mitgefühl.

2. *Wir rücken uns zu sehr auf die Pelle*

Die Person, die wir lieben, lebt oft auf engem Raum mit uns, oder wir sehen sie sehr oft. Da sie sich in der Nähe befindet, wenn wir uns schlecht fühlen, gerät sie in die Schusslinie. Beengte Verhältnisse führen zu Stress und können uns ungeduldig machen. Wenn wir einander auf die Nerven gehen, können wir uns verletzen. Wir schlagen automatisch in defensiver Aggression zurück. Je näher wir mit der Person, die wir lieben, zusammenleben, desto vorsichtiger und geduldiger müssen wir sein, wenn unsere Liebe überleben und erblühen soll. Traurige Ironie ist, dass wir oft genau das Gegenteil tun – nämlich immer wieder das Überleben der Beziehung riskieren, indem wir rücksichtslos über unseren Partner hinweggehen, über den Menschen, der besondere Fürsorge verdienen würde.

3. *Wir versuchen jemanden umzukrempeln*

Ein Satz, den wir oft in Schlagern hören, heißt: „Du gehörst mir." Es ist natürlich, denen gegenüber, die wir lieben, besitzergreifend zu werden; das geht auf unser Höhlendasein in grauer Vorzeit zurück. Außerdem wollen wir alles, was wir besitzen, umkrempeln, verbessern und umgestalten, damit es zu unseren sich wandelnden Bedürfnissen passt. Dieses Bedürfnis, andere Menschen umzukrempeln, nimmt die Form von Kontrolle und unangemessener Eifersucht an. Unser einengendes Verhalten verursacht Schmerz beim anderen, der sich dieser Einflussnahme auf das , was er ist, widersetzt. Es gibt noch immer zu viel Bedürftigkeit in unserer Art und Weise zu lieben. Die andere Person weiß, dass wir sie auf unsere eigene, vielleicht etwas dysfunktionale Weise lieben und versucht, uns eine Freude zu machen. Doch sie will sie selbst sein und weht sich gegen unsere Versuche, sie zu kontrollieren. Diese Ambivalenz ist an sich schon eine Form von Schmerz bei denjenigen, die wir lieben.

4. *Es gibt mit einem Tabu behaftete Gefühle*

Es ist normal, dass wir erotische Gefühle gegenüber denjenigen empfinden, die wir lieben. Es ist nicht angebracht, ihnen innerhalb einer Familie, einer Lehrer-Schüler-Beziehung oder mit jemandem, der sich in einer monogamen Beziehung mit jemand anderem befindet, zu folgen. Vielleicht wollen wir uns nicht eingestehen, solche Gefühle zu haben. Vielleicht handeln wir dann auf eine unserem Gefühl entgegengesetzte Weise, oft übertrieben. Wir mögen aggressiv werden, um Distanz zu schaffen, auch wenn Distanz das Gegenteil von dem darstellt, was wir uns wünschen. Diese Art und Weise, den anderen zu verletzen, soll uns davor schützen, Empfindungen einzugestehen, die wir für inakzeptabel halten, oder davor, eine Grenze zu überschreiten, die wir nicht überschreiten wollen. So verletzen wir diejenigen, die wir lieben, wenn wir nicht in angemessener Form mit unseren Gefühlen umzugehen wissen. Dazu gehört, unsere Gefühle wahrzunehmen, sie als unangebracht zu erkennen und ihnen nicht zu folgen. Alles dies tun wir, während wir gegenüber der anderen Person freundliche Einstellungen und liebevolles Verhalten beibehalten.

5. *Da liegt der Hase im Pfeffer*

Reibung erzeugt Spannung. Zu enges Zusammenrücken kann zu Wundscheuern führen. Berührung kann zu Schubsen führen. In Beziehungen ist es genauso: Nähe kann schmerzhaft werden. Wir können einen Menschen so intensiv lieben, dass wir ständig in Kontakt mit ihm sein wollen. Wir kommen ihm so nahe, dass er sich gefangen fühlt. Wir begreifen nicht, dass das, was wir tun, Druck und Schmerz erzeugt. Unsere Liebe ist stärker als unser Gefühl für die Grenzen. Wir nehmen sein „Autsch!" nicht ernst oder hören es nicht einmal. Wenn er es nicht ausspricht, leidet er womöglich ständig Schmerzen, lässt es zu und heißt es passiv willkommen. Liebe respektiert Grenzen und ist im Hinblick auf die Gefahr von allzu großer Nähe vorsichtig. Wie viele „Autsch"-Rufe verhallen ungehört oder werden nicht ausgesprochen? Wie viele sind in uns gespeichert?

6. *Wir ziehen die Bequemlichkeit von Vergessen vor*

Wahre Liebe erfordert Wachsamkeit im Sprechen und Handeln. Wir werden so vertraut mit den Menschen, die wir lieben, dass wir dazu neigen, dies zu vergessen. Unser Vertrauen auf die Dauerhaftigkeit ihrer Liebe kann unsere Vorsicht gegenüber ihren Gefühlen überspielen. Liebe lässt uns freien Lauf, wir selbst zu sein, und wir vergessen dabei, dass unsere Freiheit verantwortungsbewusst sein sollte. Wir vergessen, dass wir wachsam bleiben müssen für die grausame Ego-Reaktion, die manchmal in jedem von uns hochkommen kann. Wir sagen vielleicht etwas, ohne uns vorher überlegt zu haben, ob es die Gefühle eines anderen verletzen könnte. Wir mögen übereilt handeln und die Grenzen eines anderen missachten. Wir mögen denjenigen, den wir lieben, als selbstverständlich gegeben ansehen und keinerlei Dankbarkeit zeigen für alles das, was er für uns tut.

7. *Wir tragen verbliebenen Zorn aus der Kindheit in uns*

Die meisten von uns haben noch nicht daran gearbeitet, den Schmerz und die Ressentiments zu klären, die wir aus den Erfahrungen mit unseren Eltern während unserer ersten Lebensjahre in uns tragen. Zu dieser Arbeit gehört, über die Vergangenheit zu trauern und sie dann loszulassen; dies ist die einzige Garantie dafür, dass wir sie in einer erwachsenen Beziehung nicht wiederholen. Wir mögen noch immer aufgebracht darüber sein, wie unsere Eltern uns enttäuscht haben, selbst wenn es sich nicht um Missbrauch gehandelt hat. Als Kinder hatten wir vielleicht das Gefühl, unser Überleben wäre gefährdet, wenn wir unsere Stimme erheben würden – eine Gefahr, die in einer vertrauensvollen Beziehung nicht besteht. Daher mögen wir unseren ursprünglichen Zorn auf unseren Partner verlagern. Wir mögen durch verletzende Aktionen gegenüber unserem jetzigen Partner versuchen, es unseren Eltern heimzuzahlen. Unser Zorn wurde niemals aufgelöst, deshalb nagt er weiter an uns und entlädt sich auf den, bei dem es sicher ist, dies zu tun. Wir können auch unseren Zorn über unsere alltäglichen Frustrationen, wie etwa Probleme bei der Arbeit, an unserem Partner auslassen, denn er ist nicht so bedrohlich wie unser Boss und mit Sicherheit eher bereit zu vergeben.

8. *Wir verletzen auf die Weise, auf die wir verletzt worden sind*

Einige von uns sind durch eine Geschichte von Misshandlung in der Kindheit belastet. Diese Geschichte ist nicht nur eine mentale Erinnerung. Denn die harschen Kindheitserlebnisse klingen in uns nicht wie ein Händeklatschen nach, das einen Anfang hat und augenblicklich wieder endet. Sie sind vielmehr wie Gongschläge, die ein Leben lang nachhallen. Der Gong ist unser Körper.

Solange die Geschichte noch nicht aufgelöst ist, bleibt sie als ein Verhaltensmodell in uns gespeichert und kann sich gegenüber anderen zeigen, wenn sie unser Missfallen erregen. Unsere automatischen Reaktionen auf andere können eine Wiederholung dessen sein, was uns widerfahren ist. Dann sorgen die vergangenen Schmerzen für gegenwärtige Verletzungen. Wir tun dies nicht absichtlich; es ist unbewusst. Unsere bewussten Intentionen sind rein, aber unser Unterbewusstsein könnte gemein sein. Darum besteht ein Teil von Liebe darin, auf der Hut zu sein, damit wir nicht diejenigen, die wir lieben, unbewusst in einer Weise verletzen, auf die wir selbst verletzt worden sind.

9. *Unsere Schattenseite tritt hervor*

Eine Schattenseite von Intimität ist exzessive Abhängigkeit. Normalerweise grollen wir der Person, derer wir bedürfen. Je abhängiger wir von ihr sind, desto mehr Groll hegen wir gegen sie. Daher können wir ihr gezielt, wenn auch unbewusst, Schmerz zufügen. Eine andere Dimension des Schattens von Intimität ist Anspruchsdenken. Wir können verärgert darüber sein, dass sie uns nicht mit derselben Intensität liebt, wie wir sie ihr zeigen. Wir üben, ohne uns dessen bewusst zu sein, Vergeltung gegenüber dem Menschen, der uns nicht so begegnet, wie wir es erwarten oder zu verdienen glauben. Ganz gleich, wie eng wir mit jemandem verbunden sind, Augenblicke von Zorn gibt es in jeder Beziehung. Wenn dieser Zorn keinen Ausdruck findet und unaufgelöst bleibt, wird er wahrscheinlich auf passive Weise zum Vorschein kommen. Dann verletzen wir diejenigen, die wir lieben, ohne uns eingestehen zu müssen, dass wir so viel Aggressivität in uns tragen.

10. *Vertrauen kann Vertrauensbruch anziehen*

Vertrauen ist Sicherheit und Geborgenheit. In einer Beziehung mögen wir sicher sein, dass der andere uns liebt und nicht Vergeltung üben wird, wenn wir ihn beleidigen. Ironischerweise gibt es etwas in dieser vollkommenen Liebe, das es sicher aussehen lässt, sich auf Abwege zu begeben. Am leichtesten betrügen wir die Person, der wir am stärksten vertrauen. Das ist eine kontraproduktive Neigung, ein hinterhältiges Mysterium unseres Daseins. Etwas in uns beschließt, den anderen zu verletzen und das zu erschüttern, was so gut für uns funktioniert. Vielleicht können wir nicht daran glauben, dass das Glück anhalten wird, und kommen dieser Möglichkeit daher zuvor. Vielleicht haben wir einen Impuls, Schönheit zu zerstören, anstatt sie zu achten und zu beschützen. Vielleicht können wir dem Frieden keine Chance geben, sondern müssen unsere Gelassenheit erschüttern und verletzen. So seltsam es auch klingen mag, aber vielleicht prüfen wir auch denjenigen, den wir lieben: „Wirst du mich, meinen Schatten und alles an mir lieben?“ Es gibt darauf keine endgültige Antwort. Dies die Macht unserer dunklen Seite oder unseren tragischen Makel zu nennen bedeutet, die Frage aufzuwerfen. Alles, was wir wissen, ist, dass ein Vertrauensbruch geschehen kann, wenn es keinen Grund dafür gibt. Es ist, als würde Vertrauen den Mörder der Liebe anheuern, um sich selbst anzugreifen und zu zerstören.

Die Tränen in unserer menschlichen Geschichte sind tatsächlich rätselhaft und bitter.

> O Rose, du bist krank
> Der unsichtbare Wurm,
> Der
> Die Nacht durchfliegt
> Im heulenden Sturm

Fand dein Bett
Purpurner
Freude,
Und seiner dunklen
Heimlichen Liebe
Fällt dein Leben
Zur Beute

— **William Blake**[25]

25 Siehe http://vampire-voices.forumieren.de/t344-william-blake-die-kranke-rose; Übersetzer nicht genannt.

Übung

Auf der Hut sein

In jedem der vorausgegangenen Abschnitte waren unsere besten Übungen Achtsamkeit und Liebende Güte. Achtsamkeit hilft uns, uns dessen bewusst zu sein, was wir tun. Liebende Güte hilft uns, freundlich zu handeln. Wir können auch von folgenden Verpflichtungen profitieren:

- Wir setzen die Trauerarbeit fort, die uns helfen kann, die Kindheitsprobleme, die wir in unsere Erwachsenenbeziehungen übertragen, zu lösen.
- Wir sind auf der Hut davor, dass eine bösartige Ader in uns auftaucht, auch wenn wir denken, wir hätten keine.
- Wir geben gegenüber denjenigen, die wir lieben, zu, dass wir eine Schattenseite besitzen und dass diese, ganz gleich, wie viel sie uns bedeuten, jederzeit ihre Fratze zeigen kann – obwohl wir uns dazu verpflichtet fühlen, wachsam zu sein.
- Wir bitten andere, uns darauf hinzuweisen, wenn wir auf irgendeine Weise verletzend sind. Wir freuen uns über Feedback und sind offen dafür, ein „Autsch!“ zu hören und zu würdigen.
- Wir bekunden unsere Bereitschaft, so direkt über unsere Gefühle, insbesondere Zorn, zu reden, wie wir dies können.
- Wir bringen regelmäßig unsere Wertschätzung denjenigen gegenüber zum Ausdruck, die wir lieben, damit wir sie nicht als selbstverständlich gegeben ansehen.

- Wir bleiben uns der Grenzen anderer bewusst und respektieren sie.
- Wir verletzen den Menschen, den wir lieben, nicht dadurch, dass wir ihm absichtlich Schmerz zufügen oder seinen Ruin wünschen. Das hat nicht das Geringste mit Liebe zu tun. Doch wir akzeptieren die Gegebenheit, dass wir diejenigen, die wir lieben, womöglich verletzen, und wir sind jederzeit bereit, das, was wir getan haben, zu bereuen, den Schmerz, den wir beim anderen ausgelöst haben, anzuerkennen, jegliche angemessene Wiedergutmachung zu leisten und zu geloben, uns zu ändern. (Diese Praxis ist angebracht, wann immer Sie jemanden in einer Beziehung verletzt haben.)

> Nie konnt‘ ein Freundesaug dergleichen sehen.
>
> — Shakespeare, *Julius Caesar*[26]

26 Übersetzung von August Wilhelm von Schlegel

8
Unsere Liebe überall zeigen

Der Geist der Liebe … nimmt unermesslich zu und kann letztlich die ganze Welt umfassen.

— Madyama Agama

Spirituelle Praktiken, wie etwa *Agape* im Christentum oder Liebende Güte im Buddhismus, sind darauf angelegt, den Horizont unserer Liebe von uns selbst und den uns Nahestehenden auf Menschen überall in der Welt auszudehnen: „Zuerst liebe ich mich, dann liebe ich einige andere und schließlich alle anderen.“ Von der Selbstfürsorge ausgehend, umfangen wir sämtliche Bereiche unseres Lebens und die ganze Welt mit unserer grenzenlosen Liebe.

Üblicherweise ist das psychologische Verständnis von Gesundheit darauf beschränkt, wie jeder einzelne Mensch erfolgreich mit Trennung und Individuation umgeht. Dies spiegelt zweifellos das Thema des Archetyps der Heldenreise wider: Wir verlassen den Ort, an dem wir uns befinden, gehen durch schmerzliche Kämpfe, überwinden Hindernisse, finden die Belohnung des höherem Bewusstseins und bringen es mit nach Hause (das heißt, wir teilen es mit denen, die wir lieben, und mit allen anderen).

Doch Trennung und Individuation betreffen lediglich das Element der Reise in unserer Entwicklung. Sie lassen das Element der Zugehörigkeit im Leben außer Acht. Selbstverwirklichung bedeutet, sich körperlich, psychisch und spirituell zu unserem vollen Format zu entwickeln. Unser vollständiges Format ist dann verwirklicht, wenn wir unser ganzes Vermögen an fürsorglicher Verbundenheit zum Ausdruck bringen. Dies führt dazu, dass wir unsere herkömmliche Definition des Erwachsenwerdens als Trennung und Individuation transzendieren.

Anstatt Trennung als den Abschied von anderen auszulegen, sehen wir sie als einen Weg, mit der Welt außerhalb unseres Zuhauses in Beziehung zu treten, während wir unsere ursprünglichen Bindungen wahren. Anstatt uns vorzustellen, dass Individuation das rücksichtslose Ausleben unserer eigenen Wünsche bedeutet, sehen wir, dass sie sich in einer tragenden Umgebung vollzieht, die unsere einzigartigen Gaben, Bedürfnisse und Ziele unterstützt.

Psychologische Reifung konzentriert sich dann darauf, intime Bindungen mit anderen aufzubauen, zu pflegen und aufrechtzuerhalten. Wir trennen uns nur, um uns auszudehnen; Individuation erfolgt lediglich, weil wir uns verbunden haben. Denn sonst werden Trennung und Individuation vom Ego als die Erlaubnis missverstanden, sich auf sich selbst zu fokussieren und dadurch die Chance zu verpassen, die Freude hingebungsvoller Liebe zu erfahren.

In der Selbsthilfebewegung hat uns unsere Ausrichtung auf das Thema der Heldenreise geholfen, unser Leben und dessen Zielsetzung umfassender zu verstehen. Nun ist es an der Zeit für uns, das Reisemotiv auszudehnen, damit es nicht auf uns als Individuen begrenzt bleibt. Wir sind individuelle Pilger, aber innerhalb einer Menschheit auf Pilgerschaft. Die Heldenreise ist nicht nur für Individuen bestimmt; die ganze Welt ist auf einer evolutionären Reise zu Bewusstsein und Liebe. Unsere Reise ist eine gemeinschaftliche – mit der Betonung auf „eine". Wir besitzen eine kollektive Identität, daher ist unsere Liebe notwendigerweise sowohl personal als auch kosmisch-kollektiv – mit der Betonung auf dem „Wir".

Wir können darauf vertrauen, dass die Zielsetzung unseres Lebens adäquat ist, wenn sie im Einklang mit der Natur steht. Da der ganze Kosmos an der Evolution teilhat, sollte unser Lebensziel im Einklang mit der Ausrichtung der Evolution auf Konvergenz in Synergie stehen. Da Synergie eine Verbindung darstellt, müssen wir, um ganz zu sein, nichts weiter tun, als uns der Fürsorge auf universeller Ebene anzuschließen. Der Übergang von „zuerst ich" zu „alle zusammen" ist die Synergie der Liebe. Ich erinnere mich, in meiner katholischen Schule gelernt zu haben, dass Jesus jedem, der die Kommunion an neun aufeinanderfolgenden Freitagen empfing, versprochen hat, dass sie oder er nicht sterben würde, ohne die Gelegenheit zu bekommen, die Sterbesakramente zu empfangen. Also dachte ich mir: „Ich muss das unbedingt tun, damit ich nicht in die Hölle komme." Erst in den letzten Jahren ist mir aufgegangen, dass wahre Hingabe nicht bedeutet, Trost in dem Umstand zu finden, dass „alles geregelt" ist, sondern darin, ein so großes Herz zu haben wie das von Gott, der dieses Versprechen gegeben hat. Dann hätte meine Antwort gelautet: „Ich bringe all meine Hingabe und Verdienste dafür dar, dass jeder gerettet werden kann und nicht nur ich." Das ist das Herz Jesu, *Agape,* in all seiner Schönheit.

Universelle und bedingungslose Liebe ist radikal, weil sie so anders ist als unsere oft enge Art und Weise zu lieben. Sie basiert nicht auf Anziehung, Auswahl, Vergleich, Verdienst oder darauf, wie andere uns behandeln. Sie ist völlig ohne Unterscheidung.

Die folgende Tabelle hilft uns, zwischen selektiver Liebe und universeller Liebe zu unterscheiden.

Jemanden lieben	Alle lieben
Ausschließend	Alles einschließend
Wechselseitiges Geben und Nehmen wird als wichtig angesehen	Wechselseitiges Geben und Nehmen wird als unwichtig angesehen
Bedingt	Bedingungslos
Ist mit unseren Bedürfnissen und Problemen aus der Kindheit verbunden	Wird nicht durch unsere persönlichen Probleme begrenzt oder gestaltet
Ist eine Reaktion darauf, dass uns jemand gefällt	Entsteht aus spirituellem Bewusstsein
Basiert darauf, wie attraktiv jemand für uns ist	Basiert auf unserer Hingabe, ungeachtet wie unsympathisch andere sein mögen
Basiert auf dem, was wir von anderen brauchen	Gründet sich darauf, inwieweit andere uns brauchen
Wird von Angesicht zu Angesicht gezeigt	Wird auch jenen gezeigt, die wir nicht sehen
Wird durch tägliche Interaktionen und oft unbewusste psychische Motivationen genährt	Wird durch tägliche Fürsorge und Mitgefühl, oft auch mit einer spirituellen Motivation, genährt
Möglicherweise zeitweilig	Anhaltend
Gewöhnlich	Radikal

Hier folgen einige weitere Gründe dafür, dass universell ausgedehnte Liebe radikal ist:

- Schroffe Unabhängigkeit ist keine annehmbare Lebensweise für uns, weil unser wesentlicher Fokus auf Interdependenz liegt.
- Unser Mitgefühl und unsere Fürsorge sind unvoreingenommen.
- Wir geben andere niemals auf.

- Niemand wird jemals dauerhaft aus unserem Herzen verbannt. Selbst wenn wir den Kontakt mit Menschen abbrechen, wünschen wir ihnen noch immer das Beste.
- Wir handeln auf eine Weise, die versucht, andere mit einzubeziehen, und halten eine Verbindung aufrecht.
- Ganz gleich, wie andere uns behandeln, schlagen wir nicht zurück. Wir hoffen auf Transformation und nicht auf Vergeltung, auf Versöhnung und nicht auf Spaltung, Wiederverbindung und nicht auf Entfremdung.

Es folgen drei weise Aussagen über universelle Liebe, die niemanden aufgibt:

> Selbstliebe dienet ihm nur zur Ermunterung.
> Erst bringt ein kleiner Stein den Teich in Schwung,
> Dann lässt ein enger Kreis sich in der Mitte sehen,
> Um welchen je und je noch größere entstehen;
> So dass er erst am Freund, am Nachbarn Gutes übt,
> Hernach sein Vaterland, hernach die Menschen liebt,
> Bis er je mehr und mehr in Gütigkeit zerflossen
> Die ganze Kreatur in sein System geschlossen.
> Rund um ihn lacht die Welt so grenzenlos beglückt,
> Indessen Gott sein Bild in dessen Herz erblickt.
>
> — **Alexander Pope**, *Versuch am Menschen*[27]

> So wie der Mensch in der Zivilisation voranschreitet und kleine Stämme sich zu größeren Gemeinschaften vereinen, wird die schlichteste Vernunft jedem Einzelwesen sagen, dass es seine geselligen Instinkte und Sympathien auf alle Mitglieder des Volkes ausdehnen müsse, mögen sie ihm auch persönlich

27 Aus dem Englischen übersetzt von Johann Jakob Harder, Halle (Curt) 1772.

unbekannt sein. Ist dieser Punkt einmal erreicht, so ist es nur noch eine künstliche Schranke, die verhindert, dass er seine Sympathie auf alle Menschen aller Völker und Rassen erstrecke.

— Charles Darwin[28]

Während des Vietnamkriegs meditierte ich auf die vietnamesischen Soldaten, betete, dass sie nicht in der Schlacht getötet würden. Aber ich meditierte ebenfalls auf die amerikanischen Soldaten und empfand tiefe Sympathie für sie. Ich wusste, dass sie weit fort von Zuhause geschickt worden waren, um zu töten oder getötet zu werden, und betete für ihre Sicherheit. Dies führte zu einem tiefen Streben danach, dass der Krieg ein Ende finden und allen Vietnamesen und allen Feinden ermöglichen würde, in Frieden zu leben. Sobald das Bestreben klar war, gab es nur noch einen einzigen Weg: für die Beendigung des Krieges zu wirken. Wenn Sie Meditation der Liebe praktizieren, müssen Sie diesen Weg einschlagen. Sobald Sie sehen, dass der Mensch, den Sie Ihren Feind nennen, ebenfalls leidet, werden Sie bereit sein, ihn zu lieben und anzunehmen. Die Vorstellung von einem „Feind" verschwindet und wird durch die Realität eines Menschen ersetzt, der leidet und Ihrer Liebe und Ihres Mitgefühls bedarf.

— Thich Nhat Hanh

---

28 Leipzig (Reclam) o.J., siehe http://www.krauseschoenberg.de/SB22_zitate_darwin.htm#abstammung

Über Gebühr lieben

> Selbst wenn Ihnen Banditen brutal Glied für Glied mit einer zweihändigen Säge absägen würden … sollten Sie Folgendes üben: „Unser Geist wird unberührt bleiben und wir werden keine bösen Worte in den Mund nehmen. Wir werden in einem Geist Liebender Güte und ohne inneren Hass verweilen, und mitfühlend für ihr Wohl sein."
>
> — **Bhikkhu Nanamoli und Bhikkhu Bodhi**

Über Gebühr oder übergebührlich bedeutet „supererogatorisch", das heißt, mehr als erwartet oder als unsere Pflicht es verlangt. Über Gebühr zu lieben kann bedeuten, noch eine Meile weiter zu gehen, die andere Wange hin zu halten, ja sogar unser Leben für andere hinzugeben. Das ist heroische Agape.

Zu allen Zeiten hat es Lehrer gegeben, die eine solche selbstaufopfernde Liebe empfehlen. Sie verlangen eine Form von Hingabe und Mut, die einem gewöhnlichen Menschen sicherlich töricht und verwegen erscheint. Was solche Lehrer empfehlen, widerspricht der Intuition, dem gesunden Menschenverstand von Gerechtigkeit, ganz zu schweigen vom eigenen Überleben.

Jede Form von Liebe beinhaltet, dass wir zugunsten von denjenigen, die uns etwas bedeuten, Unannehmlichkeiten auf uns nehmen. Bedingungsloser Altruismus bedeutet jedoch, uns auch für Feinde zu opfern. Die Praxis einer solch übergebührlichen Form zu lieben repräsentiert einen machtvollen Glauben an unser Potenzial als Menschen, da sie unserem natürlichen Instinkt, sich um die Nummer Eins zu kümmern, zuwiderläuft. Ist dies ein törichtes Missverständnis von Liebe oder ist es das, was Liebe in ihrer höchsten und weisesten Form sein kann?

Es könnte so aussehen, als kämen Altruismus und Selbstaufopferung von oben herab und als stellten sie keine authentische Liebe dar, da sie kein Gefühl für Gleichheit enthalten. Liebe scheint einem Kontext vorbehalten zu sein, in dem das Ich und andere gleichwertig sind. Die einzige Ausnahme sind besonders kritische Momente, in denen wir zum Beispiel unsere eigene Sicherheit opfern, um einen ertrinkenden Menschen zu retten. Vielleicht ist Selbstaufopferung solchen Gelegenheiten vorbehalten.

In modernen Zeiten können wir die kontraintuitiven Empfehlungen von Gandhi und Martin Luther King Jr. als Beispiele für einen Ruf betrachten, selbstaufopfernde Liebe nicht nur in einer Krise, sondern auch für eine Sache zu zeigen. Diese Sache *ist* Liebe, weil es auch hier immer darum geht, eine Verbindung herzustellen, wie etwa die Gleichheit unter verschiedenen Teilen der Gesellschaft oder die Versöhnung durch eine gewaltfreie Lösung von Konflikten.

Gandhi schrieb: „Wenn wir das Leben des Menschen betrachten, erkennen wir viel Gewalt. Doch das Leben geht weiter, und so muss es ein höheres Gesetz als Gewalt geben, nämlich die Liebe, die nicht andere, sondern sich selbst verbrennt." Es ist eine Herausforderung, sich einer solchen Liebe zu verschreiben, ein Vertrauen darauf, dass es unsere wahre Natur ist, uns so mutig gewaltfreien Aktionen gegen Unterdrückung zu widmen, dass wir dafür unser Leben aufs Spiel setzen. In seiner Rede *The Rising Tide of Racial Consciousness* sagte Martin Luther King Jr. im Jahre 1960: „Wir werden direkt gegen Ungerechtigkeit vorgehen, ohne darauf zu warten, dass andere Kräfte zur Tat schreiten. ... Wir sind immer zu Gesprächen bereit und streben nach fairen Kompromissen, doch wir sind auch darauf vorbereitet, wenn nötig zu leiden und sogar unser Leben zu riskieren, um die Wahrheit, wie wir sie sehen, zu bezeugen."

In den folgenden Abschnitten werden uns einige Vorschläge begegnen, die diesen ziemlich bewegenden Zeilen entsprechen. Die Lehrer, die hier zu Worte kommen, sind in der Tat verstörend, weil sie empfehlen, Entscheidungen zu treffen, die nicht unsere Sicherheit und Geborgenheit garantieren. Ihre Lehre erfordert, alles auf kühne und selbstvergessene Weise aufs Spiel zu setzen. Durch ihre eigene Erfahrung und ihr Vorbild versprechen sie uns, dass diese Liebe selbsterfüllend ist.

Eine solche Liebe ist radikal, was für manche töricht ist, weil sie auf der Hoffnung basiert, dass die Menschen eher freundlich auf Hingabe und Güte reagieren als auf Vernunft. Doch selbst dann, wenn wir mit einer aggressiven Reaktion von anderen konfrontiert werden, hält unsere Liebe an. Wo es an Liebe mangelt, vertrauen wir darauf, dass wir sie wieder einsetzen können. Wo die Liebe gestorben ist, vertrauen wir darauf, dass wir sie wieder zum Leben erwecken können.

Den Wert der Würde unseres Egos und unseres Lebens zu bewahren wird zweitrangig gegenüber dieser bedingungslosen und universellen Liebe, der Essenz von Heldentum. Wir können erkennen, wie verwegen Liebe sich über unsere normalen Grenzen hinaus ausdehnen kann, so als wären wir bereits Heilige oder Buddhas – was wir im Grunde tatsächlich bereits sind.

Wir werden uns die Empfehlungen dreier Lehrer anschauen. Es sind Jesus; Shantideva, ein indischer buddhistischer Lehrer aus dem 8. Jahrhundert; und der heilige Isaak von Syrien, ein orthodoxer Bischof und Mönch der Ostkirche aus dem 7. Jahrhundert. Sie vertreten selbstaufopfernde Liebe *sogar ohne Krise oder Anliegen,* einfach als das volle Ausmaß der Liebe, wozu wir mit Übung alle fähig sind. Das ist eine Art und Weise zu sagen, dass übergebührliche oder heroische *Agape* für jeden von uns möglich ist und keine besondere Berufung dafür nötig ist. Gandhi bemerkte dazu: „Die Religion der Gewaltlosigkeit ist nicht nur für die Rishis und Heiligen. Sie ist ebenso für die gewöhnlichen Menschen gedacht." Wenn wir an einem Programm der Liebe arbeiten, wie es bei den Übungen in diesem Buch der Fall ist, wird ein besonderer Ruf einfach zum Geschenk und Ergebnis einer Beharrlichkeit, die für uns alle möglich ist. Heldenhafte Liebe lässt sich kultivieren.

Für uns ist diese Herausforderung leichter zu akzeptieren, wenn wir uns zu anderen bekennen, die sich ernsthaft und unterstützend unserer neuen Lebensweise anschließen. Allein zu stehen ist beängstigend, aber mit Tausenden von Gleichgesinnten zu marschieren ist für die meisten von uns machbar. Gleichzeitig tun wir alles, um Respekt für unseren Körper zu gewährleisten, Missbrauch von uns und anderen zu vermeiden und bei übelwollendem Verhalten einzuschreiten – alles ohne Gewalt.

Wir vergessen dabei auch nicht unsere Schattenseite. Ironischerweise sind die drei wesentlichen Methoden, Liebe zu vergiften, ebenfalls supererogatorisch: Gier ist übergebührliches Habenwollen; Hass ist übergebührliche Feindseligkeit; und die Illusion der Getrenntheit ist die übergebührliche Anhaftung am Ego.

In der Bergpredigt rät uns Jesus, unsere Feinde zu lieben – denjenigen, die auf ungerechte Weise von uns nehmen wollen, mehr zu geben, als sie verlangen, uns von anderen auf unfaire Weise ausnutzen zu lassen. Hier ein Abschnitt aus Matthäus 5:

> Ihr habt gehört, dass da gesagt ist: „Auge um Auge, Zahn um Zahn." Ich aber sage euch, dass ihr nicht widerstreben sollt dem Übel; sondern, wenn dir jemand einen Streich gibt auf deine rechte Backe, dem biete die andere auch dar." [...] Und wenn dich jemand nötigt, eine Meile mit ihm zu gehen, so gehe mit ihm zwei. [...] Ihr habt gehört, dass gesagt ist: „Du sollst deinen Nächsten lieben und deinen Feind hassen.

> Ich aber sage euch: Liebet eure Feinde, bittet für die, so euch verfolgen."[29]

In diesem Sinne schrieb B. Alan Wallace in *Buddhism with an Attitude* : „Liebe deine Feinde heißt nicht, den Menschen zu lieben, den Sie hassen. Das können Sie nicht. Lieben Sie die Menschen, die *Sie* hassen." Mit anderen Worten, unsere Liebe lässt uns diejenigen lieben, die uns hassen, anstatt sie umgekehrt auch zu hassen.

Die Geschichte, die Jesus vom barmherzigen Samariter erzählt, illustriert Nächstenliebe jenseits einer Pflichtübung. Nach Lukas 10:30-35 hilft ein Mann einem Fremden, der in körperlicher Not ist, indem er seine Wunden versorgt, ihn in ein Gasthaus bringt und für seine Kosten aufkommt. Zum Besitzer des Wirtshauses sagt er: „Pflege sein, und so du was mehr wirst dartun, will ich dir's bezahlen, wenn ich wiederkomme." Das „was mehr wirst dartun" ist das, was mit supererogatorischer Liebe gemeint ist, die weit über das hinausgeht, was erwartet wird, und die Fürsorge sowie das, was wir normalerweise geben, überschreitet.

Würden wir uns der Reise des barmherzigen Samariters anschließen, dann würden wir unsere Betroffenheit auf unvoreingenommene Weise zeigen; wir würden bereit sein, Fremden genauso viel zu geben wie unseren Nachbarn und den uns Nahestehenden. Unvoreingenommen zu sein heißt, jeden zu lieben, aber Unvoreingenommenheit bedeutet nicht, jeden auf die gleiche Weise zu lieben. Wir lieben unsere Kinder anders, als wir Fremde lieben. Der barmherzige Samariter überschreitet jedoch diese Linie und zeigt Liebe für einen Fremden, so wie er es für seine eigene Familie tun würde. Auf dem Weg der übergebührlichen Liebe basiert unsere Großzügigkeit allein auf der Wahrnehmung von Not. Unsere Liebe entspringt unserer Solidarität

---

29 Aus: Antiqua-Taschenbibel, Württembergische Bibelanstalt Stuttgart, 1972.

mit der menschlichen Familie, selbst wenn diese einseitig sein muss.

Die Größe von „Gott ist Liebe“ als treibende Kraft bei unserer Einschätzung anderer wird in der in Lukas 23: 39-43 erzählten Geschichte sichtbar, die sich bei der Kreuzigung zugetragen hat:

> Aber der Übeltäter einer, die am Kreuz hingen, lästerte ihn und sprach: Bist du nicht der Christus? Hilf dir selbst und uns!
>
> Da wies ihn der andere zurecht und sprach: Und du fürchtest dich auch nicht vor Gott, der du doch in gleicher Verdammnis bist?
>
> Wir sind es zwar mit Recht, denn wir empfangen, was unsere Taten verdienen; dieser aber hat nichts Unrechtes getan.
>
> Und er sprach: Jesus, gedenke an mich, wenn du in dein Reich kommst!
>
> Und Jesus sprach zu ihm: Wahrlich, ich sage dir: Heute wirst du mit mir im Paradies sein.[30]

Die Geschichte verdeutlicht die fürsorgliche Großzügigkeit Christi gegenüber einem Menschen, der sich demütig an ihn wendet. Aber wir könnten noch andere Möglichkeiten in Betracht ziehen, wenn sich die Geschichte hin zu einer noch größeren – und herausfordernden – Weise zu lieben entwickelt hätte: Der reuige Verbrecher hätte sagen können: „Jesus, gedenke *unser* (anstelle von *meiner*), wenn du in dein Reich kommst.“ Und Jesus hätte antworten können, „Wahrlich, ich sage dir: Heute werdet *ihr beide* mit mir im Paradiese sein, einer aufgrund meines Mitgefühls und der andere aufgrund seines Glaubens.“

---

30 Deutsche Bibelgesellschaft, Text in der revidierten Fassung von 1984

Der erste Sprecher (der, wie wir bemerkt haben, verlangte, dass beide Verbrecher gerettet werden, nicht nur er allein) würde ins Reich aufgenommen werden, weil er aus Unwissenheit gesprochen hat, sodass Christus Mitgefühl mit ihm hatte. Die grenzenlose Liebe von Christus wurde zu seinem Passierschein in den Himmel. Der zweite Verbrecher sprach demütig, insofern schätzte Christus seinen Glauben und seine Freundlichkeit. Dass er die Gnade annahm, wurde zu seinem Passierschein in den Himmel.

Die erste Version der Geschichte basiert auf dem Modell von Strafe und Belohnung – einem Stil, dem wir oft in so vielen traditionellen religiösen Lehren begegnen. Die zweite Version basiert auf dem Modell Liebender Güte. Dies ist die alles einschließende Liebe, die weder von tugendhaften Handlungen abhängt noch im Strafe-Belohnungs-Modell gefangen ist. Sie überschreitet alle Grenzen unserer Vorstellungen darüber, wer es verdient, Liebe zu empfangen, denn sie hat diese Freigiebigkeit von Liebe, die weitreichende Umarmung von Erbarmen und Mitgefühl, in der wir sie alle aufgrund unseres bloßen Daseins verdienen und nicht aufgrund unserer Taten. Wir hören diese großzügigere Botschaft heutzutage in manchen Religionen und spirituellen Kreisen.

Die engstirnige Antwort des Ego lautet: „Weshalb sollte dem Mann, der Jesus beschimpft hat, die gleiche Belohnung zuteil werden wie dem, der ihn geachtet hat?“ Das Ego, das sich geöffnet hat, erkennt bedingungslose Güte als wahre Liebe. Der Jesus in der überarbeiteten Geschichte hätte sich dem höhnischen Verbrecher zuwenden und ihn möglicherweise durch seine Großherzigkeit bekehren können. Stattdessen wiederholt der Jesus bei Lukas dasselbe alte Muster von Belohnung des Guten und Nichtbeachten des Bösen. In dieser Version ist es schwer, ein neues Reich zu finden.

Diese Geschichte enthält jedenfalls keine Bestrafung für den ersten Verbrecher, lediglich Schweigen. Wir können uns vielleicht vorstellen, dass Jesus für seine Bekehrung gebetet hat.

Die Geschichte hat etwas Dualistisches. Wir können nicht gänzlich und heroisch lieben, wenn wir in der Vorstellung von „wir gegenüber denen" gefangen sind, Insider gegen Outsider, gute Menschen versus schlechte Menschen, guter Dieb gegen böser Dieb. Dann ist Liebe unmöglich, da sie alles einschließen muss, wenn sie wahrhaftig sein soll. Wenn wir aus Vorurteilen heraus agieren oder irgendjemanden ausschließen, blockieren wir unsere natürliche Fähigkeit zu lieben.

Wenn wir neu gestalten, was es heißt, menschlich zu sein, indem wir im Einklang mit unserer wahren Natur (Liebe) handeln, verschwindet unsere ablehnende Haltung gegenüber allem Fremden. Wertvoll wird dann nicht, dass wir unseren Status als Insider aufrechterhalten, sondern jeden in unseren Kreis von bedingungsloser Liebe aufzunehmen. Die Ego-Version von Verbindung ist, als Insider Sicherheit zu genießen und Outsider auszuschließen. Die Verbindungs-Version des wahren Selbst ist so umfassend, dass es kein Innen und Außen mehr gibt. Andere mögen uns außen ansiedeln, wie sie es bei Jesus getan haben, aber wir tun ihnen nicht das Gleiche an.

In unserer Zeit zeigte Martin Luther King Jr., wie die Lehren von Jesus auf einseitige Liebe angewendet werden. In seiner Predigt „Liebet eure Feinde" sagte er:

> Zu unseren bittersten Feinden sagen wir: Unsere Fähigkeit, Leiden auszuhalten, wird eurer Fähigkeit, Leiden zuzufügen, ebenbürtig sein. Wir werden eurer körperlichen Kraft mit Seelenkraft begegnen. Was immer ihr uns antut, wir werden euch weiterhin lieben. Wir können nicht guten Gewissens euren ungerechten Gesetzen gehorchen, denn nicht mit dem

> Üblen zu kooperieren ist eine weitaus größere moralische Verpflichtung als Kooperation mit dem Guten. Werft uns ins Gefängnis, und wir werden euch dennoch lieben. Zerbombt unsere Häuser und bedroht unsere Kinder, und wir werden euch nach wie vor lieben. Schickt eure Gewalttäter in Kapuzen zu mitternächtlicher Stunde in unsere Gemeinschaft und lasst uns halbtot zurück, und wir werden euch weiterhin lieben. Aber seid gewiss, dass wir euch durch unsere Leidensfähigkeit zermürben werden. Eines Tages werden wir Frieden gewinnen, aber nicht nur für uns allein. Wir werden euer Herz und Gewissen ansprechen, sodass wir euch in diesem Prozess gewinnen werden und unser Sieg ein doppelter sein wird.

Shantideva bestätigt in seinem *Bodhicharyavatara* die Bereitschaft, Ungerechtigkeit und Missbrauch durch andere zu erdulden. Dies beinhaltet, sich nicht an denen zu rächen, die einen verletzt haben:

> Zugunsten der Vollendung des Wohls aller lebendigen Wesen überantworte ich freiwillig meinen Körper, meine Freuden und all meine Tugenden. … Allen Wesen zuliebe habe ich diesen Körper lustlos gemacht. Mögen sie ihn andauernd schlagen, verunglimpfen und ihn mit Schmutz bedecken. Mögen sie mit meinem Körper spielen. Lasst sie über ihn lachen und ihn lächerlich machen. Was macht es mir schon aus? … Mögen jene, die mich zu Unrecht beschuldigen, die mich verletzen und lächerlich machen, alle am Erwachen teilhaben! … Solange der unermessliche Raum Bestand hat und solange noch empfindende Wesen da sind, möge auch ich ausharren, um das Elend der Welt zu verringern.
>
> … Direkt oder indirekt tue dann nichts, was nicht zum Wohle anderer ist. Und widme ausschließlich zu ihrem Wohl jede deiner Handlungen dem Erlangen von Erleuchtung. …

> Möge den Wesen allüberall, die in ihrem Geist und Körper Qualen leiden, kraft meines Verdienstes Freude und Glück in grenzenlosem Maße zuteil werden.

Laut Shantideva führen uns Menschen, die uns gegenüber auf üble Weise agieren, nicht zu Rache , sondern zu einem Streben nach ihrer Transformation: „All jene, die mich beleidigen ... oder mir irgendein anderes Leid zufügen, mögen sie den Reichtum der Erleuchtung erlangen.“

> Er hat sich vom rächenden Instinkt befreit:
> In allen Sphären und Bereichen der Welt,
> in jedem der höllischen Bereiche, so viele ihrer sind,
> mögen die Wesen, die hier weilen,
> die Glückseligkeit und den Frieden Sukhavatis [Amitabhas Buddhafeld der vollkommenen Freude] kosten.
>
> Und mögen die Abgründe der Hölle süß und erfüllt sein
> mit vom Parfum des Lotos duftenden Teichen,
> und das Ohr entzückt durch die Rufe von schönen Schwänen
> und Gänsen und Wasservögeln sein.
> Mögen alle, die in der Hölle schmachten,
> jetzt zu vollkommener Glückseligkeit gelangen.
>
> — Shantideva

Der Schriftsteller Fjodor Dostojewski verehrte den heiligen Isaak von Ninive sehr und hatte eine Ausgabe der *Predigten des Heiligen Isaak des Syrers* neben seinem Bett liegen. In *Die Brüder Karamasow* spricht Starez Zosima vom heiligen Isaak als seinem Lehrer und seine eigenen Lehren sind eine Paraphrase der Theologie dieses Heiligen. Starez Zosima erklärt, wobei er sich auf den heiligen Isaak bezieht: „Liebe Tiere, liebe Pflanzen, liebe jedes Ding. Wenn du jedes Ding liebst, wirst du das Mysterium Gottes in den Dingen wahrnehmen. Hast du dies einmal wahrgenommen, dann wirst du unermüdlich jeden Tag mehr davon erblicken. Und am Ende wirst du die ganze Welt mit einer vollkommenen universellen Liebe lieben."

In seinen Predigten legt der heilige Isaak diese erhabene Form der Liebe dar. Wir erkennen die Ähnlichkeit zu den Lehren Shantidevas:

> Lass dich von anderen verfolgen, aber verfolge die anderen nicht. Lass dich kreuzigen, doch kreuzige andere nicht. Lass dich verleumden, aber verleumde andere nicht . . . . Der Mensch, der wirklich wohltätig ist, gibt nicht nur Almosen aus seinem Besitz, sondern toleriert auch gern Ungerechtigkeit von anderen und vergibt ihnen.
>
> Unterscheide nicht zwischen Wertvollen und Unwerten. Lass jedermann gleich an deinen guten Taten teilhaben, sodass du vielleicht auch den Unwerten zum Gutsein hinüberziehen kannst. Tadele niemanden, verunglimpfe niemanden, nicht einmal jene, die sehr übel leben.
>
> Liebe ist nicht abgeneigt, den härtesten Tod für jene zu akzeptieren, die sie liebt.
>
> Gott ist nicht einer, der Böses vergilt, sondern der das Böse wieder gutmacht. Es ist absurd anzunehmen, dass den Sündern in der Hölle Gottes Liebe vorenthalten wird. Liebe wird ungeteilt angeboten. Gottes Entschädigung für Sünder besteht genau darin, dass er sie nicht einfach bestraft, sondern mit der Wiederauferstehung belohnt. Im Feuer der Liebe dehnt sich unsere Liebe sogar bis zu den Dämonen aus.[31]

---

31 Adaptiert nach Bischof Hilarion Alfeyey, *The Spiritual World of Isaac the Syrian,* Cistercian Studies 175, Kalamzoo, MI (Cistercian Publications) 2000.

Liebe macht uns zu Aussenseitern

In jeder der Empfehlungen von bedingungsloser und universeller Liebe, wie sie auf den vorangegangenen Seiten beschrieben wurden, sind wir aufgerufen, über die gewöhnliche Ausrichtung eines „vernünftigen" Sozialverhaltens hinauszugehen. Da sich Spiritualität auf das bezieht, was das Übliche überschreitet, zeigt uns diese Transzendenz, dass wir in den Bereich eines reifen spirituellen Bewusstseins gelangt sind. Unser Ego wird sich hier so lange nicht heimisch fühlen, wie es sich nicht vor den Absichten des Herzens verneigt. Auch wenn das Ego die Verletzlichkeit fürchtet, die mit der Öffnung einhergeht, möchte es sich letztlich hingeben, denn das ist seine wunderbarste Bestimmung.

Das Ego loszulassen, unser spirituelles Erwachen, bedeutet eine vollständige und freudige Partnerschaft mit dem höheren Selbst, mit dem Ort in uns, wo Liebe, Weisheit und Heilung vorherrschen. In diesem Bereich gibt es keine Angst mehr. Wenn wir bemerken, dass wir nicht ganz so sind wie die anderen, bedeutet das jedoch nicht, dass wir von ihnen getrennt sind, sondern nur, dass wir irgendwie aus der Reihe tanzen. Unsere Verbindung zur Menschheit ist im Grunde solider, als wir denken mögen. Wir scheinen getrennt zu sein, nur weil unsere Verpflichtung zu übergebührlicher Liebe verwegen oder töricht wirkt und nicht wie die „vernünftige" Funktionsweise der Durchschnittswelt.

Die Hingabe an eine heroische oder selbstaufopfernde Liebe hat in der Tat häufig denen, die sie praktizierten, die Verbannung eingebracht. Ihre Liebe hat dazu geführt, dass man sie lächerlich machte und ausschloss. So etwas Paradoxes, da Liebe doch Verbindung ist! Ein Exil wird entweder gewählt oder durch Verbannung oder Ablehnung durch andere herbeigeführt. Trotzdem kann es dazu führen, etwas Bedeutsames oder Paradoxes über unser Schicksal herauszufinden. So können wir im Brief an die Hebräer lesen:

> Darum hat auch Jesus, damit er das Volk heilige durch sein eigenes Blut, gelitten draußen vor dem Tor. So lasst uns nun zu ihm hinausgehen aus dem Lager und seine Schmach tragen. Denn wir haben hier keine bleibende Stadt, sondern die zukünftige suchen wir.[32]

Diese Passage weist deutlich auf drei Voraussetzungen für selbstaufopfernde Liebe hin:

1. *Wir sind bereit, Außenseiter zu sein.* In die Werte der konventionellen Welt eingebunden zu sein hat nicht mehr so viel Bedeutung wie unsere Hingabe an das, was wir als wichtig für ein Erblühen der Liebe erachten. In der spirituellen Welt ist alles umgekehrt. In diesem Bereich klammern wir uns nicht an die Verbindung, sondern sind bereit, aufgrund unserer Überzeugungen und Entscheidungen ausgegrenzt zu werden. Wir fürchten uns nicht davor, außerhalb des sicheren, herkömmlichen Zentrums zu leben, da wir in unserem Gefühl von unserer persönlichen Mission sicher sind. Unsere Liebe ist keine Strategie, um Erfolg zu erlangen oder andere davon zu überzeugen, dass wir recht haben. Sie steht für sich allein. Wir lieben nur, weil wir lieben. Wir lieben, weil wir Liebe sind.

2. Wenn wir keine Durchschnittswerte unterstützen, mögen wir ausgeschlossen oder verfolgt werden. Wir wirken irrational, weil wir *gewillt sind, Gespött und Schmach zu erdulden.* Gewürdigt, erfolgreich und etabliert zu sein bedeutet uns nicht mehr so viel wie unsere Verpflichtung unseren Werten gegenüber. Die Welt von Gier, Getrenntheit, Rang und „ich zuerst“ abzulehnen kann von der äußeren Welt als Irrweg angesehen werden. Ein

---

32 Hebräer 13:12-14. Deutsche Bibelgesellschaft, 1984

Mensch mit spirituellen Werten fürchtet ein solches Urteil nicht. Was alle anderen für töricht halten, ist für ihn höchste Weisheit.

3. Wir finden Trost und spirituelle Unterstützung in unserem Vertrauen darauf, dass *da etwas auf unserer Seite ist, das die gewöhnliche Realität überschreitet.* Dies muss nichts mit dem Himmel oder dem Jenseits zu tun haben. Es kann alles sein, was über unsere individuellen Bedürfnisse hinausgeht, wie etwa das Gemeinwohl, die Verbesserung unserer Gemeinde oder die spirituelle Entwicklung der Welt. Auf diese Weise werden wir durch einen Glauben an eine höhere Macht gestützt, die uns mehr bietet als die konventionellen Werte. Diese Macht kann Gott sein, der Dharma oder alles, was das Ego transzendiert. Es ist eine Macht, die unser Ich zu seiner ausgereiften Bestimmung des Dienens trägt.

In vielen religiösen Traditionen finden wir das Thema, dass Menschen ihr Heim verlassen, Sicherheit und Geborgenheit aufgeben und sich als entrechtete Exilanten in der Fremde wiederfinden:

- Buddha verlässt seinen heimischen Palast, um als einfacher armer Asket zu leben. Zu seiner Erleuchtung kommt es, als ihm kein Besitz mehr bleibt und er keinerlei Anerkennung in der Welt von Ruhm und Luxus mehr erfährt.
- Im Alten Testament verlässt Jakob sein Zuhause und träumt in Luz (dem späteren Bethel) von einer Leiter von Engeln, die den Himmel mit der Erde verbinden. Als er aufwacht, sagt er: „Wie Ehrfurcht gebietend ist doch dieser Ort! Hier ist nichts anderes als das Haus Gottes und das Tor des Himmels.“[33]

---

33 Gen. 28:17.

- Bei seiner Nachtreise wird der Prophet Mohammed auf geheimnisvolle Weise zum Tempelberg in Jerusalem transportiert, von dem aus er zum Himmel aufsteigt und dadurch die Grenzen von Zeit und Raum transzendiert.

Dies sind Beispiele für das archetypische Thema des Exils. Die Menschen auf diesem Weg wählen bewusst etwas, das sie zu Flüchtlingen oder Parias werden lässt. Übergebührliche Hingabe an eine fürsorgliche Verbindung ist eine gewaltige Herausforderung für uns alle. Höchster Segen wird jedoch dem versprochen, der den Sprung wagt.

> Ein Flüchtling werden, das ist das Eingeständnis, dass wir heimatlos und grundlos sind und es auf Heimat und Grund eigentlich auch nicht ankommt. Zufluchtnahme ist ein Ausdruck der Freiheit, denn als Flüchtlinge sind wir nicht mehr von Sicherheitsbedürfnis gefesselt. Wir schweben in einem Niemandsland, wo nichts zu tun bleibt, als zu den Lehren und zu uns selbst Kontakt aufzunehmen. …
>
> Man erfährt eine Art Einsamkeit, Alleinsein: da ist kein Erlöser, keine Hilfe. Zugleich gibt es aber doch ein Gefühl der Zugehörigkeit – man gehört einer Tradition des Alleinseins an, in der die Menschen zusammenarbeiten.
>
> — Chögyam Trungpa, *Das Herz des Buddha*[34]

34 Übersetzt von Jochen Eggert, Bern, München, Wien (O. W. Barth Verlag) 1993, S. 97 und 99

Übung

Wege zur Liebe

Hier folgen einige Lebensweisen, die uns auf übergebührliche Liebe vorbereiten können, die uns eines Tages (oder heute) herausfordern könnte:

- Werden Sie sich der Verstecke und Zufluchtsorte bewusst, die Ihnen helfen sollen, jeder Art von Unannehmlichkeit zu entfliehen. Sie bleiben aus Gewohnheit bestehen sowie durch die Illusion, dass sie die einzige Möglichkeit darstellen. Die gesunde Alternative besteht im Mut zu glauben – oder sich so zu verhalten, als würden Sie glauben –, dass alles bewältigt und direkt bearbeitet werden kann. Sicherheit und Geborgenheit basieren dann nicht mehr auf äußeren Quellen. Wenn Sie Hindernisse zu Gelegenheiten umgestalten, werden Sie wahrscheinlich eher dem trauen, was das Leben Ihnen beschert. Dies vermittelt ein Gefühl von Sicherheit, das Sie eher gewillt macht, Opfer für andere zu bringen, da Sie nichts mehr zu verlieren haben. Wenn Sie auf diese tapfere Weise mit Vertrauen darauf, dass dies machbar ist, an Ihren Problemen arbeiten, wird es Ihnen leichter fallen, Ihre standardisierten Schutzräume zu verlassen, die jedenfalls nie mehr als ein wackeliger Unterschlupf gewesen sind.
- Lehnen Sie alle familiären, religiösen oder patriotischen Überzeugungen ab, die Separatismus oder Ausgrenzung befürworten oder Gewalt oder Vergeltung legitimieren, die alle einer fürsorglichen Verbindung entgegenstehen, und protestieren Sie dagegen. Tun Sie dies ohne Schuldzuweisung und ohne jemanden in Misskredit zu bringen,

sondern in dem Bestreben, dass andere ebenfalls auf die Macht der Liebe vertrauen werden.

- Wenn Ihr Gott einer ist, der mit ewiger Hölle (was ewige Qualen bedeutet) straft, dann ist Rache noch immer in Ihrer Psyche präsent. Fragen Sie sich, ob es nicht eine höhere Macht für Sie gibt, die frei von hasserfüllten Plänen ist und die Ihnen die Fünf Aspekte entgegenbringt: die transzendente Quelle an Unterstützung, die sich *aufmerksam* um Sie kümmert, anstatt Sie zu überprüfen; die Sie *annimmt* und akzeptiert, anstatt Sie zu verurteilen; die Sie bedingungslos würdigt und *wertschätzt*; die Sie voller *Zuneigung* zärtlich hält, ganz gleich, was Sie tun mögen; und die Ihnen die Freiheit *gewährt*, im Einklang mit dem vollen Hervortreten Ihrer Anlagen zu leben. Die einzige höhere Macht, die uns helfen kann zu lieben, ist diejenige, die Liebe ist. Wenn Liebe anstelle von Verdienst oder dem Vermeiden von Strafe die Motivation für Ihr Handeln oder Nicht-Handeln ist, dann lieben Sie automatisch stärker. Thomas Merton sagt in *Seasons of Celebration*: „Gottes Gnade ist unbegründete Gnade, die keinerlei Eignung noch Würdigkeit und kein Zurückgeben verlangt."
- Erinnern Sie sich daran, dass Sie nicht allein auf diesem herausfordernden Weg der Liebe sind. Ihr Entschluss, sich diesem Buch und den darin enthaltenen Praktiken zu widmen, Ihre Absicht, immer mehr zu lieben, hat viele Heilige, Engel und Bodhisattvas angezogen, die Ihnen helfen. Vertrauen auf die Macht einer solchen Gnade, die unterstützende Kraft, die immer und überall in unserem täglichen Leben wirkt, macht Liebe leichter denn je. Etwas, von dem wir nicht wissen, was und wie es ist, begleitet uns ständig und macht uns liebevoller als zuvor.

Unsere Welt lieben

> Der betet gut, wer Liebe hegt
> Für alle, groß und klein!
> Gott, der uns schuf, der liebt uns all',
> Will allen Vater sein."
>
> — Samuel Taylor Coleridge, *Der alte Matrose*[35]

Liebe wurde beim Urknall gezeugt, als alle Verbindungen ihren Anfang nahmen. Liebe wurde geboren, als zum ersten Mal ein Wesen eine fürsorgliche Verbindung mit einem anderen Wesen eingegangen ist.

Wie wir zuvor gesehen haben, handelt Liebe von sich aus als Bewegung hin zu einer tieferen Verbundenheit und einem größeren Radius der Fürsorge. Die Art und Weise, wie die Welt in ihrer Evolution funktioniert, ist genau so, wie Liebe in unserem Leben funktioniert, indem wir ständig über uns hinausgehen und sie transzendieren. Wir können sagen, dass unser höchstes Ziel in der Evolution mehr Verbindung, mehr Fürsorge und mehr Liebe ist. Es ist auch die einzige Art und Weise, wie dieser Planet überleben kann. Eine Verpflichtung zum Lieben ist die Art und Weise, wie die Evolution zu einer persönlichen Sache im Hier und Jetzt unseres Lebens wird. Wir sind nicht auf der Welt, um lieben zu lernen, sondern um im Einklang mit dem, der wir wirklich sind, zu handeln, indem wir die Welt lieben.

Die Möglichkeit, unser gewöhnliches Leben und dessen Grenzen zu transzendieren, steht im Zusammenhang mit dem Konzept der *Emergenz* (des Hervortretens) in der Wissenschaft. Das bedeutet, dass etwas Neues ins Sein tritt, das komplexer ist als

35 Übersetzt von Ferdinand Freiligrath

das vorher Bestehende, aber aus diesem hervorgeht und es fortsetzt. Dennoch ist es transzendierend, mehr als die Summe seiner Teile.

Liebe besitzt im Vergleich mit der wissenschaftlichen Beschreibung des Universums viele weitere gemeinsame Merkmale mit diesem: Liebe ist *frei* und nicht festgelegt.

Liebe *entwickelt* sich. Sie entwickelt unaufhörlich und allmählich Innovationen, die besser geeignet sind, mit den Veränderungen in der Umwelt umzugehen. Der Umstand, dass unsere menschlichen Ursprünge auf frühere Spezies zurückverfolgt werden können, zeigt Kontinuität, ein weiteres Anzeichen für Verbindung.

Liebe *überlebt* Brüche. Nach der Chaostheorie transformieren sich Systeme prompt, wenn es einen Zusammenbruch oder ein Ungleichgewicht gibt. Liebe überdauert Krisen, Konflikte und Trennung. Sie beginnt, kann sich verstecken und kann erneut wieder hervortreten. Sie kann Phasen der Entropie durchlaufen, sich selbst aber wiederherstellen.

Liebe ist ein *System* von Beziehungen. Sie ist nicht fest, abgetrennt oder linear, sondern auf den Zusammenhang bezogen. Jede Erfahrung wirkt sich auf das Ganze aus.

Liebe ist *holographisch*, da jeder Teil das Ganze enthält. Liebe ist unmittelbar und total in jedem Augenblick. Insofern ist jeder der fünf Aspekte – Aufmerksamkeit, Annehmen, Wertschätzung, Zuneigung und Zulassen – mit eingeschlossen, wenn sie echt ist. Zudem heißt, ein liebender Mensch zu sein, alle zu lieben.

Liebe ist insofern *fraktal*, als dass sich dieselben Muster auf jeder Ebene der Komplexität wiederholen. Wie wir in kleinem Rahmen lieben ähnelt dem und weitet sich aus zu dem, wie wir im großen Rahmen lieben. Dies lässt an Pythagoras' Bild von der Essenz des Lebens als Muster denken.

Einheit in der Vielheit ist der natürliche Zustand des Universums. Liebe bringt *Vereinigung* hervor, *während sie die Individualität aufrechterhält.*

Aus Einsteins Relativitätstheorie haben wir gelernt, dass das, was wir für Masse, also für greifbar und real halten, in Wirklichkeit Energie ist, die keine getrennte Existenz besitzt, sondern verbunden ist mit dem großen Netz des Lebens, der Materie-Energie, die den Rest des Universums ausmacht. Alles wirkt zusammen für das Wohl des Ganzen. Wir lieben, wenn wir durch Kooperation universelle mitfühlende Verbindungen eingehen. Wir tun dies, wenn wir den Hungernden Nahrung geben, den Obdachlosen ein Dach über dem Kopf bieten und für den Frieden anstatt für den Krieg oder für Gleichheit anstelle von Spaltung arbeiten. Dies bedeutet, unsere Egozentrik zu verringern, ein separatistisches, sektiererisches Ego aufzugeben, sodass wir unsere individuellen Bedürfnisse dem größeren Wohl aller unterordnen.

Bei einem Quantensprung springen Elektronen auf die nächste verfügbare Ebene, ohne dabei eine Distanz von A nach B zurücklegen zu müssen; sie erscheinen einfach anderswo, ohne einen bestimmbaren Weg dazwischen. Für Isaac Newton erforderte eine Ursache-Wirkung-Beziehung zwei Dinge, die einander anstoßen mussten, so wie zwei Billardkugeln. Niels Bohr, einer der Pioniere der Quantenphysik, behauptete, subatomare Partikel seien empfänglich für Einfluss aus der Ferne, ohne physische Berührung, was im Grunde einen „nichtlokalen" Einfluss darstellt. In der Physik wird dies *Quantenverschränkung* genannt, eine nichtlokale wechselseitige Verbundenheit, die konstant in jeder Realität, ungeachtet von Zeit und Raum, existiert. In der Liebe sind wir wie Elektronen, die einander durch eine solche nichtlokale Verbundenheit beeinflussen und keine räumliche Nähe erfordern. Dies bedeutet auch, dass wir eine gewisse

Macht besitzen, selbst wenn wir lediglich eine einsame Stimme in der Wüste sind.

Verschränkung zeigt sich auch psychologisch in einer geteilten Erfahrung. Zum Beispiel führt geteilter Schmerz zu geteilter Empathie. Genau das geschieht in unserer Psyche, wenn wir Liebe erfahren.

Wir wissen, dass ein Photon, ein Quantum sichtbaren Lichts, sowohl die Eigenschaften einer Welle als auch die eines Teilchens aufweist, je nachdem, welches Messverfahren wir verwenden oder wie wir damit interagieren. Es gibt keinen einzigartigen Charakter – kein Entweder-Oder – des Lichts. Wenn sich Licht wie eine Welle verhält, zeigt es seinen wellenartigen Aspekt. Wenn es sich wie ein Partikel verhält, präsentiert es seinen Partikelaspekt. Bohr bezeichnete diese duale Dimension der Realität als *Komplementarität*. Die Dinge sind in keiner einzigen Konfiguration umfassend bestimmbar. Wir sind daran beteiligt zu bestimmen, wie die Dinge geschehen und was sie in diesem Augenblick bedeuten. Es gibt keine scharfe Trennung zwischen Subjekt und Objekt. Auch dies kann Liebe erreichen und darum geht es bei ihr. Wenn wir uns dafür entschließen, nicht zu spalten und zu strafen, sondern zu versöhnen und zu vergeben, erhält unsere Liebe eine komplementäre Beschaffenheit.

Wir können Komplementarität und Gegensätzlichkeit einander gegenüberstellen. Wir stellen uns beispielsweise die Frage: „Wie kann jemand, der eine bestimmte Gruppe hasst, wirklich irgendeinen Menschen lieben? Kann ein Folterer seine Familie wirklich und wahrhaftig lieben?“ Die Frage ist nicht, ob er es kann oder nicht. Natürlich kann er das. Die Frage lautet vielmehr, welche Auswirkung hat dieses Ausmaß an Hass, Vorurteil und Gewalt darauf, wie er liebt? Wir behandeln diese Frage jetzt auf eine eher einschließende als ausschließende Weise, obwohl wir noch immer Ursache und Wirkung betrachten. Dies ist die nicht-dualistische Art von Komplementarität in der Physik, die in die Art und Weise hineinspielt, wie wir mitfühlend mit solchen schwierigen Fragen der Menschlichkeit umgehen können.

Eine wissenschaftliche Definition des Geistes hilft uns, Liebe zu verstehen: Der Geist ist ein verkörperter und relationaler Prozess (das heißt, keine Sache, sondern eine Aktivität), der einen Energie- und Informationsfluss reguliert. Liebe ist eine verkörperte Erfahrung positiver Verbundenheit, ein Fluss relationaler Energie. Wir können den Energiefluss, der uns mit anderen verbindet, blockieren, doch ist er noch immer in allen von uns vorhanden und bereit dazu, jederzeit aktiviert zu werden.

Liebe ist ein *Feld*; wie ein magnetisches Feld beeinflusst sie Dinge und zieht diese an sich. Sie umgibt und stabilisiert uns – auf dem Planeten und in Beziehungen auf vielfältigen Ebenen. Je mehr wir lieben, desto mehr fühlen sich Menschen von uns angezogen. Durch unsere liebenden Verbindungen bilden wir ein Feld von Liebe.

Der Physiker David Bohm hat gezeigt, dass nichts grundsätzlich getrennt oder autonom ist, sondern alle Dinge simultan in einem *Holomovement* existieren. Er schrieb dazu: „Die neue Form von Einsicht lässt sich vielleicht am besten als ungeteilte Ganzheit in fließender Bewegung bezeichnen."[36] Liebe ist genau so eine ungeteilte Ganzheit, die durch uns, zu uns und in sich immer weiter ausdehnenden Kreisen von uns ausfließt, bis alle Wesen mit eingeschlossen sind,.

In diesem Rahmen spiegelt Lyrik immer die Wissenschaft wider und ist ihr weit voraus bei der Enthüllung mystischer Wahrheiten. Dementsprechend erklärt Ralph Waldo Emerson in seinem Gedicht *Celestial Love* (Himmlische Liebe):

---

36 David Bohm: *Die implizite Ordnung.* Amerang (Crotona Verlag) 2018

> Die Stoffe, die im Grunde sind getrennt,
> Vereinen sich auf ihrem Höhepunkt,
> Dort wo die heilige Essenz
> Alle getrennten Seelen als Eines durchdringt.

Die letzte Zeile des Verses bezieht sich auf das Universum als eine Beziehung. Persönliche Transformation findet statt, wenn wir uns dieser Beziehung anschließen. Das heißt, wir widmen uns der Solidarität mit anderen und mit dem Planeten auf eine fürsorgliche Weise. Dies bedeutet: Wenn wir eine geschundene Welt sehen, veranlasst uns unser moralisches Empfinden dazu, alles Notwendige zu unternehmen, damit es weniger Schmerz gibt. Sonst werden wir demoralisiert und unser einziges Ziel ist unsere eigene Befriedigung.

Wir sind hier von Bedeutung

Unsere volle Verwirklichung als Menschen, der erleuchtete Zustand, der Ausdruck unserer Ganzheit, wird durch eine lange Reihe von Entscheidungen zugunsten von Großzügigkeit anstelle von Gier, zugunsten von Liebe anstelle von Hass und zugunsten von Realität anstelle von Illusion unterstützt. Wir lassen weiterhin Hemmnisse los – das Thema unseres nächsten Kapitels –, und dann werden unsere natürlichen positiven Neigungen aktiviert. Eine solche strahlende Präsenz in der Welt zu sein zeigt, wie unsere Hingabe an die Liebe uns erleuchtet und uns zu Trägern des Lichts werden lässt.

Evolutionäre Spiritualität verkörpert unsere eigene Signatur, unseren uns eigenen Ausdruck von Liebe in der Welt. Es gibt in der Tat unzählige Wege, Liebe zu zeigen. Jeder Mensch besitzt seinen eigenen Stil, der einzigartig ist wie ein Fingerabdruck oder ein Kuss. Vielleicht ist jede einzelne Ausdrucksform der

Liebe, auch die *Ihre*, erforderlich, um genau die Melodik zu kreieren, in die die Welt so einstimmt, dass sie sich zu ihrer ganzen Bandbreite an Rhythmen entfaltet.

Erst viele verschiedene Blumen lassen eine Wiese entstehen; viele verschiedene Einzelpersonen sind erforderlich, um *Othello* aufzuführen; viele verschiedene Gesichter in unserem Familienalbum sind notwendig, damit unsere Lebensgeschichte vollständig ist. Auf die gleiche Weise braucht das Projekt Menschheit jede einzelne Sorte von Liebe, die Menschen zur Evolution beisteuern können. Wenn jeder auf der Erde, diesem Außenposten des Himmels, jeden anderen auf seine ihm eigene Weise lieben würde, dann würde sich tatsächlich der ganze spektakuläre Korso der Liebe vor unseren Augen entfalten. Anstelle von Ungleichheit, Krieg und Hass würde das wirkliche Leben, für das wir programmiert sind, ein Leben von Gerechtigkeit, Frieden und Liebe, aufblühen. Dann würden wir unbestreitbar und sicher wissen, weshalb wir geboren wurden.

In Shakespeares *Der Kaufmann von Venedig* weist Lorenzo, als er mit Jessica spricht, auf den Nachthimmel und stimmt sich auf die Harmonie der Sterne und Sphären ein. Dann sagt er: „Eine solche Harmonie ist in unsterblichen Seelen." Dieses Einstimmen, von dem wir nun wissen, wie wichtig es in menschlichen Beziehungen ist, spielt auch eine wesentliche Rolle für unsere Verbindung mit der Natur. Wir lieben andere, wenn wir uns in einer Kommunion von Verständnis und Fürsorge auf sie einstimmen. Wir sind erleuchtet, wenn wir uns auf die gleiche Weise auf unser Einssein mit der Welt einstimmen.

In der dualistischen Welt von Descartes ist man davon überzeugt, dass es Sinn und Zweck nur in Menschen gibt, weil nur der Mensch eine Seele hat. Die Welt ist nur Materie in Bewegung. Der Mensch selbst ist von allem anderen getrennt und steht über allem, da nur der Mensch und sonst niemand Bewusstsein besitzt.

Die primitive Sichtweise war im Grunde viel umfassender. Früher glaubten die Völker, dass die ganze Natur lebendig und in Bewegung ist und alle Lebensformen vom Göttlichen erfüllt sind. Das menschliche innere Leben wurde in einem kontinuierlichen Zusammenhang mit allem gesehen. Bei dieser eher naturalistisch-spirituellen Sichtweise ist das Ich teilhabend, nicht besitzend. Allen Wesen wohnen Seele und Sinn inne. Wir erinnern uns an Buddhas Worte bei seiner Erleuchtung, wie sie von Eihei Dogen Zenji wiedergegeben werden: „Als der Morgenstern aufging, werden Ich und die Große Erde mit all ihren Wesen gleichzeitig Buddhas."

In der neuen Kosmologie besitzt das Universum eine ihm ganz eigene Leidenschaft und entfaltet sich in uns und allen natürlichen Dingen. Wir sind die Hände und Füße des Universums. Unsere Aufgabe besteht darin, uns seinem futuristischen oder evolutionären Drang anzuschließen.

Wenn wir die lineare Perspektive verlassen, erkennen wir, dass unsere Evolution sich nicht auf einen absoluten Höhepunkt zubewegt. Ein Endpunkt wäre eine Unterbrechung. Wir reisen in einem sich ausdehnenden, immer offenen Universum. Ein ehrfürchtiges „Nichts ist endgültig" ist eine Verpflichtung, sich dieser Offenheit anzuschließen. Somit hat die Evolution des Universums eine Richtung (Vielfalt und Komplexität), aber kein endgültiges Ziel. Der Archetyp der Heldenreise, der in unsere Psyche installiert wurde, wird durch unseren inneren Drang nach Erneuerung und nicht durch eine Zielsetzung beseelt. Diese Reise schlägt die Richtung zu immer mehr Integration ein, anstatt in einem Neuen Jerusalem oder einem verheerenden Armageddon zu enden.

Liebe ist die treibende Kraft des Universums. Man kann wohl ohne Übertreibung sagen, dass Liebe das Herz Jesu des Universums ist. Unsere Liebe für die Erde und all ihre Menschen ist die Art und Weise, wie wir uns dem evolutionären Drang hin zu der Verbundenheit anschließen, die in unserer Natur liegt. Eine solche Hingabe bedeutet, auf eine Weise zu agieren, die die Verbundenheit aller Dinge miteinander anerkennt. Denn wenn unser Ursprung tatsächlich auf einen Urknall zurückgeht, dann entstand und entsteht weiterhin Vielheit aus einer ursprünglichen Einheit. Die Welt ist ein holistisches Modell dafür, wie wir in Liebe zusammenleben können: indem wir unsere jeweiligen Unterschiede achten und dabei in einer ständigen und fürsorglichen Verbindung bleiben. Alles, was dazu nötig ist, ist Hingabe aus ganzem Herzen – und einige Übung.

Ich gab mich dem vollkommenen Ganzen hin.

— Ralph Waldo Emerson

Übung

Kosmisches Bewusstsein

Wie können Sie zu einem planetarischen Wandel fort von den drei Giften unserer Umwelt (Gier, Hass und Unwissenheit) hin zu den drei Triebkräften unserer Evolution (Gerechtigkeit, Frieden und Liebe) beitragen?

Indem wir uns für die Transformation der Gesellschaft einsetzen, entwickeln wir uns persönlich in Liebe. Das heißt, wenn wir gegen die vorherrschenden Systeme von Aggression und Ungleichheit kämpfen, zeigen wir unsere Liebe für die Welt.

Ist die Erde erst einmal unsere lebendige Mutter und nicht mehr nur der Boden, auf dem wir gehen, dann sind wir aufgerufen, sie zu schützen und zu nähren, so wie sie es für uns tut. Nur wenn wir die Erde und ihre Menschen lieben, lieben wir ganz und gar. Dann beten wir *mit* Mutter Erde, und nicht nur für unsere persönliche Befriedigung oder unseren Gewinn, was bewussten Respekt für das weibliche Prinzip in uns allen beinhaltet. Wenn wir lieben, haben wir Anteil an den Wehen des erdfemininen Geburtsprinzips, um die Welt mit zu schaffen und mit zu heilen, damit sie sich entwickeln kann. Verbindung ist implizit im Mitschaffen enthalten, da wir uns alle zusammentun, damit die Welt sich durch bewusste Absicht und spezifische Aktionen, die Gerechtigkeit, Frieden und Liebe fördern, entwickeln kann.

Auf diese Weise werden wir zu planetaren Bürgern. Unser individuelles Bewusstsein und unser Erd-Bewusstsein werden eins, ungeteilt, ohne Dualismus oder Ranking. Sind Liebe und Verbundenheit erst einmal als unsere authentische Identität akzeptiert, haben Krieg und Hass keinen Platz mehr in unserem Herzen oder unserer Welt. Sorge für die Ökologie unserer Umwelt und Kooperation mit anderen werden zu unseren höchst geschätzten Verpflichtungen.

Wir arbeiten auf jede erdenkliche Weise daran, einer weiteren Ausbeutung der natürlichen Ressourcen der Erde Einhalt zu gebieten, und wir tun alles Notwendige, um die Kräfte der Erde zu erneuern. Das ist in Aktion gezeigte Liebe für die Welt. Liebe ist dann unser erstes Prinzip, oberstes Gesetz und unser erster Wert.

Das narzisstische Vorurteil besteht in der Vorstellung, dass wir die Vorherrschaft über die Erde besäßen, weil wir an der Spitze der Lebenskette stehen. Mit dieser Einstellung kann die Fülle der Liebe nicht in uns eindringen und uns durchdringen, wie sie es sollte. Aber wir können noch immer daran glauben, dass der Lärm um uns herum gleichzeitig aus Todeskampf und Geburtsschmerzen entsteht. Immer mehr von uns erkennen die Erfordernisse unseres Planeten und reagieren darauf, indem sie Teil der Bewusstseinsevolution werden.

Wir können unsere Liebe für die Erde und ihre Menschen überprüfen, indem wir unsere Einstellungen und Beiträge zu folgenden sozialen Sünden untersuchen:

> bei der ungerechten Verteilung von Gütern, die sich auf die großen Unterschiede zwischen Arm und Reich gründet
>
> bei der Zerstörung der Umwelt und ihrer Ökologie
>
> bei Gewalt, Krieg und Nuklearwaffen
>
> bei der Unterdrückung und den Vorurteilen, die auf Rasse, Geschlecht, sexueller Orientierung, Religion und politischer Zugehörigkeit basieren
>
> bei der politischen und religiösen Unterdrückung von Frauen in patriarchalen Gesellschaften

Ein all diesen fünf Formen sozialer Ungerechtigkeit gemeinsames Element ist Herrschaft, die darauf beruht, dass gleichberechtigte Beziehungen geleugnet werden. In einer Atmosphäre von Herrschaft, Gewalt und Repression kann Liebe nicht überleben. Liebe ist, wie auch unsere Psyche, nicht nur etwas Persönliches, sondern kollektiv.

> Politik und das geistige Leben sind untrennbar.
>
> — Mahatma Gandhi

> Politik ist der höchste Ausdruck von Menschenliebe.
>
> — Papst Pius XI

9
Worauf man achten sollte

Liebe ist das Drama der Vervollständigung, der Vereinigung. Persönlich und grenzenlos, führt sie zur Befreiung von der Tyrannei des Egos.

— Henry Miller

In der Theravada-Tradition des Buddhismus bezieht sich der Begriff *Buddha-Natur* auf unser Potenzial zur Erleuchtung. Dieses Potenzial wird durch Studium und Übung aktiviert. Darin spiegelt sich das psychologische Verständnis wider, wonach Kleinkinder zu Aggression neigen und soziales Verhalten lernen müssen.

In der Tradition des Mahayana wird die Buddha-Natur als etwas angesehen, das uns bereits von Anfang an innewohnt, also eher als eine Eigenschaft als ein Potenzial. Demnach *erlangen* wir nicht die Buddha-Natur, weil wir sie bereits die ganze Zeit in uns tragen. Das gilt im Übrigen für alle Wesen. Unsere Übung verursacht also keine Erleuchtung, sondern manifestiert sie lediglich. Sie wird nicht erlangt, sondern nur enthüllt. Im *Sutra des Sechsten Patriarchen* (einer Aufzeichnung der Lehren des chinesischen Zen-Meisters Huineng aus dem 7. Jahrhundert) wird die Analogie des von Wolken verhangenen Mondes verwendet. Wenn die Wolken verschwinden, wird der Mond offenbart. Die Wolken stellen den Mond nicht her, sie enthüllen ihn lediglich.

Im Hinblick auf die Liebe gilt das Gleiche: Wir tragen sie alle schon immer in uns, aber unsere Aufgabe besteht darin, das aus dem Weg zu räumen, was sie verdunkelt, damit sie sichtbar wird. Das Haupthindernis ist das dysfunktionale und manchmal aufgeblähte Ego.

Was ist das Ego?

Ego ist das lateinische Wort für „Ich". Es bezieht sich auf das bewusste Selbst, unsere Persönlichkeit, die in dem Parietallappen unseres Gehirns angesiedelt ist. Dieses Zentrum des Denkens und Handelns ist das, was wir unsere Identität, unser Ich oder Selbst nennen.

Wir haben ein einziges Ego, das aber viele verschiedene Formen annehmen kann. Es kann funktional oder dysfunktional sein. Es ist funktional, wenn wir mit unserem Handeln die drei Grundziele im Leben erreichen können: Gesundheit, Glück und persönliches Wachstum. Es ist dysfunktional, wenn wir etwas tun, das unserer Gesundheit schadet, uns unglücklich macht und uns nicht dabei hilft, psychologisch oder spirituell zu wachsen. Es operiert dann auf der Grundlage dessen, was im Buddhismus die Drei Gifte genannt wird: Gier, Hass und Unwissenheit oder Verblendung. Es arbeitet auf der Basis von Lastern anstelle der Tugenden funktionaler Ich-Entscheidungen.

Wie beim Märchen von „Goldlöckchen" gibt es drei Möglichkeiten für das Ich. Es kann drei Größen annehmen: zu groß, zu klein oder genau richtig. Wenn das Ich funktional ist, nimmt es sich selbst nicht zu ernst und besitzt eine vernünftige Selbstachtung. Wir könnten sagen, es ist genau richtig, hat die angemessene Größe. Dieses Ich respektiert seinen Platz in den Aufstellungen, mit denen wir alle es zu tun bekommen. Es stellt sich nicht an die erste Stelle noch glaubt es, es sollte an der letzten stehen; es nimmt seinen Platz an der Position ein, die für seine momentanen Interaktionen am besten geeignet ist. Manchmal steht es vorne, manchmal ganz hinten und sehr oft irgendwo dazwischen.

Ist das Ich dysfunktional, dann ist seine Größe – sein Selbstverständnis und die Art und Weise, wie es auf andere wirkt – unangemessen aufgebläht oder geschrumpft. Das aufgeblasene Ego ist egozentrisch, arrogant, eitel und stellt Ansprüche. Es hat eine „Ich zuerst“-Einstellung und trifft entsprechende Entscheidungen. Das geschrumpfte verarmte Ego hat eine schlechte Meinung von sich selbst. Es verachtet sich und glaubt, es würde nicht genügen. Es nimmt eine „Ich zuletzt“- oder Opfer-Haltung in der Welt ein.

Unsere evolutionäre Aufgabe besteht darin, ein funktionales Ich in einer adäquaten Größe aufzubauen. Dies ist ein Ich, das sich für Gesundheit, Glück und persönliches Wachstum einsetzt. Es ist dasjenige, das Intimität in einer Beziehung erreichen und uns zu guten Bürgern machen kann. Dies ist ein Ich, das ein Leben lang bestehen soll. Es soll aufgebaut, nicht aber losgelassen werden. Niemand agiert die ganze Zeit über von diesem Ich aus, aber wir können alle danach streben, ihm so oft es geht und auf jede erdenklichen Weise die Priorität einzuräumen.

Das dysfunktionale Ego, das in jedem von uns tagtäglich aktiv ist, sollte gebändigt werden, sodass es zunehmend funktional wird. Dies ist ein ständiger Kampf, da mit der Dysfunktion mehr Adrenalin verbunden ist als mit der Funktionalität. Gewöhnlich sehen wir einen größeren Unterhaltungswert darin, dysfunktional zu sein, insbesondere in der Jugend, wenn wir auf Auflehnung gebürstet sind und über die Energie dafür verfügen.

Im späteren Leben haben wir weniger Adrenalin, daher ist es leichter, unser dysfunktionales und aufgeblähtes Ego loszulassen. Ein älterer Mensch, der noch immer das Ego eines Neuntklässlers besitzt, hat diesen natürlichen Übergang verhindert. Er hat seine Psyche gezwungen, das aufrechtzuerhalten, was nicht im besten Interesse seiner Gesundheit, seines Glücks und seines persönlichen Wachstums ist. Das ist so, als würde man Nein zu der Heldenreise sagen, bei der es immer darum geht, von „zu viel" zu „genau richtig" zu gehen.

Unser Körper mag vielleicht schwach, unser Geist dement und unsere Erinnerungen vage werden, aber unser Ego kann unser ganzes Leben lang unveränderlich arrogant und kontrollierend bleiben. Das Alter stellt keine Bedrohung für das Ego dar, es ist nur empfänglich für eine Wandlung durch lebensverändernde wohlverdiente Strafen oder spirituelle Transformation.

Ich gebe Ihnen hier ein Beispiel für die zahlreichen Formen, in denen das Ich in einer Person erscheinen kann: Randy beginnt den Tag damit, dass er seine Zähne mit Zahnseide reinigt (funktionales Ich). Dann raucht er seine erste Zigarette (dysfunktionales Ego). Er trinkt zwei Gläser Orangensaft anstatt nur eines und lässt seiner Frau keinen Saft übrig (aufgeblähtes Ego). Randy ist höflich auf der Straße und lässt einem anderen Autofahrer die Vorfahrt (angemessenes Ich). Er beantragt an seinem Arbeitsplatz keine Beförderung, da er sich selbst herabsetzt und dadurch seinen Ehrgeiz und sein Selbstvertrauen verloren hat (geschrumpftes Ego).

Randy ist damit nicht allein. Wir alle agieren im Laufe eines Tages aus diesen fünf Formen des Ichs heraus. Wir eliminieren keine von diesen jemals vollkommen und dauerhaft. Das ist keine Frage von Funktionalität oder Dysfunktionalität. Das Beste, was wir tun können, ist, immer mehr Funktionalität zu zeigen, statt zu versuchen, perfekt zu sein. Unser dysfunktionales, aufgeblasenes oder geschrumpftes Ego taucht in unseren Gedanken und Handlungen immer wieder auf. Vielleicht ist das die Art und Weise der Psyche, uns demütig zu halten.

Hier ein Beispiel für den Unterschied zwischen funktionalem und dysfunktionalem Ego in zwei Personen:

Violetta möchte eine Kunsthochschule besuchen, von der sie weiß, dass diese ihr helfen kann, ihre Fertigkeiten zu verbessern und schließlich auch einen guten Job zu finden. Sie nimmt an den Vorbereitungskursen für die Aufnahme in die von ihr geschätzte Kunstschule teil; sie bewirbt sich rechtzeitig, um den Anmeldungstermin einzuhalten, und sie spart genug Geld, um ihre Studiengebühr bezahlen zu können. Sie bewirbt sich auch bei der Schule, die ihre zweite Wahl ist, für den Fall, dass sie bei der ersten nicht angenommen wird. Violetta handelt während des ganzen Prozesses aus dem funktionalen Ich heraus.

Vilas andererseits verfügt über überdurchschnittliche künstlerische und intellektuelle Fähigkeiten, widmet sich aber nicht ausreichend seinen Studien, sodass seine Noten ihn nicht für die Hochschule qualifizieren, die er wirklich gerne besuchen würde. Er bewirbt sich auch nicht bei einer zweiten oder dritten Schule, weil sein aufgeblasenes Ego fest davon überzeugt ist, er müsse ungeachtet seiner Noten von der Schule seiner ersten Wahl angenommen werden.

Es mag keine Beständigkeit darin geben, wie das Ich in jedem von uns auftritt. Violetta zum Beispiel, die im Bereich ihrer Karriere so funktional ist, ist Alkoholikerin, die einen Entzug verweigert und in einer Beziehung mit einem Mann lebt, der sie misshandelt. Vilas, der bei seiner Zukunftsplanung so dysfunktional ist, achtet sehr gut auf seine Gesundheit und lebt in einer gesunden Beziehung.

Unsere Neigung zur Dysfunktion erklärt, warum wir psychologische Arbeit an uns leisten müssen. Unsere Neigung zur Schrumpfung zeigt, dass wir spirituelle Praxis brauchen. Gemeinsam helfen sie uns, unser Ego aus seinen dysfunktionalen

Gewohnheiten zu den „besseren Engeln unserer Natur“[37] hin umzulenken: Gesundheit, Glück und persönliches Wachstum.

In der Psychologie lernen wir, ein gesundes funktionales Ich aufzubauen und das zu vermeiden, was unsere Beziehungen sowohl in der Gesellschaft als auch in intimen Bindungen stört. Durch spirituelle Lehren lernen wir die Bedeutung des Loslassens von der Anhaftung an Ängste und Süchte, die so häufig in dysfunktionalem Verhalten zu finden ist.

„Das Ego loslassen“ bezieht sich nicht auf das gesunde funktionale Ich. Das ist das Ich, das wir brauchen, wenn wir uns dafür entscheiden, einem spirituellen Weg zu folgen und die Disziplin aufzubringen, uns den Übungen zu verschreiben, die ihn fördern. In Beziehungen agieren wir von einem gesunden Ich aus, wenn wir unser funktionales Ich aufbauen und einen Partner wählen, der psychologisch gesehen ebenfalls gesund ist. Wir leben mit einem Partner, der sich ein ruhiges und glückliches gemeinsames Leben wünscht, und wir bemühen uns beide, damit dies gelingen kann. Wir arbeiten zusammen an unseren Problemen und halten uns an unsere Vereinbarungen. Wir entscheiden uns für Gesundheit, Glück und persönliches Wachstum.

Einem Partner zu vertrauen heißt nicht, die Garantie dafür zu haben, dass dieser Mensch uns niemals verletzen, enttäuschen oder betrügen wird. Wir vertrauen darauf, dass wir seine Vertrauenswürdigkeit mit Dankbarkeit empfangen können. Wir trauen uns auch zu, mit Unzuverlässigkeit umgehen zu können, indem wir persönliche Grenzen ziehen und uns nicht dazu hergeben, zu Vergeltungsmaßnahmen zu greifen.

---

37 Der Ausdruck bezieht sich auf eine berühmte Formulierung aus der ersten Rede Abraham Lincolns zur Amtseinführung als Präsident der Vereinigten Statten von Amerika im März 1861, in der er die friedliche Lösung des Konflikts zwischen den Nordstaaten und den Südstaaten, die sich als „Konföderierte Staaten von Amerika“ von den Vereinigten Staaten abgespalten hatten, beschwor. (Anm. d. Übers.)

Das aufgeblähte Ego fürchtet, seine Ansprüche könnten in einer Beziehung nicht respektiert werden. Wir mögen zum Beispiel von unserem Partner erwarten, dass er uns eine Garantie gibt, uns niemals zu verlassen oder zu betrügen. Solche Krisen kann es jedoch in jeder Partnerschaft geben. Unser Ego glaubt aber, es habe Anspruch auf eine besondere Behandlung und verlangt ein Versprechen vom Partner.

Eine solche Einstellung wird uns keine Gelassenheit bringen, die daraus entsteht, das zu akzeptieren, worüber wir keine Kontrolle haben. Dafür, ebenso wie für das Lieben, ist nichts Geringeres erforderlich, als das Ego bedingungslos zu überantworten. Wir müssen Ja zu allem sagen, was auch immer uns Menschen *ausnahmslos* widerfährt. Dann entsteht in uns automatisch das Vertrauen, allem die Stirn bieten zu können, was uns widerfahren mag, und wir gewinnen größere Stärke, damit umzugehen, wenn es eintritt. Unser Ego schrumpft auf eine gesunde Größe, und das bedeutet das Gleiche, wie stärker zu werden. Wir müssen uns nicht mehr auf andere stützen, damit sie uns vor einer Krise bewahren – ein Versprechen, das ohnehin niemand geben kann.

Die Tiefe der Hingabe unseres Egos wird in dem Gedicht *Milton* von William Blake gut mit folgenden ernüchternden Worten ausgedrückt: „Ich will hinfahren zu Selbstvernichtung [...]/ Nicht dass da komme das Gericht und find mich unvernichtet/ Und ich ergriffen werde und überliefert meiner Selbstheit.“[38]

Das Ego loszulassen heißt, einen letztlich kläglichen und unzuverlässigen Leibwächter zu entlassen. Wir können stattdessen – wie der Psalmendichter – ohne Furcht „wandern durch das finstere Tal“. Dies bedeutet, präsent für unsere Erfahrung zu bleiben, anstatt uns in Theatralik, Drogen, Alkohol, Sex oder irgendeine

38 William Blake: *Milton. Ein Gedicht*, 14(5), 22-24, übersetzt von Hans-Ulrich Möhring, Wien-Lana, Ed. per procura, 1995, S.79

andere Form von Vermeidung zu stürzen. Es ist nicht so, dass wir darauf vertrauten, die Macht zu besitzen, alle Widrigkeiten abzuwenden. Wir vertrauen vielmehr auf unsere Verpflichtung zu psychologischer Arbeit und spiritueller Praxis, die uns mit Integrität und Liebender Güte durch alle möglichen Widrigkeiten hindurchgeleitet. Unsere Praxis wird dann zu einer schützenden Begleitung.

Wie das Ego von Angst zur Freiheit gelangt

Angst im Ego ist nicht wie gewöhnliche Angst; sie erscheint als Panik, in der es um die Existenzfrage von Leben und Tod zu gehen scheint. Das Ego fürchtet, nicht zu überleben, wenn es seinen Willen nicht durchsetzt oder das verliert, von dem es überzeugt ist, es unbedingt zu brauchen. Daher ist das Gefühl der Angst mit der Art, wie das überhebliche Ego sich selbst sieht, vollkommen unvereinbar. Es besitzt nicht die volle Erlaubnis, Angst zu empfinden, sondern nur Zorn. Dies macht das aufgeblähte Ego so gefährlich – nicht seine Angst, sondern sein schnelles Umschlagen in Wut oder Hass.

Hier ein Beispiel: Jason hat ein aufgeblasenes Ego, auch Machismo genannt. Er und seine Partnerin Bernice warten in einem Restaurant darauf, einen Tisch zugewiesen zu bekommen. Jason geht auf die Toilette. Bernice beginnt mittlerweile einen Plausch mit dem Mann, der hinter ihr in der Warteschlange steht. Als Jason zurückkehrt, bemerkt er das. Der Rest des Abends wird durch Schmollen und Wüten in ungerechtfertigter Eifersucht ruiniert. Schließlich provoziert er eine heftige Auseinandersetzung mit Bernice und fühlt sich wahrscheinlich sogar berechtigt, mit dem fraglichen Mann eine Schlägerei anzuzetteln. Bernice, die ähnliche Reaktionen von Jason bereits kennt, versucht ihm zu erklären, dass „es nur ein belangloses Geplauder war und keinerlei Bedrohung für dich“, aber das kann sein gekränktes Ego nicht beruhigen. Es ist knüppelharte Wut, denn sein Besitz (Bernice) hat es gewagt, eine rote Linie zu überschreiten. Bernice empfindet Mitgefühl mit Jason, doch sie bringt den Abend so schnell wie möglich hinter sich.

Bernice gelangt später zu dem Schluss, dass eine gründliche Aufarbeitung von Jasons Ego notwendig ist, wenn ihre Beziehung jemals eine Zukunft haben soll. Sie wird sich durch nichts davon überzeugen lassen, ihre Verpflichtungen ihm gegenüber zu vertiefen, außer durch die Besänftigung und die letztliche Hingabe seines Egos.

Paradoxerweise mögen sowohl Bernice als auch Jason nicht realisieren, dass Jasons Ego mit seinem arroganten Gehabe zwar aufgeblasen erscheint, im Grunde jedoch in seiner Persönlichkeitsstruktur geschrumpft ist. Er hat tatsächlich Angst vor seinen eigenen Gefühlen und der Freiheit anderer. Da er sich vor diesem demütigenden Umstand versteckt, was ihm nicht bewusst ist, hat er nur die Optionen von Kontrolle und Aggression. Diese traurige Ohnmacht ist der eigentliche Grund, aus dem man Mitgefühl mit Jason haben sollte.

Das ungesunde Ego in Beziehungen ist eine Art „Rube-Goldberg-Maschine“. Diese Nonsense-Maschine durchläuft komplexe verwickelte Drehungen und Wendungen, um ein nutzloses Ziel zu erreichen – in diesem Fall ein adrenalinerfülltes Drama. Dieses aufgeblähte Ego benutzt eine Beziehung, um sich selbst größer zu machen und sich selbst zu befriedigen. Seine Beziehung ist ungesund, unglücklich und fördert kein persönliches Wachstum. Menschen mit dieser Art von Ego haben übrigens gewöhnlich kein Problem, einen Gefährten zu finden; ihr Charme und ihre anscheinende Stärke sind anziehend für jemanden, der selbst bedürftig ist.

Schon früh in unserem Leben wurde unserer goldenen menschlichen Natur eine Legierung beigemischt. Das aufgeblasene Ego schlich sich in den Palast des funktionalen Ichs ein und schuf dort Chaos. Dieser Ego-Emporkömmling intrigiert permanent, um aufzusteigen und sich in den Mittelpunkt zu stellen. Er wird darauf bestehen, berechtigte Ansprüche zu haben und unumstößlich im Recht zu sein. Ein derart ungesundes Ego kann in einen lebenslangen Feldzug verstrickt sein, sein Territorium zu schützen und die Kontrolle über alles, was ihm je ans Herz gewachsen ist, zu behalten. Es kann von Angst, Gier, Hass oder Wahn – dies alles Hindernisse für die Liebe – besessen sein. All dies kann sich, wie jede Einschränkung unserer Bewegungsfreiheit auf unser Ziel zu, in bestimmten Momenten oder als ein fortlaufendes Muster manifestieren.

Haben wir ein Ego wie dieses, erfordert es Arbeit, zu einem liebenden Menschen zu werden. Wir müssen unser Scharlatan-Ego entlassen: den großen Angeber und Kobold der Hochstapelei, der Anspruch auf unser rechtmäßiges Erbe zu haben glaubt, nämlich die Fähigkeit, bedingungslose und grenzenlose Liebe zu zeigen. Unser ungesundes Ego muss nicht zerstört, sondern lediglich transformiert, neu konditioniert und auf psychologische und spirituelle Gesundheit hin umgelenkt werden – was es im Grunde die ganze Zeit über wollte. Wir können mit jedem begrenzenden Wesenszug des Egos arbeiten, um diesen für etwas Nützliches zu öffnen.

Arroganz sollte in Offenheit und Demut transformiert werden. Der mit dem Engel ringende Jacob *will* demütig von einer höheren Macht als seinem Ego besiegt werden. Das ist der Segen, Zugang zu einem ganz und gar bewussten und erwachten Ich zu erlangen.

Kontrolle sollte in Kooperation mit anderen umgewandelt werden, sodass unser Organisationstalent am besten eingesetzt werden kann. Dies verlangt von uns zuzulassen, dass andere Menschen frei sind, und den Zwang loszulassen, dass die Dinge genau so sein oder genau das Ergebnis zeigen müssen, wie wir es verlangen.

Anspruchsberechtigung sollte in eine Kombination verwandelt werden, in der wir für unsere Rechte eintreten und gleichzeitig den Umstand akzeptieren, dass das Leben manchmal nicht fair und ungerecht ist. Dies bedeutet, Rachegelüste gegenüber denjenigen aufzugeben, die unfair zu uns waren. Wir können trotzdem „Autsch!" sagen und einen Dialog eröffnen, der auf eine gerechte Lösung unserer Konflikte hinarbeitet.

Darauf bestehen, recht zu haben, muss in ein gemeinsames Herausarbeiten transformiert werden, bis es zu Versöhnung, Konsens, gegenseitigem Entgegenkommen und Verständnis kommen kann.

Da Liebe ein Instinkt ist, kann sie von Verteidigungsmechanismen umgeben sein, die uns vor Gefahr und Stress schützen sollen. Das gesunde Ich kann bei diesem Unterfangen sehr hilfreich sein; es ist in der Lage, Dinge klar einzuschätzen und Entscheidungen zu treffen, die unser Streben nach Selbstachtung und effektiven Beziehungen unterstützen. Die Übungen zu Achtsamkeit und Liebender Güte helfen uns dabei:

Achtsamkeit befreit unser Ego, indem sie sich auf das Hier und Jetzt fokussiert anstatt auf die Angst vor etwas, das geschehen könnte, oder das Sehnen nach dem, was wir so verzweifelt geschehen lassen wollen. Die Festigkeit des Egos wird durch den Glauben an seine eigenen Projektionen bestärkt: Urteile, Vergleiche, Angst, Verlangen und das Haften an einem bestimmten Ergebnis. Dies sind die Dekorationen, mit denen wir unsere Realität ausschmücken. Sie sind ungenau, aufs Geratewohl, zugleich aber dramatisch und anziehend, weil sie auf Angst und Begehren wachsen und gedeihen. Achtsamkeit führt uns zu bloßer Aufmerksamkeit, einer direkten Sicht auf die Realität, die frei von den Ornamenten des Egos ist. Mit Achtsamkeit werden wir in die Lage versetzt, an unserem Ego festzuhalten, ohne von ihm verbrannt zu werden.

Die Praxis *Liebender Güte* bietet durch unsere Hingabe an die Vier Unermesslichen Eigenschaften eines erleuchteten Lebens ebenfalls Hilfe für unser ungesundes Ego:

- *Liebende Güte* ist das Gegenmittel gegen Aggression und Vergeltung.
- *Mitfreude* am Erfolg anderer ist das Gegenmittel gegen Neid.
- *Mitgefühl* bedeutet, danach zu streben, dass andere glücklich und frei von Schmerz sind, und ist daher das Gegenmittel gegen Hass.
- *Gleichmut* befreit uns davon, uns in Theatralik oder unsere Abhängigkeit von Adrenalin zu verstricken, sodass wir gelassen und auf gesunde Weise lieben können. Er hilft unserem ungesunden Ego dabei, sich seiner großen Angst vor Kummer und Schmerz zu stellen. Diese Angst verschwindet, wenn wir drei Gefühlskomponenten mit Fassung annehmen: *Trauer* hilft uns, die Realität von Verlust anzunehmen und zu dem lebensbejahenden Naturell zu finden, das sich einstellt, wenn wir das Anklammern des sich bedroht fühlenden Egos loslassen. *Zorn* hilft uns, Ungerechtigkeit wahrzunehmen und uns der Herausforderung zu stellen, sich gegen sie zu engagieren, ohne in diesem Prozess Ego-Aggression einsetzen zu müssen. *Furcht* hilft uns zu erkennen, wo Gefahren und Bedrohungen lauern können. Je mehr wir realisieren, dass uns nichts wirklich passieren kann, das nicht bereits seit jeher ein nützlicher Anteil unserer persönlichen Geschichte gewesen ist,

finden wir einen Weg aus der Angst und brauchen unser Arsenal an Ego-Verteidigung nicht mehr.

Das Gefühl der Freiheit, das sich daraus ergibt, zeigt uns, dass das Leben Wunder birgt und dass wir in der Lage sind, sie zu genießen. Diese Zuversicht findet sich nicht in der angeberischen Großtuerei des Egos, sondern in stiller, zentrierter Gelassenheit.

Dennoch kann das prahlerische Ego manchmal auch wichtig sein. Das starke Ego mit all seiner Arroganz kann nützlich sein, wenn waghalsige Aktionen gefragt sind. Doch in einer intimen Beziehung ist es tödlich, weil Liebe Verbindung ist, während die Alles-oder-Nichts-Art des ungesunden Egos Konkurrenz bedeutet, die sich als Zwiespalt und Getrenntheit darstellt.

Das aufgeblähte Ego kann sich gewiss während einer Trennung manifestieren, wie bei einer „Rosenkrieg-Scheidung". Eine feindselige, vergeltende Trennung lässt uns fragen, worum es bei der Partnerschaft von Anfang an eigentlich gegangen ist. Haben wir uns wirklich gegenseitig geliebt? War das, was wir Liebe genannt haben, eine Verpflichtung zu Intimität oder eine Anhaftung, die sich gut anfühlte? *Wahre Liebe in einer Partnerschaft wandelt sich nicht in Hass um.* Wenn das Ende naht, trauern wir, lassen los und ziehen weiter. Wir mögen vielleicht zornig sein, aber wir hegen keinen Groll. Wenn die Liebe am Anfang aufrichtig war, halten wir ein anhaltendes Wohlwollen für die andere Person aufrecht. Die Liebe bleibt bestehen; die Verpflichtung, mit der sie gezeigt wurde – und natürlich unsere Adresse – ist alles, was sich verändert hat.

Vor vielen Jahren besuchte ich mit einem Freund Paris und unsere Rucksäcke wurden gestohlen. Wir hatten sie in einem Schließfach am Bahnhof gelassen, während wir nach Chartres gefahren waren, um dort die Kathedrale zu besichtigen. Als wir am Ende des Tages zurückkamen, war unser Schließfach leer.

Ich erinnere mich, in jener Nacht, zwar halb im Scherz, aber nichtsdestoweniger voller Wut, gesagt zu haben : „Möge die Person, die unsere Sachen geklaut hat, im neunten Kreis der Hölle schmoren!“ Mein Verlust führte zu einem gehässigen Wunsch nach Strafe, die so hart war wie die von Dante in der *Göttlichen Komödie* beschriebene. Meine Liebende Güte war noch unterentwickelt.

Erst unlängst habe ich Rom besucht und wurde von einem Taschendieb bestohlen. Ich erinnere mich, dass ich mir in jener Nacht kurz vor dem Einschlafen spontan wünschte: „Ich hoffe, mein Geld wird dafür benutzt, um jemand Bedürftigem zu helfen anstatt zur Drogenbeschaffung.“ Danach kam mir wieder meine Reaktion nach dem Diebstahl in Paris in den Sinn. Ich realisierte plötzlich, dass ich mich auf menschlicher Ebene weiterentwickelt hatte. Mein Wunsch nach Vergeltung hatte sich in Mitgefühl und Sorge für andere verwandelt. Damals in Paris waren sie mir egal, während der Tage in Rom nicht. Ich war über diese Veränderung sehr froh. Ich weiß, ich verdanke sie meiner in der Zwischenzeit geübten buddhistischen Praxis.

Der Wandel von der Pariser Reaktion zu der in Rom war ein Übergang von Egozentrik zu fürsorglicher Verbindung. Ein solcher Wandel ist uns allen mit einiger Übung möglich. Ja, er will sich ereignen, weil Liebe alles ist, worum es uns geht, wofür wir geschaffen wurden und wofür wir hier sind. Das Ego, das im Mittelpunkt stehen muss, ist lediglich die Marionette, die wir benutzen, um uns vor der Verletzlichkeit zu schützen, die damit einhergeht, der Mensch zu sein, der wir sind. Unser liebendes Ich kann jedoch persönlich auftreten und das wird natürlich die Offenbarung einer Gnade sein, die Liebe zu der Möglichkeit aller Möglichkeiten macht.

Übung

Die Hindernisse des Egos ausräumen

Es ist unsere Aufgabe als Erwachsene, unermüdlich mit den Täuschungen des Egos zu arbeiten, indem wir geschickte Mittel und keine leichten Ausflüchte verwenden.

— Chögyam Trungpa Rinpoche

Einige von uns haben Angst, das Ego loszulassen, weil wir uns vorstellen, wir würden uns dann vollkommen leer fühlen. Wir vertrauen nicht darauf oder haben vergessen, dass wahre Glückseligkeit, wahre Liebe und Weisheit unter allen Hindernissen des Egos verschüttet liegen und nur darauf warten, freigesetzt zu werden. Unsere freudvollen positiven Eigenschaften werden aktiviert durch die Praxis, das Ego loszulassen. Wir verlieren nichts außer unserer Angst.

Hindernisse für universelle bedingungslose Liebe entstehen aus der Schattenseite unseres Reptilienhirns. Mit solchen Blockaden im Repertoire Ihrer Beziehungen wird Liebe unmöglich; so kann man Ihnen zum Beispiel nicht trauen, dass Sie sich nicht rächen, wenn Ihr Partner Sie verärgert.

Liebe kann in folgenden Atmosphären nicht zum Zuge kommen:

- Vergeltung wird gefordert.
- Unaufhörlicher Groll, eine Form von Vergeltung, wird gehegt.
- In der Beziehung gibt es Kontrolle.

- Überlegenheits- und Herabsetzungs-Spiele werden gespielt.
- Gewinnen oder Verlieren wird einer Kooperation vorgezogen.
- Nur mein Weg ist der richtige.
- Wer die Macht hat, hat recht.
- Menschen sind dazu da, von mir benutzt oder ausgenutzt zu werden.
- Halsabschneiderischer Wettbewerb wird ermutigt. (Gegenseitige Fürsorge wird in einem geschäftlichen Rahmen bei solch einem Stil nicht möglich sein.)

Wenn diese Konzepte aus unserem Vokabular gestrichen sind, handeln wir auf der Grundlage von neuen Prämissen für das Leben; das sind solche, die uns aus dem Käfig eines dysfunktionalen Egos befreien.

Die Bändigung des dysfunktionalen aufgeblähten Egos ist möglich. Sie erfordert allerdings psychologische Arbeit und spirituelle Praxis. Wenn wir von unseren egoistischen Anhaftungen befreit sind, stellen wir fest, dass unser Ego auf gesunde Ziele umgelenkt werden kann. Anfangs bekämpft das Ego die neue Ausrichtung und fühlt sich durch sie bedroht. Aber schon bald spürt es die Ermächtigung und Ruhe seines neuen Zuhauses und fühlt sich dort wohl, weil es eine authentische tragende Umgebung gefunden hat. Unser Ich war schließlich dafür bestimmt, sich in einer Achse der Macht mit dem höheren Selbst, unserem wahren Selbst, zu verbinden, wo Liebe im Überfluss vorhanden ist.

Hier sind einige spezielle Übungen, die helfen können, das aufgeblähte Ego zu besänftigen, damit Liebe fließen kann. Es sehnt sich zwar ständig danach, hat aber zu viel Angst, um sich dafür einzusetzen. In jeder dieser Übungen empfinden wir Mitgefühl mit dem verängstigten Ego-Anteil in uns, nicht Scham, Antipathie oder Abscheu. Wir behandeln unser ungesundes Ego mit den gleichen sanften, aber starken Eingriffen, wie es ein fürsorglicher Heiler tun würde:

- Wir gehen von egoistischen Entscheidungen und Verhaltensweisen zu solchen über, die anderen zugute kommen.
- Bei einer Fehde sind wir immer bereit, den ersten Schritt zur Versöhnung zu tun.
- Wir hören auf, darüber Buch zu führen, was wir alles anderen gegeben haben und wie gut wir gewesen sind.
- Wir hören auf, darüber Buch zu führen, wie andere uns Unrecht getan haben.
- Wir können uns dafür entscheiden, keine Vergeltung zu üben. Diese Entscheidung immer wieder zu treffen führt uns zunehmend zur Vergebung.
- Wir erlegen denen, denen wir verzeihen, keine Bedingungen auf.
- Wir verteidigen uns nicht mehr, sondern gestehen unsere Unzulänglichkeiten ein und entschuldigen uns bei Bedarf.
- Wir sind bereit, uns zu verändern, wenn jemand eine kritische Wahrheit ausspricht.
- Wir können sagen: „Ich liebe dich."
- Wir hören anderen auf einer Gefühlsebene zu.
- Wir bleiben offen für die Wahrheit in Meinungen, die den unseren entgegengesetzt sind.
- Wir tolerieren die Freiheit anderer, anstatt sie kontrollieren zu wollen.

- Wir haben kein Bedürfnis mehr danach, für unser Loslassen des Egos Komplimente zu empfangen.
- Wir sind dazu fähig, Feedback zu empfangen, ohne es als Kritik aufzufassen und defensiv oder aggressiv zu werden.

> Rüge nicht den Spötter, dass er dich nicht hasse. Rüge den Weisen, der wird dich dafür lieben.
>
> — *Die Sprüche Salomons* 9:8

Unsere Arbeit an unserem verarmten geschrumpften Ego wird von jeder Übung in diesem Buch angesprochen, denn sie alle helfen, unsere Selbstachtung zu vergrößern. Zusätzlich ist ein Gruppentraining für Selbstsicherheit angeraten. Es folgen hier die Hauptmerkmale für Selbstbehauptung, die für liebevolle Interaktionen notwendig sind:

- Wir agieren im Einklang mit unseren tiefsten Bedürfnissen, Werten und Wünschen.
- Wir bitten um das, was wir uns wünschen.
- Wir sind uns über unsere Gefühle im Klaren und zeigen sie auf direkte Weise.
- Wir übernehmen Verantwortung für unser Verhalten und unsere Gefühle.
- Wir haben in unserer Beziehung Grenzen. Daher entscheiden wir, bis zu welchem Ausmaß wir dafür verantwortlich sind, anderen zu helfen, wie nahe wir andere an uns heranlassen und inwieweit unsere Privatsphäre zu respektieren ist.
- Wir können einen für uns passenden Lebensstil wählen, ganz gleich, wie andere ihn beurteilen mögen.
- Wir können uns an die erste Stelle setzen, wenn es angemessen ist.

- Wir setzen uns für unsere Überzeugungen und Entscheidungen ein.
- Wir lassen uns nicht von anderen ausnutzen, handeln aber mit Liebe und Großzügigkeit.
- Wir verschaffen unserer Wahrheit oder unserem Bedürfnis Geltung; trifft das jedoch auf taube Ohren, können wir loslassen und nicht weiter darauf drängen. Wir haben den *Wunsch,* jemandem von etwas zu überzeugen, aber wir lassen den *Zwang* los, dass wir es schaffen müssen.

Wenn Narzissmus auftritt

> Als ich ihn das letzte Mal sah, beschritt er den Weg der Liebe und hielt dabei seine eigene Hand.
>
> — Fred Allen

Narzissmus bezieht sich hauptsächlich auf extreme Egozentrik. Als Persönlichkeitsstörung verweist der Begriff auf ein anhaltendes und durchgängiges dysfunktionales Muster in Beziehungen aufgrund unaufhörlicher Selbstversunkenheit.

Als Narzisst werden wir von verstörenden inneren Widersprüchen geplagt. Wir stellen uns vor, über anderen zu stehen, und verachten uns gleichzeitig doch selbst. Wir glauben, Fähigkeiten und Talente zu besitzen, die wir möglicherweise gar nicht haben. Wir können keine Kritik vertragen und uns nicht entschuldigen, wenn wir uns geirrt haben. Im Inneren fühlen wir uns leer, handeln jedoch so, als würde uns die Welt zu Füßen liegen.

Wir verlangen, dass andere unsere Bedeutung anerkennen, vielleicht weil unsere aufgeblasene Großartigkeit seit dem Kleinkindalter niemals in ihrer Größe beschnitten worden ist. Folglich stellen wir uns vor und glauben, allmächtig zu sein. Aber unser Unbewusstes, die andere Seite unseres Selbst, lässt sich nicht täuschen; wir hegen viele Selbstzweifel.

Wenn wir jedoch auf der bewussten Seite merken, dass wir nicht all dem entsprechen, wofür wir uns gehalten haben, verstehen wir das als ein Versagen der anderen, uns richtig anzuerkennen. Die anderen sind für uns keine autonomen Wesen, sondern Anhängsel und Gehilfen, die unserer zunehmend expandierenden Anspruchsberechtigung zu dienen haben. Sie können mit uns nur dann in Beziehung treten, wenn sie bereit sind, ihre Autonomie aufzugeben und der unseren zu dienen. Unser Ichgefühl vermischt sich mit dem, was andere nach unserer Vorstellung zu sein haben. Auf vertrauenswürdige Weise für andere präsent zu sein, wie es in aufrichtiger, hingebungsvoller Liebe geschieht, ist daher unmöglich, weil wir an erster Stelle stehen.

Wir erwarten, dass andere unsere Großartigkeit würdigen, unserer Meinung sind und unsere Bedürfnisse und Wünsche erfüllen. Normalerweise sind wir charmant und bringen andere Menschen leicht dazu, uns zu mögen und uns zu folgen. Unsere körperliche Erscheinung hat große Bedeutung für uns und wird zu einem Teil unseres Reizes für andere.

Die Version des Selbstvertrauens, an die das narzisstisch aufgeblähte Ego glaubt, lautet: „Ich werde mich immer wieder als der Beste erweisen." Gesundes Selbstvertrauen klingt folgendermaßen: „Ich habe immer auf irgendeine Weise für mich gesorgt und werde es auch weiterhin tun." Arbeit an unserem Ego kann uns zu diesem gesunden narzisstischem Stil führen. Narzissmus als gesunder Selbstschutz unterscheidet sich angenehm von dem, was wir oben beschrieben haben. Die folgende Tabelle zeigt die Merkmale von beiden Formen:

Narzissmus als Ich-Störung	Gesunder Narzissmus
Wir können nicht wirklich für einen anderen Menschen Sorge tragen, nur für uns selbst.	Wir geben unseren eigenen Bedürfnissen Priorität, können uns aber auch um Bedürfnisse anderer kümmern.
Wir besitzen ein grandioses Gefühl der Selbstherrlichkeit und glauben, wir hätten das Recht, dass jeder sich um uns kümmert.	Wir haben ein angemessenes Gefühl von Selbstachtung und Selbstschutz.
Wir verlangen, dass andere unsere Überlegenheit würdigen, selbst wenn sie unverdient ist.	Wir verlangen Respekt, wissen jedoch, dass es wichtig ist, sich ihn zu verdienen.
Wir glauben, Anspruch auf besondere Behandlung durch andere und vom Leben zu haben.	Wir akzeptieren den Umstand, dass Menschen uns mögen oder nicht mögen, sind aber durchsetzungsfähig genug, um das zu verlangen, was wir benötigen.
Wir glauben, dass wir über dem Durchschnittsmenschen stehen und wie Menschen mit einem hohen Status behandelt werden sollten.	Wir wissen, dass wir einzigartige Gaben besitzen, und teilen sie mit anderen, ohne zu versuchen, besser als andere zu sein.
Wir sehen nichts Verwerfliches darin, andere zu unserem Vorteil zu benutzen oder auszunutzen.	Wir glauben, wir hätten ein Recht darauf, von anderen etwas zu empfangen, aber wir nutzen ihre Großzügigkeit nicht aus.
Wir ärgern uns, wenn wir anderen helfen oder ihnen etwas geben sollen.	Wir mögen ungeduldig werden, wenn wir helfen müssen, aber solange man uns nicht ausnutzt, gehen wir locker damit um.
Es mangelt uns an Empathie und wir sind zu echtem Mitgefühl nicht fähig.	Wir können emphatisch auf die Bedürfnisse und Gefühle anderer eingestimmt und mitfühlend ihnen gegenüber sein.

Wir beneiden andere, die mehr haben als wir, und glauben, sie würden uns beneiden.	Wir bewundern andere für das, was sie geleistet haben, und glauben, wir könnten das ebenfalls schaffen.
Wir agieren auf anmaßende, arrogante oder hochmütige Weise, ohne zu begreifen, dass wir das tun.	Wir realisieren, dass unsere Talente Gaben sind, und wir zeigen sie, ohne mit ihnen zu prahlen.
Wir treten manchmal auf halsabschneiderische Weise mit anderen in Konkurrenz.	Wir konkurrieren mit anderen und wollen gewinnen, aber wir sind in der Lage, uns auf Kooperation zu fokussieren.
Wir verlangen, dass unsere Familie und unsere Freunde uns bedingungslos bewundern.	Wir möchten, dass unsere Familie und unsere Freunde stolz auf unsere besonderen Talente sind, während wir uns realistisch einschätzen.
Wir stellen uns vor, die Welt drehe sich um uns.	Wir wissen, dass die Welt nicht dazu da ist, uns zu dienen, doch wir hoffen darauf, dass sie uns bei unserer Entwicklung hilft.
Wir glauben, wir hätten ein Recht darauf, das zu tun, was uns gefällt, ohne uns rechtfertigen zu müssen.	Wir glauben, dass wir unsere eigenen Entscheidungen treffen können, und sind bereit, sie vertrauenswürdigen Menschen gegenüber zu rechtfertigen.
Wir werden zornig oder rachsüchtig, wenn jemand uns ärgert oder kritisiert.	Wir gehen mit Kritik locker um, prüfen die darin enthaltene Wahrheit, entscheiden, was für uns stimmig ist, und üben keine Vergeltung.
Wir kennen keine echte Reue und können nicht aufrichtig um Entschuldigung bitten.	Wir entschuldigen uns und leisten, falls nötig, Wiedergutmachung.
Andere müssen uns zuhören, aber wir sind nicht verpflichtet, genauso zu reagieren.	Wir hören anderen zu und möchten, dass andere uns zuhören.

Der körperlichen Erscheinung wird eine hohe Priorität beigemessen.	Die körperliche Erscheinung ist zwar von Bedeutung, aber nicht auf übertriebene oder obsessive Weise; wir können unser Alter eingestehen, ohne davon peinlich berührt zu sein.
Wir sind charmant, draufgängerisch und finden gewöhnlich einen Partner, der ohne große Schwierigkeiten von uns sehr eingenommen ist.	Wir sind authentisch, versuchen nicht, andere zu benutzen, und arbeiten kontinuierlich an weiteren Fertigkeiten für effektivere Beziehungen, auch wenn wir uns vielleicht nicht immer in einer befinden.
Wir erwarten, dass unser Partner unsere Bedürfnisse vollkommen erfüllt.	Wir wollen, dass unser Partner aufrichtig ist, und das befriedigt uns.
Wir zweifeln daran, dass sich Menschen wirklich für uns interessieren würden, wenn wir nicht das makellose Image von uns aufrechterhielten.	Wir vertrauen darauf, dass andere uns mögen und Interesse an uns haben, solange wir authentisch sind.
Wir mögen andere idealisieren, sind aber desillusioniert und bekümmert, wenn sich unsere Meinung von ihnen als ungerechtfertigt erweist.	Wir mögen andere bewundern und sind enttäuscht, wenn sie sich anders zeigen, als wir uns das vorgestellt haben.
Wir pendeln zwischen übertriebener Selbstherrlichkeit und einem Gefühl von Wertlosigkeit hin und her.	Wir akzeptieren die Gegebenheit, dass wir manchmal ein geschrumpftes und manchmal ein aufgeblasenes Gefühl von unseren positiven Eigenschaften haben. Daher achten wir darauf, was unsere Erfahrungen zeigen, und bitten andere um Feedback.
Menschen mit dieser Persönlichkeitsstörung haben einige, nicht aber unbedingt all diese Wesenszüge. Die Symptome sind destabilisierend und anhaltend. Sie wirken auf andere aggressiv.	*Ein Mensch mit diesen Wesenszügen ist durchsetzungsfähig, ohne aggressiv, anspruchsvoll oder egoistisch zu sein.*

Macht und Kontrolle

> O! es ist vortrefflich, die Stärke eines Riesen zu haben; aber es ist tyrannisch, sie wie ein Riese zu gebrauchen.
>
> — **Shakespeare**, *Maß für Maß*[39]

Wir Säugetiere sind soziale Wesen. Unsere Gruppen werden gewöhnlich durch Rangordnungen wie etwa Anführer und Gefolgsleute strukturiert. Wir begreifen, dass solche Unterscheidungen für den reibungslosen Ablauf einer Gesellschaft nützlich sind. Das Problem liegt nicht in den Machtebenen; das Problem liegt darin, wie mit der Macht umgegangen wird.

Wir haben das kluge, 1887 von Lord Acton in einem Brief an den Bischof Creighton formulierte Axiom gehört: „Macht korrumpiert, absolute Macht korrumpiert absolut." Wenn Liebe unser Lebenssinn ist, nehmen wir diese Warnung ernst. Wir wollen uns nicht dazu verleiten lassen, unsere Integrität durch eine Macht, die wir innehaben, zu verlieren. Wir vergessen dabei nicht, dass der Macht eine Neigung zur Aggression innewohnt, wenn sie auf irgendeine Weise bedroht wird.

Aus diesem Grunde ist Macht gefährlich, weil wir sie manchmal dazu benutzen, andere oder Situationen zu unserem Vorteil auszunutzen. Wir könnten andere manipulieren, ihrem eigenen Willen entgegenzuhandeln, um unseren Willen zu verwirklichen, oder wir können unsere eigenen Bedürfnisse zu Ungunsten des Allgemeinwohls an die erste Stelle setzen. Wir könnten auf Aggression oder Unredlichkeit zurückgreifen, um uns oder unsere Institution zu „schützen". Wir können leicht zu Soziopathen werden und glauben, wir hätten das Recht, uns zu neh-

39 Übersetzung von Christoph Martin Wieland

men, was uns nicht gehört, andere rücksichtslos zu übergehen oder ungestraft etwas Unmoralisches zu tun. Wir mögen unsere schlechten Taten verheimlichen, während wir moralische Rechtschaffenheit predigen. Wir sehen dies nicht als Heuchelei, da wir uns selbst als über allen Normen stehend wahrnehmen, die für gewöhnliche Leute gelten. Wohl deshalb hielten sich die mittelalterlichen Könige Hofnarren, die das Recht besaßen, die Regierenden auf ihren arroganten Machtmissbrauch hinzuweisen.

In der ganzen Geschichte gab und gibt es vergiftende, kriminelle und selbst wahnsinnige politische Führer, die toleriert und sogar gepriesen wurden – ganz gleich wie ungerecht oder grausam ihre Aktionen waren. Das mag daran liegen, dass sie die Schattenseite der breiten Masse ansprachen, deren dunkelste Begierden und tiefste hasserfüllte Wünsche sie zu realisieren bereit waren. Als Gegenleistung für Stillschweigen und Gehorsam bieten die Mächtigen, die ihre Macht missbrauchen, Sicherheit und Geborgenheit, unwiderstehliche Verführungen für diejenigen, die in Angst leben. Solche Autoritäten sind in jeder Ära erfolgreich, weil sie uns einen besonderen Weg aus der Angst bieten. Sie fördern die Wut in uns und sagen uns dann, auf wen wir wütend sein sollen, so wie es Adolf Hitler getan hat.

In einer Rede, die er 1968, einen Tag, nachdem Martin Luther King Jr. erschossen worden war, vor dem City Club in Cleveland hielt, sagte Robert Kennedy: „Nur allzu oft ehren wir Arroganz und Anmaßung und dass jemand auch vor Gewalt nicht zurückschreckt, um sich zu nehmen, was er will; nur allzu oft entschuldigen wir jene, die gewillt sind, ihr eigenes Leben auf den zertrümmerten Träumen anderer aufzubauen." Unsere erste entwicklungsmäßige Herausforderung war, ein Ichgefühl zu entwickeln, dann ein Gefühl von „Du" und dann ein Gefühl von „Wir". Ein Tyrann – ein Beispiel für jemanden, der Macht missbraucht – leidet an einer zum Stillstand gekommenen Entwicklung; er hat niemals den Übergang zum „Wir" vollzogen.

Bei einigen Menschen wurde ihr Vertrauen schon früh missbraucht und ihre Verletzlichkeit ausgenutzt. Extreme Wachsamkeit wurde daher zu ihrer einzigen Verteidigung gegen verheerende Übergriffe. Sie haben vielleicht ihr Selbstvertrauen verloren, das aus Resilienz und Stabilität erwächst. Sie leben in der Angst vor dem, was kommen könnte, anstatt im Einklang damit. Sie benutzen Kontrolle, um ihre Angst vor Überraschung und Spontaneität von sich fernzuhalten. Kontrollierenden Menschen fällt es oft schwer, frei zu lieben, da sie nicht leicht mit dem mitfließen können, was das Leben mit sich bringt. Kontrolle aufzugeben, offen für die Improvisationen des Lebens zu werden, erschreckt sie eher, als sie zu begeistern.

Ein kontrollierender Mensch stürzt ins Chaos, wenn die Dinge nicht seinem Wunsch gemäß laufen. Im Gegensatz dazu bleibt eine verantwortungsvolle Person stabil, wenn die Dinge schieflaufen. Sie benutzt ihre Macht zum Wohle ihrer Mitmenschen. Eine derart achtsame, auf das Dienen ausgerichtete Macht verbindet die klare Festsetzung von Grenzen mit stärkendem Mitgefühl. Je mehr von dieser positiven Macht vorhanden ist, desto mehr kann sie vollbringen. Shakespeare spielt auf dieses Phänomen in *Der Kaufmann von Venedig* an, als Portia von Gnade spricht: „Sie ist am mächtigsten in den Mächtigen.“

Ein gesundes Erwachsenen-Ich möchte vielleicht zuständig für Verantwortung sein, aber nicht so viel Kontrolle ausüben wie das dysfunktionale Ego. Kontrollieren heißt, die Aktionen von jemandem zu dirigieren; seine Überzeugungen oder Entscheidungen ungebührlich zu beeinflussen; Gefühle, Verhaltensweisen und Entscheidungen zu manipulieren. Kontrolle ist der Stil des aufgeblähten Egos, das sich über alle anderen erhaben fühlt und beansprucht, dass seine Bedürfnisse Vorrang vor allen anderen haben. Im Grunde genommen korrumpiert Kontrolle unsere Integrität genauso wie Macht.

Wenn wir lieben, öffnen wir unser einengendes Ich. Wir sind nicht mehr gefangen in unserem beschränkten Bedürfnis, die Nummer Eins zu sein. Was sich öffnet, sind die Tore der Angst, die bislang zugeschlagen waren. Wenn wir wirklich lieben, werden wir zu furchtlosen Beschützern von uns selbst, während wir gleichzeitig furchtlos verletzlich werden. Wir müssen nicht mehr die volle Kontrolle haben. Wir akzeptieren, dass wir manchmal eine gewisse Kontrolle haben und manchmal keine. Wir sind demütig genug, die Gegebenheiten des Lebens anzuerkennen: Das sind diejenigen und sind es auch schon immer gewesen, die die ganze Kontrolle besitzen.

Wenn andere versuchen, uns zu kontrollieren, können wir mit Liebe antworten, indem wir ihr kontrollierendes Verhalten mit verständnisvollem Mitgefühl wahrnehmen. Wir erkennen, dass sie im Grunde von ihrem Bedürfnis kontrolliert werden, die Kontrolle zu haben, denn sie empfinden dieses Bedürfnis als einen Zwang. Wir sagen „Autsch!", doch erlauben ihnen nicht, uns zu kontrollieren. Auf keinen Fall setzen wir sie herab oder machen sie schlecht für das, was sie sind.

> Wo es keine Liebe gibt, füllt Macht die Leere aus.
>
> — C. G. Jung

Übung

Unseren Kontrollzwang aufgeben

Wir beginnen damit, jegliche Macht zu überprüfen, die wir in unserer Gemeinde, am Arbeitsplatz oder in der Politik haben, Wenn wir auf Liebe fokussiert sind, schätzen wir unser persönliches Führungstalent und wollen die Macht, die wir besitzen, für das Gute einsetzen. Wir realisieren, dass unsere Macht uns die Verantwortung auferlegt, anderen zu dienen, anstatt uns eine Gelegenheit zu geben, sie zu kontrollieren oder auszunutzen. Wir wissen, dass es Hierarchien gibt, aber wir wollen sie lieber kooperativ als auf tyrannische Weise nutzen. Unsere spirituelle Praxis der Liebenden Güte hilft uns, Alternativen zu einer Rangfolge von oben nach unten zu finden. In dieser Praxis wird kein Mensch in unserer Gunst über den anderen gestellt. Wir wünschen jedem gleichermaßen Liebe und Glück. Wir klassifizieren Menschen nicht nach dem Grad ihres Wertes und teilen unsere Liebe oder unseren Respekt entsprechend auf.

Da Macht jedoch tatsächlich korrumpiert, ist es eine Gegebenheit, dass wir unsere Macht an einem bestimmten Punkt auf irgendeine Weise missbrauchen werden. Es ist nur die Frage wann, nicht ob. Niemand ist immun dagegen; wir sind alle anfällig für Korruption. Es ist klug, äußerst wachsam gegenüber dem sich königlichen Status anmaßenden Ego zu sein, das in unserem Inneren hockt und auf die Gelegenheit wartet, den Thron, der gemeinsam benutzt werden sollte, zu usurpieren.

Der Pfad der Liebe besteht darin, uns selbst *nicht* zu trauen, solange wir keine Sicherheitsvorkehrungen getroffen haben. Wir realisieren, dass wir vielleicht gar nicht wissen, dass wir Macht missbrauchen; deswegen müssen wir uns unablässig überprüfen. Hier sind einige Übungen, die uns helfen können, unsere Integrität und unser Verantwortungsbewusstsein zu bewahren:

- Nehmen Sie Feedback von anderen in Anspruch, bevor Sie Entscheidungen treffen, anstatt einseitig, insbesondere von oben nach unten zu agieren.
- Besprechen Sie alle Ihre Entscheidungen mit den Betroffenen, anstatt im Geheimen zu operieren.
- Delegieren Sie etwas von Ihrer Macht an andere.
- Vermeiden Sie schulterklopfende Protektion im Stil des „guten alten Kumpels", Verrat oder Machenschaften nach Art von „eine Hand wäscht die andere".
- Seien Sie wachsam, sich nicht vom Anreiz persönlichen Vorankommens verführen zu lassen, ein übles Spiel mitzuspielen oder Ungerechtigkeiten zu decken.
- Trauen Sie sich, der Person, die in der Machthierarchie über Ihnen steht, zu widersprechen, anstatt ihr nach dem Munde zu reden.
- Haben Sie keine Angst davor, Fehlverhalten von jemandem und/oder sich selbst auffliegen zu lassen.
- Bestrafen Sie Whistleblower nicht, sondern begrüßen Sie stattdessen deren Feedback
- Vertrauen Sie Kollegen oder Unterstützern nicht, die Ihnen helfen wollen, Ihre Macht zu mehren – es sei denn, diese erkennen Ihr Bedürfnis, sich Ihrer Beschränkungen bewusst zu sein und unternehmen die entsprechenden Vorsichtsmaßnahmen.

Da der Machtmissbrauch so subtil, gerissen und unvermeidlich ist, ist es auch notwendig, einen Beobachter einzusetzen, eine Aufsicht von untadeliger Ehrlichkeit, von unerschütterlicher Offenheit und unanfechtbarer Deutlichkeit. Solch ein Mensch lässt sich weder von Ihnen kaufen noch einschüchtern; er wird Ihren Machtgebrauch objektiv anschauen und Sie bei Missbrauch zur Rede stellen. Ja, es gibt solche Leute, aber sie arbeiten ehrenamtlich und nicht als Angestellte.

Nun sehen wir uns an, wie wir Macht in unserer Familie und in Beziehungen ausüben. Zu glauben, wir müssten die Kontrolle besitzen, bedeutet zu glauben, wir hätten keine spirituellen Ressourcen. Wir sind alles, was da ist. Deshalb ist Kontrolle nicht nur eine Sache von Angst und Zwanghaftigkeit, mit der auf psychologischer Ebene umgegangen werden muss, sondern auch ein spirituelles Problem, worüber wir uns durch die Rolle von Gnade in unserem Leben klar werden müssen. Die folgenden Übungen können dabei helfen:

- Achtsamkeitsmeditation hilft uns, den Appetit unseres Geistes auf eine Kontrolle der Ergebnisse zu erkennen und zu benennen.
- Die Praxis der Liebenden Güte hilft uns mit ihrem Fokus auf Gelassenheit, indem sie mit den Dingen locker umgeht, wenn sie auftreten, anstatt zu versuchen, ihnen zuvorzukommen, damit wir den Ausgang kontrollieren können.
- Diese drei Affirmationen können nützlich sein:

  1. Ich erkläre meine Dankbarkeit für die Liebe in mir und meinem Leben.

  2. Ich bin dankbar für die Segnungen, die mir über den Weg laufen. Sie versuchen, mich davon zu überzeugen, dem sich entfaltenden Leben zu vertrauen, anstatt zu versuchen, es zusammenzufalten, indem ich es an jeder Biegung kontrolliere.

3. Ich sage Ja zu dem, was ist, und bitte um die Gelassenheit, die Dinge, die ich nicht ändern kann, zu akzeptieren.

Unser neurotisches Ego wächst und blüht auf dem Anspruch, zur Kontrolle über alles berechtigt zu sein. Das Ego loszulassen schließt deshalb das Loslassen von Kontrolle mit ein. Wir können hierbei diese Version unseres Ansatzes der Vier Handlungsweisen verwenden:

1. Wir *geben zu*, dass wir kontrollieren oder es versuchen.
2. Wir *lassen zu*, dass wir die Spannung und das Unbehagen empfinden, die auf natürliche Weise entstehen, wenn wir den Dingen ihren eigenen Lauf lassen, wenn wir anderen erlauben, das zu tun, was sie wollen, und wenn wir die Dinge akzeptieren, die wir nicht ändern können.
3. Wir *agieren* auf eine Weise, die zeigt, dass wir auf das vertrauen, was geschieht. Das bedeutet, die Ereignisse sich auf ihre Weise entfalten zu lassen und den Dingen ihren Lauf zu lassen. Dann handeln wir mit Vertrauen auf unsere Fähigkeit, mit allem, was auftritt, umgehen zu können. Wir versöhnen uns mit dem Umstand, dass wir womöglich eine geringere Dividende als erwartet von dem erhalten, was letztlich geschehen wird. Wir erfahren unseren Kummer, während wir uns der Realität anpassen – das ist genau die heilende Kombination, die all unser Kontrollieren verhindert. Auf diese Weise reduzieren wir die heftige Auswirkung der Enttäuschungen, die wir empfinden mögen.
4. Wir *bekräftigen* jetzt und jeden Tag, dass wir die Kontrolle loslassen und zu unserer wahren Macht finden. Wir stabilisieren uns nun durch unsere Hingabe an die Realität.

Der Drang zur Vergeltung

Wut brennt einen ganzen Wald an Verdiensten nieder.

— *Dhammapada*

Wir haben alle schon die Redensart „Rache ist süß“ gehört. Es ist eine interessante Tatsache, dass wir John Milton nicht korrekt zitieren. Er zeigt in seinem Werk *Das verlorene Paradies*, dass Vergeltung letztlich ein schmerzliches Ereignis darstellt:

Rache, süß im Anfang, schlägt gar bald
mit herbem Weh sich selbst.

Wenn Menschen uns verletzen, können wir zwischen Vergeltung und Versöhnung wählen. Vergeltung ist der Stil der strafenden Justiz. Versöhnung ist der Stil von wiedergutmachender Justiz. Wenn unser Ziel strafende Justiz ist, stammt es von der Straße, von unserem Reptilienhirn, aus unseren Ursprüngen als Höhlenbewohner. (Es ist bezeichnend, dass die griechische Göttin der strafenden Justiz Nemesis genannt wurde.) Wenn unser Ziel wiedergutmachende Justiz ist, stammt unser Stil vom Himmelstor, von einer höheren Macht aus dem Inneren, aus voll entwickelter Liebe.

Versöhnung oder Vergebung zu wählen beinhaltet den Verzicht auf die Befriedigung, dass „sie ihren Teil abgekriegt“ haben. Es ist für das ungehaltene Ego ziemlich viel, was es da aufgeben soll. Aber die Freude, liebevoll nach Transformation und Wachstum anderer zu streben, bringt Behagen, eine tiefere Art von Zufriedenheit. Das Erstere dient dem Ego, dem „Ich“ im Zentrum. Das Letztere realisiert das Herzstück unseres höheren Selbst, den erleuchteten Buddha, der uns unauslöschlich innewohnt.

In primitiven Zeiten mussten die Menschen auf Angriff oder Bedrohung mit einer schnellen aggressiven Reaktion antworten. Ansonsten hätten Tiere oder andere Stämme ihre Passivität ausnutzen und sie überwältigen können. Vergeltung für jede Beleidigung oder jeden Angriff war überlebensnotwendig. Ohne Vergeltung wäre ein Mensch zur Beute geworden.

Es braucht spirituelles Bewusstsein und Übung, um nicht mit diesen archaischen Racheinstinkten zu reagieren. Psychologie vermag das nicht zu leisten. Wenn wir uns einem Leben in Liebe verpflichtet haben, widmen wir uns gewissenhaft einem spirituellen Programm, denn wir wissen, dass Psychologie es mit dem Cro-Magnon-Menschen in uns nicht aufnehmen kann. Mit Hilfe einer spirituellen Praxis, wie beispielsweise der Liebenden Güte, können wir Zorn erfahren und ungeachtet dessen, wie andere sich uns gegenüber verhalten, gewaltfrei bleiben. Wir können auch aufrichtig auf ihre Transformation hoffen. Dies bedeutet, dass gesunden Zorn zu zeigen eine spirituelle Übung ist, weil es eine Möglichkeit ist, klar Schiff zu machen, damit Liebe ungehindert durch das Festhalten an Rachegedanken zum Zuge kommen kann. Ohne Vergeltung als Teil unseres Repertoires zeigen wir in jedem Fall Liebe, *Agape*.

Wir entscheiden uns nicht etwa zwischen Vergeltung und Passivität. Wir können als starke Alternative zur Vergeltung Selbstbehauptung wählen – das heißt „Autsch!" sagen und dann Grenzen setzen und uns schützen. Mit dieser Praxis ist unser Ziel nicht, Gewalt zu erleiden, sondern uns abzusichern und niemandem Schaden zuzufügen. Wir zahlen es anderen nicht auf boshafte oder gehässige Weise heim. Wir hegen vielmehr den aufrichtigen Wunsch für ihre Transformation. Wir werden dann für den Rest unseres Lebens stolz wie Ralph in *Der Herr der Fliegen* sein, weil wir unsere Menschlichkeit gegenüber primitiven Relikten bewahrt haben, ganz gleich, was andere getan haben.

Vergeltung ist letztlich eine Verteidigung gegen unser volles „Autsch!". Wir schämen uns womöglich zuzugeben, dass wir verletzt sind, schämen uns dafür, dass wir über einen Verlust oder eine Beleidigung trauern. Das Gesicht zu verlieren oder sich zu schämen sind in der Tat die wahrscheinlichsten Auslöser für Rache. Menschen, die in Peinlichkeit oder Scham gefangen sind, sind mit größerer Wahrscheinlichkeit unfähig dazu, ihre aggressiven Reaktionen zu regulieren. Die tiefsitzende ursprüngliche Aggression in uns muss jedoch reguliert werden, wenn wir kooperativ in einer Gesellschaft leben wollen oder jemals dazu fähig sein möchten, überhaupt lieben zu können. Diese Regulierung unserer Impulse beginnt in der Kindheit mit Hilfe der Erwachsenen im häuslichen Umfeld und in der Schule.

Vergeltung in früher Kindheit

Gute Elternschaft bedeutet, Kindern gesunde Grenzen zu setzen, während man ihnen gleichzeitig ihre Gefühle widerspiegelt. Diese Kombination hilft ihnen zu lernen, ihre Reaktionen auf Frustration zu ordnen und zu mäßigen, sodass sie dann Alternativen zu Gewalt und Rache wählen können. Wenn wir zum Beispiel im Kindergarten das Kind neben uns geschlagen haben, sagte unsere Erzieherin: „Ich weiß, dass du wütend bist, und verstehe es. Aber du kannst Worte verwenden, um das zu zeigen; du brauchst deswegen nicht zu schlagen." Wenn Kinder mitbekommen, dass Erwachsene sich auf ihre Gefühle einstimmen („Ich weiß, dass du wütend bist, und verstehe es"), fühlen sie sich verstanden. Sie finden so auch Vorbilder, wie sie sich auf sich und andere einstimmen können. Dies ist Empathie, den Schmerz des anderen *mit* ihm empfinden. Sympathie heißt, den Schmerz des anderen zu erkennen und ihn dann *für* ihn zu spüren. Auch dies ist eine liebevolle Reaktion.

Sowohl Empathie als auch Sympathie überwinden den Drang nach Vergeltung. Beide haben Auswirkungen auf die gesunde Entwicklung des orbitofrontalen Cortex, durch den wir auch Zugang zum gewaltfreien Umgang mit Stress erhalten. Es hat sich gezeigt, dass Rachegedanken das dorsale Striatum im Gehirn aktivieren, ein Gehirnbereich, der mit Befriedigung durch Bestrafung verknüpft ist. Er wird stark durch Racheakte stimuliert: „Die haben bekommen, was sie verdient haben." Wenn wir die Konsequenzen unserer Entscheidungen abwägen, um zu sehen, was am besten für alle funktioniert, kommt der weiterentwickelte präfrontale Cortex ins Spiel. Wir verwenden unseren präfrontalen Cortex für die Kräfte des logischen Denkens und um richtig von falsch zu unterscheiden. Der linke Bereich des Cortex bewegt sich auf ein Ziel zu; der rechte ist zuständig dafür zu planen, wie sich ein ungutes Ergebnis vermeiden lässt. Die Planung von Rache findet auf der linken Seite statt, da es um den Gewinn von Befriedigung geht, die Version des armen Mannes von Zufriedenheit.

Feindselige Elternschaft fördert nicht die Entwicklung der Fähigkeit im Gehirn, Aggressionen zu regulieren. Tyrannen kommen oft aus Familien, in denen es an Wärme mangelte oder die durch körperlichen Missbrauch charakterisiert sind. Aggression und Vergeltung werden zu ihren Verhaltensmodellen, denn es gab keine anderen Optionen. Verletzte Menschen sind diejenigen, die andere verletzen. Ein Schulhofschläger mag ein Junge sein, der zu Hause misshandelt wird, wo es nicht sicher für ihn ist, sich zu rächen. Er verlagert seine Aggression auf Mitschüler, die schwächer sind als er. Aus alledem wird deutlich, dass Vergeltung ihre Wurzeln in negativen Lebenserfahrungen hat und eher nicht in positiven. Dies an sich ist schon Anlass genug, sie aus unserem Repertoire an Reaktionen auszumerzen.

Das Gefühl, ein Recht auf Vergeltung zu haben, wurde uns hundertfach in unserer Kindheit einprogrammiert, wenn unsere

Missetaten bestraft wurden. Dieser Ansatz – zu Hause, in der Schule, auf der Straße und nach religiöser Lehrmeinung– sollte uns womöglich eher eine Lehre sein als uns wehtun. Trotzdem aber ließ er Vergeltung als etwas Legitimes erscheinen. Die Überzeugung, dass Racheakte gerechtfertigt sind, hebt das Schuldgefühl auf, und damit ist eine Entschuldigung oder Vergebung eher unwahrscheinlich. Dies gilt insbesondere dann, wenn wir absichtlich verletzt worden sind.

Ab dem ersten Lebensjahr reagieren Kinder auf Ungerechtigkeit ihnen gegenüber. Im Alter von vier Jahren lernen sie, anderen gegenüber fair und gerecht zu sein. Im Alter von neun Jahren können sie zwischen absichtlicher und unabsichtlicher Verletzung durch andere unterscheiden. Sie sind fähig, ihre Vergeltungsmaßnahmen auf dieser Basis sowie im Einklang mit dem Alter der verletzenden Person oder der Beziehung zu ihr abzustimmen. In jeder Altersstufe werden unmittelbare Entschuldigungen die Reaktion des Opfers abmildern, aber Entschuldigungen, die viel später als der Angriff kommen, haben weniger Auswirkung auf die aggressiven Reaktionen des Opfers.

Vergeltung in Beziehungen

Leider ist es üblich, dass wir Vergeltung gegenüber denjenigen üben, die uns verletzen, insbesondere gegenüber Menschen, die wir nicht mögen. Es ist jedoch gewiss überraschend, dass wir Vergeltung auch als Reaktion auf einen Partner benutzen, von dem wir behaupten, ihn zu lieben!

Rache in engen Beziehungen widerspricht dem Erbe unserer Cro-Magnon-Vorfahren. Sie lernten, *innerhalb* ihrer Familie und ihres Stammes zu kooperieren und Vergeltung nur *außerhalb* des Stammes zu üben. Wir rächen uns in beiden Bereichen. Was für ein liebesfeindliches Rätsel!

Bedingungslose Liebe in einer Beziehung klingt folgendermaßen: „Ich verhalte mich dir gegenüber liebevoll, ganz gleich, was du tust, aber ich werde mich äußern und ‚Autsch!' sagen, wenn du mir wehtust. Ich werde keine andauernde Verletzung zulassen, aber ich werde auch nicht einem Dialog ausweichen. Meine Liebe basiert nicht auf dem, was du tust, sondern darauf, wer ich in der Welt sein will – jemand, der Alternativen zur Vergeltung gefunden hat. Und ich wünsche mir immer, dass wir uns spirituell weiterentwickeln."

Eine unvollkommene Liebe klingt so: „Ich werde mich dir gegenüber liebevoll verhalten, wenn du mich nicht ärgerst. sonst werde ich mich rächen. Pass also lieber auf!" In diesem Fall kann Vergeltung bewusst sein oder instinktiv von unserem primitiven Reptilienhirn hervorgerufen werden. Möglicherweise ist die Hälfte unserer Racheakte *unbewusst*. Hier erkennen wir, wie die Förderung von Bewusstheit durch Achtsamkeit zur Intimität beiträgt. Je mehr wir uns daran gewöhnen, innezuhalten und uns das anzusehen, was wir tun oder denken, desto größer ist unsere Chance, Liebe anstelle von Aggression wählen zu können.

Mit unserer Gewohnheit des Vergeltens zu brechen bedeutet, dass das, was andere uns antun mögen, keine Auswirkung auf unser Verhalten ihnen gegenüber hat. Das ist der Stil von *Agape*, bedingungsloser und einseitiger Liebe. Unsere Hingabe an Liebende Güte anstelle von Rache ist stärker als das, was geschieht, zugunsten von dem, was wir sind.

Der unbewusste Racheinstinkt in uns hat keinerlei Auswirkung auf unsere Fähigkeit, Liebe zu zeigen. Wir haben drei Möglichkeiten:

1. Wenn wir rachsüchtig und ohne nachzudenken (das heißt, unbewusst) agieren, löschen wir unsere Liebe für jemanden damit nicht aus.

2. Wenn wir bewusst und aktiv *entscheiden*, Vergeltung zu üben, unterbrechen wir unsere Verpflichtung, den anderen zu lieben, bis wir damit aufhören und uns entschuldigen.

3. Wenn wir bewusst entscheiden und beabsichtigen, Vergeltung in unserem Waffenarsenal von Reaktionen auf den Partner zu behalten, dann lieben wir ihn noch nicht voll und ganz.

Ein Partner, der Schuld zuweist, wird wahrscheinlich oft auch Vergeltung üben, weil der Akzent der Rache auf Fehlverhalten beruht und darauf, wie dieses bestraft werden muss, das Gegenteil von Versöhnung. Dies ist eine Entscheidung, dem anderen lieber Schmerz zuzufügen als Dinge zu besprechen. Denn der rachsüchtige Stil basiert weniger auf einem Verhaltensmodell von Zugehörigkeit als von Dominanz. In diesem Sinne gibt es noch keine liebende Bindung, weil die Gleichheit fehlt.

Die Neigung, Rache aufzugeben, ist ein wesentliches Element für eine authentische Verpflichtung, Konflikte zu lösen. In meiner eigenen Ehe – bevor ich Buddhas Weg gefunden hatte und natürlich durch die Arbeit mit Paaren im Laufe der Jahre – ist mir aufgefallen, wie oft unsere Reaktionen in Beziehungen rachsüchtig sind, ohne dass wir uns darüber ganz und gar im Klaren sind. Wir mögen wegen eines unaufgelösten Zorns auf unsere Eltern, einen ehemaligen Partner oder Frauen und Männer im Allgemeinen auf unseren Partner losgehen. Insgeheim gleichen wir diese Bilanz mit Menschen in der Gegenwart aufgrund von einem unaufgelösten Ungleichgewicht mit Menschen aus der Vergangenheit aus. Ist dies ein Einblick in das Mysterium, weshalb wir es Menschen, von denen wir behaupten, sie zu lieben, heimzahlen?

Feindseligkeit oder ungeschicktes Verhalten der Partner einander gegenüber ist meistens eine Form von Rache für etwas, das der Partner ihr oder ihm angetan hat. Diese Motivation ist gewöhnlich unbewusst. Cynthia macht ihren Ehemann Placid oft herunter und er nimmt es hin, ohne dagegen aufzubegehren. Bestimmt ist Placid wütend über Cynthias Misshandlung, aber er bringt es nicht zum Ausdruck. Stattdessen verspätet er sich andauernd und weigert sich, Cynthia zu ihren Familienfeiern zu begleiten, obwohl ihr diese so viel bedeuten. Placid sieht dies nicht als Vergeltung an: Er hat bestimmte logische Gründe, weshalb er nicht mitgehen möchte, das Element der Rache ist unbewusst. In jedem Fall hätte Placids fehlendes „Autsch!" ein Hinweis für ihn sein können – und für Cynthia darauf, dass die Rache bald folgen wird.

Wenn wir lieben, haben wir die Absicht, die Transformation des anderen zu fördern, und nicht, ihn zu bestrafen. Das ist schwer vorstellbar, wenn wir ein juristisches System imitieren, das Gerechtigkeit meistens mit Bestrafung gleichsetzt. Wir verfügen über einige Modelle als Alternativen. In der anschließenden Übung finden wir einige Hilfe in dieser Hinsicht. Auch die Erörterung von Bodhichitta in Kapitel 1 sowie der Abschnitt „Über Gebühr lieben" in Kapitel 8 zeigen auf, wie Transformation zu einem motivierendem Faktor für unser Verhalten werden kann.

Neulich rief ich einen Freund an, um ihn zu bitten, mir bei einem Computerproblem zu helfen. Er wurde schon bald ungeduldig, wie schon mehrfach zuvor, und sagte plötzlich, er müsse das Gespräch beenden, ohne ganz auf mein Problem eingegangen zu sein. Als ich aufgelegt hatte, ärgerte ich mich über ihn, aber ich habe gelernt, seine Einschränkungen zu verstehen und sie nicht persönlich zu nehmen. Daher konnte ich mich sofort in ein halbes Lächeln hinein entspannen und ihm seine Ungeduld nicht vorhalten oder planen, diese zu ahnden. Zu jener Zeit schrieb ich gerade an diesem Kapitel und erinnere mich daran, wie ich gedacht habe: „So ist es also, wenn man sich über jemanden ärgert, aber nicht rachsüchtig ist!" Später dachte ich: „Ich kann gegenüber allen Menschen so sein, wenn ich Übungen praktiziere, die mich zu meinem Ziel, vollkommen zu lieben, führen."

Aus meiner Reaktion auf das Telefongespräch habe ich außerdem gelernt, dass ich nicht verlange, mein Freund möge auf genau die Weise hilfsbereit sein, die ich von ihm erwarte. Ich akzeptiere seine Beschränkungen und Grenzen und halte sie ihm nicht vor. Ich erzähle mir auch nicht, dass die Menschen mich nur dann lieben, wenn sie alles für mich tun. Ich stülpe ihnen zudem nicht meine Kriterien für Freundschaft oder Beziehung über. Ich glaube, dass sie mich auf der Grundlage dessen lieben, was sie geben können oder gewillt sind zu geben. Das ist neu für mich. Wenn ich auf mein Leben zurückblicke, erkenne ich, dass ich eine Reihe strenger Kriterien hatte, wie Menschen mich lieben sollten. Heute gebe ich mich mit jedem bisschen Liebe, das mir entgegengebracht wird, zufrieden – außer mit Missbrauch –, auch wenn es weniger ist, als ich gehofft habe. Ist diese Versöhnung mit der Realität nicht das, was wir Erwachsenen die ganze Zeit über tun sollten?

Jetzt ist alles, was ich tun muss, mich daran zu erinnern. Ich vertraue darauf, dass die Person, die diese Erkenntnis annehmen kann, einige Chancen hat, sie in die Praxis umzusetzen.

Ein spirituelles Programm beinhaltet, auf Gnade zu vertrauen und nicht auf die eigenen Anstrengungen. In Samuel Taylor Coleridges Gedicht *Der alte Matrose* tötet die Hauptfigur ein Geschöpf der Natur, einen Albatros, einen Vogel, der als gutes Omen gilt. Zur Strafe bindet ihm die Besatzung den toten Vogel um den Hals. Später empfindet der Seemann dank einer unerwarteten Gnade plötzlich Liebe für die Naturgeschöpfe: „Mein Heiliger erbarmte sich,/ Und glücklich pries ich sie." Und dann: „Von meinem Halse frei/ Fiel da der Albatros und sank/

Ins Meer, so schwer wie Blei."[40] Der Matrose litt unter der Rache der Besatzung, in der sich die Welt des Egos verkörpert. Er wird durch seinen „Heiligen" transformiert, der die Macht der Gnade verkörpert, die uns beistehende Kraft, die tief in unserer menschlichen Psyche und in der ganzen Natur angelegt ist. Sie ist immer genau dort (oder vielmehr genau hier) und wartet auf uns – auch in diesem Moment.

Ich erzähle Ihnen, was ein Freund mir geantwortet hat, den ich um Feedback zu diesem Abschnitt des Manuskripts gebeten hatte: „Die Sache mit der Rache ist sehr schwierig. Ich lebe sie nicht aus, würde es oft aber gerne tun. Manchmal fühle ich mich wie ein Feigling, weil ich nicht zurückschlage, oder als sei ich kein echter Mann, weil ich keine Vergeltung übe. Aber an den Punkt der Vergebung zu gelangen und dann wiederum die Rachegedanken loszulassen, darin liegt der Kampf. Wie töricht es doch ist, denjenigen, die uns verletzt haben, zu erlauben, ihre Klauen in uns zu hinterlassen, wenn sie längst weitergezogen sind, wir aber unsere Wunden offen halten? Es ist seltsam, wie wir um etwas wissen können, es uns aber unmöglich scheint, es zu verwirklichen."

---

40 Übersetzung von Ferdinand Freiligrath

Übung

Aufgeben, mit jemandem quitt zu werden

Wir mögen uns vorstellen, Rache führe zu einer Veränderung, doch sie straft lediglich, so wie man einen Verbrecher durch eine harte Gefängnisstrafe bestraft, aber nicht transformiert.

Rache ist impotente Wut. Wir fühlen uns machtlos, einen Wandel herbeizuführen, und finden daher Befriedigung darin, den zu bestrafen, der uns verletzt hat. Das fehlende Glied ist Dialog, ein *direkter* Ausdruck von Zorn; Vergeltung gedeiht darauf, indirekt zu sein. In gesunden Beziehungen wirkt eine neue Definition von Macht. Es geht um die Fertigkeit, die Liebe zu nähren, und nicht um die Fähigkeit, zu erobern und zu kontrollieren.

Unser Bedürfnis nach Vergeltung kann dadurch gemindert werden, dass wir uns aussprechen, unseren Zorn gewaltfrei zeigen und einen Dialog eröffnen über gegenseitige Verletzungen und wie man die Dinge zum Besseren wenden kann. Direkte Konfrontation eines Problems und Kommunikation darüber ist der beste Weg, um unbewusste primitive Rachetaktiken in einer Beziehung zu vermeiden. Oder ist unsere Entscheidung zu persönlicher Rechtfertigung durch Strafen eine Art und Weise, die Intimität zu vermeiden, die aus aufrichtiger Kommunikation entsteht? Sind wir solch ein subtiler Entfesselungskünstler in unserer Flucht vor Intimität?

„Ganz gleich, was du mir antun solltest, ich werde mich niemals an dir rächen." Können Sie Ihrem Partner dies heute versprechen? Können Sie es darauf beruhen lassen, wenn er oder sie nicht auf die gleiche Weise reagiert? Kann die Freude, so erleuchtet zu sein, dass Sie auf Ihre Art zu lieben vermögen, wichtiger werden als ein „Wie du mir, so ich dir"?

Achtsame Bewusstheit spielt eine wesentliche Rolle beim Loslassen von Vergeltung, weil der Reflex, quitt zu werden, oft passiv, unbewusst, listig und subtil ist. Je bewusster uns wird, was wir im Schilde führen, desto einfacher ist es, unser Verhalten in sanftere und menschlichere Reaktionsbahnen zu lenken.

Ironischerweise entspricht unsere Fähigkeit zu vergeben direkt proportional dem Vermögen, unseren Zorn im Griff zu haben. Wenn dieser Rachegelüste in sich trägt, wird Vergebung (definiert als Loslassen des Bedürfnisses nach Vergeltung) so lange unmöglich, bis jener Impuls verschwunden ist. In jedem Fall müssen wir unser „Autsch!" laut genug sagen, damit man es hört; daher ist Durchsetzungsvermögen notwendig. Dies schließt ein, eine Entschädigung, Wiedergutmachung oder Entschuldigung zu verlangen. Somit wird Durchsetzungsvermögen zu unserem Gegenmittel zu Aggressivität in Racheakten. Dies ist ein Beispiel dafür, auf welche Weise eine psychologische Praxis, wie etwa fähiger zu werden, ausdrücklich eine Wiedergutmachung zu fordern, zu unserem spirituellen Fortschritt beim Loslassen von Rache beitragen kann.

Hier folgt ein einfaches Beispiel dafür, wie wir das Loslassen von Racheimpulsen fördern können. Wenn uns eine Person auf der Autobahn mit großer Geschwindigkeit überholt und wir sehen, wie sie auf gefährliche Weise vor uns immer wieder die Spur wechselt, können wir unsere üblichen darauf reagierenden Gedanken verändern von „Ich hoffe, sie bekommt einen Strafzettel" zu „Ich hoffe, sie fährt langsamer und kommt sicher an ihr Ziel". Zu hoffen, dass jemand einen Strafzettel bekommt, wäre nicht fürsorglich und nicht verbindend, da wir dem anderen übelwollen. Zu hoffen, dass er langsamer fährt, wäre fürsorglich und würde eine wohlwollende Verbindung zwischen uns und dem anderen Fahrer herstellen. In solch einem einfachen und nicht so persönlich zu nehmenden Vorfall lernen wir, von entzweiender Rache zu fürsorglicher Verbindung überzuwechseln.

Zuerst können wir diese Praxis ausführen, indem wir die Worte einfach aussprechen, ohne sie wirklich so zu meinen. So zu tun als ob hilft uns dennoch dabei, das Ziel zu erreichen, von rachsüchtigen Wünschen und Plänen befreit zu werden. Nach und nach werden wir das glauben, was wir sagen. Dies wird dadurch verstärkt, dass wir uns lieber mögen, wenn wir uns so verhalten.

Vergeltung loszulassen erfordert, den Wunsch nach Transformation für die andere Person (sicherer zu fahren), nicht aber nach ihrem Schaden zu hegen (einen Strafzettel bekommen und mehr für die Autoversicherung zahlen zu müssen).

Wenn „Man bekommt, was man verdient" ein Wunsch ist, das „er das seine kriegt", hoffen wir, dass das Universum für uns Vergeltung übt! Wir können unseren Wunsch umwandeln zu: „Möge das, was man bekommt, auf solche Weise verdient werden, dass wir alle dadurch bessere Menschen werden. Möge das, was kommt, uns verwandeln." Mit dieser Affirmation streben wir nach Transformation und bestätigen unsere spirituelle Erkenntnis, dass Transformation immer möglich ist. Das ist es, was damit gemeint ist, andere – und uns selbst – nie aufzugeben.

Damit wir Rache aufgeben und auf die Transformation anderer mehr hinarbeiten können als auf ihre Bestrafung, müssen wir einige unserer Überzeugungen und Einstellungen loslassen. Jede von ihnen stellt eine Rechtfertigung unseres Anspruchs dar, Vergeltung üben zu dürfen:

- „Alles in meiner Beziehung muss auf Gegenseitigkeit beruhen." Dies muss einseitiger Großzügigkeit, einer wesentlichen Qualität von Liebe, den Vortritt lassen.
- „Meine berechtigte Entrüstung über den Gesichtsverlust gibt mir das Recht, zurückzuschlagen." / „Er muss für diese Beleidigung zahlen." / „Ich fordere Satisfaktion." All diese Gedanken drücken die alte draufgängerische Ego-Menta-

lität der „Herausforderung zum Duell" aus. Der Wille, mit dem anderen quitt zu werden, kündigt die Liebe auf.

- „Ich muss durch mein Verhalten zeigen, dass ich recht habe, und alle müssen das anerkennen."
- „Ich glaube, es gibt eine Hölle ewiger Bestrafung oder Karma als Vergeltung und eine Folge von unannehmbarem Verhalten."
- „Vergeltung ist eine legitime Form von Gerechtigkeit."
- „Entschuldigungen, das Eingeständnis meines Irrtums oder Fehlers oder irgendeine ähnliche Form von Demut sind wirklich eine Erniedrigung und nicht kompatibel mit meiner Großartigkeit."
- „Man bekommt, was man verdient." Damit fordern wir das Universum oder eine höhere Macht auf, für uns Vergeltung zu üben, ihre freundliche Haltung also in die Taktik eines Polizeistaates umzuwandeln.

Diese magischen Vorstellungen loszulassen ist die Überholspur zum Loslassen des Egos, dessen Lieblingssportart Vergeltung heißt.

> Die Geschichte von Rache, die im Namen Gottes geübt wird, ist keine Funktion irgendeiner Religion, sondern die Vereinigung von religiöser und politischer Macht. Es ist eines der großen Paradoxe der Religionsgeschichte, dass heilige Verfügungen, die entworfen wurden, um die schlimmsten Impulse von Männern und Frauen in Grenzen zu halten, dann, wenn sie mit säkularer Macht vermählt wurden, oft zu Vehikeln des Ausdrucks genau dieser Leidenschaften geworden sind. [...] Das von Jesus gepredigte Christentum macht die Aufgabe von Rache zur Bedingung für persönliche Erlösung;

> das von kirchlichen Autoritäten dargelegte Christentum hat an vielen Punkten in der Geschichte Rachsucht zur Bedingung für das institutionelle Überleben gemacht.
>
> — Susan Jacoby

Wie es zu Hass kommt

> Ich halte mich für unfähig, irgendein Wesen zu hassen. Im Laufe einer über lange Zeit gepflegten disziplinierten Gebetspraxis während mehr als vierzig Jahren habe ich aufgehört, irgendjemanden zu hassen. Ich weiß, das ist ein hoher Anspruch. Nichtsdestoweniger erhebe ich ihn in aller Demut.
>
> — Mahatma Gandhi

Liebe ist Verbindung, die loslassen und vergeben kann. Sie kann hart sein, ist aber niemals gehässig. Hass kündigt unsere Fähigkeit zu lieben auf; er ist eine Abtrennung. Von Hass besessen zu sein ist so, als wäre man süchtig: Wir können nicht gehässig genug, feindselig genug, wütend genug, bösartig genug sein oder genug Rache bekommen. Hass kann zu gewalttätigen, missbräuchlichen oder bösen Taten führen. Er strebt danach, andere zu zerstören, ohne Wunsch auf Transformation. Reue lässt ihn unberührt. Menschen, die hassen, wurden an einem Punkt in ihrem Leben in ihrem Vertrauen auf die Menschheit so ernsthaft betrogen, dass sie anderen keine zweite Chance geben können – die Chance, die sie selbst wahrscheinlich niemals bekommen haben.

Anhaltender Hass auf andere ist wie ein Tumor, der schließlich bösartig wird. Ein solches Gift wie Hass in unserem Herzen zu tragen heißt, die beste Eigenschaft unserer Menschlichkeit auszulöschen, insbesondere Liebe. Dies ist der tragische Fehler, der Hass zum Untergang des Helden macht, zu dem wir bestimmt waren.

Wenn wir einen hasserfüllten Menschen sehen, ist unsere spirituelle Reaktion Mitgefühl. Wir fragen uns, was für schreckliche Dinge ihm widerfahren sein müssen, wie grässlich er missbraucht und gedemütigt worden sein muss. Dann ist alles, was wir tun können, einen Wunsch nach seiner Transformation zu formulieren, während wir realisieren, wie wenig wir dafür tun können, damit diese bei ihm eintritt.

Universelle Liebe sieht nicht über das Problem des Bösen hinweg. Das Böse ist ein Potenzial, eine Neigung in uns allen, die Gegebenheit, dass wir alle eine Schattenseite besitzen. Aber es triumphiert nicht, solange es einige Menschen gibt, die noch ihrer wahren Natur entsprechend leben, in einer fürsorglichen Verbindung unauflöslich miteinander verbunden. Verbindung ist ein so wesentlicher Instinkt für die Psyche wie Überleben für den Körper. Tatsächlich betrifft Ökologie menschliche Verbindungen genauso wie die Natur. Da Verbindung ein Fundament für Liebe ist, können wir sagen, dass unser inneres Gutsein unzerstörbar ist. Dies bedeutet, dass das Böse zwar real, aber weder ursprünglich noch final ist. Es ist Liebe, die in der Menschheitsgeschichte am Anfang und am Ende steht.

Was treibt uns zu bösartigen Entscheidungen? Einige mögliche Antworten darauf sind Angst, Hoffnungslosigkeit, ernsthafter Vertrauensbruch und Selbsthass, die uns durch missbrauchende Eltern oder andere Autoritätspersonen eingeimpft worden sind. Wir alle besitzen die Neigung zur Aggression, aber wir lernen durch Vorbilder, wie man sie zeigt. Die Art und Weise, wie wir andere verletzen, ist die, wie wir selbst verletzt worden sind. Was treibt uns zu liebevollen Taten? Es ist die Freude an der Verbindung, sich selbst ausweitende Güte, eine Verpflichtung, unsere besten Seiten zu zeigen sowie die Nachahmung von all den Vorbildern für Liebe in unserem Leben.

Ein liebender Mensch mag Zorn oder Abscheu verspüren, niemals jedoch Hass. Da wir alle Liebe in uns tragen, ist es besonders schmerzhaft, jemanden zu sehen, der von Hass besessen ist. Es macht uns traurig, wie viel Angst dieser Mensch hat und wie viel vom Leben ihm verloren geht. Unsere liebevollen Reaktionen sind entwaffnend und das führt zu Verbindung. Wir werden wahrscheinlich auch liebevoller anderen gegenüber sein, wenn wir unsere eigene Schattenseite in jedem erkennen, der uns schlecht behandelt. Auch wir haben andere schlecht behandelt; wir besitzen dieses Potenzial. Erkennen wir unsere Projektionen an, dann empfinden wir eine tiefere Verbindung: „Ich bin auch so." Sich mit dem Schatten anzufreunden bedeutet daher, wie wir zuvor gesehen haben, eine Praxis, die uns dazu befähigt, andere mehr zu lieben, weil sie sowohl unser Gefühl der Verbindung zu ihnen als auch unser Mitgefühl für sie und uns selbst verstärkt.

Das im Deutschen vorkommende Wort *Schadenfreude* bezeichnet das Gegenteil der Freude am Erfolg anderer, die wir in unserer Praxis der Liebenden Güte kennengelernt haben. Hier folgen einige mögliche Erklärungen für dieses seltsame Phänomen, am Kummer anderer seine Freude zu haben:

- Wenn wir von Schwierigkeiten hören, empfinden wir einen Adrenalinschub. Dies ist für uns reizvoll und vergnüglich, weil es aufregender ist als die Nachricht, dass alles gutgeht. Entsprechend haben die Katastrophen anderer für uns Unterhaltungswert.

- Freude über das Unglück anderer kann außerdem mit einem Mangelgefühl zusammenhängen: „Nur einer von uns kann glücklich sein. Es gibt zu wenig Glück für alle; wenn er also unglücklich ist, werde ich glücklich sein."
- Wir verbinden Leiden unbewusst mit Strafe, eine kindische Überzeugung. Da angenommen wird, dass Strafe das Ergebnis von Schlechtigkeit ist, und wir denken, wir seien schlecht, ist unser Hochgefühl über den Schmerz von anderen die Erleichterung, dass „sie die Strafe an meiner Stelle abbekommen haben".
- Wir mögen vielleicht auch denken, dass der andere uns jetzt brauchen wird, und das ist unsere Art und Weise, uns wichtig für ihn zu fühlen. Unser Ego triumphiert und fühlt sich wertgeschätzt, wenn andere von uns abhängig sind.

All diese sind primitive Geisteshaltungen, die durch unsere Praxis der Liebenden Güte entwaffnet und unterbunden werden können. Jetzt erkennen wir die Weisheit dieser Praxis: Sie zielt direkt darauf ab, die groben Waffen des Cro-Magnon-Menschen, die tief in unserem Inneren verborgen sind, auszugraben und zu entschärfen.

Die spirituell weiterentwickelte Praxis, Hass und Verletzung durch Liebe zu ersetzen, bedeutet nicht, dass wir unser Recht auf Sicherheit und Geborgenheit aufgeben; sie bedeutet vielmehr, dass wir den Schmerz in denen erkennen, die auf hasserfüllte oder verletzende Weise agieren. Sie lassen uns auf eine bedauernswert gewundene Art und Weise wissen, dass sie uns brauchen. Sie wünschen sich das Glück und die Liebe, die alle Menschen sich wünschen. Aber sie müssen dringend lernen, dass *Lieben heißt, um Liebe zu bitten.* Wenn wir alles Verhalten der Menschen auf diese freundliche Weise registrieren, dann müssen wir nicht an der Menschheit verzweifeln. Unsere Praxis kann wie „Cezannes Zweifel“ sein. Der französische Künstler neigte seinen Kopf so, dass er das Subjekt, das er malte, auf eine neue Art sah. Wir können unser Herz zum Schmerz der anderen hinneigen, anstatt uns lediglich auf den Hass zu fokussieren.

Unsere eigene Sicherheit und Geborgenheit hat Vorrang, daher ist es am besten, allen Kontakt mit denen zu meiden, die uns hassen. Es ist jedoch von Vorteil, wenn wir sie in unsere Praxis der Liebenden Güte mit aufnehmen. Ihr Hass kann uns zu einer fürsorglichen Einstellung veranlassen und nicht zu Furcht oder Groll. Tatsächlich ist es die absolute Torheit von bedingungsloser universeller Liebe, die die überzeugendste Antwort auf das Mysterium des Bösen darstellt. Wenn das Böse auch meistens zu triumphieren scheint, so können die Menschen womöglich gerade dadurch zu ihrer tiefsten Menschlichkeit finden und ungewöhnliche und heroische Liebe manifestieren. Wir können darauf vertrauen, dass diese Liebe ihr grimmiges Ego entwaffnet und hilft, ihr Herz zu öffnen. Dank spiritueller Führer wie Gandhi und Martin Luther King Jr. konnten wir sehen, wie eine solche sogenannte Torheit sogar eine ganze Nation verwandeln kann.

Starez Sossima sagt in Fjodor Dostojewskis *Die Brüder Karamasow*: „Vor manchen Gedanken steht man ganz perplex, insbesondere angesichts der üblen Entscheidungen der Menschen, und fragt sich, ob man Druck oder sanfte Liebe einsetzen sollte. Wähle immer die sanfte Liebe. Wenn du dich ein für alle Mal dafür entschieden hast, vermagst du die ganze Welt zu bezwingen. Sanfte Liebe ist von fantastischer Stärke, das Stärkste aller Dinge. Nicht ist ihresgleichen.“

Der Umstand, dass dieser Ratschlag von einem spirituell ausgerichteten Menschen stammt, zeigt uns, dass Freiheit von Hass eine Bekehrung statt eine Therapie erfordert. Diejenigen zu lieben, die uns hassen oder verletzen, ist sicher keine leichte Aufgabe, da wir keinen großen Anreiz verspüren, in diese Richtung zu gehen. Es gibt nur sehr wenig, was uns dazu motiviert. Aus diesem Grunde braucht es eine spirituelle Praxis wie etwa *Agape* oder Liebende Güte, damit wir uns selbst an liebevolle Absichten und liebevolle Reaktionen gewöhnen – ungeachtet dessen, wie andere sich uns gegenüber verhalten. Wir erkennen weiterhin die vollkommene Macht bedingungsloser Liebe.

In diesem Kontext erkennen wir auch, dass die Hölle der von Hass konstruierte Ort ist, da auch er nur durch endlose Bestrafung der Missetäter befriedigt werden kann. Wie ich bereits zuvor angedeutet habe, haben wir einen Gott, der keine Liebe ist, wenn wir an solche permanenten Qualen nach dem Tode glauben. Ein solcher Gott hat niemals die Bergpredigt vernommen oder ist Gandhi begegnet. Außerdem ist die Hölle als „Endlösung" für das Böse die Leugnung und Nichtanerkennung der unüberwindlichen transformativen Kraft der Liebe. Es schränkt unsere Liebeskräfte ein, in unserem Herzen an eine Hölle zu glauben, weil dieser Glaube sich an Bestrafung klammert, den Gegensatz zu Liebender Güte.

Es gibt eine althergebrachte Überzeugung im Christentum, die *Apokatastasis* genannt wird. Sie besagt, dass alle Menschen – und Dämonen – bei der letzten Vollendung der Geschichte gerettet und in den Himmel kommen werden. Diese Doktrin wurde vom heiligen Clemens von Alexandria, von Gregor von Nyssa und dem Theologen Origenes in der Frühzeit des Katholizismus gelehrt. Sie wurde vom heiligen Augustinus und später, im Jahre 543, vom Kirchenkonzil von Konstantinopel verurteilt. Sie blieb in einigen protestantischen Traditionen als *Universalismus* erhalten. Das Herausfordernde an dieser Doktrin ist, dass sie bestimmt, wie weit unser Herz sich ausdehnen kann, wie weitreichend unser Wunsch nach Glück für alle Wesen ist und ob wir glauben können, dass Gott Liebe ist.

Nichts kann einen Menschen zerstören, der sich ungeachtet dessen, was man ihm angetan hat, weigert, wieder zu hassen.

— Martin Luther King Jr.

Übung

Radikale Affirmationen

In diesem Buch haben wir immer wieder das Wort *radikal* verwendet, um eine besondere Art von Liebe zu charakterisieren, die weder Wertschätzung noch Gegenseitigkeit erfordert. Sie wählt keine bestimmten Menschen aus, sondern dehnt sich universell aus. Sie basiert nicht auf solchen Voraussetzungen wie Attraktivität oder Vertrauenswürdigkeit; sie ist bedingungslos. Wie andere uns behandeln oder ob sie uns lieben, hat auf sie keine Auswirkung.

Radikale Liebe ist ohne weitere Bedingungen. Sie ist nicht motiviert, von anderen zu verlangen, uns im Gegenzug auch zu lieben. Wir lieben aus keinem anderen Grund als dem, dass Liebe das ist, was wir sind.

Als eine letzte Praxis betrachten Sie die folgenden sieben Affirmationen. Diese basieren auf dem, was Sie bis jetzt gelesen haben. Schreiben Sie diese handschriftlich ab, sodass Sie sie in Ihrer eigenen Handschrift lesen können. Meditieren Sie jeden Tag über eine von ihnen und verwenden Sie sie den ganzen Tag über. Sie werden dafür eine Woche benötigen. Wiederholen Sie dann die täglichen Affirmationen für zwei weitere Wochen. Sie werden eine radikale Veränderung dabei bemerken, wie Sie die Liebe in sich selbst wertschätzen und einer radikalen Herausforderung begegnen, Ihre Liebe auf eine neue Art und Weise zu zeigen. Wenn Sie das tun, was Sie zu oft nicht gewagt haben, wird sich die Angst niemals wieder Ihrer bemächtigen.

- *Tag 1*: Liebe ist mein wirklicher Name; Liebe ist, wer ich bin, alles, was ich bin, und alles, was ich tue.
- *Tag 2*: Ich zeige meine Liebe, ohne zu verlangen, etwas dafür zurückzubekommen.

- *Tag 3*: Ich lasse den Drang, mich zu rächen, los. Ich halte nach Wegen Ausschau, alle in den Kreis meiner Liebe aufzunehmen.
- *Tag 4*: Ich habe alle Liebe, die ich brauche. Ich freue mich über alle Liebe, die mir entgegengebracht wird.
- *Tag 5*: Ich vertraue darauf, dass jeder Liebe besitzt, und ich handle so liebevoll wie möglich, um dazu beizutragen, dass sie freigesetzt wird.
- *Tag 6*: Ich vertraue auf die vielen hilfreichen Kräfte in mir und in der Welt, die mir andauernd zeigen, wie ich lieben kann, und ich danke ihnen.
- *Tag 7*: Ich vertraue darauf, dass die Macht der Liebe der Welt Gerechtigkeit, Frieden und Harmonie schenkt.

Das folgende Wunschgebet lässt sich den ganzen Tag über immer wieder verwenden:

> Ich sage Ja zu allem, was mir heute widerfährt,
> als Gelegenheit dazu, Liebe rückhaltlos zu schenken und zu empfangen.
> Ich bin dankbar für das Geschenk der Liebe in mir
> aus dem Herz Jesu des Universums.
> Möge sich mein Herz immer weiter öffnen.
> Möge alles, was ich denke, sage, empfinde und tue,
> Gerechtigkeit, Frieden und Liebe für die ganze Menschheit fördern.
> Möge Liebe das leitende Licht in meinem Leben sein,
> mein heiliges Vertrauen, meine Bestimmung,
> die größte Gnade, die ich empfangen oder schenken kann.

Wo kommt nun diese milde Eintracht her,
Dass, fern vom Argwohn, Hass beim Hasse schläft
Und keiner Furcht vor Feindlichkeiten hegt?

— **Shakespeare**, *Sommernachtstraum*[41]

41 Übersetzung von August Wilhelm von Schlegel

Nachwort

In unseren Beschränkungen liegt Hoffnung

> Darum will ich mich am allerliebsten rühmen meiner Schwachheit.
>
> — 2. Kor. 12:9

> Lassen Sie sich's gefallen, dass man Sie nervös nennt. Sie gehören zu der herrlichen und beklagenswerten Familie, die das Salz der Erde ist. Alles, was wir Großes kennen, kommt uns von den Nervösen. Sie und keine anderen haben die Religion begründet und die Meisterwerke geschaffen. Nie wird die Welt wissen, was sie ihnen alles verdankt, und vor allem, was sie gelitten haben, um es ihr zu geben.
>
> – Marcel Proust, *Die Welt der Guermantes*[42]

In jüngerer Zeit habe ich festgestellt, dass viele Behörden und Institutionen in unserer Gesellschaft – und viele Nationen – auf gewisse Weise dysfunktional sind. Genau wie wir alle. Jeder ist verwundet, unzulänglich und manchmal dysfunktional. Dennoch schaffen wir es, ein im Grunde adäquates funktionierendes Leben zu führen.

---

42 Band 1, *Auf der Suche nach der verlorenen Zeit: Die Herzogin von Guermantes,* übersetzt von Walter Benjamin und Frank Hessel.

Die gute Nachricht ist, dass wir aus psychologischer Sicht nicht gesund sein müssen, um lieben zu können. Wir müssen nicht spirituell eingeweiht oder in irgendeiner Weise perfekt sein. Denn tatsächlich werden wir manchmal gerade in Momenten größter Schwäche und Verwirrung von wundervollen Formen der Liebe durchdrungen. Natürlich können auch wir glühend und kreativ lieben, ebenso wie gesunde und glückliche Menschen. Liebe ist sogar bedingungslos im Hinblick auf den Ort, wo sie weilt.

Dementsprechend müssen auch die anderen nicht vollkommen sein, um unsere Liebe zu verdienen. Thomas Jefferson schrieb: „Sollten wir lediglich jene ohne Makel lieben, wäre die Welt ein wüster Ort für unsere Liebe." Nur jene zu lieben, die dem entsprechen, was wir für Vollkommenheit halten, eliminiert unsere Chance, wirkliche Liebe zu zeigen. Wir haben Liebe in uns und sind daher vollkommen dazu in der Lage, jeden Menschen zu lieben, ungeachtet seiner Voraussetzungen oder seines Eignungsgrades.

In dem obenstehenden Zitat sagt Marcel Proust, dass neurotische, exzentrische Menschen „das Salz der Erde" sind. Dies ist eine Art der Bekräftigung, dass Angst zu einer alchemistischen Kraft werden kann: Etwas Negatives und anscheinend Nutzloses oder „Beklagenswertes" wandelt sich in etwas höchst Wertvolles oder „Herrliches", um mit Proust zu sprechen.

Eine solche Transformation verlangt Arbeit an uns selbst. Die Praktiken in diesem Buch helfen uns, dahin zu gelangen. Sie zeigen uns Möglichkeiten, Liebe in uns selbst und in anderen ausfindig zu machen und Wege zu finden, unsere Liebe ungeachtet unserer Obsessionen auszudrücken. Wir können dann aufregende Möglichkeiten entdecken, unsere Liebe und unsere Art zu lieben auszuweiten, ein größeres soziales Bewusstsein zu erlangen, mit neuen Formen der Erotik zu experimentieren, leidenschaftliche Gedichte zu schreiben – was auch immer uns auf kreative und anregende Weise öffnet.

Viele Künstler waren exzentrisch oder neurotisch. Sie wussten, dass sie anders waren, und wollten, dass die Welt um sie herum anders wäre. Genau das ist die Grundlage für Kreativität, die Dinge anders zu sehen, anders auszudrücken, anders zu sein – und genau das geschieht in der radikal universellen, bedingungslosen Liebe, die wir beschrieben haben. Diese Liebe ist anders, weil wir nicht nur Menschen wie unsereins lieben oder unter der Voraussetzung, dass andere uns gefallen. Radikal universelle und bedingungslose Liebe öffnet uns für neue Möglichkeiten, mit anderen zusammen zu sein, andere Lesarten, was Zärtlichkeit sein kann, und erfindungsreiche Wege, unsere Zuneigung zu zeigen.

Wenn es alles ist, was wir vom Leben wollen, einen ruhigen Kurs zu steuern, dann sind gemächliches Segeln, Sicherheit und Geborgenheit unsere Hauptziele. Doch eine ständige Köpertemperatur von 37° mag vielleicht nicht unsere einzigartige Kreativität und Leidenschaft freisetzen und die lebendigen Pforten zur Liebe öffnen. Es geschieht am ehesten, dass etwas völlig Neues aus der Tiefe in uns aufsteigt, wenn das zutiefst Verstörende, das ungewöhnlich Aufregende und erschreckend Heftige zur Landschaft unserer Welt wird.

Ja zur Verunsicherung zu sagen ist ein Passwort zu kreativer Innovation in jeder Kunst. Unsere Kunst in diesem Buch ist die Liebe und ein bedingungsloses Ja zu allem, was das Leben uns bieten mag, das Passwort dazu.

Wenn wir uns in einem Dilemma befinden, wenn all das, worauf wir uns verlassen haben, um uns herum zerbröckelt, wenn wir ins Schwimmen geraten und die Orientierung verlieren, ungeschickt und unsicher sind, dann stehen wir mit Sicherheit an der Schwelle zur Heldenreise. Dann liegt unser Kampf nicht darin, uns und alles in seine ursprüngliche stabile Situation zurückzubringen. Er liegt darin, so lange innezuhalten, bis wir mit den Gezeiten fließen können. Dann sind wir am besten in der Verfassung, überraschende Alternativen zu finden.

In Krisen, Stress, Hilflosigkeit und Depression kann eine innere Kraft hervortreten. Sie entsteht nicht aus Hoffnung, sie gewährt Hoffnung. Sie zeigt uns nicht, wo wir Sicherheit und Geborgenheit finden können; sie *ist* Sicherheit und Geborgenheit des Herzens inmitten von Chaos und Schrecken. Ja, Chögyam Trungpa Rinpoche sagte: „Wir sollten Chaos als äußerst gute Nachricht ansehen."

Es gibt eine relevante Parallele, die wir zu der Theorie dissipativer Strukturen des Nobelpreisträgers Ilya Prigogine ziehen können. Das Wort *Dissipation* wird in der Physik für Strukturen verwendet, die Energie verbrauchen, um überleben zu können. Dies beschreibt im Kern, was in allen Wesen, wir selbst eingeschlossen, vorgeht. Wenn Energie eine Struktur durchströmt, verursacht sie kleinere oder größere Fluktuationen. In manchen Fällen können die dynamischen Formen der Struktur selbst sich auf eine Weise verändern, die entweder für eine Weile oder für immer anhält. Diese werden in der Physik manchmal „Phasentransformationen" genannt. Sie können zu Innovationen führen oder zu Veränderungen der Art und Weise, wie ein System mit den eingehenden Impulsen umgeht. Die Teile können sich reorganisieren, sodass ein neues Ganzes aus dem Ausgangsmaterial entsteht. Mit anderen Worten, Zusammenbrüche können zu Upgrades führen. Dies passt zu der Erfahrung der „heilenden Krise", die auf so geheimnisvolle Weise Menschen erfasst, die an körperlichen und/oder psychischen Krankheiten leiden.

Wir können in dieser Theorie eine Metapher dafür erkennen, wie unsere Psyche funktioniert. Sie reagiert auf uns durchströmende Energien – aus den Kräften der Kindheit, Lebenskrisen, Defiziten und Mängeln, körperlichen und seelischen Zusammenbrüchen, so vielen Schocks für unsere Befindlichkeiten. Aber unsere Selbstheilungskräfte werden dadurch aktiviert und wir bilden neue Optionen oder innere Ressourcen aus. Wir gelangen zu höheren Ebenen bewussten Gewahrseins auf eine Art und Weise, die elegant die bekannten Gesetze des Universums widerspiegelt, wie sie dissipativen Systemen entsprechen.

Wir erschaffen uns neu aus der Asche der Dissipation. Deshalb ist die Neuroplastizität des Gehirns, die unser ganzes Leben über vorhanden ist, so wesentlich für die Pflege unserer psychischen Gesundheit. Es ist niemals zu spät für unseren Übergang vom Zusammenbruch zum Upgrade.

Befinden wir uns in einem äußerst ungesicherten und ungeerdeten Zustand, können wir neue Heilmittel aus unseren Wunden ziehen, neue Strukturen der Kraft aus dem Schutt unseres Dilemmas aufbauen. Das ist die Alchemie der menschlichen Situation: Im Schmelztiegel unserer Zusammenbrüche, Verwerfungen, Verletzungen und Nöte lässt sich im Blei, das uns niederdrückt, Gold finden.

Alles, was es braucht, ist unser bedingungsloses Ja, und unser nächstes Kapitel – das Kapitel, in dem wir uns und unsere Gelassenheit finden – wird ganz von allein beginnen. Dieses Mal werden wir uns auf einem neuen Weg befinden, einem mit Ermutigung, weil wir mit der Kraft der Selbstunterstützung agieren, weil wir unsere Hilflosigkeit und Lebendigkeit annehmen, weil wir uns von Vergänglichkeit nicht mehr bedroht fühlen.

Dogen Zenji, der Begründer der buddhistischen Schule des Soto-Zen, schrieb: „Selbst in der schlammigsten Pfütze wird der volle Mond widergespiegelt." Daher kann nach alledem, was uns widerfahren ist und ganz gleich, wie entmutigend es sein mochte, der Vollmond der Liebe in uns immer noch leuchten.

Lebenserfahrungen können uns unsere Gelassenheit rauben. Was Menschen uns antun, kann unser Herz verletzen. Stressreiche Ereignisse können sich bei uns anhäufen. Kummer kann uns niederdrücken. Wir können einen Fehler nach dem anderen begehen und sogar dieselben Fehler wiederholen. Aber nichts kann uns unsere Liebesfähigkeit rauben. Wir sind für die Liebe gemacht und mit Übung können wir sie zum Ausdruck bringen. Draufgänger wie wir werden bestimmt den radikalen, waghalsigen und folgenreichen Sprung riskieren.

> Wir wissen, dass wir aus dem Tode in das Leben gekommen sind; denn wir lieben die Brüder.
>
> — 1. Joh 3:14

Anhang 1

Selbstverpflichtungen zu Liebender Güte sich selbst und anderen gegenüber[43]

1. Ich tue mein Bestes, um mein Wort zu halten, Verpflichtungen zu würdigen und die Aufgaben, zu denen ich mich bereit erklärt habe, zu Ende zu bringen.
2. Ich werde mich nach allen Kräften bemühen, in allen meinen Handlungsweisen den Maßstäben von rigoroser Aufrichtigkeit und Respekt zu entsprechen, ungeachtet dessen, wie andere sich mir gegenüber verhalten.
3. Ich verzichte darauf, jemanden aufgrund seiner Unwissenheit, seines Unglücks oder aufgrund von finanziellen Nöten auszunutzen. Meine Frage lautet nicht: „Womit komme ich durch?“, sondern: „Was zu tun ist das Richtige?“. Wenn ich darin fehlgehe, kann ich es zugeben, Wiedergutmachung leisten und beschließen, beim nächsten Mal anders zu handeln. Nun entschuldige ich mich leichter und bereitwilliger als zuvor.

---

43 Basiert auf David Richo, *Coming Home to Who You Are: Discovering Your Natural Capacity for Love, Integrity and Compassion*, Boston, MA. (Shambhala Publications) 2012

4. Wenn jemand zu großzügig mir gegenüber ist oder ein übertriebenes Gefühl hat, mir etwas schuldig zu sein, will ich ihren oder seinen Mangel an Abgrenzung nicht ausnutzen. Stattdessen will ich Wertschätzung zum Ausdruck bringen und einen fairen Weg der Interaktion ausarbeiten.

5. Ich überprüfe mein Gewissen immer wieder mit wahrer Objektivität. Ich forsche in mir nach und mache eine Bestandsaufnahme davon, wie ich andere geschädigt haben könnte; wie ich mein Potenzial vielleicht nicht aktiviert oder meine Gaben nicht geteilt habe; wie ich vielleicht immer noch an Vorurteilen hänge oder an dem Willen, Vergeltung zu üben; und wie ich möglicherweise noch immer nicht so liebevoll, aufnahmebereit und offen bin, wie ich es sein könnte.

6. Ich schätze Feedback, das mir zeigt, wo ich zu wenig achtgegeben habe, zu intolerant war und meine echten Gefühle weniger offengelegt habe, als ich es könnte. Wenn man mich als Angeber hinstellt oder mich als gemein oder nicht authentisch bezeichnet, verteidige ich mich nicht, sondern nehme es als Information darüber, woran ich noch zu arbeiten habe. Ich freue mich auch über positives Feedback.

7. Ich lasse das Bedürfnis los, den Schein zu wahren oder ein falsches oder übertrieben beeindruckendes Selbstbild zu projizieren. Jetzt will ich so erscheinen, wie ich bin, ohne mir etwas anzumaßen und ungeachtet dessen, wie wenig schmeichelhaft es sein mag. Ich will keine Vorzüge von Körper, Worten oder Verstand dafür nutzen, um andere hinters Licht zu führen oder zu täuschen. Dafür geliebt zu werden, wie ich bin, ist wichtiger – und interessanter –

geworden, als den ständig wackligen Zustand meines Egos aufrechtzuerhalten.

8. Ich bemesse meinen Erfolg nun daran, wie viel unerschütterliche Liebe ich besitze, und nicht daran, wie viel Geld ich auf der Bank habe, wie viel ich im Geschäft erreicht habe, welchen Status ich erlangt habe oder wie viel Macht ich über andere besitze. Der wesentlichste und beglückendste Fokus in meinem Leben ist, all meine Liebe auf eine Art zeigen, die in jeder Hinsicht einzigartig ist – hier und jetzt, immer und überall, ohne jemanden auszuschließen.

9. Da ich zu der Realität dessen, wer ich bin, Ja sagen kann und stolz auf meine Gaben und mein unerschrockenes Wissen um meine Grenzen bin, stelle ich fest, dass ich mich lieben kann und liebenswerter werde.

10. Ich gebe niemals auf, daran zu glauben, dass jeder ein ihm innewohnendes Gutsein besitzt und dass die Tatsache, geliebt zu werden, dazu beitragen kann, dieses hervortreten zu lassen.

11. Ich lerne, anderen zu vertrauen, wenn die Erfahrung zeigt, dass man ihnen trauen darf, während ich mich nichtsdestoweniger dazu verpflichte, vertrauenswürdig zu sein, ungeachtet dessen, was andere tun mögen. Ich bin immer offen dafür, Vertrauen wieder aufzubauen, wenn es zu einem Vertrauensbruch gekommen und die andere Person einverstanden ist.

12. Nach einem Konflikt bleibe ich offen für Versöhnung mit anderen. Gleichzeitig lerne ich, diejenigen, die nicht bereit sind, sich mir gegenüber respektvoll zu verhalten, mit Liebe und ohne Schuldzuweisung gehen zu lassen. Ich

akzeptiere die Gegebenheit von plötzlichem unerklärlichen Schweigen oder Zurückweisung durch andere und werde diesen Stil niemals selbst anwenden.

13. Ich lerne Selbstsicherheit, indem ich ohne Angst oder Hemmung das verlange, was ich brauche. Ich bitte, ohne zu fordern, ohne etwas zu erwarten, ohne zu manipulieren oder Ansprüche zu stellen. Ich kann Respekt für das Timing und die Entscheidungen anderer beweisen, indem ich in der Lage bin, ein Nein als Antwort zu akzeptieren.
14. Ich verletze niemanden absichtlich oder versuche, jemanden zu kränken. Ich verhalte mich anderen gegenüber freundlich, nicht um sie zu beeindrucken oder mir zu verpflichten, sondern weil ich wirklich freundlich bin – oder daran arbeite. Wenn andere es versäumen, mir zu danken oder meine Freundlichkeit zu erwidern, muss mich das nicht davon abhalten, mich liebevoll zu verhalten.
15. Wenn Menschen mich verletzen, kann ich „Autsch!" sagen und darum bitten, einen Dialog zu eröffnen. Ich kann um Wiedergutmachung bitten, aber ich kann das Thema auch fallen lassen, wenn sie nicht entgegenkommend sind. Was immer auch geschehen mag, ich werde mich entschließen, mit anderen nicht quitt werden zu wollen, keinen Groll zu hegen, nicht über ihre Fehler Buch zu führen oder niemanden zu hassen. „Man bekommt, was man verdient" ist zu „Möge das, was man bekommt, auf eine Weise zurückkommen, die ihm oder ihr hilft, zu lernen und zu wachsen" geworden. Ich hoffe damit auf die Transformation anderer, anstatt sie bestrafen zu wollen. Diese Verpflichtung bedeutet auch, dass ich nicht schadenfroh über die Leiden oder Niederlagen anderer bin, die mich verletzt haben. „Das geschieht ihnen recht" hat

sich zu „Möge ihnen dies helfen, sich weiterzuentwickeln“ gewandelt.

16. Ich praktiziere Methoden, um meinen Zorn über Ungerechtigkeit direkt und gewaltfrei auszudrücken, anstatt auf eine missbrauchende, tyrannische, bedrohliche, beschuldigende, unkontrollierte oder passive Weise zu reagieren.

17. Ich lasse mich nicht von anderen missbrauchen, aber ich will ihre Härte derart interpretieren, als wäre sie aus ihrem eigenem Schmerz entstanden und als wollten sie mir auf eine traurige und verwirrte Art und Weise mitteilen, dass sie Verbindung brauchen, aber nicht wissen, wie man auf gesunde Weise darum bittet. Ich erkenne dies mit Besorgnis, nicht mit Kritik oder Verachtung.

18. Ich besitze Sinn für Humor, aber nicht auf Kosten anderer. Ich möchte Humor verwenden, um mich über menschliche Marotten lustig zu machen, insbesondere meine eigenen. Ich werde niemanden lächerlich machen oder herabsetzen durch verspottende, neckende, verhöhnende oder bigotte Bemerkungen oder ihm/ihr mit Sarkasmus oder einer Retourkutsche begegnen. Wenn andere verletzenden Humor mir gegenüber benutzen, will ich den Schmerz in uns beiden spüren und nach Wegen suchen, die mehr gegenseitigen Respekt in unsere Kommunikation bringen.

19. Ich lache nicht über Menschen oder über ihre Fehler und ihr Unglück. Ich suche nach Wegen, sie zu unterstützen.

20. Ich bemerke, dass es in einigen Gruppen Menschen gibt, die gedemütigt oder ausgeschlossen werden. Anstatt mich damit zu trösten, dass ich noch auf der sicheren Seite eines Insiders bin, insbesondere indem ich über sie

klatsche, will ich den Schmerz spüren, ein Außenseiter zu sein. Dann kann ich meine Hand ausstrecken und alle in meinen Kreis von Liebe, Mitgefühl und Respekt einschließen.

21. Ich betrachte andere Menschen und ihre Entscheidungen mit intelligentem Urteilsvermögen, doch ohne Zensur. Ich bemerke noch immer meine eigenen Unzulänglichkeiten und die anderer, aber ich fange jetzt an, sie als Fakten zu betrachten, mit denen ich umgehen muss, anstatt als Defekte, die man kritisieren oder worüber man sich schämen muss. Andere so zu akzeptieren, wie sie sind, ist wichtiger geworden, als dass sie so sind, wie ich sie gerne hätte.

22. Ich vermeide es zu kritisieren, mich einzumischen oder Ratschläge zu geben, wenn ich nicht darum gebeten werde. Ich sorge für mich, indem ich mich von Menschen fernhalte, die diese Verhaltensweisen mir gegenüber an den Tag legen, während ich sie trotzdem in meinen spirituellen Kreis von Liebender Güte aufnehme.

23. Ich bin gewillt, an den unverfänglichen Konventionen und sozialen Ritualen teilzuhaben, die andere glücklich machen.

24. Ich wetteifere immer weniger in meinen Beziehungen im häuslichen Umfeld und am Arbeitsplatz und bin glücklich, wenn ich kooperieren und in Gemeinschaft leben kann. Ich meide Situationen, in denen mein Gewinn bedeutet, dass andere auf demütigende Weise verlieren.

25. In intimen Bindungen würdige ich Gleichheit, halte Vereinbarungen ein, arbeite an Problemen und agiere auf respektvolle und vertrauenswürdige Weise. Mein Ziel besteht nicht darin, eine Beziehung dafür zu benutzen,

mein Ego zu befriedigen, sondern darin, mein Ego zu entthronen, um die Beziehung zu befrieden. Außerdem respektiere ich die Grenzen der Beziehungen anderer.

26. Ich möchte, dass meine sexuelle Lebensweise den gleichen Maßstäben an Integrität und Liebender Güte entspricht, die für alle meine Lebensbereiche Gültigkeit haben. Meine Sexualität drückt immer mehr Liebe, Leidenschaft und spielerische Freude aus. Ich bleibe meiner Verpflichtung treu, ein verantwortungsvoller Erwachsener bei der Pflege von Beziehungen und Genuss zu sein.

27. Werde ich mit dem Leid der Welt konfrontiert, dann wende ich mich nicht ab oder bleibe in Schuldzuweisungen an Gott oder die Menschheit hängen, sondern frage einfach: „Was kann *ich* denn tun? Welche Gelegenheit bekomme ich hier, Liebende Güte zu praktizieren?" Ich finde Möglichkeiten, darauf zu reagieren, auch wenn sie nur geringfügig sein können: „Es ist besser, eine Kerze anzuzünden, als die Dunkelheit zu verfluchen."

28. Ich möchte meine fürsorgliche Betroffenheit auf die Welt um mich herum ausdehnen. Ich verpflichte mich, Ungerechtigkeit auf gewaltfreie Weise zu bekämpfen. Ich unterstütze eher wiedergutmachende Justiz als Strafjustiz. Ich bin bekümmert und fühle mich aufgerufen, gegenüber Menschenrechtsverletzungen, atomarer Aufrüstung, ökonomischer und rassistischer Ungerechtigkeit Initiativen zu ergreifen. Ich wandele behutsam auf dieser Erde, mit dem, was Bonaventura „eine Höflichkeit den natürlichen Dingen gegenüber" nannte.

29. Ich bin mir dessen bewusst, dass sämtliche Liebe und Weisheit, die ich besitze oder aufweise, nicht *von* mir kommt, sondern *durch* mich hindurchgeht. Ich danke

für diese ermutigenden Gaben und sage Ja zu dem mitreißenden Ruf, ihnen Ehre zu machen.

30. Ich gehe nicht hart mit mir um, wenn ich es nicht schaffe, diesen Idealen gerecht zu werden. Ich bleibe einfach ernsthaft bei meiner Praxis. Die Aufrichtigkeit meiner Absicht und meine anhaltenden Bemühungen fühlen sich wie das Äquivalent von Erfolg an.

31. Ich glaube nicht, dass ich über anderen Menschen stehe, weil ich diese Liste anerkenne. Ich verlange nicht, dass andere ihr Folge leisten.

32. Ich teile diese Liste mit denen, die dafür offen sind, und glaube weiter daran, dass diese Selbstverpflichtungen eines Tages nicht nur zur Lebensweise von Individuen, sondern von gesellschaftlichen, politischen und religiösen Gruppen in der Weltgemeinschaft werden können.

Mit dieser Liste zu arbeiten, mit einem Eintrag pro Tag oder pro Woche, hilft mir, Liebe in meinen Alltag zu integrieren.

Anhang 2

Eine Checkliste fürs Wohlbefinden

Kreuzen Sie jeden Eintrag an, der auf Sie zutrifft:

Persönliche Probleme

- [ ] Erleben Sie großen Stress oder Konflikte in sich selbst, auf der Arbeit oder mit anderen?
- [ ] Sind Sie oft traurig oder niedergeschlagen und/oder haben ein niedriges Selbstwertgefühl?
- [ ] Wirken Sie so, als bräuchten Sie auf eine bedürftige Weise die Anerkennung oder Gegenwart anderer?
- [ ] Entspricht Ihre Lebensweise einer vorhersagbaren Routine, ohne Ziel oder ersichtlichen Zweck?
- [ ] Sind Sie meistens deprimiert?
- [ ] Sind Sie meistens ärgerlich?
- [ ] Sind Sie übermäßig bedacht auf Ihr äußeres Erscheinungsbild, Ihren finanziellen Status oder Ihre Reputation?
- [ ] Werden Sie ständig von Schuldgefühlen oder Scham geplagt?
- [ ] Fokussieren Sie sich gewöhnlich auf die negative Seite der Dinge?

- Besteht Ihr Leben aus einer Krise nach der anderen?
- Glauben Sie, dass der Sinn Ihres Lebens darin besteht, Schmerzen zu erleiden?
- Haben Sie meistens das Gefühl, ein Opfer anderer zu sein?
- Fühlen Sie sich oft schmerzlich allein?
- Haben Sie das Gefühl, noch mehr zu brauchen, auch wenn Sie genug von dem haben, was Sie wollen?
- Geben Sie anderen eine Menge, haben dann aber das Gefühl, nicht genug gegeben zu haben?
- Erleben Sie große Stimmungsschwankungen?
- Haben Sie manchmal das Gefühl, mehr als eine Persönlichkeit zu haben?
- Haben Sie häufig ungewollte verstörende Gedanken?
- Hören Sie Stimmen oder haben Sie das Gefühl, von äußeren Mächten kontrolliert zu werden?
- Haben Sie körperliche Symptome, ohne medizinische Erklärung dafür?
- Glauben Sie, dass andere hinter Ihnen her sind?
- Halten Sie Ihre Tränen sowohl bei Freude als auch bei Trauer zurück?
- Fühlen Sie sich ungeliebt oder gar nicht liebenswert?

Beziehungen

- Nehmen Sie es übel oder strafen Sie andere, wenn diese Sie nicht bewundern, lieben oder achten, wie Sie meinen, es zu verdienen?

- [ ] Würden Sie sagen, Sie verhielten sich kontrollierend anderen gegenüber?
- [ ] Sagen andere Menschen Ihnen, dass Sie sie ausnutzen?
- [ ] Sind Sie unfähig, Empathie anderen gegenüber zu empfinden oder sich mit ihrem Schmerz zu identifizieren?
- [ ] Trauen Sie jedem, glauben Sie, jeder Mensch hätte gute Beweggründe, und leugnen Sie, dass es eine dunkle Seite bei den anderen gibt?
- [ ] Lassen Sie sich von anderen ausnutzen?
- [ ] Geben Sie anderen die Schuld für die Richtung, die Ihr Leben genommen hat?
- [ ] Denken sie gewöhnlich, dass Sie besser als andere sind?
- [ ] Glauben Sie, dass Sie immer recht haben und andere immer im Unrecht sind, oder umgekehrt?
- [ ] Haben Sie das Gefühl, nicht in Ordnung zu sein, solange Sie keinen Partner haben?
- [ ] Können Sie es nicht tolerieren, verlassen zu werden?
- [ ] Scheuen Sie vor körperlicher Nähe zurück oder fürchten, von ihr verschlungen zu werden?
- [ ] Lassen Sie sich immer wieder auf eine Beziehung ein in der Hoffnung, mehr zu erhalten, auch wenn Sie immer weniger bekommen?
- [ ] Befinden Sie sich in einer Beziehung, in der es Misshandlung gibt, die voller Unzufriedenheit ist oder die einfach nicht funktioniert?
- [ ] Grollen Sie einem Partner oder bestrafen ihn?

- Sind Sie anderen gegenüber manchmal gewalttätig oder misshandeln sie?
- Idealisieren und dämonisieren Sie manchmal dieselbe Person?
- Glauben Sie, Ihr ganzes Leben lang unabhängig sein zu können und niemals andere zu brauchen?
- Hassen Sie einen oder beide Elternteile oder andere Familienangehörige oder sind ihnen entfremdet?
- Bezichtigen andere Sie, egoistisch zu sein?
- Dreht sich Ihr Leben um Ihre Arbeit oder um andere Menschen oder Dinge zu Ungunsten von Ihnen selbst?
- Haben Sie derartige Angst vor dem Alleinsein, dass Sie Beziehungen wählen, die Sie nicht nähren?
- Haben Sie das Gefühl, dass es Ihnen unmöglich ist, Liebe zu zeigen, oder dass es für andere unmöglich ist, Ihnen Liebe zu zeigen?

Ängste

- Leiden Sie unter Panikattacken?
- Sind Ihre Ängste so stark, dass diese Sie davon abhalten, etwas zu tun, was Sie tun wollen, oder Sie dazu bringen, etwas zu tun, was Sie nicht wollen?
- Haben Sie Angst, Verpflichtungen einzugehen?
- Haben Sie Angst, allein zu sein?
- Leiden Sie unter Phobien?
- Sind Sie in der Regel eher passiv als durchsetzungsfähig?
- Haben Sie Angst davor, sich für sich selbst einzusetzen?

- Verbergen, unterdrücken oder verleugnen Sie Ihre Gefühle?
- Bereitet es ihnen Unbehagen, Freude, Zorn, Furcht und Trauer auszudrücken?
- Fühlen Sie sich unbehaglich, wenn jemand diese Gefühle Ihnen gegenüber zum Ausdruck bringt?
- Agieren Sie eher aus Verpflichtung als aus eigener Wahl?
- Haben Sie Angst davor, geliebt zu werden oder liebevoll zu sein?

Zwänge

- Machen Sie sich ständig wegen irgendetwas Sorgen?
- Essen Sie zu viel oder zu wenig auf eine entweder unkontrollierte oder überkontrollierte Weise?
- Befolgen Sie zwanghafte Rituale oder Verhaltensweisen?
- Merken Sie, dass Sie gewohnheitsmäßig oder automatisch zu Lügen greifen?
- Haben Sie im Hinblick auf Geld ein Problem, es auszugeben, es zu verdienen, zu sparen oder sich daran zu erfreuen?
- Haben Sie ein Problem damit, sich etwas zu leihen, auszuborgen, zu geben oder zu bekommen?
- Sind Sie spielsüchtig?
- Betrügen oder stehlen Sie?
- Handeln Sie so impulsiv, dass es andere verletzt?
- Ist Ihr Verhalten oft riskant?
- Führen Sie ein geheimes Leben?

Alkohol und Drogen

- ☐ Sind Sie mindestens einmal im Monat betrunken?
- ☐ Trinken Sie manchmal mit der Absicht, sich zu betrinken?
- ☐ Greifen Sie zu Alkohol, wenn die Dinge nicht gut laufen?
- ☐ Gehört das Trinken weiter zu Ihrem Lebensstil, obwohl es negative Konsequenzen gehabt hat?
- ☐ Haben Sie jemals beschlossen, bei einer Party nur eine bestimmte Menge alkoholischer Getränke zu trinken und dann völlig die Kontrolle verloren? (beeinträchtigte Kontrolle)
- ☐ Sind Sie stolz darauf, eine Menge (wie etwa fünf oder sechs Glas Bier) trinken zu können, ohne betrunken zu werden? (hohe Toleranz)
- ☐ Haben Sie gelegentlich Blackouts nach dem Trinken?
- ☐ Haben Ihre Freunde Ihnen gesagt, dass Sie ein Alkoholproblem haben, und nehmen Sie ihnen das übel?
- ☐ Rauchen Sie Zigaretten oder Marihuana und können oder wollen nicht damit aufhören?
- ☐ Trinken Sie so viel Kaffee, dass es für Sie zu einem Problem wird, ohne ihn auszukommen?
- ☐ Verwenden Sie regelmäßig Schmerz- oder Beruhigungsmittel?
- ☐ Benutzen Sie illegale Drogen regelmäßig oder gelegentlich zur Entspannung?
- ☐ Behandeln Sie sich medizinisch selbst?

Sexualität

- Fürchten Sie sich davor, Ihre sexuelle Orientierung anzuerkennen, zu erforschen oder umzusetzen?
- Quälen Sie verunsichernde Fragen im Hinblick auf Ihr Geschlecht?
- Suchen Sie Nähe hauptsächlich mittels Sex?
- Praktizieren Sie riskanten Sex?
- Empfinden Sie Scham oder Schuld in Bezug auf Sex?
- Haben Sie Sex auf zwanghafte Weise?
- Haben Sie jemals ein sexuelles Trauma oder Missbrauch erfahren?
- Haben Sie sexuelle Gefühle Kindern gegenüber?
- Haben Sie das Interesse am Sex verloren?
- Bleiben Sie selbst nach sexuellen Erfahrungen unbefriedigt?
- Haben Sie Angst, Nein zu ungewollten Sexangeboten zu sagen?
- Machen Sie sich über die Lust Ihres Partners keine Gedanken, wenn Sie miteinander schlafen?
- Streben Sie mehr nach sexuellen Erfahrungen oder nach Liebesbeziehungen?
- Können Sie Intimität zeigen, ohne dass es jedes Mal zum Sex führt?
- Brechen Sie im Geheimen die Vereinbarungen in Ihrer Intimbeziehung, indem Sie etwa eine Affäre haben?
- Glauben Sie, dass Sie Sex mit Liebe verwechseln?

- [ ] Suchen Sie im Internet sexuelle Erfüllung auf obsessive oder zwanghafte Weise?
- [ ] Stellen Sie fest, dass Liebe und Sex bei Ihnen nicht zusammen gehen?

Religion

- [ ] Gehören Sie einer Sekte an?
- [ ] Gehorchen Sie blind irgendeinem Menschen oder Glaubenssystem?
- [ ] Sind Sie in einer Religion engagiert, die Verhalten und Entscheidungen verlangt, die Ihrem Wohlbefinden und gesunden Menschenverstand widersprechen?
- [ ] Versuchen Sie, Ihre religiösen Überzeugungen anderen Menschen aufzuoktroyieren und/oder denken Sie, dass diese einen Fehler machen, wenn sie diese nicht übernehmen?
- [ ] Sind Sie in der Lage, Entscheidungen zu treffen, die den Lehren Ihrer gewählten Religion zuwiderlaufen, wenn dies mit Ihrem eigenen Gewissen vereinbar ist?
- [ ] Fehlt in Ihrem Leben Spiritualität?
- [ ] Vermissen Sie es, nichts Transzendentes zu haben, wozu Sie in Zeiten von Schwierigkeitenund Bedrängnis Zuflucht nehmen können?

Jeder dieser hier aufgeführten Punkte stellt ein mögliches Hindernis für Ihr Wohlbefinden dar. Niemand muss unglücklich oder gestresst bleiben. Wenn Sie eine oder mehrere dieser Fragen angekreuzt haben, dann erwägen Sie, eine Psychotherapie anzugehen, die Ihnen helfen kann, das wie auch immer geartete

Problem anzusprechen, zu bearbeiten und aufzulösen. Ihre Verpflichtung, das zu beheben, was Sie so stresst, damit Sie glücklicher sein können, ist ein Weg, sich selbst zu lieben. Es hilft außerdem denen, die Sie lieben, weil Ihre Umgangsweise mit ihnen reibungsloser und weniger konfliktreich sein wird.

Über den Autor

David Richo © Martha Stewart

David Richo, PhD, MFT, ist ein Psychotherapeut und Leiter von Workshops, der in Santa Barbara und San Francisco, Kalifornien, lebt. Er verbindet in seiner Arbeit jungianische, buddhistische und mythische Sichtweisen. Er ist Autor zahlreicher Bücher.

Vom Autor im Windpferd Verlag erschienenen Bücher:

*Fünf Dinge, die wir nicht ändern können**, ISBN 978-3-86410-058-1

Reif werden füreinander, ISBN 978-3-89385-581-0

Herzensgüte ON THE GO, ISBN 978-3-86410-117-5

Vertrauen wagen, ISBN 978-3-86410-005-5

Der gute Kern in uns, ISBN 978-3-86410-042-0

Sei mit dir befreundet, ISBN 978-3-86410-132-8

*auch als E-Book erhältlich

Leseproben und mehr unter www.windpferd.de